MBA、MPA 、MPAcc联考历年真题解析与考点分析系列

MBA
MPA
MPAcc

2023版

逻辑历年真题
解析与考点分析

第十版

孙 勇 编著

U0331646

上海交通大学出版社
SHANGHAI JIAO TONG UNIVERSITY PRESS

内容提要

本书严格按照管理类专业硕士研究生联考（MBA、MPA、MPAcc、MEM、MTA、MLIS、MAud）最新考试大纲的要求，由资深逻辑辅导专家团队编写而成。逻辑复习冲刺阶段最好的辅导书莫过于历年真题解析，最好的复习方法就是"反复琢磨历年真题"。作者首先对 2022 年至 2013 年的 10 套管理类联考真题进行了汇编，便于考生自我检测；然后对历年真题逐题进行详细解析，帮助考生迅速理清解题思路，找准解题技巧，突出重点、突破难点。更为重要的是，作者对历年真题中答案有争议的试题进行了集中讲解，对每一道有争议试题的各个选项进行分析，细致说明各个选项"选"和"不选"的客观理由，杜绝毫无逻辑地忽悠解析，如"强度不足""力度更大"等，以此加深考生对逻辑试题及其解答的进一步认识。在此基础上，作者结合真题，对考试大纲的重点内容做了梳理，并归纳出历年真题的特点、变化、趋势。最后作者以真题为鉴，精心设计了 3 套高质量的全真模拟试卷，全面覆盖联考考点，帮助考生实战演练，有针对性地查缺补漏，提高应试水平。

本书的真题解析重在分析试题结构，并且对各个选项逐项解析，点拨解题思路与技巧；全真模拟试卷难度与真题接近且略高于真题，重在提升实战能力和应试技巧。本书适合管理类和经济类硕士联考考生考前冲刺使用。

图书在版编目(CIP)数据

MBA、MPA、MPAcc 逻辑历年真题解析与考点分析：2023 版/ 孙勇编著. —上海：上海交通大学出版社，2022.8

ISBN 978-7-313-26772-6

Ⅰ.①M… Ⅱ.①孙… Ⅲ.①逻辑-研究生-入学考试-自学参考资料 Ⅳ.①B81

中国版本图书馆 CIP 数据核字(2022)第 072822 号

MBA、MPA、MPAcc 联考历年真题解析与考点分析系列
MBA、MPA、MPAcc 逻辑历年真题解析与考点分析

MBA、MPA、MPAcc LIANKAO LINIAN ZHENTI JIEXI YU KAODIAN FENGXI XILIE
MBA、MPA、MPAcc LUOJI LINIAN ZHENTI JIEXI YU KAODIAN FENXI

编　著：孙　勇
出版发行：上海交通大学出版社　　　　　　地　　址：上海市番禺路 951 号
邮政编码：200030　　　　　　　　　　　　电　　话：021-64071208
印　　制：上海景条印刷有限公司　　　　　经　　销：全国新华书店
开　　本：787 mm×1092 mm　1/16　　　　印　　张：19.75
字　　数：468 千字
版　　次：2013 年 6 月第 1 版　2022 年 8 月第 10 版　　印　　次：2022 年 8 月第 10 次印刷
书　　号：ISBN 978-7-313-26772-6
定　　价：78.00 元

版权所有　侵权必究
告读者：如发现本书有印装质量问题请与印刷厂质量科联系
联系电话：021-59815625

前　言

　　全国管理类专业学位硕士研究生入学统一考试涉及以下 7 个专业：工商管理硕士（MBA）、公共管理硕士（MPA）、会计硕士（MPAcc）、工程管理硕士（MEM）、旅游管理硕士（MTA）、图书情报硕士（MLIS）、审计硕士（MAud）。考试包括外语和综合两门，逻辑是综合考试中的一部分，共 30 题，每题 2 分，均要求"五选一"，共 60 分。经济类联考中逻辑科目的考试要求类似，只不过试题数量和总分值略有差异。

　　本书作者在 1994 年、1995 年参加 MBA 联考试题库的建立工作，之后自 2001 年开始从事相关考试的考前逻辑辅导工作，并在 2002 年为 MPA 联考试题库提供试题，在 2003 年为 GCT 联考试题库提供试题，在此期间参加了多种高质量辅导丛书的编写工作。作者在长期的教学、命题和著书研究等工作中积累了丰富的辅导经验和应试技巧，深谙命题规律和最新动态。为了帮助广大考生考前冲刺阶段更好地复习，作者严格按照最新考试大纲，深入研究历年联考逻辑真题，精心编著本书。全书分成历年真题汇编，真题详细解析，答案有争议试题辨析，历年真题考点、特点和趋势，全真模拟试卷 5 个部分。

　　逻辑复习最好的辅导资料莫过于历年真题解析。作者对 2022 年至 2013 年的 10 套管理类联考真题进行了汇编，这样更方便考生进行自我检测。建议广大考生复习时先自己动手做真题，而且一定要限时解答，时间控制在 60 分钟以内，这样可以培养独立思考能力，然后将自己的答案与本书的详解做比较，看哪些做对了，哪些做错了，分析错误的原因是解题思路不清楚或阅读错误，还是逻辑规则、解题思路没掌握到位等。考生通过解答历年试题，并在此过程中不断总结，查补缺漏，从而提高解题的速度和准确率。

　　逻辑最好的复习方法就是"深入研究历年真题"。真题既反映了考试大纲对考生逻辑知识、能力和水平的要求，又蕴涵着命题指导思想、基本原则和趋势，通过分析、研究真题可以掌握联考逻辑考试全貌，理解最新联考要点，明确复习方向，从而从容应考。作者深入研究历年真题，对 2022—2013 年的 10 套管理类联考真题逐题详细解析，透彻分析，对所有选项均解释到位,杜绝忽悠式的解析如"强度不足""力度更大"等,使考生真正理解逻辑试题"选"和"不选"的理由,从而举一反三,触类旁通。作者在对历年真题解析过程中,对联考大纲中的概念及"偷换概念"、判断种类及其关系、演绎推理、加强削弱、假设等各知识模块的考试形式、重点、难点给予全面介绍,从中说明逻辑考试命题的思路、特点和规律,以便使考生通过上述真题的解答与对照掌握解题思路和技巧,从而最终能快速解题。

作者精心设计了3套全真模拟考卷,供考生进行实战演练,找到身临其境的感觉,同时便于考生更好地揣摩命题思路,预测命题方向,提高应试水平。3套模拟考卷的难度接近并略高于真题,建议考生在限时解答后再看答案详解,这样可以更好地查补缺漏,有针对性地巩固提高。

建议考生在复习前期阶段,可以先学习作者编著的《逻辑分册》,夯实基础、熟练掌握联考常考、常见题型的常规解题方法和相关解题技巧。之后在关键的冲刺阶段使用本书,本书作为《逻辑分册》的概括总结,目的在于考前点睛,旨在帮助考生临门一脚,直击目标,获得最佳效果。

本书力求使考生获得在联考冲刺阶段达到精准剖析历年真题、全真模拟直击考点的效果,从而使本书成为参加2023年管理、经济类专业学位研究生联考的逻辑考前兴奋剂,以快速、有效提升考生逻辑应试水平。

参与本书编写工作的有孙勇、孙亦飏、孙瑞余、贾殿珍、张静、史凤华、王木苟、王炎方、贾殿兰、朱蕾、吴小萍等11位成员,最后书稿由孙勇负责校对。感谢上海交通大学出版社相关工作人员的辛勤工作,本书才得以付梓,所以书中所有优点首先归功于他们,而由于编者水平所限,兼之时间仓促,存在的错误和疏漏之处,完全在于本书编者,对此,恳请读者在阅读过程中提出宝贵意见,意见请发至邮箱 tongjisunyong@tongji.edu.cn 以便以后改进。

最后,衷心希望广大考生通过学习本书以后,逻辑获得高分,联考成功!

编著者

目　录

第一部分　2022—2013 年管理类联考真题汇编

2022 年管理类专业学位全国联考逻辑真题 ·· 3

2021 年管理类专业学位全国联考逻辑真题 ·· 11

2020 年管理类专业学位全国联考逻辑真题 ·· 20

2019 年管理类专业学位全国联考逻辑真题 ·· 29

2018 年管理类专业学位全国联考逻辑真题 ·· 39

2017 年管理类专业学位全国联考逻辑真题 ·· 48

2016 年管理类专业学位全国联考逻辑真题 ·· 57

2015 年管理类专业学位全国联考逻辑真题 ·· 66

2014 年管理类专业学位全国联考逻辑真题 ·· 75

2013 年管理类专业学位全国联考逻辑真题 ·· 84

第二部分　2022—2013 年真题解析

2022 年管理类专业学位全国联考逻辑真题解析 ···································· 95

2021 年管理类专业学位全国联考逻辑真题解析 ···································· 102

2020 年管理类专业学位全国联考逻辑真题解析 ···································· 110

2019 年管理类专业学位全国联考逻辑真题解析 ···································· 117

2018 年管理类专业学位全国联考逻辑真题解析 ···································· 123

2017 年管理类专业学位全国联考逻辑真题解析 ················· 130

2016 年管理类专业学位全国联考逻辑真题解析 ················· 138

2015 年管理类专业学位全国联考逻辑真题解析 ················· 145

2014 年管理类专业学位全国联考逻辑真题解析 ················· 151

2013 年管理类专业学位全国联考逻辑真题解析 ················· 157

第三部分　历年有争议试题辨析

管理联考争议试题辨析 ······························· 167

第四部分　联考逻辑真题考点、特点和趋势

历年真题的考点、特点和趋势 ························· 183

第五部分　管理类专业学位联考逻辑模拟试卷与解析

模拟试卷一 ··································· 273

模拟试卷一答案及解析 ·························· 281

模拟试卷二 ··································· 286

模拟试卷二答案及解析 ·························· 294

模拟试卷三 ··································· 298

模拟试卷三答案及解析 ·························· 307

第一部分
2022—2013 年管理类联考真题汇编

2022 年管理类专业学位全国联考逻辑真题

2021 年管理类专业学位全国联考逻辑真题

2020 年管理类专业学位全国联考逻辑真题

2019 年管理类专业学位全国联考逻辑真题

2018 年管理类专业学位全国联考逻辑真题

2017 年管理类专业学位全国联考逻辑真题

2016 年管理类专业学位全国联考逻辑真题

2015 年管理类专业学位全国联考逻辑真题

2014 年管理类专业学位全国联考逻辑真题

2013 年管理类专业学位全国联考逻辑真题

2022 年管理类专业学位
全国联考逻辑真题

逻辑推理：以下 30 小题，每小题 2 分，共 60 分。给出的 A、B、C、D、E 五个选项中，只有一项是符合试题要求的，请在答题卡上将所选项的字母涂黑。

1. 百年党史充分揭示了中国共产党为什么能、马克思主义为什么行、中国特色社会主义为什么好的历史逻辑、理论逻辑、实践逻辑。面对百年未有之大变局，如果信念不坚定，就会陷入停滞彷徨的思想迷雾，就无法面对前进道路上的各种挑战风险。只有坚持中国特色社会主义道路自信、理论自信、文化自信，才能把中国的事情办好，把中国特色社会主义事业发展好。

根据以上陈述可以得出以下哪项？
A. 如果坚持"四个自信"，就能把中国的事情办好
B. 只要信念坚定，就不会陷入停滞彷徨的思想迷雾
C. 只有信念坚定，才能应对前进道路上的各种挑战风险
D. 只有充分理解百年党史揭示的理论逻辑，才能将中国特色社会主义事业发展好
E. 如果不能理解百年党史揭示的理论逻辑，就无法遵循百年党史揭示的实践逻辑

2. "君问归期未有期，巴山夜雨涨秋池。何当共剪西窗烛，却话巴山夜雨时。"这首《夜雨寄北》是晚唐诗人李商隐的名作。一般认为这是一封"家书"，当时诗人身处巴蜀，妻子在长安，所以说"寄北"。但有学者提出，这首诗实际上是寄给友人的。

以下哪项如果为真，最能支持以上学者的观点？
A. 李商隐之妻王氏卒于大中五年，而该诗作于大中七年
B. 明清小说戏曲中经常将家庭塾师或官员的幕客称为"西席""西宾"
C. 唐代温庭筠的《舞衣曲》中有诗句"回眸笑语西窗客，星斗寥寥波脉脉"
D. 该诗另一题为《夜雨寄内》，"寄内"即寄怀妻子。此说得到了许多人的认同
E. "西窗"在古代专指客房、客厅，起自尊客于西的先秦古礼，并被后世习察日用

3. 退休在家的老王今晚在《焦点访谈》《国家记忆》《自然传奇》《人物故事》《纵横中国》这 5 个节目中选择了 3 个节目观看。老王对观看的节目有如下的要求：
(1) 如果观看《焦点访谈》，就不观看《人物故事》；
(2) 如果观看《国家记忆》，就不观看《自然传奇》。
根据上述信息，老王一定观看了以下哪个节目？
A.《纵横中国》　　　B.《国家记忆》　　　C.《自然传奇》　　　D.《人物故事》
E.《焦点访谈》

4. 2020年全球碳排放量减少大约24亿吨,远远大于之前的创纪录降幅,例如第二次世界大战结束时下降9亿吨,2009年金融危机最严重时下降5亿吨。非政府组织全球碳计划(GCP)在其年度评估报告中说:由于各国在新冠肺炎疫情期间采取了封锁和限制措施,汽车使用量下降了一半左右,2020年的碳排放量同比下降了创纪录的7%。

以下哪项如果为真,最能支持GCP的观点?

A. 2020年碳排放量下降最明显的国家和地区是美国和欧盟

B. 延缓气候变化的办法不是停止经济活动,而是加速向低碳能源过渡

C. 根据气候变化制定的《巴黎协定》,2015年之后的10年间,全球每年须减排10~20亿吨

D. 2020年在全球各行业减少的碳排放总量中,交通运输业所占比例最大

E. 随着世界经济的持续复苏,2021年全球碳排放量同比下降可能不超过5%

5. 某小区2号楼1单元的住户都打了甲公司的疫苗,小李家不是该小区2号楼1单元的住户,小赵家都打了甲公司的疫苗,而小陈家都没有打甲公司的疫苗。

根据以上陈述,可以得出以下哪项?

A. 小李家都没有打甲公司的疫苗

B. 小赵家是该小区2号楼1单元的住户

C. 小陈家是该小区的住户,但不是2号楼1单元的

D. 小赵家是该小区2号楼的住户,但未必是1单元的

E. 小陈家若是该小区2号楼的住户,则不是1单元的

6. 某研究团队研究了大约4万名中老年人的核磁共振成像数据、自我心理评估等资料,发现经常有孤独感的研究对象和没有孤独感的研究对象在大脑的默认网络区域中存在显著差异。默认网络是一组参与内心思考的大脑区域,这些内心思考包括回忆旧事、规划未来、想象等。孤独者大脑的默认网络联结更为紧密,其灰质容积更大。研究人员由此认为,大脑默认网络的结构和功能与孤独感存在正相关。

以下哪项如果为真,最能支持上述研究人员的观点?

A. 人们在回忆过去、假设当下或预想未来时会使用默认网络

B. 有孤独感的人更多地使用想象、回忆过去和憧憬未来以克服社交隔离

C. 感觉孤独的老年人出现认知衰退和患上阿尔茨海默病的风险更高,进而导致部分脑区萎缩

D. 了解孤独感对大脑的影响、拓展我们在这个领域的认知,有助于减少当今社会的孤独现象

E. 穹隆是把信号从海马体输送到默认网络的神经纤维束,在研究对象的大脑中,这种纤维束得到较好的保护

7. 关于张、李、宋、孔4人参加植树活动的情况如下:(1)张、李、孔至少有2人参加;(2)李、宋、孔至多有2人参加;(3)如果李参加,那么张、宋2人要么都参加,要么都不参加。

根据以上陈述,以下哪项是不可能的?

A. 宋、孔都参加　　B. 宋、孔都不参加　　C. 李、宋都参加　　D. 李、宋都不参加

E. 李参加,宋不参加

8. 2020 年下半年,随着新冠病毒在全球范围内的肆虐及流感季节的到来,很多人担心会出现大范围流感和新冠疫情同时爆发的情况。但是有病毒学家发现,2009 年甲型 H1N1 流感毒株出现后,自 1977 年以来一直传播的另一种甲型流感毒株消失了。由此他推测,人体同时感染新冠病毒和流感病毒的可能性应该低于预期。

以下哪项如果为真,最能支持该病毒学家的推测?

A. 如果人们继续接种流感疫苗,就能降低同时感染这两种病毒的概率

B. 一项分析显示,新冠肺炎患者中大约有 3% 的人同时感染另一种病毒

C. 人体感染一种病毒后的几周内,其先天免疫系统的防御能力会逐步增强

D. 为避免感染新冠病毒,人们会减少室内聚集、继续佩戴口罩、保持社交距离和手部卫生

E. 新冠病毒的感染会增加参与干扰素反应的基因的活性,从而防止流感病毒在细胞内进行复制

9. 补充胶原蛋白已经成为当下很多女性抗衰老的手段之一。她们认为吃猪蹄能够补充胶原蛋白,为了美容养颜,最好多吃些猪蹄。近日有些专家对此表示质疑,他们认为多吃猪蹄其实并不能补充胶原蛋白。

以下哪项如果为真,最能质疑上述专家的观点?

A. 猪蹄中的胶原蛋白会被人体的消化系统分解,不会直接以胶原蛋白的形态补充到皮肤中

B. 人们在日常生活中摄入的优质蛋白和水果、蔬菜中的营养物质,足以提供人体所需的胶原蛋白

C. 猪蹄中的胶原蛋白的含量并不多,但胆固醇含量高、脂肪多,食用过多会引发肥胖,还会增加患高血压的风险

D. 猪蹄中的胶原蛋白经过人体消化后会分解成氨基酸等物质,氨基酸参与人体生理活动,再合成人体必需的胶原蛋白等多种蛋白质

E. 胶原蛋白是人体皮肤、骨骼和肌腱中的主要结构蛋白,它填充在真皮之间,撑起皮肤组织、增加皮肤紧密度,使皮肤水润而富有弹性

10. 某单位有甲、乙、丙、丁、戊、己、庚、辛、壬、癸 10 名新进员工,他们所学专业是哲学、数学、化学、金融和会计 5 个专业之一,每人只学其中一个专业。已知:(1) 若甲、丙、壬、癸中至多有 3 人是数学专业,则丁、庚、辛 3 人都是化学专业;(2) 若乙、戊、己中至多有 2 人是哲学专业,则甲、丙、庚、辛 4 人专业各不相同。

根据上述信息,所学专业相同的新员工是?

A. 乙、戊、己　　　　B. 甲、壬、癸　　　　C. 丙、丁、癸　　　　D. 丙、戊、己

E. 丁、庚、辛

11. H 市医保局发出如下公告:自即日起,本市将新增医保电子凭证就医结算,社保卡将

不再作为就医结算的唯一凭证。本市所有定点医疗机构均已实现医保电子凭证的实时结算。本市参保人员可凭医保电子凭证就医结算,但只有将医保电子凭证激活后才能扫码使用。

以下哪项最符合上述 H 市医保局的公告内容?

A. H 市非定点医疗机构没有实现医保电子凭证的实时结算

B. 可使用医保电子凭证结算的医院不一定都是 H 市的定点医疗机构

C. 凡持有社保卡的外地参保人员,均可在 H 市定点医疗机构就医结算

D. 凡已激活医保电子凭证的外地参保人员,均可在 H 市定点医疗机构使用医保电子凭证扫码就医

E. 凡未激活医保电子凭证的本地参保人员,均不能在 H 市定点医疗机构使用医保电子凭证扫码结算

12. 宋、李、王、吴四人均订阅了《人民日报》《光明日报》《参考消息》《文汇报》中的两种报纸,每种报纸均有两人订阅,且各人订阅的均不完全相同。另外,还知道:(1) 如果吴至少订阅了《光明日报》《参考消息》中的一种,则李订阅了《人民日报》而王未订阅《光明日报》;(2) 如果李、王两人中至多有一人订阅了《文汇报》,则宋、吴均订阅了《人民日报》。

如果李订阅了《人民日报》,则可以得出以下哪项?

A. 宋订阅了《文汇报》 　　　　　　　B. 宋订阅了《人民日报》

C. 王订阅了《参考消息》 　　　　　　D. 吴订阅了《参考消息》

E. 吴订阅了《人民日报》

13. 在一项噪声污染与鱼类健康关系的实验中,研究人员将已感染寄生虫的孔雀鱼分成短期噪声组、长期噪声组和对照组。短期噪声组在噪声环境中连续暴露 24 小时,长期噪声组在同样的噪声中暴露 7 天,对照组则被置于一个安静环境中。在 17 天的监测期内,该研究人员发现,长期噪声组的鱼在第 12 天开始死亡,其他两组鱼则在第 14 天开始死亡。

以下哪项如果为真,最能解释上述实验结果?

A. 噪声污染不仅危害鱼类,也危害两栖动物、鸟类和爬行动物等

B. 长期噪声污染会加速寄生虫对宿主鱼类的侵害,导致鱼类过早死亡

C. 相比于天然环境,在充斥各种噪声的养殖场中的鱼更容易感染寄生虫

D. 噪声污染使鱼类既要应对寄生虫的感染又要排除噪声干扰,增加鱼类健康风险

E. 短期噪声组所受的噪声可能引起鱼类的紧张情绪,但不至于损害它们的免疫系统

14. 节日将至,某单位拟为职工发放福利品,每人可在甲到庚 7 种商品中选择其中的 4 种进行组合,且组合还需要满足如下要求:

(1) 若选甲,则丁、戊、庚 3 种中至多选其一;

(2) 若丙、己至少选一种,则必选乙但不能选择戊。

以下哪一项组合符合上述要求?

A. 甲、丁、戊、己　　　B. 乙、丙、丁、戊　　　C. 甲、乙、戊、庚　　　D. 乙、丁、戊、庚

E. 甲、丙、丁、己

15. 幸福是一种主观愉悦的心理体验,也是一种认知和创造美好生活的能力。在日常生活中,每个人如果既能发现当下不足,也能确立前进的目标,并通过实际行动改进不足和实现目标,就能始终保持对生活的乐观精神。而有了对生活的乐观精神,就会拥有幸福感。生活中大多数人都拥有幸福感。遗憾的是,也有一些人能发现当下的不足,并通过实际行动去改进,但他们却没有幸福感。

以下哪项最符合上述描述?

A. 生活中大多数人都有对生活的乐观精神

B. 个体的生理体验也是个体的一种行为能力

C. 如果能发现当下的不足并努力改进,就能拥有幸福感

D. 那些没有幸福感的人即使发现当下的不足,也不愿通过行为去改变

E. 确立前进的目标并通过实际行动实现目标,生活中有些人没有做到这一点

16～17 题基于以下题干:

本科生小刘拟在 4 个学年中选修甲、乙、丙、丁、戊、己、庚、辛 8 门课程,每个学年选修其中的 1～3 门课程,每门课程均在其中的一个学年修完。选修课程的同时还满足以下条件:

(1) 后 3 个学年选修的课程数量均不同;

(2) 丙、己和辛课程安排在一个学年,丁课程安排在紧接其后的一个学年;

(3) 若第 4 学年至少选修甲、丙、丁中的 1 门课程,则第 1 学年仅选修戊、辛 2 门课程。

16. 如果乙在丁之前的学年选修,则可以得出哪项?

A. 乙在第 1 学年选修　　　　　　　B. 乙在第 2 学年选修

C. 丁在第 2 学年选修　　　　　　　D. 丁在第 4 学年选修

E. 戊在第 1 学年选修

17. 如果甲、庚均在乙之后的学年选修,则可以得出哪项?

A. 戊在第 1 学年选修　　　　　　　B. 戊在第 3 学年选修

C. 庚在甲之前的学年选修　　　　　D. 甲在戊之前的学年选修

E. 庚在戊之前的学年选修

18. 习俗因传承而深入人心,文化因赓续而繁荣兴盛。传统节日带给人们的不只是快乐和喜庆,还塑造着影响至深的文化自信。不忘历史才能开辟未来,善于继承才能善于创新。传统节日只有不断融入现代生活,其中的文化才能得以赓续而繁荣兴盛,才能为人们提供更多心灵滋养与精神力量。

根据以上信息,可以得出以下哪项?

A. 只有为人们提供更多心灵滋养与精神力量,传统文化才能得以赓续而繁荣兴盛

B. 若传统节日更好地融入现代生活,就能为人们提供更多心灵滋养与精神力量

C. 有些带给人们欢乐和喜庆的节日塑造着人们的文化自信

D. 带有厚重历史文化的传统将引领人们开辟未来

E. 深入人心的习俗将在不断创新中被传承

19. 当前,不少教育题材影视剧贴近社会现实,直击子女升学、出国留学、代际冲突等教育痛点,引发社会广泛关注。电视剧一阵风,剧外人急红眼,很多家长触"剧"生情,过度代入,焦虑情绪不断增加,引得家庭"鸡飞狗跳",家庭与学校的关系不断紧张。有专家由此指出,这类教育影视剧只能贩卖焦虑,进一步激化社会冲突,对现实教育公平于事无补。

以下哪项如果为真,最能质疑上述专家的主张?

A. 当代社会教育资源客观上总是有限且分配不平衡,教育竞争不可避免

B. 父母过度焦虑则导致孩子间暗自攀比,重则影响亲子关系、家庭和睦

C. 教育影视剧一旦引发广泛关注,就会对国家教育政策走向产生重要影响

D. 教育影视剧提醒学校应明确职责,不能对义务教育实行"家长承包制"

E. 家长不应成为教育焦虑的"剧中人",而应该用爱包容孩子的不完美

20～21题基于以下题干:

某电影院制订未来一周的排片计划。他们决定,周二至周日(周一休息)每天放映动作片、悬疑片、科幻片、纪录片、战争片、历史片6种类型中的一种,各不重复。已知排片还有如下要求:(1)如果周二或周五放映悬疑片,则周三放映科幻片;(2)如果周四或周六放映悬疑片,则周五放映战争片;(3)战争片必须在周三放。

20. 根据以上信息,可以得出以下哪项?

A. 周六放科幻片　　B. 周日放悬疑片　　C. 周五放动作片　　D. 周二放纪录片

E. 周四放历史片

21. 如果历史片的放映时间,既与纪录片相邻,又与科幻片相邻,则可得出以下哪项?

A. 周二放纪录片　　B. 周四放纪录片　　C. 周二放动作片　　D. 周四放科幻片

E. 周五放动作片

22. 有些科学家认为,基因调整技术能大幅延长人类寿命。他们在实验室中调整了一种小型土壤线虫的两组基因序列,成功将这种生物的寿命延长了5倍。他们据此声称,如果将延长线虫寿命的科学方法应用于人类,人活到500岁就会成为可能。

以下最能质疑上述科学家的观点?

A. 基因调整技术可能会导致下一代中一定比例的个体失去繁殖能力

B. 即使将基因调整技术成功应用于人类,也只会有极少的人活到500岁

C. 将延长线虫寿命的科学方法应用于人类,还需要经历较长一段时间

D. 人类的生活方式复杂而多样,不良的生活习惯和心理压力,会影响身心健康

E. 人类寿命的提高幅度不会像线虫那样简单倍增,200岁以后寿命再延长基本不可能

23. 贾某的邻居易某在自家阳台侧面安装了空调外机,空调一开,外机就向贾家窗户方

向吹热风,贾某对此叫苦不迭,于是找到易某协商此事。易某回答说:"现在哪家没装空调?别人安装就行,偏偏我家就不行?"

对于易某的回答,以下哪项评价最为恰当?

A. 易某的行为虽然影响到了贾家的生活,但易某是正常行使自己的权利

B. 易某的行为已经构成对贾家权利的侵害,应该立即停止侵权行为

C. 易某没有将心比心,因为贾家也可以在正对易家卧室窗户处安装空调外机

D. 易某在转移论题,问题不是能不能安装空调,而是安装空调该不该影响邻居

E. 易某空调外机的安装不应正对贾家卧室窗户,不能只顾自己享受而让贾家受罪

24～25 题基于以下题干:

某校文学社,王、李、周、丁 4 个人每人只爱好诗歌、散文、戏剧、小说 4 种文学形式中的一种,且各不相同;他们每人只创作了上述 4 种形式中的一种作品,且形式各不相同。他们创作的作品形式与各自的文学爱好均不同。已知:(1) 若王没有创作诗歌,则李爱好小说;(2) 若王没有创作诗歌,则李创作小说;(3) 若王创作诗歌,则李爱好小说且周爱好散文。

24. 根据上述信息,可得出以下哪项为真?

A. 王爱好散文　　　B. 李爱好戏剧　　　C. 周爱好小说　　　D. 丁爱好诗歌

E. 周爱好戏剧

25. 如果丁创作散文,则可以得出以下哪项?

A. 周创作小说　　　B. 李创作诗歌　　　C. 李创作小说　　　D. 周创作戏剧

E. 王创作小说

26. 有科学家进行了对比实验:在一些花坛中种金盏草,而在另外一些花坛中未种植金盏草。他们发现:种了金盏草的花坛玫瑰长得很繁茂,而未种金盏草的花坛,玫瑰却呈现病态,很快就枯萎了。

以下哪项如果为真,最能解释上述现象?

A. 为了利于玫瑰生长,某园艺公司推荐种金盏草而不是直接喷洒农药

B. 金盏草的根部深度不同于玫瑰,不会与其争夺营养,却可保持土壤湿度

C. 金盏草的根部可分泌出一种杀死土壤中害虫的物质,使玫瑰免受其侵害

D. 玫瑰花花坛中的金盏草常被认为是一种杂草,但它对玫瑰的生长具有奇特的作用

E. 花匠会对种金盏草和玫瑰花的花坛施肥较多,而对仅种玫瑰花的花坛施肥偏少

27. 李佳、贾元、夏辛、丁东、吴悠 5 位大学生暑期结伴去皖南旅游,对于 5 人将要游览的地点,他们却有不同想法。

李佳:若去龙川,则去呈坎;

贾元:龙川和徽州古城两个地方至少去一个;

夏辛:若去呈坎,则也去新安江山水画廊;

丁东：若去徽州古城，则也去新安江山水画廊；

吴悠：若去新安江山水画廊，则也去江村。

事后得知，5 人的想法都得到了实现，根据以上信息，上述 5 人游览的地点，肯定有以下哪项？

A. 龙川和呈坎   B. 江村和新安江山水画廊

C. 龙川和徽州古城   D. 呈坎和新安江山水画廊

E. 呈坎和徽州古城

28. 胃底腺息肉是所有胃息肉中最为常见的一种良性病变。最常见的是散发型胃底腺息肉，它多发于 50 岁以上人群。研究人员在研究 10 万人的胃镜检查资料后发现，有胃底腺息肉的患者无人患胃癌，而没有胃底腺息肉的患者中有 178 人发现有胃癌。他们由此断定，胃底腺息肉与胃癌呈负相关。

以下哪项为真，最支持上述研究人的断定？

A. 有胃底腺息肉的患者绝大多数没有家族癌症史

B. 在研究人员研究的 10 万人中，50 岁以下的占大多数

C. 在研究人员研究的 10 万人中，有胃底腺息肉的人仅占 14%

D. 有胃底腺息肉的患者罹患萎缩性胃炎、胃溃疡的概率显著降低

E. 胃内一旦有胃底腺息肉，往往意味着没有感染致癌物"幽门螺旋杆菌"

29～30 题基于以下题干：

某特色建筑项目评选活动没有纪念建筑、观演建筑、会堂建筑、商业建筑、工业建筑 5 个门类的奖项。甲、乙、丙、丁、戊、己 6 位建筑师均有 2 个项目入选上述不同门类的奖项，且每个门类的奖项有上述 6 人的 2～3 个项目入选。

已知：(1) 若甲或乙至少有一个项目入选观演建筑或工业建筑，则乙、丙入选的项目均是观演建筑和工业建筑；(2) 若乙或丁至少有一个项目入选观演建筑或会堂建筑，则乙、丁、戊入选的项目均是纪念建筑和工业建筑；(3) 若丁至少有一个项目入选纪念建筑或商业建筑，则甲、己入选的项目均在纪念建筑、观演建筑和商业建筑之中。

29. 根据上述信息，可以得出以下哪项？

A. 甲有项目入选观演建筑   B. 丙有项目入选工业建筑

C. 丁有项目入选商业建筑   D. 戊有项目入选会堂建筑

E. 己有项目入选纪念建筑

30. 若己有项目入选商业建筑，则可以得出以下哪项？

A. 己有项目入选观演建筑   B. 戊有项目入选工业建筑

C. 丁有项目入选商业建筑   D. 丙有项目入选观演建筑

E. 乙有项目入选工业建筑

2021年管理类专业学位
全国联考逻辑真题

逻辑推理：以下30小题，每小题2分，共60分。给出的A、B、C、D、E五个选项中，只有一项是符合试题要求的，请在答题卡上将所选项的字母涂黑。

1. 哲学是关于世界观、方法论的学问，哲学的基本问题是思维和存在的关系问题，它是在总结各门具体科学知识基础上形成的，并不是一门具体科学。因此，经验的个案不能反驳它。

以下哪项如果为真，最能支持以上论述？

A. 哲学并不能推演出经验的个案

B. 任何科学都要接受经验的检验

C. 具体科学不研究思维和存在的关系问题

D. 经验的个案只能反驳具体科学

E. 哲学可以对具体科学提供指导

2. M大学社会学院的老师都曾经到甲县的某些乡镇进行家庭收支情况调研，N大学历史学院的老师都曾经到甲县对所有乡镇进行历史考查。赵若兮曾经到甲县对所有乡镇的家庭收支情况进行过调研，但未曾到项郢镇进行历史考察；陈北鱼曾经到梅河乡进行历史考察，但从未到甲县进行家庭收支情况调研。

根据以上信息，可以得出以下哪项？

A. 陈北鱼是M大学社会学院的老师，且梅河乡是甲县的

B. 若赵若兮是N大学历史学院的老师，则项郢镇不是甲县的

C. 对甲县的家庭收支情况进行调研，也会涉及相关的历史考察

D. 陈北鱼是N大学的老师

E. 赵若兮是M大学的老师

3. 研究人员招募了300名体重超标的男性，将其分成餐前锻炼组和餐后锻炼组，进行每周三次相同强度和相同时段的晨练。餐前锻炼组晨练前摄入零卡路里安慰剂饮料，晨练后摄入200卡路里的奶昔；餐后锻炼组晨练前摄入200卡路里的奶昔，晨练后摄入零卡路里安慰剂饮料。三周后发现，餐前锻炼组燃烧的脂肪比餐后锻炼组多。该研究人员由此推断，肥胖者若持续这样的餐前锻炼，就能在不增加运动强度或时间的情况下改善代谢能力，从而达到减肥效果。

以下哪项如果为真，最能支持该研究人员的上述推断？

A. 餐前锻炼组额外的代谢与体内肌肉中的脂肪减少有关

B. 餐前锻炼组觉得自己在锻炼中消耗的脂肪比餐后锻炼组多

C. 餐前锻炼可以增强肌肉细胞对胰岛素的反应,促使它更有效地消耗体内的糖分和脂肪

D. 肌肉参与运动所需要的营养,可能来自最近饮食中进入血液的葡萄糖和脂肪成分,也可能来自体内储存的糖和脂肪

E. 有些餐前锻炼组的人知道他们摄入的是安慰剂,但这并不影响他们锻炼的积极性

4. 某企业董事会就建立健全企业管理制度与提高企业经济效益进行研讨。在研讨中,与会者发言如下。

甲:要提高企业经济效益,就必须建立健全企业管理制度。

乙:既要建立健全企业管理制度,又要提高企业经济效益,二者缺一不可。

丙:经济效益是基础和保障,只有提高企业经济效益,才能建立健全企业管理制度。

丁:如果不建立健全企业管理制度,就不能提高企业经济效益。

戊:如果不提高企业经济效益,就不能建立健全企业管理制度。

根据上述讨论董事会最终做出了合理的决定,以下哪项是可能的?

A. 甲、乙的意见符合决定,丙的意见不符合决定

B. 上述 5 人中只有 1 人的意见符合决定

C. 上述 5 人中只有 2 人的意见符合决定

D. 上述 5 人中只有 3 人的意见符合决定

E. 上述 5 人的意见均不符合决定

5. 气象台的实测气温与人实际的冷暖感受常常存在一定的差异。在同样的低温条件下,如果是阴雨天,那么人会感到特别冷,即通常说的"阴冷";如果同时赶上刮大风,那么人会感到寒风刺骨。

以下哪项如果为真,最能解释上述现象?

A. 人的体感温度除了受气温的影响外,还受风速与空气湿度的影响

B. 在低温情况下,如果风力不大、阳光充足,人不会感到特别寒冷

C. 即使天气寒冷,若进行适当锻炼,人也不会感到太冷

D. 即使室内外温度一致,但是走到有阳光的室外,人会感到温暖

E. 炎热的夏日,电风扇转动时,尽管不改变环境温度,但人依然感到凉快

6. 某俱乐部共有甲、乙、丙、丁、戊、己、庚、辛、壬、癸 10 名职业运动员,来自 5 个不同的国家(不存在双重国籍的情况)。已知:

(1) 该俱乐部的外援刚好占一半,他们是乙、戊、丁、庚、辛;

(2) 乙、丁、辛 3 人来自两个国家。

根据以上信息,可以得出以下哪项?

A. 甲、丙来自不同国家　　　　　　　B. 乙、辛来自不同国家

C. 乙、庚来自不同国家　　　　　　　D. 丁、辛来自相同国家

E. 戊、庚来自相同国家

7. 某高校的李教授在网上撰文指责另一个高校张教授早年发表的一篇论文存在抄袭现象。张教授知晓后,立即在同一网站对李教授的指责进行反驳。

以下哪项作为张教授的反驳最为有力?

A. 自己投稿在先而发表在后,所谓论文抄袭其实是他人抄自己

B. 李教授的指责纯属栽赃陷害,混淆视听,破坏了大学教授的整体形象

C. 李教授的指责是对自己不久前批评李教授学术观点所做出的打击报复

D. 李教授的指责可能背后有人指使,不排除受到两校不正当竞争的影响

E. 李教授早年的两篇论文其实也存在不同程度的抄袭现象

8. 某电影节设有"最佳故事片""最佳男主角""最佳女主角""最佳编剧""最佳导演"等多个奖项。颁奖前,有专业人士预测如下:

(1) 若甲或乙获得"最佳导演",则"最佳女主角"和"最佳编剧"将在丙和丁中产生;

(2) 只有影片 P 或影片 Q 获得"最佳故事片",其片中的主角才能获得"最佳男主角"或"最佳女生角";

(3) "最佳导演"和"最佳故事片"不会来自同一部影片。

以下哪项颁奖结果与上述预测不一致?

A. 乙没有获得"最佳导演","最佳男主角"来自影片 Q

B. 丙获得"最佳女主角","最佳编剧"来自影片 P

C. 丁获得"最佳编剧","最佳女主角"来自影片 P

D. "最佳女主角""最佳导演"都来自影片 P

E. 甲获得"最佳导演","最佳编剧"来自影片 Q

9. 黄瑞爱好书画收藏,他收藏的书画作品只有"真品""精品""名品""稀品""特品""完品",它们之间存在如下关系:

(1) 若是"完品"或"真品",则是"稀品";

(2) 若是"稀品"或"名品",则是"特品"。

现知道黄瑞收藏的一幅画不是"特品",则可以得出以下哪项?

A. 该画是"稀品"　　　　　　　　　　B. 该画是"精品"

C. 该画是"完品"　　　　　　　　　　D. 该画是"名品"

E. 该画是"真品"

10. 王、陆、田 3 人拟结伴到甲、乙、丙、丁、戊、己 6 个景点游览。关于游览的顺序,3 人意见如下:

(1) 王:1 甲、2 丁、3 己、4 乙、5 戊、6 丙;

(2) 陆:1 丁、2 己、3 戊、4 甲、5 乙、6 丙;

(3) 田:1 己、2 乙、3 丙、4 甲、5 戊、6 丁。

实际游览时,各人意见中都恰有一半的景点序号是正确的。

根据以上信息,他们实际游览的前 3 个景点分别是以下哪项?

A. 己、丁、丙   B. 丁、乙、己   C. 甲、乙、己   D. 乙、己、丙

E. 丙、丁、己

11. "冈萨雷斯""埃尔南德斯""施米特""墨菲"这 4 个姓氏是且仅是卢森堡、阿根廷、墨西哥、爱尔兰四国中某一国的常见姓氏。已知：

(1) "施米特"是阿根廷或卢森堡常见姓氏；

(2) 若"施米特"是阿根廷常见姓氏，则"冈萨雷斯"是爱尔兰常见姓氏；

(3) 若"埃尔南德斯"或"墨菲"是卢森堡常见姓氏，则"冈萨雷斯"是墨西哥常见姓氏。

根据以上信息，可以得出以下哪项？

A. "施米特"是卢森堡常见姓氏   B. "埃尔南德斯"是卢森堡常见姓氏

C. "冈萨雷斯"是爱尔兰常见姓氏   D. "墨菲"是卢森堡常见姓氏

E. "墨菲"是阿根廷常见姓氏

12. 甲、乙、丙、丁、戊 5 人是某校美学专业 2019 级研究生，第一学期结束后，他们在张、陆、陈 3 位教授中选择导师，每人只选择 1 人作为导师，每位导师都有 1～2 人选择，并且已知：

(1) 选择陆老师的研究生比选择张老师的多；

(2) 若丙、丁中至少有 1 人选择张老师，则乙选择陈老师；

(3) 若甲、丙、丁中至少有 1 人选择陆老师，则只有戊选择陈老师。

根据以上信息，可以得出以下哪项？

A. 甲选择陆老师   B. 乙选择张老师

C. 丁、戊选择陆老师   D. 乙、丙选择陈老师

E. 丙、丁选择陈老师

13. 艺术活动是人类标志性的创造性劳动。在艺术家的心灵世界里，审美需求和情感表达是创造性劳动不可或缺的重要引擎；而人工智能没有自我意识，人工智能艺术作品的本质是模仿。因此，人工智能永远不能取代艺术家的创造性劳动。

以下哪项最可能是以上论述的假设？

A. 人工智能可以作为艺术创作的辅助工具

B. 只有具备自我意识，才能具有审美需求和情感表达

C. 大多数人工智能作品缺乏创造性

D. 没有艺术家的创作，就不可能有人工智能艺术品

E. 模仿的作品很少能表达情感

14. 最近一项科学观测显示，太阳产生的带电粒子流即太阳风，含有数以千计的"滔天巨浪"，其时速会突然暴增，可能导致太阳磁场自行反转，甚至会对地球产生有害影响。但目前我们对太阳风的变化及其如何影响地球知之甚少。据此，有专家指出，为了更好地保护地球免受太阳风的影响，必须更新现有的研究模式，另辟蹊径研究太阳风。

以下哪项如果为真,最能支持上述专家的观点?

A. 最新观测结果不仅改变了天文学家对太阳风的看法,而且将改变其预测太空天气事件的能力

B. 目前,根据标准太阳模型预测太阳风变化所获得的最新结果与实际观测相比,误差为10～20 倍

C. 对太阳风进行深入研究,将有助于防止太阳风大爆发时对地球的卫星和通信系统乃至地面电网造成影响

D. 太阳风里有许多携带能量的粒子和磁场,而这些磁场会发生意想不到的变化

E. "高速"太阳风源于太阳南北极的大型日冕洞,而"低速"太阳风则来自太阳赤道上较小的日冕洞

15～16 两题基于以下共同题干:

冬奥组委会官网开通全球招募系统,正式招募冬奥会志愿者。张明、刘伟、庄敏、孙兰、李梅 5 人在一起讨论报名事宜。他们商量的结果如下:

(1) 如果张明报名,则刘伟也报名;

(2) 如果庄敏报名,则孙兰也报名;

(3) 只要刘伟和孙兰 2 人中至少有 1 人报名,则李梅也报名。

后来得知,他们 5 人中已有 3 人报名。

15. 根据以上信息,可以得出以下哪项?

A. 张明已报名   B. 刘伟已报名

C. 庄敏已报名   D. 孙兰已报名

E. 李梅已报名

16. 如果增加条件"若刘伟报名,则庄敏也报名",那么可以得出以下哪项?

A. 张明和刘伟都已报名   B. 刘伟和庄敏都已报名

C. 庄敏和孙兰都已报名   D. 张明和孙兰都已报名

E. 刘伟和李梅都已报名

17. 酸奶作为一种健康食品,既营养又美味可口,深受人们的喜爱,很多人饭后都不忘来杯酸奶。他们觉得,饭后喝杯酸奶能够解油腻、助消化。但近日有专家指出,饭后喝酸奶其实并不能帮助消化。

以下哪项如果为真,最能支持上述专家的观点?

A. 足量膳食纤维和维生素 B1 被人体摄入后可有效促进肠胃蠕动,进而促进食物消化,但酸奶不含膳食纤维,维生素 B1 的含量也不丰富

B. 酸奶中的益生菌可以维持肠道消化系统的健康,但是这些菌群大多不耐酸,胃部的强酸环境会使其大部分失去活性

C. 酸奶含有一定的糖分,吃饱了饭再喝酸奶会加重肠胃负担,同时也使身体增加额外

的营养,容易导致肥胖

D. 人体消化需要消化酶和有规律的肠胃运动,酸奶中没有消化酶,饮用酸奶也不能纠正无规律的肠胃运动

E. 酸奶可以促进胃酸分泌,抑制有害菌在肠道内繁殖,有助于维持消化系统健康,对于食物消化能起到间接帮助作用

18. 为进一步弘扬传统文化,有专家提议将每年的2月1日、3月1日、4月1日、9月1日、11月1日、12月1日6天中的3天确定为"传统文化宣传日"。根据实际需要,确定日期必须考虑以下条件:

(1) 若选择2月1日,则选择9月1日但不选12月1日;

(2) 若3月1日、4月1日至少选择其一,则不选11月1日。

以下哪项选定的日期与上述条件一致?

A. 2月1日、3月1日、4月1日　　　　B. 2月1日、4月1日、11月1日

C. 3月1日、9月1日、11月1日　　　　D. 4月1日、9月1日、11月1日

E. 9月1日、11月1日、12月1日

19. 今天的教育质量将决定明天的经济实力。PISA是经济合作与发展组织每隔3年对15岁学生的阅读、数学和科学能力进行的一项测试。根据2019年最新测试结果,中国学生的总体表现远超其他国家学生。有专家认为,该结果意味着中国有一支优秀的后备力量以保障未来经济的发展。

以下哪项如果为真,最能支持上述专家的论证?

A. 中国学生在15岁时各项能力尚处于上升期,他们未来会有更出色的表现

B. 未来经济发展的核心驱动力是创新,中国教育非常重视学生创新能力的培养

C. 在其他国际智力测试中,亚洲学生总体成绩最好,而中国学生又是亚洲最好的

D. 这次PISA测试的评估重点是阅读能力,能很好地反映学生的受教育质量

E. 中国学生在阅读、数学和科学三项排名中均位列第一

20. 下面有一个5×5的方阵,它所含的每个小方格中可填入一个词(已有部分词填入)。现要求该方阵中的每行、每列及每个粗线条围住的5个小方格组成的区域中均含有"道路""制度""理论""文化""自信"5个词,不能重复也不能遗漏。

根据上述要求,以下哪项是方阵顶行①②③④空格中从左至右依次应填入的词?

A. 道路、理论、制度、文化

B. 道路、文化、制度、理论

C. 文化、理论、制度、自信

D. 理论、自信、文化、道路

E. 制度、理论、道路、文化

①	②	③	④	
	自信	道路		制度
理论				道路
制度		自信		
				文化

21. 水产品的脂肪含量相对较低,而且含有较多不饱和脂肪酸,对预防血脂异常和心血管疾病有一定作用。禽肉的脂肪含量也比较低,脂肪酸组成优于畜肉;畜肉中的瘦肉脂肪含量低于肥肉,瘦肉优于肥肉。因此,在肉类选择上,应该优先选择水产品,其次是禽肉,这样对身体更健康。

以下哪项如果为真,最能支持以上论述?

A. 所有人都有罹患心血管疾病的风险

B. 肉类脂肪含量越低对人体越健康

C. 人们认为根据自己的喜好选择肉类更有益于健康

D. 人必须摄入适量的动物脂肪才能满足身体的需要

E. 脂肪含量越低,不饱和脂肪酸含量越高

22~23 两题基于以下共同题干:

某剧团拟将历史故事"鸿门宴"搬上舞台,该剧有项王、沛公、项伯、张良、项庄、樊哙、范增 7 个主要角色,甲、乙、丙、丁、戊、己、庚 7 名演员每人只能扮演其中一个,且每个角色只能由其中一人扮演。根据各演员的特点,角色安排如下:

(1) 如果甲不扮演沛公,则乙扮演项王;

(2) 如果丙或己扮演张良,则丁扮演范增;

(3) 如果乙不扮演项王,则丙扮演张良;

(4) 如果丁不扮演樊哙,则庚或戊扮演沛公。

22. 根据上述信息,可以得出以下哪项?

A. 甲扮演沛公　　　B. 乙扮演项王　　　C. 丙扮演张良　　　D. 丁扮演范增

E. 戊扮演樊哙

23. 若甲扮演沛公而庚扮演项庄,则可以得出以下哪项?

A. 丙扮演项伯　　　B. 丙扮演范增　　　C. 丁扮演项伯　　　D. 戊扮演张良

E. 戊扮演樊哙

24. 某医学专家提出一种简单的手指自我检测法:将双手放在眼前,把两个食指的指甲那一面贴在一起,正常情况下,应该看到两个指甲床之间有一个菱形的空间;如果看不到这个空间,则说明手指出现了杵状改变,这是患有某种心脏或肺部疾病的迹象。该专家认为,人们通过手指自我检测能快速判断自己是否患有心脏或肺部疾病。

以下哪项如果为真,最能质疑上述专家的论断?

A. 杵状改变可能由多种肺部疾病引起,如肺纤维化、支气管扩张等,而且这种病变需要经历较长的一段过程

B. 杵状改变不是癌症的明确标志,仅有不足 40% 的肺癌患者有杵状改变

C. 杵状改变检测只能作为一种参考,不能用以替代医生的专业判断

D. 杵状改变有两个发展阶段,第一个阶段的畸变不是很明显,不足以判断人体是否有疾病

E. 杵状改变是手指末端软组织积液造成的,而积液是由于过量血液注入该区域导致的,其内在机理仍然不明

25. 曾几何时,快速阅读进入了我们的培训课堂,培训者告诉学员,要按"Z"字形浏览文章,只要精简我们看的地方,就能整体把握文本要义,从而提高阅读速度,真正的快速阅读能将阅读速度提高至少两倍,并不影响理解。但近来有科学家指出,快速阅读实际上是不可能的。

以下哪项为真,最能加强科学家的观点?

A. 阅读是一项复杂的任务,首先需要看到一个词,然后要检索其含义,再将其与上下文相联系

B. 科学界始终对快速阅读持怀疑态度,那些声称能帮助人们快速阅读的人通常是为了谋生或赚钱

C. 人的视力只能集中于相对较小的区域,不可能同时充分感知和阅读大范围文本,识别单词的能力限制了我们的阅读理解

D. 个体阅读速度差异很大,那些阅读速度较快的人可能拥有较强的短时记忆或信息处理功能

E. 大多数声称能快速阅读的人实际上是在浏览,他们可能相当快地捕捉到文本的重要内容,但也会错过众多细枝末节

26. 每篇优秀的论文都必须逻辑清晰且论据翔实,每篇经典的论文都必须主题鲜明且语言准确。实际上,如果论文论据翔实但主题不鲜明,或者论文语言准确而逻辑不清晰,则它们都不是优秀的论文。

根据以上信息可以得出以下哪项?

A. 逻辑不清晰的论文不是经典的论文　　B. 主题不鲜明的论文不是优秀的论文

C. 论据不翔实的论文主题不鲜明　　D. 语言准确的经典论文逻辑清晰

E. 语言准确的优秀论文是经典的论文

27. 除冰剂是冬季北方城市用于去除道路冰雪的常见产品。下表显示了五种除冰剂的各项特征:

除冰剂类型	融冰速度	破坏道路设施的可能风险	污染土壤的可能风险	污染水体的可能风险
Ⅰ	快	高	高	高
Ⅱ	中等	中	低	中
Ⅲ	较慢	低	低	中
Ⅳ	快	中	中	低
Ⅴ	较慢	低	低	低

以下哪项对上述五种除冰剂的特征概括最为准确?

A. 融冰速度较慢的除冰剂在污染土壤和污染水体方面的风险都低

B. 没有一种融冰速度快的除冰剂三个方面的风险都高

C. 若某种除冰剂至少在两个方面风险低,则其融冰速度一定较慢

D. 若某种除冰剂三方面风险都不高,则其融冰速度一定也不快

E. 若某种除冰剂在破坏道路设施和污染土壤方面的风险都不高,则其融冰速度一定较慢

28. 孩子在很小的时候,对接触到的东西都要摸一摸、尝一尝,甚至还会吞下去。孩子天生就对这个世界抱有强烈的好奇心,但随着孩子慢慢长大,特别是进入学校之后,他们的好奇心越来越少。对此有教育专家认为,这是由于孩子受到外在的不当激励所造成的。

以下哪项如果为真,最能支持上述专家观点?

A. 现在许多孩子迷恋电脑、手机,对书本知识感到索然无味

B. 孩子助人为乐能获得褒奖,损人利己往往受到批评

C. 现在孩子所做的很多事情大多迫于老师、家长等的外部压力

D. 老师、家长只看考试成绩,导致孩子只知道死记硬背书本知识

E. 野外郊游可以激发孩子的好奇心,长时间宅在家里就会产生思维惰性

29～30 题基于以下题干:

某高铁线路设有"东沟""西山""南镇""北阳""中丘"5 座高铁站。该线路现有甲、乙、丙、丁、戊 5 趟车运行。在这 5 座高铁站中,每站均恰好有 3 趟车停靠,且甲车和乙车停靠的站均不相同。

已知:

(1) 若乙车或丙车至少有一车在"北阳"停靠,则它们均在"东沟"停靠;

(2) 若丁车在"北阳"停靠,则丙、丁和戊车均在"中丘"停靠;

(3) 若甲、乙和丙车中至少有 2 趟车在"东沟"停靠,则这 3 趟车均在"西山"停靠。

29. 根据上述信息,可以得出以下哪项?

A. 甲车不在"中丘"停靠　　　　　　B. 乙车不在"西山"停靠

C. 丙车不在"东沟"停靠　　　　　　D. 丁车不在"北阳"停靠

E. 戊车不在"南镇"停靠

30. 若没有车每站都停靠,则可以得出以下哪项?

A. 甲车在"南镇"停靠　　　　　　　B. 乙车在"东沟"停靠

C. 丙车在"西山"停靠　　　　　　　D. 丁车在"南镇"停靠

E. 戊车在"西山"停靠

2020年管理类专业学位
全国联考逻辑真题

逻辑推理：以下30小题,每小题2分,共60分。给出的A、B、C、D、E五个选项中,只有一项是符合试题要求的,请在答题卡上将所选项的字母涂黑。

1. 领导干部对于各种批评意见应采取有则改之、无则加勉的态度,营造言者无罪、闻者足戒的氛围,只有这样,人们才能知无不言,言无不尽。领导干部只有从谏如流,并为说真话者撑腰,才能做到"兼听则明"并做出科学的决策;只有乐于和善于听取各种不同意见,才能营造风清气正的政治生态。

根据以上信息,可以得出以下哪项?

A. 领导干部必须善待批评,从谏如流,为说真话者撑腰
B. 大多数领导干部对于批评意见能够采取有则改之、无则加勉的态度
C. 领导干部如果不能从谏如流,就不能做出科学决策
D. 只有营造言者无罪、闻者足戒的氛围,才能形成风清气正的政治生态
E. 领导干部只有乐于和善于听取各种不同的意见,人们才能知不无言,言无不尽

2. 某教授组织了120名年轻的参与者,先让他们熟悉电脑上的一个虚拟城市,然后让他们以最快速度寻找由指定地点到达关键地标的最短路线,最后再让他们识别茴香、花椒等40种芳香植物的气味。结果发现,寻路任务中得分较高者其嗅觉也比较灵敏。该教授由此推测:一个人空间记忆力好,方向感强,就会使其嗅觉更为灵敏。

以下哪项如果为真,最能质疑该教授的上述推断?

A. 大多数动物主要靠嗅觉寻找食物、躲避天敌,其嗅觉进化有助于"导航"
B. 有些参与者是美食家,经常被邀请到城市各处参观品尝美食
C. 部分参与者是马拉松运动员,他们经常参加一些城市举办的马拉松比赛
D. 在同样的检测中,该教授本人的嗅觉灵敏度和空间方向感方面都不如年轻人
E. 有的年轻人喜欢玩方向感要求较高的电脑游戏,因过分投入而食不知味

3. 有学校提出,将效仿免费师范生制度,提供减免学费等优惠条件以吸引成绩优秀的调剂生,提高医学人才培养质量。有专家对此提出反对意见:医生是既崇高又辛苦的职业,要有足够的爱心和兴趣才能做好。因此,宁可招不满,也不要招收调剂生。

以下哪项最可能是上述专家论断的假设?

A. 没有奉献精神,就无法学好医学
B. 如果缺乏爱心,就不能从事医学这一崇高的职业

C. 调剂生往往对医学缺乏兴趣

D. 因优惠条件而报考医学的学生往往缺乏奉献精神

E. 有爱心并对医学有兴趣的学生不会在意是否收费

4. 某公司为员工免费提供菊花、绿茶、红茶、咖啡和大麦茶 5 种饮品。现有甲、乙、丙、丁、戊 5 位员工,他们每人都只喜欢其中的两种饮品,且每种饮品都只有两人喜欢,已知:

(1) 甲和乙喜欢菊花茶,且分别喜欢绿茶和红茶中的一种;

(2) 丙和戊分别喜欢咖啡和大麦茶中的一种。

根据上述信息,可以得出以下哪项?

A. 甲喜欢菊花茶和绿茶　　　　　　　B. 乙喜欢菊花茶和红茶

C. 丙喜欢红茶和咖啡　　　　　　　　D. 丁喜欢咖啡和大麦茶

E. 戊喜欢绿茶和大麦茶

5. 考生若考试通过并且体检合格,则将被录取。因此,如果李铭考试通过,但未被录取,那么他一定体检不合格。

以下哪项论证方式与上述最为相似?

A. 若明天是节假日并且天气晴朗,则小吴将去爬山。因此,如果小吴未去爬山,那么第二天一定不是节假日或者天气不好

B. 一个数若能被 3 整除且能被 5 整除,则这个数能被 15 整除。因此,一个数若能被 3 整除但不能被 5 整除,则这个数一定不能被 15 整除

C. 甲单位员工若去广州出差并且是单人前往,则均乘坐高铁。因此,甲单位的小吴如果去广州出差,但未乘坐高铁,那么他一定不是单人前往

D. 若现在是春天并且雨水充沛,则这里野草丰美。因此,如果这里野草丰美,但雨水不充沛,那么现在一定不是春天

E. 一壶茶水若水质良好且温度适中,则一定茶香四溢。因此,如果这壶茶水质良好且茶香四溢,那么一定温度适中

6～7 题基于以下共同题干:

"立春""春分""立夏""夏至""立秋""秋分""立冬""冬至"是我国二十四个节气中的八个;"凉风""广莫风""明庶风""条风""清明风""景风""阊阖风""不周风"是八种节风。上述八个节气与八种节风之间一一对应。已知:

(1) "立秋"对应"凉风";

(2) "冬至"对应"不周风""广莫风"之一;

(3) 若"立夏"对应"清明风",则"夏至"对应"条风"或者"立冬"对应"不周风";

(4) 若"立夏"不对应"清明风"或者"立春"不对应"条风",则"冬至"对应"明庶风"。

6. 根据上述信息,可以得出以下哪项?

A."秋分"不对应"明庶风"　　　　B."立冬"不对应"广莫风"

C."夏至"不对应"景风"　　　　　　D."立夏"不对应"清明风"

E."春分"不对应"阊阖风"

7. 若"春分"和"秋分"两个节气对应的节风在"明庶风"和"阊阖风"之中,则可以得出以下哪项?

A."春分"对应"阊阖风"　　　　　B."秋分"对应"明庶风"

C."立春"对应"清明风"　　　　　D."冬至"对应"不周风"

E."夏至"对应"景风"

8. 小王:在这次年终考评中,女员工的绩效都比男员工高。

小李:这么说,新入职员工中绩效最好的还不如绩效最差的女员工。

以下哪项如果为真,最能支持小李的上述论断?

A. 男员工都是新入职的　　　　　B. 新入职的员工有些是女性

C. 新入职的员工都是男性　　　　D. 部分新入职的女员工没有参与绩效考评

E. 女员工更乐意加班,而加班绩效翻倍计算

9. 某市 2018 年的人口发展报告显示,该市常住人口为 1 170 万人,其中常住外来人口 440 万人,户籍人口 730 万人,从区级人口分布情况来看,该市 G 区常住人口 240 万人,居各区之首;H 区常住人口 200 万人,位居第二;同时,这两个区也是吸纳外来人口较多的区域,两个区常住外来人口 200 万人,占全市常住外来人口的 45% 以上。

根据以上陈述,可以得出以下哪项?

A. 该市 G 区的户籍人口比 H 区的常住外来人口多

B. 该市 H 区的户籍人口比 G 区的常住外来人口多

C. 该市 H 区的户籍人口比 H 区的常住外来人口多

D. 该市 G 区的户籍人口比 G 区的常住外来人口多

E. 该市其他各区的常住外来人口都没有 G 区或 H 区的多

10. 移动支付如今正在北京、上海等大中城市迅速普及。但是,并非所有中国人都熟悉这种新的支付方式,很多老年人仍然习惯传统的现金交易。有专家因此断言,移动支付的迅速普及会将老年人阻挡在消费经济之外,从而影响他们晚年的生活质量。

以下哪项如果为真,最能质疑上述专家的论断?

A. 到 2030 年,中国 60 岁以上人口将增至 3.2 亿人,老年人的生活质量将进一步引起社会关注

B. 有许多老年人因年事已高,基本不直接进行购物消费,所需物品一般由儿女或社会提供,他们的晚年生活很幸福

C. 国家有关部门近年来出台多项政策指出,消费者在使用现金支付被拒时可以投诉,但仍有不少商家我行我素

D. 许多老年人已在家中或社区活动中心学会移动支付的方法以及防范网络诈骗的技巧

E. 有些老年人视力不好，看不清手机屏幕；有些老年人记忆力不好，记不住手机支付密码

11. 下表显示了某城市过去一周的天气情况：

星期一	星期二	星期三	星期四	星期五	星期六	星期日
东南风 1～2 级 小雨	南风 4～5 级 晴	无风 小雪	北风 1～2 级 阵雨	无风 晴	西风 3～4 级 阴	东风 2～3 级 中雨

以下哪项对该城市这一周天气情况的概括最为准确？
A. 每日或者刮风，或者下雨　　　　B. 每日或者刮风，或者晴天
C. 每日或者无风，或者无雨　　　　D. 若有风且风力超过 3 级，则该日是晴天
E. 若有风且风力不超过 3 级，则该日不是晴天

12～13 题基于以下共同题干：

放假 3 天，小李夫妇除安排 1 天休息之外，其他 2 天准备做 6 件事：① 购物（这件事编号为①，其他依次类推）；② 看望双方父母；③ 郊游；④ 带孩子去游乐场；⑤ 去市公园；⑥ 去电影院看电影。他们商定：
(1) 每件事均做一次，且在 1 天内做完，每天至少做 2 件事；
(2) ④和⑤安排在同一天完成；
(3) ②在③之前 1 天完成。

12. 如果③和④安排在假期的第 2 天，则以下哪项是可能的？
A. ①安排在第 2 天　　　　　　　　B. ②安排在第 2 天
C. 休息安排在第 1 天　　　　　　　D. ⑥安排在最后 1 天
E. ⑤安排在第 1 天

13. 如果假期第 2 天只做⑥等 3 件事，则可以得出以下哪项？
A. ②安排在①的前 1 天　　　　　　B. ①安排在休息 1 天之后
C. ①和⑥安排在同一天　　　　　　D. ②和④安排在同一天
E. ③和④安排在同一天

14. 因业务需要，某公司欲将甲、乙、丙、丁、戊、己、庚 7 个部门合并到丑、寅、卯 3 个子公司。已知：
(1) 一个部门只能合并到一个子公司；

(2) 若丁和丙中至少有一个未合并到丑公司,则戊和甲均合并到丑公司;

(3) 若甲、乙、庚中至少有一个未合并到卯公司,则戊合并到寅公司且丙合并到卯公司。

根据上述信息,可以得出以下哪项?

A. 甲、丁均合并到丑公司　　　　　　B. 乙、戊均合并到寅公司

C. 乙、丙均合并到寅公司　　　　　　D. 丁、丙均合并到丑公司

E. 庚、戊均合并到卯公司

15. 王研究员:吃早餐对身体有害。因为吃早餐会导致皮质醇峰值更高,进而导致体内胰岛素异常,这可能引发 II 型糖尿病。

李教授:事实并非如此。因为上午皮质醇水平高只是人体生理节律的表现,而不吃早餐不仅会增加患 II 型糖尿病的风险,还会增加患其他疾病的风险。

以下哪项如果为真,最能支持李教授的观点?

A. 一日之计在于晨,吃早餐可以补充人体消耗,同时为一天的工作准备能量

B. 糖尿病患者若在 9 点至 15 点之间摄入一天所需的卡路里,血糖水平就能保持基本稳定

C. 经常不吃早餐,上午工作处于饥饿状态,不利于血糖调节,容易患上胃溃疡、胆结石等疾病

D. 如今,人们工作繁忙,晚睡晚起现象非常普遍,很难按时吃早餐,身体常常处于亚健康状态

E. 不吃早餐的人通常缺乏营养和健康方面的知识,容易形成不良生活习惯

16. 某语言学爱好者欲基于无含义语词、有含义语词构造合法的语句。已知:

(1) 无含义语词有 a、b、c、d、e、f,有含义语词有 W、Z、X;

(2) 如果两个无含义语词通过一个有含义语词连接,则它们构成一个有含义语词;

(3) 如果两个有含义语词直接连接,则它们构成一个有含义语词;

(4) 如果两个有含义语词通过一个无含义语词连接,则它们构成一个合法的语句。

根据上述信息,以下哪项是合法的语句?

A. aWbcdXeZ　　　B. aWbcdaZe　　　C. fXaZbZWb　　　D. aZdacdfX

E. XWbaZdWc

17. 某单位拟在椿树、枣树、楝树、雪松、银杏、桃树等几种树中选择 4 种栽种在庭院中,已知:

(1) 椿树、枣树至少种植一种;

(2) 如果种植椿树,则种植楝树但不种植雪松;

(3) 如果种植枣树,则种植雪松但不种植银杏。

如果庭院中种植银杏,则以下哪项是不可能的?

A. 种植椿树　　　B. 种植楝树　　　C. 不种植枣树　　　D. 不种植雪松

E. 不种植桃树

18. 披毛犀化石多分布在欧亚大陆北部,我国东北平原、华北平原、西藏等地也偶有发现。披毛犀有一个独特的构造——鼻中隔,简单地说就是鼻子中间的骨头。研究发现,西藏披毛犀化石的鼻中隔只是一块不完整的硬骨,早先在亚洲北部、西伯利亚等地发现的披毛犀化石的鼻中隔要比西藏披毛犀的"完全",这说明西藏披毛犀具有更原始的形态。

以下哪项若为真,最能支持以上论述?

A. 一个物种不可能有两个起源地

B. 西藏披毛犀化石是目前已知最早的披毛犀化石

C. 为了在冰雪环境中生存,披毛犀的鼻中隔经历了由软到硬的进化过程,并最终形成一块完整的骨头

D. 冬季的青藏高原犹如冰期动物的"训练基地",披毛犀在这里受到耐寒训练

E. 随着冰期的到来,有了适应寒冷能力的西藏披毛犀走出西藏,往北迁徙

19. 黄土高原以前植被丰富,长满大树,而现在千沟万壑,不见树木,这是植被遭破坏后水流冲刷大地造成的惨痛结果。有专家进一步分析认为,现在黄土高原不长植物,是因为这里的黄土其实都是生土。

以下哪项最可能是上述专家推断的假设?

A. 生土不长庄稼,只有通过土壤改造等手段才适宜种植粮食作物

B. 因缺少应有的投入,无人愿意耕种生土,无人耕种的土地贫瘠

C. 生土是水土流失造成的恶果,缺乏植物生长所需的营养成分

D. 东北的黑土地中含有较厚的腐殖层,这种腐殖层适合植物生长

E. 植物的生长依赖熟土,而熟土的存在依赖人类对植被的保护

20. 日前,科学家发明了一项技术,可以把二氧化碳等物质"电成"有营养价值的蛋白粉,这项技术不像种庄稼那样需要具备合适的气候、温度和土壤等条件。他们由此认为,这项技术开创了未来新型食物生产的新路,有助于解决全球饥饿问题。

以下各项如果为真,则除了哪项外均支持上述科学家的观点?

A. 让二氧化碳、水和微生物一起接受电击,可以产出有营养价值的食物

B. 粮食问题是全球重大问题,联合国估计,到 2050 年有 20 亿人缺乏基本营养

C. 把二氧化碳等物质"电成"蛋白粉,将有助于改变农业,还能避免对环境造成不利影响

D. 由二氧化碳物质"电成"的蛋白粉,约含 50% 的蛋白质、25% 的碳水化合物、核酸及脂肪

E. 未来这项技术将引入沙漠或其他面临饥荒的地区,为解决那里的饥饿问题提供重要帮助

21~22 题基于以下共同题干:

某公司甲、乙、丙、丁、戊 5 人爱好出国旅游,去年,在日本、韩国、英国和法国四国中,他们每人都去了其中的两个国家旅游,且每个国家中有他们中的 2~3 人去旅游。已知:

（1）如果甲去韩国，则丁不去英国；

（2）丙与戊去年总是结伴出国旅游；

（3）丁和乙只去欧洲国家旅游。

21. 根据以上信息，可以得出以下哪项？

A. 甲去了韩国和日本　　　　　　　B. 乙去了英国和日本

C. 丙去了韩国和英国　　　　　　　D. 丁去了日本和法国

E. 戊去了韩国和日本

22. 如果 5 人去欧洲国家旅游的总人次与去亚洲国家的一样多，则可以得出以下哪项？

A. 甲去了日本　　B. 甲去了英国　　C. 甲去了法国　　D. 戊去了英国

E. 戊去了法国

23. 1818 年前纽约市规定，所有买卖的鱼油都需要经过检查同时缴纳每桶 25 美元的检查费。一天，鱼油商人买了三桶鲸鱼油，打算把鲸鱼油制成蜡烛出售，鱼油检查员发现这些鲸鱼油根本没过检查，根据鱼油法案，该商人需要接受检查并缴费，但该商人声称鲸鱼不是鱼，拒绝缴费，遂被告上法庭，陪审员最后支持了原告，判决该商人支付 75 美元检查费。

以下哪项如果为真，最能支持陪审员所做的判决？

A. 纽约市相关法律已经明确规定“鱼油”包括鲸鱼油和其他鱼类油

B. “鲸鱼不是鱼”是和中国古代公孙龙的“白马非马”类似，两者都是违反常识的诡辩

C. 19 世纪的美国虽有许多人认为鲸鱼不是鱼，但是也有许多人认为鲸鱼是鱼

D. 当时多数从事科学研究的人都肯定鲸鱼不是鱼，而律师和政客持反对意见

E. 古希腊有先哲早就把鲸鱼归类到鲐生四足动物和卵生四足动物之下，比鱼类更高一级

24. 尽管近年来我国引进不少人才，但真正顶尖的领军人才还是凤毛麟角。就全球而言，人才特别是高层次人才紧缺已是常态化、长期化趋势。某专家由此认为，未来 10 年，美国、加拿大、德国等国对高层次人才的争夺将进一步加剧。发展中国家的高层次人才紧缺状况更甚于发达国家。因此我国高层次人才引进工作急需进一步加强。

以下哪项如果为真，最能加强上述专家论证？

A. 我国理工科高层次人才紧缺程度更甚于文科

B. 发展中国家的一般性人才不比发达国家多

C. 我国仍然是发展中国家

D. 人才是衡量一个国家综合国力的重要指标

E. 我国近年来引进的领军人才数量不及美国等发达国家

25. 移动互联网时代，人们随时都可进行数字阅读，浏览网页、读电子书是数字阅读，刷微博、朋友圈也是数字阅读，长期以来，一直有人担忧数字阅读的碎片化、表面化，但近来有

专家表示,数字阅读具有重要价值,是阅读的未来发展趋势。

以下哪项如果为真,最能支持上述专家的观点?

A. 长有长的用处,短有短的好处,不求甚解的数字阅读也未尝不可,说不定在未来某一时刻,当初阅读的信息就会浮现出来,对自己的生活产生影响

B. 当前人们越来越多地通过数字阅读了解热点信息,通过网络进行相互交流,但网络交流者常常伪装或者匿名,可能会提供虚假信息

C. 有些网络读书平台能够提供精致的读书服务,它们不仅帮你选书,而且帮你读书,你只需"听书"即可,但用"听"的方式去读书,效率较低

D. 数字阅读容易挤占纸质阅读的时间,毕竟纸质阅读具有系统、全面、健康、不依赖电子设备等优点,仍将是阅读的主要方式

E. 数字阅读便于信息筛选,阅读者能在短时间内对相关信息进行初步了解,也可以此为基础做深入了解,相关网络阅读服务平台近几年已越来越多

26. 某街道的综合部、建设部、平安部和民生部四个部门,需要负责街道的秩序、安全、环境和协调等四项工作。每个部门负责其中的一项工作,各部门负责的工作各不相同。已知:

（1）如果建设部负责环境或秩序,则综合部负责协调或秩序;

（2）如果平安部负责环境或协调,则民生部负责协调或秩序。

根据以上信息,以下哪项工作安排是可能的?

A. 建设部负责环境,平安部负责协调　　B. 建设部负责秩序,民生部负责协调

C. 综合部负责安全,民生部负责协调　　D. 民生部负责安全,综合部负责秩序

E. 平安部负责安全,建设部负责秩序

27. 人非生而知之者,孰能无惑? 惑而不从师,其为惑也,终不解矣。生乎吾前,其闻道也固先乎吾,吾从而师之;生乎吾后,其闻道也亦先乎吾,吾从而师之。吾师道也,夫庸知其年之先后生于吾乎? 是故无贵无贱,无长无少,道之所存,师之所存也。

根据以上信息,可以得出哪项?

A. 与吾生乎同时,其闻道也,必先乎吾　　B. 师之所存,道之所存也

C. 无贵无贱,无长无少,皆为吾师　　　　D. 与吾生乎同时,其间道不必先乎吾

E. 若解惑,必从师

28. 学问的本来意义与人的生命、生活有关,但是如果学问成为口号或者教条,就会失去其本来的意义,因此,任何学问都不应该成为口号或教条。

以下哪项与上述论证方式最为相似?

A. 椎间盘是没有血液循环的组织,但是如果要确保其功能正常运转,就需依靠其周围流过的血液提供养分,因此,培养功能正常运转的人工椎间盘应该很困难

B. 大脑会改编现实经历,但是如果大脑只是存储现实经历的文件柜,就不会对其进行改编,因此大脑不应该只是存储现实经历的文件柜

C. 人工智能应该可以判断黑猫和白猫都是猫。但是,如果人工智能不预先"消化"大量

照片,就无从判断黑猫和白猫都是猫。因此,人工智能必须预先"消化"大量照片

D. 机器人没有人类的弱点和偏见。但是,只有数据得到正确采集和分析,机器人才不会"主观臆断"。因此,机器人应该也有类似的弱点和偏见

E. 历史包含必然性。但是,如果坚信历史只包含必然性,就会阻止我们用不断积累的历史数据去证实或证伪它。因此,历史不应该只包含必然性

29～30题基于以下题干:

某测试题共有4道题,每道题给出 A、B、C、D 四个选项,其中只有一项是正确答案。现有张、王、赵、李 4 人参加了测试,他们的答案情况和测试结果如下:

答题者	第一题	第二题	第三题	第四题	测试结果
张	A	B	A	B	均不正确
王	B	D	B	C	只答对1题
赵	D	A	A	B	均不正确
李	C	C	B	D	只答对1题

29. 根据以上信息,可以得出以下哪项?

A. 第二题的正确答案是 C
B. 第二题的正确答案是 D
C. 第三题的正确答案是 D
D. 第四题的正确答案是 A
E. 第四题的正确答案是 D

30. 如果每道题的正确答案各不相同,则可以得出以下哪项?

A. 第一题的正确答案是 B
B. 第一题的正确答案是 C
C. 第二题的正确答案是 D
D. 第二题的正确答案是 A
E. 第三题的正确答案是 C

2019 年管理类专业学位
全国联考逻辑真题

逻辑推理：以下 30 小题,每小题 2 分,共 60 分。给出的 A、B、C、D、E 五个选项中,只有一项是符合试题要求的,请在答题卡上将所选项的字母涂黑。

1. 新常态下,消费需求发生深刻变化,消费拉开档次,个性化、多样化消费渐成主流。在相当一部分消费者那里,对产品质量的追求压倒了对价格的考虑。供给侧结构性改革,说到底是满足需求。低质量的产能必然会过剩,而顺应市场需求不断更新换代的产能不会过剩。

根据以上陈述,可以得出以下哪项?

A. 只有质优价高的产品才能满足需求

B. 顺应市场需求不断更新换代的产能不是低质量的产能

C. 低质量的产能不能满足个性化需求

D. 只有不断更新换代的产品才能满足个性化、多样化消费的需求

E. 新常态下,必须进行供给侧结构性改革

2. 据碳-14 检测,卡皮瓦拉山岩画的创作时间最早可追溯到 3 万年前。在文字尚未出现的时代,岩画是人类沟通交流、传递信息、记录日常生活的方式。于是今天的我们可以在这些岩画中看到:一位母亲将孩子举起嬉戏,一家人在仰望并试图碰触头上的星空……动物是岩画的另一个主角,比如巨型犰狳、马鹿、螃蟹等。在许多画面中,人们手持长矛,追逐着前方的猎物。由此可以推断,此时的人类已经居于食物链的顶端。

以下哪项如果为真,最能支持上述推断?

A. 岩画中出现的动物一般是当时人类捕猎的对象

B. 3 万年前,人类需要避免自己被虎豹等大型食肉动物猎杀

C. 能够使用工具使得人类可以猎杀其他动物,而不是相反

D. 有了岩画,人类可以将生活经验保留下来供后代学习,这极大地提高了人类的生存能力

E. 对星空的敬畏是人类脱离动物、产生宗教的动因之一

3. 李诗、王悦、杜舒、刘默是唐诗、宋词的爱好者,在唐朝诗人李白、杜甫、王维、刘禹锡中4 人各喜爱其中一位,且每人喜爱的唐诗作者不与自己同姓。关于他们 4 人,已知:

(1)某人如果爱好王维的诗,那么他也爱好辛弃疾的词;

(2)某人如果爱好刘禹锡的诗,那么他也爱好岳飞的词;

(3)某人如果爱好杜甫的诗,那么他也爱好苏轼的词。

如果李诗不爱好苏轼和辛弃疾的词,则可以得出以下哪项?

A. 杜舒爱好辛弃疾的词　　　　　　B. 王悦爱好苏轼的词

C. 刘默爱好苏轼的词　　　　　　　D. 李诗爱好岳飞的词

E. 杜舒爱好岳飞的词

4. 人们一直在争论猫与狗哪种动物更聪明。最近,有些科学家不仅研究了动物脑容量的大小,还研究了大脑皮层神经细胞的数量,发现猫平常似乎总摆出一副智力占优的神态,但猫的大脑皮层神经细胞的数量只有普通金毛犬的一半。由此,他们得出结论:狗比猫更聪明。

以下哪项最可能是上述科学家得出结论的假设?

A. 狗善于与人类合作,可以充当导盲犬、陪护犬、搜救犬、警犬等,就对人类的贡献而言,狗能做的似乎比猫多

B. 狗可能继承了狼结群捕猎的特点,为了互相配合,它们需要做出一些复杂行为

C. 动物大脑皮层神经细胞的数量与动物的聪明程度呈正相关

D. 猫的神经细胞数量比狗少,是因为猫不像狗那样"爱交际"

E. 棕熊的脑容量是金毛犬的 3 倍,但其脑神经细胞的数量却少于金毛犬,与猫很接近,而棕熊的脑容量却是猫的 10 倍

5～6 题基于以下共同题干:

某单位拟派遣 3 名德才兼备的干部到西部山区进行精准扶贫。报名者踊跃,经过考察,最终确定了陈甲、傅乙、赵丙、邓丁、刘戊、张己 6 名候选人。根据工作需要,派遣还需要满足以下条件:

(1) 若派遣陈甲,则派遣邓丁但不派遣张己;

(2) 若傅乙、赵丙至少派遣 1 人,则不派遣刘戊。

5. 以下哪项的派遣人选和上述条件不矛盾?

A. 赵丙、邓丁、刘戊　　　　　　　B. 陈甲、傅乙、赵丙

C. 傅乙、邓丁、刘戊　　　　　　　D. 邓丁、刘戊、张己

E. 陈甲、赵丙、刘戊

6. 如果陈甲、刘戊至少派遣 1 人,则可以得出以下哪项?

A. 派遣刘戊　　　　　　　　　　　B. 派遣赵丙

C. 派遣陈甲　　　　　　　　　　　D. 派遣傅乙

E. 派遣邓丁

7. 近年来,手机、电脑的使用导致工作与生活界限日益模糊,人们的平均睡眠时间一直在减少,熬夜已成为现代人生活的常态。科学研究表明,熬夜有损身体健康,睡眠不足不仅仅是多打几个哈欠那么简单。有科学家据此建议,人们应该遵守作息规律。

以下哪项如果为真,最能支持上述科学家所提出的建议?

A. 长期睡眠不足会导致高血压、糖尿病、肥胖症、抑郁症等多种疾病,严重时还会造成意外伤害或死亡

B. 缺乏睡眠会降低体内脂肪调解瘦素激素的水平,同时增加饥饿激素,容易导致暴饮暴食、体重增加

C. 熬夜会让人的反应变慢、认知退步、思维能力下降,还会引发情绪失控,影响与他人的交流

D. 所有的生命形式都需要休息与睡眠,在人类进化过程中,睡眠这个让人短暂失去自我意识、变得极其脆弱的过程并未被大自然淘汰

E. 睡眠是身体的自然美容师,与那些睡眠充足的人相比,睡眠不足的人看上去面容憔悴,缺乏魅力

8. 有一论证(相关语句用序号表示)如下:

① 今天,我们仍然要提倡勤俭节约;② 节约可以增加社会保障资源;③ 我国尚有不少地区的人民生活贫困,亟须提供更多社会保障资源,但也有一些人浪费严重;④ 节约可以减少资源消耗;⑤ 因为被浪费的任何粮食或者物品都是消耗一定的资源得来的。

如果用"甲→乙"表示甲支持(或证明)乙,则以下哪项对上述论证基本结构的表示最为准确?

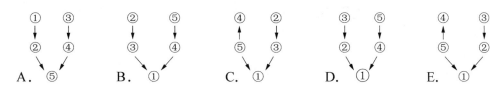

9. 研究人员使用脑电波图技术研究了母亲给婴儿唱童谣时两人的大脑活动,发现当母亲与婴儿对视时,双方的脑电波趋于同步,此时婴儿也会发出更多的声音尝试与母亲沟通。他们据此以为,母亲与婴儿对视有助于婴儿的学习和交流。

以下哪项为真,最能支持上述研究人员的观点?

A. 在两个成年人交流时,如果他们的脑电波同步,交流就会更流畅

B. 当父母与孩子互动时,双方的情绪与心率可能也会同步

C. 当部分学生对某学科感兴趣时,他们的脑电波会渐趋同步,学习效果也随之提升

D. 当母亲和婴儿对视时,他们都在发出信号,表明自己可以且愿意与对方交流

E. 脑电波趋于同步可优化双方对话状态,使交流更加默契,增进彼此了解

10. 某保险柜所有密码都是 4 个阿拉伯数字和 4 个英文字母的组合。已知:

(1) 若 4 个英文字母不连续排列,则密码组合中的数字之和大于 15;

(2) 若 4 个英文字母连续排列,则密码组合中的数字之和等于 15;

(3) 密码组合中的数字之和或者等于 18,或者小于 15。

根据上述信息,以下哪项是可能的密码组合?

A. 1adbe356 B. 37ab26dc C. 2acgf716 D. 58bcde32
E. 18ac42de

11. 有一 6×6 的方阵,它所含的每个小方格中可填入一个汉字,已有部分汉字填入,现要求该方阵中的每行每列均含有礼、乐、射、御、书、数 6 个汉字,不能重复也不能遗漏。

根据上述要求,以下哪项是方阵底行 5 个空格中从左至右依次应填入的汉字?

	乐			御	书
			乐		
射	御	书		礼	
	射			数	礼
御		数			射
					书

A. 数、礼、乐、射、御 B. 乐、数、御、射、礼
C. 数、礼、乐、御、射 D. 乐、礼、射、数、御
E. 数、御、乐、射、礼

12. 某市音乐节设立了流行、民谣、摇滚、民族、电音、说唱、爵士这 7 类的奖项评选。在入围提名中,已知:

(1) 至少有 6 类入围;

(2) 流行、民谣、摇滚中至多有 2 类入围;

(3) 如果摇滚和民族类都入围,则电音和说唱中至少有一类没有入围。

根据上述信息,可以得出以下哪项?

A. 流行类没有入围 B. 民谣类没有入围
C. 摇滚类没有入围 D. 爵士类没有入围
E. 电音类没有入围

13. 某大学有位女教师默默资助一位偏远山区的贫困家庭长达 15 年。记者多方打听,发现做好事者是该大学传媒学院甲、乙、丙、丁、戊 5 位教师中的某一位。在接受采访时,5 位老师都很谦虚,她们是这么对记者说的:

甲:这件事是乙做的。

乙:我没有做,是丙做了这件事。

丙:我并没有做这件事。

丁:我也没有做这件事,是甲做的。

戊:如果甲没有做,则丁也不会做。

记者后来得知,上述 5 位老师中只有一人说的话符合真实情况。

根据以上信息,可以得出做这件好事的人是谁?

A. 甲　　　　　　　B. 乙　　　　　　　C. 丙　　　　　　　D. 丁

E. 戊

14. 作为一名环保爱好者,赵博士提倡低碳生活,积极宣传节能减排;但我不赞同他的做法,因为作为一名大学老师,他这样做占用了大量的科研时间,到现在连副教授都没评上,他的观点怎么能令人信服呢?

以下哪项论证中的错误和上述最为相似?

A. 张某提出要同工同酬,主张在质量相同的情况下,不分年龄、级别一律按件计酬。她这样说不就是因为她年轻、级别低吗? 其实她是在为自己谋利益

B. 公司的绩效奖励制度是为了充分调动广大员工的积极性,它对所有员工都是公平的。如果有人对此有不同意见,则说明他反对公平

C. 最近听说你对单位的管理制度提了不少意见,这真令人难以置信! 单位领导对你差吗? 你这样做,分明是和单位领导过不去

D. 单位任命李某担任信息科科长,听说你对此有意见。大家都没有提意见,只有你一个人有意见,看来你的意见是有问题的

E. 有一种观点认为,只有直接看到的事物才能确信其存在。但是没有人可以看到质子、电子,而这些都被科学证明是客观存在的。所以,该观点是错误的

15. 下面 6 张卡片,一面印的是汉字(动物或者花卉),一面印的是数字(奇数或者偶数)。

| 虎 | 6 | 菊 | 7 | 鹰 | 8 |

对于上述 6 张卡片,如果要验证"每张卡片至少有一面印的是偶数或者花卉"。至少需要翻看几张卡片?

A. 2　　　　　　　B. 3　　　　　　　C. 4　　　　　　　D. 5

E. 6

16. 某地人才市场招聘保洁、物业、网管、销售等 4 种岗位的从业者,有甲、乙、丙、丁 4 位年轻人前来应聘。事后得知,每人只能选择一种岗位应聘,且每种岗位都有其中一人应聘。另外,还知道:

(1) 如果丁应聘网管,那么甲应聘物业;

(2) 如果乙不应聘保洁,那么甲应聘保洁且丙应聘销售;

(3) 如果乙应聘保洁,那么丙应聘销售并且丁也应聘保洁。

根据以上陈述,可以得出以下哪项?

A. 甲应聘网管岗位　　　　　　　　　　B. 丙应聘保洁岗位

C. 甲应聘物业岗位　　　　　　　　　　D. 乙应聘网管岗位

E. 丁应聘销售岗位

17. 旅游是一种独特的文化体验。游客可以跟团游,也可以自由行。自由行游客虽避免了跟团游的集体束缚,但也放弃了人工导游的全程讲解,而近年来他们了解旅游景点的文化需求却有增无减。为适应这一市场需求,基于手机平台的多款智能导游 App 被开发出来。它们可定位用户的位置,自动提供景点讲解、游览问答等功能。有专家就此指出,未来智能导游必然会取代人工导游,传统的导游职业行将消亡。

以下哪项如果为真,最能质疑上述专家的论断?

A. 至少有 95％ 的国外景点所配备的导游讲解器没有中文语音,中国出境游客因为语言和文化上的差异,对智能导游 App 的需求比较强烈

B. 旅行中才会使用的智能导游 App,如何保持用户黏性、未来又如何取得商业价值等都是待解决的问题

C. 好的人工导游可以根据游客需求进行不同类型的讲解,不仅关注景点,还可表达观点,个性化很强,这是智能导游 App 难以企及的

D. 目前发展较好的智能导游 App 用户量在百万级左右,这与当前中国旅游人数总量相比还只是一个很小的比例,市场还没有培养出用户的普遍消费习惯

E. 国内景区配备的人工导游需要收费,大部分导游讲解的内容都是事先背好的标准化内容。但是,即便人工导游没有特色,退出市场也需要一定的时间

18. 甲:上周去医院,给我看病的医生竟然还在抽烟。乙:所有抽烟的医生都不关心自己的健康,而不关心自己健康的人也不会关心他人的健康。甲:是的,不关心他人健康的医生没有医德。我今后再也不会让没有医德的医生给我看病了。

根据上述信息,以下除了哪项,其余各项均可得出?

A. 甲认为他不会再找抽烟的医生看病

B. 乙认为上周给甲看病的医生不会关心乙的健康

C. 甲认为上周给他看病的医生不会关心医生自己的健康

D. 甲认为上周给他看病的医生不关心甲的健康

E. 乙认为上周给甲看病的医生没有医德

19. 得道者多助,失道者寡助。寡助之至,亲戚畔之;多助之至,天下顺之。以天下之所顺,攻亲戚之所畔,故君子有所不战,战必胜矣。

以下哪项是上述论证所隐含的前提?

A. 得道者多,则天下太平　　　　　　B. 君子是得道者

C. 得道者必胜失道者　　　　　　　　D. 失道者必定得不到帮助

E. 失道者亲戚畔之

20. 如今,孩子写作业不仅仅是他们自己的事,大多数中小学生的家长都要面临陪孩子写作业的任务,包括给孩子听写、检查作业、签字等。据一项针对 3 000 余名家长进行的调查显示,84％ 的家长每天都会陪孩子写作业,而 67％ 的受访家长会因陪孩子写作业而烦恼。有专家对此指出,家长陪孩子写作业相当于充当学校老师的助理,让家庭成为课堂的延伸,会

对孩子的成长产生不利影响。

以下哪项如果为真,最能支持上述专家的论断?

A. 家长是最好的老师,家长辅导孩子获得各种知识本来就是家庭教育的应尽之责,对于中低年级的孩子,学习过程中的父母陪伴尤为重要

B. 家长通常有自己的本职工作,有的晚上要加班,有的即使晚上回家也需要研究工作,操持家务,一般难有精力认真完成学校老师布置的"家长作业"

C. 家长陪孩子写作业,会使得孩子在学习中缺乏独立性和主动性,整天处于老师和家长的双重压力下,既难激发学习兴趣,更难养成独立人格

D. 大多数家长在孩子教育上并不是行家,他们或者早已遗忘了自己曾学习过的知识,或者根本不知道如何将自己拥有的知识传授给孩子

E. 家长辅导孩子,不应围绕老师布置的作业,而应着重激发孩子的学习兴趣,培养孩子良好的学习习惯,让孩子在成长中感到新奇、快乐

21. 我国天山的植被形态是垂直性分布的典范,已知天山的植被形态分布具有如下特点:

(1) 从低到高有荒漠、森林带、冰雪带等;

(2) 只有经过山地草原,荒漠才能演变成森林带;

(3) 如果不经过森林带,山地草原就不会过渡到山地草甸;

(4) 山地草甸的海拔不比山地草甸草原的低,也不比高寒草甸高。

根据以上信息,关于天山植被形态,按照由低到高排列,以下哪项是不可能的?

A. 荒漠、山地草原、山地草甸草原、森林带、山地草甸、高寒草甸、冰雪带

B. 荒漠、山地草原、山地草甸草原、高寒草甸、森林带、山地草甸、冰雪带

C. 荒漠、山地草甸草原、山地草原、森林带、山地草甸、高寒草甸、冰雪带

D. 荒漠、山地草原、山地草甸草原、森林带、山地草甸、冰雪带、高寒草甸

E. 荒漠、山地草原、森林带、山地草甸草原、山地草甸、高寒草甸、冰雪带

22. 某大学读书会开展"一月一书"活动。读书会成员甲、乙、丙、丁、戊 5 人在《论语》《史记》《唐诗三百首》《奥德赛》《资本论》中各选一种阅读,互不重复。已知:

(1) 甲爱读历史,会在《史记》和《奥德赛》中选一本;

(2) 乙和丁只爱中国古代经典,但现在都没有读诗的心情;

(3) 如果乙选《论语》,则戊选《史记》。

事实上,每个人读选了自己喜爱的书。根据以上信息,可以得出哪项?

A. 甲选《史记》   B. 乙选《奥德赛》

C. 丙选《唐诗三百首》   D. 丁选《论语》

E. 戊选《资本论》

23. 如果一个人只为自己劳动,他也许能成为著名学者、大哲人、卓越诗人,然而他永远不能成为完美无瑕的伟大人物。如果我们选择了最能为人类福利而劳动的职位,那么重担就不能把我们压倒,因为这是为大家而献身;那时我们所感到的就不是可怜的、有限的、自

私的乐趣,我们的幸福将属于千百万人,我们的事业将默默地、永恒发挥作用地存在下去,而面对我们的骨灰,高尚的人们将洒下热泪。

根据以上陈述,可以得出以下哪项?

A. 如果一个人只为自己劳动,不是为大家而献身,那么重担就能将他压倒

B. 如果我们为大家而献身,我们的幸福将属于千百万人,面对我们的骨灰,高尚的人们将洒下热泪

C. 如果我们没有选择最能为人类福利而劳动的职业,我们所感到的就是可怜的、有限的、自私的乐趣

D. 如果选择了最能为人类福利而劳动的职业,我们就不仅能够成为著名学者、大哲人、卓越诗人,而且还能成为完美无瑕的伟大人物

E. 如果我们只为自己劳动,我们的事业就不会默默地、永恒发挥作用地存在下去

24~25 题基于以下共同题干:

某食堂采购 4 类(各种蔬菜名称的后一个字相同,即为一类)共 12 种蔬菜:芹菜、菠菜、韭菜;青椒、红椒、黄椒;黄瓜、冬瓜、丝瓜;扁豆、毛豆、豇豆。根据若干条件将其分成 3 组,准备在早、中、晚三餐中分别使用。已知条件如下:

(1)同一类别的蔬菜不在一组;

(2)芹菜不能在黄椒那一组,冬瓜不能在扁豆那一组;

(3)毛豆必须与红椒或韭菜同一组;

(4)黄椒必须与豇豆同一组。

24. 根据以上信息,可以得出以下哪项?

A. 芹菜与豇豆不在同一组　　　　　B. 芹菜与毛豆不在同一组
C. 菠菜与扁豆不在同一组　　　　　D. 冬瓜与青椒不在同一组
E. 丝瓜与韭菜不在同一组

25. 如果韭菜、青椒与黄瓜在同一组,则可得出以下哪项?

A. 芹菜、红椒与扁豆在同一组　　　B. 菠菜、黄椒与豇豆在同一组
C. 韭菜、黄瓜与毛豆在同一组　　　D. 菠菜、冬瓜与豇豆在同一组
E. 芹菜、红椒与丝瓜在同一组

26.《淮南子·齐俗训》中有曰:"今屠牛而烹其肉,或以为酸,或以为甘,煎熬燎炙,齐味万方,其本一牛之体。"其中的"熬"便是熬牛肉制汤的意思。这是考证牛肉汤做法的最早文献资料。某民俗专家由此推测,牛肉汤的起源不会晚于春秋战国时期。

以下哪项如果为真,最能支持上述推测?

A.《淮南子·齐俗训》完成于西汉时期

B. 早在春秋战国时期,我国已经开始使用耕牛

C.《淮南子》的作者中有来自齐国故地的人

D. 春秋战国时期我国已经有熬汤的鼎器

E.《淮南子·齐俗训》记述的是春秋战国时期齐国的风俗习惯

27. 某研究机构以约 2 万名 65 岁以上的老人为对象,调查了笑的频率与健康状态的关系。结果显示,在不苟言笑的老人中,认为自身现在的健康状态"不怎么好"和"不好"的比例分别是几乎每天都笑的老人的 1.5 倍和 1.8 倍。爱笑的老人对自我健康状态的评价往往较高。他们由此认为,爱笑的老人更健康。

以下哪项如果为真,最能质疑上述调查者的观点?

A. 乐观的老年人比悲观的老年人更长寿

B. 病痛的折磨使得部分老人对自我健康状态的评价不高

C. 身体健康的老年人中,女性爱笑的比例比男性高 10 个百分点

D. 良好的家庭氛围使得老年人生活更乐观,身体更健康

E. 老年人的自我健康评价往往和他们实际的健康状况之间存在一定的差距

28. 阔叶树的降尘优势明显,吸附 PM2.5 的效果最好,一棵阔叶树对一年的平均滞尘量达 3.16 公斤。针叶树叶面积小,吸附 PM2.5 的功效较弱。全年平均下来,阔叶林的吸尘效果要比针叶林强不少。阔叶树也比灌木和草的吸尘效果好得多。以北京常见的阔叶树国槐为例,成片的国槐林吸尘效果比同等面积的普通草地约高 30%。有些人据此认为,为了降尘,北京应大力推广阔叶树,并尽量减少针叶林面积。

以下哪项如果为真,最能削弱上述有关人员的观点?

A. 阔叶树与针叶树比例失调,不仅极易暴发病虫害、火灾等,还会影响林木的生长和健康

B. 针叶树冬天虽然不落叶,但基本处于"休眠"状态,生物活性差

C. 植树造林既要治理 PM2.5,也要治理其他污染物,需要合理布局

D. 阔叶树冬天落叶,在寒冷的冬季,其养护成本远高于针叶树

E. 建造通风走廊,能把城市和郊区的森林连接起来,让清新的空气吹入,降低城区的 PM2.5

29～30 题基于以下共同题干:

某园艺公司打算在如下形状的花圃中栽种玫瑰、兰花和菊花三个品种的花卉。该花圃的形状如下所示:

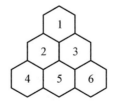

拟栽种的玫瑰有紫、红、白三种颜色,兰花有红、白、黄三种颜色,菊花有白、黄、蓝三种颜色。栽种需满足如下要求:

(1)每个六边形格子中仅栽种一个品种、一种颜色的花;

（2）每个品种只栽种两种颜色的花；

（3）相邻格子中的花，其品种与颜色均不相同。

29. 若格子 5 中是红色的花，则以下哪项是不可能的？
   A. 格子 1 中是白色的兰花　　　　　B. 格子 4 中是白色的兰花
   C. 格子 6 中是蓝色的菊花　　　　　D. 格子 2 中是紫色的玫瑰
   E. 格子 1 中是白色的菊花

30. 若格子 5 中是红色的玫瑰，且格子 3 中是黄色的花，则可以得出以下哪项？
   A. 格子 4 中是白色的菊花　　　　　B. 格子 2 中是白色的菊花
   C. 格子 6 中是蓝色的菊花　　　　　D. 格子 4 中是白色的兰花
   E. 格子 1 中是紫色的玫瑰

2018年管理类专业学位
全国联考逻辑真题

逻辑推理：以下30小题，每小题2分，共60分。给出的A、B、C、D、E五个选项中，只有一项是符合试题要求的，请在答题卡上将所选项的字母涂黑。

1. 人民既是历史的创造者，也是历史的见证者；既是历史的"剧中人"，又是历史的"剧作者"。离开人民，文艺就会变成无根的浮萍、无病的呻吟、无魂的躯壳。关注人民的生活、命运、情感，表达人民的心愿、心情、心声，我们的作品才会在人民中传之久远。

根据以上陈述，可以得出以下哪项？

A. 只有不离开人民，文艺才不会变成无根的浮萍、无病的呻吟、无魂的躯壳

B. 历史的创造者都不是历史的"剧中人"

C. 历史的创造者都是历史的见证者

D. 历史的"剧中人"都是历史的"剧作者"

E. 我们的作品只要表达人民的心愿、心情、心声，就会在人民中传之久远

2. 盛夏时节的某一天，某市早报刊载了由该市专业气象台提供的全国部分城市当天的天气预报，择其内容列表如下：

天 津	阴	上 海	雷阵雨	昆 明	小雨
呼和浩特	阵雨	哈尔滨	多云	乌鲁木齐	晴
西 安	中雨	南 昌	大雨	香 港	多云
南 京	雷阵雨	拉 萨	阵雨	福 州	阴

根据上述信息，以下哪项做出的论断最为准确？

A. 由于所列城市盛夏天气变化频繁，所以上面所列的9类天气一定就是所有的天气类型

B. 由于所列城市并非我国的所有城市，所以上面所列的9类天气一定不是所有的天气类型

C. 由于所列城市在同一天不一定展示所有的天气类型，所以上面所列的9类天气可能不是所有的天气类型

D. 由于所列城市在同一天可能展示所有的天气类型，所以上面所列的9类天气一定是所有的天气类型

E. 由于所列城市分处我国的东南西北中，所以上面所列的9类天气一定就是所有的天

气类型

3. 现在许多人很少在深夜 11 点以前安然入睡,他们未必都在熬夜用功,大多是在玩手机或看电视,其结果就是晚睡,第二天就会头昏脑涨,哈欠连天。不少人常常对此感到后悔,但一到晚上他们多半还会这么做。有专家就此指出,人们似乎从晚睡中得到了快乐,但这种快乐其实隐藏着某种烦恼。

以下哪项如果为真,最能支持上述专家的结论?

A. 晨昏交替,生活周而复始,安然入睡是对当天生活的满足和对明天生活的期待;而晚睡者只活在当下,活出精彩

B. 晚睡者具有积极的人生态度。他们认为,当天的事必须当天完成,哪怕晚睡也在所不惜

C. 大多数习惯晚睡的人白天无精打采,但一到深夜就感觉自己精力充沛,不做点有意义的事情就觉得十分可惜

D. 晚睡其实是一种表面难以察觉的,对"正常生活"的抵抗,它提醒人们现在的"正常生活"存在着某种令人不满的问题

E. 晚睡者内心并不愿意晚睡,也不觉得手机或电视有趣,甚至都不记得玩过或看过什么,他们总是要在睡觉前花比较长时间磨蹭

4. 分心驾驶是指驾驶人为满足自己的身体舒适、心情愉悦等需求而没有将注意力全都集中于驾驶过程的驾驶行为,常见的分心行为有抽烟、饮水、进食、聊天、刮胡子、使用手机、照顾小孩等。某专家指出,分心驾驶已成为我国道路交通事故的罪魁祸首。

以下哪项如果为真,最能支持上述专家的观点?

A. 一项统计研究表明,相对于酒驾、药驾、超速驾驶、疲劳驾驶等情形,我国由分心驾驶导致的交通事故占比最高

B. 驾驶人正常驾驶时反应时间为 0.3~1.0 秒,但使用手机时反应时间则延迟 3 倍左右

C. 开车使用手机会导致驾驶人注意力下降 20%;如果驾驶人边开车边发短信,则发生车祸的概率是正常驾驶时的 23 倍

D. 近来使用手机已成为我国驾驶人分心驾驶的主要表现形式,59% 的人开车过程中看微信,31% 的人玩自拍,36% 的人刷微博、微信朋友圈

E. 一项研究显示,在美国超过 1/4 的车祸是由驾驶人使用手机引起的

5~6 题基于以下题干:

某工厂有一员工宿舍住了甲、乙、丙、丁、戊、己、庚 7 人,每人每周需要轮流值日一天,且每天仅安排一人值日,他们值日的安排还需满足以下条件:

(1) 乙在周二或周六值日;

(2) 如果甲在周一值日,那么丙在周三值日且戊在周五值日;

(3) 如果甲不在周一值日,那么己在周四值日且庚在周五值日;

(4) 如果乙周二值日,那么己周六值日。

5. 根据以上条件,如果丙周日值日,则可以得出以下哪项?

A. 甲在周日值日
B. 乙在周六值日
C. 丁在周二值日
D. 戊在周三值日
E. 己在周五值日

6. 如果庚在周四值日,那么以下哪项一定为假?

A. 甲在周一值日
B. 乙在周六值日
C. 丙在周三值日
D. 戊在周日值日
E. 己在周二值日

7. 唐代韩愈在《师说》中指出:"孔子曰:三人行,则必有我师。是故弟子不必不如师,师不必贤于弟子,闻道有先后,术业有专攻,如是而已。"

根据上述韩愈的观点,可以得出以下哪项?

A. 有的弟子必然不如师
B. 有的弟子可能不如师
C. 有的师不可能贤于弟子
D. 有的弟子可能不贤于师
E. 有的师可能不贤于弟子

8. "二十四节气"是我国在农耕社会生产生活的时间活动指南,反映了从春到冬一年四季的气温、降水、物候的周期性变化规律。已知各节气的名称具有如下特点:

(1)凡含"春""夏""秋""冬"字的节气各属春、夏、秋、冬季;

(2)凡含"雨""露""雪"字的节气各属春、秋、冬季;

(3)如果"清明"不在春季,则"霜降"不在秋季;

(4)如果"雨水"在春季,则"霜降"在秋季。

根据以上信息,如果从春至冬每季仅列两个节气,则以下哪项是不可能的?

A. 雨水、惊蛰、夏至、小暑、白露、霜降、大雪、冬至
B. 惊蛰、春分、立夏、小满、白露、寒露、立冬、小雪
C. 清明、谷雨、芒种、夏至、立秋、寒露、小雪、大寒
D. 立春、清明、立夏、夏至、立秋、寒露、小雪、大寒
E. 立春、谷雨、清明、夏至、处暑、白露、立冬、小雪

9. 刀不磨要生锈,人不学要落后。所以,如果不想落后,就应该多磨刀。

以下哪项与上述论证方式最为相似?

A. 妆未梳成不见客,不到火候不揭锅。所以,如果揭了锅,就应该是到了火候
B. 兵在精而不在多,将在谋而不在勇。所以,如果想获胜,就应该兵精将勇
C. 马无夜草不肥,人无横财不富。所以,如果你想富,就应该让马多吃夜草
D. 金无足赤,人无完人。所以,如果你想做完人,就应该有真金
E. 有志不在年高,无志空活百岁。所以,如果你不想空活百岁,就应该立志

10. 某市已开通运营一、二、三、四号地铁线路,各条地铁线每一站运行加停靠所需时间均彼此相同。小张、小王、小李3人是同一单位的职工,单位附近有北口地铁站。某天早晨,3人同时都在常青站乘一号线上车,但3人关于乘车路线的想法不尽相同。已知:

(1) 如果一号线拥挤,小张就坐2站后转三号线,再坐3站到北口站;如果一号线不拥挤,小张就坐3站后转二号线,再坐4站到北口站。

(2) 只有一号线拥挤,小王才坐2站后转三号线,再坐3站到北口站。

(3) 如果一号线不拥挤,小李就坐4站后转四号线,坐3站之后再转三号线,坐1站到达北口站。

(4) 该天早晨地铁一号线不拥挤。

假定3人换乘及步行总时间相同,则以下哪项最可能与上述信息不一致?

A. 小王和小李同时到达单位　　　B. 小张和小王同时到达单位

C. 小王比小李先到达单位　　　　D. 小李比小张先到达单位

E. 小张比小王先到达单位

11. 最近一项研究发现,某国30岁至45岁人群中,去医院治疗冠心病、骨质疏松等病症的人越来越多,而原来患有这些病症的大多是老年人。调研者由此认为,该国年轻人中"老年病"发病率有不断增加的趋势。

以下哪项如果为真,最能质疑上述调研结论?

A. 由于国家医疗保障水平的提高,相比以往,该国民众更有条件关注自己的身体健康

B. "老年人"的最低年龄比以前提高了,"老年病"的患者范围也有所变化

C. 近年来,由于大量移民涌入,该国45岁以下年轻人的数量急剧增加

D. 尽管冠心病、骨质疏松等病症是常见的"老年病",老年人患的病未必都是"老年病"

E. 近几十年来,该国人口老龄化严重,但健康老龄人口的比重在不断增大

12. 张教授:利益并非只是物质利益,应该把信用、声誉、情感甚至某种喜好等都归入利益的范畴。根据这种"利益"的广义理解,如果每一个体在不损害他人利益的前提下,尽可能满足其自身的利益需求,那么由这些个体组成的社会就是一个良善的社会。

根据张教授的观点,可以得出以下哪项?

A. 如果一个社会不是良善的,那么其中肯定存在个体损害他人利益或自身利益需求没有尽可能得到满足的情况

B. 尽可能满足每一个体的利益需求,就会损害社会的整体利益

C. 只有尽可能满足每一个体的利益需求,社会才可能是良善的

D. 如果有些个体通过损害他人利益来满足自身的利益需求,那么社会就不是良善的

E. 如果某些个体的利益需求没有尽可能得到满足,那么社会就不是良善的

13. 某学期学校新开设4门课程:"《诗经》鉴赏""老子研究""唐诗鉴赏""宋词选读",李晓明、陈文静、赵珊珊和庄志达4人各选修了其中一门课程。已知:

(1) 他们4人选修的课程各不相同;

（2）喜爱诗词的赵珊珊选修的是诗词类课程；

（3）李晓明选修的不是"《诗经》鉴赏"就是"唐诗鉴赏"。

以下哪项如果为真，就能确定赵珊珊选修的是"宋词选读"？

A. 庄志达选修的是"老子研究"　　　　　B. 庄志达选修的不是"老子研究"

C. 庄志达选修的是"《诗经》鉴赏"　　　D. 庄志达选修的不是"《诗经》鉴赏"

E. 庄志达选修的不是"宋词选读"

14. 我国中原地区如果降水量比往年偏低，该地区的河流水位会下降，流速会减缓。这有利于河流中的水草生长，河流中的水草总量通常也会随之而增加，不过，去年该地区在经历了一次极端干旱之后，尽管该地区某河流的流速十分缓慢，但其中的水草总量并未随之而增加，只是处于一个很低的水平。

以下哪项如果为真，最能解释上述看似矛盾的现象？

A. 经过极端干旱之后，该河流中以水草为食物的水生动物数量大量减少

B. 河水流速越慢，其水温变化越小，这有利于水草的生长和繁殖

C. 如果河中水草数量达到一定的程度，就会对周边其他物种的生存产生危害

D. 该河流在经历了去年极端干旱之后干涸了一段时间，导致大量水生物死亡

E. 我国中原地区多平原，海拔差异小，其地表水流速比较缓慢

15～16 题基于以下题干：

某海军部队有甲、乙、丙、丁、戊、己、庚 7 艘舰艇，拟组成两个编队出航，第一编队编列 3 艘舰艇，第二编队编列 4 艘舰艇，编列需满足以下条件：

（1）舰艇己必须编列在第二编队；

（2）戊和丙至多有一艘编列在第一编队；

（3）甲和丙不在同一编队；

（4）如果乙编列在第一编队，则丁也必须编列在第一编队。

15. 如果甲在第二编队，则下列哪项中的舰艇一定也在第二编队？

A. 乙　　　　　　B. 丙　　　　　　C. 丁　　　　　　D. 戊

E. 庚

16. 如果丁和庚在同一编队，则可以得出以下哪项？

A. 甲在第一编队　　　　　　　　　　B. 乙在第一编队

C. 丙在第一编队　　　　　　　　　　D. 戊在第二编队

E. 庚在第二编队

17. 甲：读书最重要的目的是增长知识、开阔视野。乙：你只见其一，不见其二。读书最重要的是陶冶性情、提升境界。没有陶冶性情、提升境界，就不能达到读书的真正目的。

以下哪项与上述反驳方式最为相似？

A. 甲：文学创作最重要的是阅读优秀文学作品。乙：你只见现象,不见本质。文学创作最重要的是观察生活、体验生活。任何优秀的文学作品都来源于火热的社会生活

B. 甲：做人最重要的是讲信用。乙：你说的不全面。做人最重要的是要遵纪守法。如果不遵纪守法,就没法讲信用

C. 甲：作为一部优秀的电视剧,最重要的是能得到广大观众的喜爱。乙：你只见其表,不见其里。电视剧最重要的是具有深刻寓意与艺术魅力。没有深刻寓意与艺术魅力,就不能成为优秀的电视剧

D. 甲：科学研究最重要的是研究内容的创新。乙：你只见内容,不见方法。科学研究最重要的是研究方法的创新。只有实现研究方法的创新,才能真正实现研究内容的创新

E. 甲：一年中最重要的季节是收获的秋天。乙：你只看结果,不问原因。一年中最重要的季节是播种的春天。没有春天的播种,哪来秋天的收获

18. 若要人不知,除非己莫为,若要人不闻,除非己莫言。为之而欲人不知,言之而欲人不闻,此犹捕雀而掩目者。

根据以上陈述,可以得出以下哪项?
A. 若己不为,则人不知   B. 若己不言,则人不闻
C. 若己为,则人会知,若己言,则人会闻   D. 若能做到捕雀而掩目,则可为之而人不知
E. 若能做到盗钟而掩耳,则可言之而人不闻

19. 中国是全球最大的卷烟生产国和消费国,但近年来政府通过出台禁烟令、提高卷烟消费税等一系列公共政策努力改变这一现象,一项调查权威数据显示,在 2014 年同比上升 2.4% 之后,中国卷烟消费量在 2015 年同比下降了 2.4%,这是 1995 年以来首次下降。尽管如此,2015 年中国卷烟消费量仍占全球的 45%,但这一下降对全球卷烟总消费量产生巨大影响,使其同比下降了 2.1%。

根据以上信息,可以得出以下哪项?
A. 2015 年中国卷烟消费量恰好等于 2013 年
B. 2015 年中国卷烟消费量大于 2013 年
C. 2015 年世界其他国家卷烟消费量同比下降比率高于中国
D. 2015 年世界其他国家卷烟消费量同比下降比率低于中国
E. 2015 年发达国家卷烟消费量同比下降比率高于发展中国家

20. 某图书馆新购一批文科图书。为方便读者查阅,管理人员对这批图书在文科新书阅览室中的摆放位置做出如下提示：① 前 3 排书橱均放有哲学类新书；② 法学类新书都放在第 5 排书橱,这排书橱的左侧也放有经济类新书；③ 管理类新书放在最后一排书橱。事实上,所有的图书都按照上述提示放置。根据提示,徐莉顺利找到了她想要查阅的新书。

根据以上信息,以下哪项是不可能的?
A. 徐莉在第 2 排书橱中找到哲学类新书   B. 徐莉在第 3 排书橱中找到经济类新书
C. 徐莉在第 4 排书橱中找到哲学类新书   D. 徐莉在第 6 排书橱中找到法学类新书

E. 徐莉在第 7 排书橱中找到管理类新书

21. 某次学术会议的主办方发出会议通知：只有论文通过审核才能收到会议主办方发出的邀请函，本次会议只欢迎有主办方邀请函的科研院所的学者参加。
　　根据以上通知，可以得出以下哪项？
　　A. 本次学术会议不欢迎论文没有通过审核的学者参加
　　B. 论文通过审核的学者都可以参加本次学术会议
　　C. 论文通过审核并持有主办方邀请函的学者，本次学术会议都欢迎其参加
　　D. 有些论文通过审核但未持有主办方邀请函的学者，本次学术会议欢迎其参加
　　E. 论文通过审核的学者有些不能参加本次学术会议

22～23 题基于以下题干：
　　一江南园林拟建松、竹、梅、兰、菊 5 个园子，该园林拟设东、南、北 3 个门，分别位于其中的 3 个园子。这 5 个园子的布局满足如下条件：
　　(1) 如果东门位于松园或菊园，那么南门不位于竹园；
　　(2) 如果南门不位于竹园，那么北门不位于兰园；
　　(3) 如果菊园在园林的中心，那么它与兰园不相邻；
　　(4) 兰园与菊园相邻，中间连着一座美丽的廊桥。

22. 根据以上信息，可以得出以下哪项？
　　A. 兰园不在园林的中心　　　　　　　B. 菊园不在园林的中心
　　C. 兰园在园林的中心　　　　　　　　D. 菊园在园林的中心
　　E. 梅园不在园林的中心

23. 如果北门位于兰园，则可以得出以下哪项？
　　A. 南门位于菊园　　　　　　　　　　B. 东门位于竹园
　　C. 东门位于梅园　　　　　　　　　　D. 东门位于松园
　　E. 南门位于梅园

24. 有研究发现，冬季在公路上撒盐除冰，会让本来要成为雌性的青蛙变成雄性，这是因为这些路盐中的钠元素会影响青蛙受体细胞并改变原可能成为雌性青蛙的性别。有专家据此认为，这会导致相关区域青蛙数量的下降。
　　以下哪项如果为真，最能支持上述专家的观点？
　　A. 大量的路盐流入池塘可能会给其他水生物造成危害，破坏青蛙的食物链
　　B. 如果一个物种以雌性为主，该物种的个体数量就可能受到影响
　　C. 在多个盐含量不同的水池中饲养青蛙，随着水池中盐含量的增加，雌性青蛙的数量不断减少
　　D. 如果每年冬季在公路上撒很多盐，盐水流入池塘，就会影响青蛙的生长发育过程

E. 雌雄比例会影响一个动物种群的规模,雌性数量的充足对物种的繁衍生息至关重要

25. 最终审定的项目或者意义重大或者关注度高,凡意义重大的项目均涉及民生问题;但是有些最终审定的项目并不涉及民生问题。

根据以上陈述,可以得出以下哪项?

A. 意义重大的项目比较容易引起关注

B. 有些项目意义重大但是关注度不高

C. 涉及民生问题的项目有些没有引起关注

D. 有些项目尽管关注度高但并非意义重大

E. 有些不涉及民生问题的项目意义也非常重大

26. 甲:知难行易,知然后行。乙:不对,知易行难,行然后知。

以下哪项与上述对话方式最为相似?

A. 甲:知人者智,自知者明。乙:不对,知人者易,知己者难

B. 甲:不破不立,先破后立。乙:不对,不立不破,先立后破

C. 甲:想想容易做起来难,做比想要更重要。乙:不对,想到就能做到,想比做更重要

D. 甲:批评他人易,批评自己难;先批评他人后批评自己。乙:不对,批评自己易,批评他人难。先批评自己后批评他人

E. 甲:做人难做事易,先做人再做事。乙:不对,做人易做事难,先做事再做人

27. 所有值得拥有专利的产品或设计方案都是创新,但并不是每一项创新都值得拥有专利;所有的模仿都不是创新,但并非每一个模仿者都应该受到惩罚。

根据以上陈述,以下哪项是不可能的?

A. 有些值得拥有专利的创新产品并没有申请专利

B. 有些创新者可能受到惩罚

C. 有些值得拥有专利的产品是模仿

D. 没有模仿值得拥有专利

E. 所有的模仿者都受到了惩罚

28. 某国拟在甲、乙、丙、丁、戊、己6种农作物里面进口几种,用于该国庞大的动物饲料产业,考虑到一些农作物可能会有违禁成分,以及它们之间存在的互补或可替代因素,该国对进口这些农作物有如下要求:① 它们当中不含违禁成分的都进口;② 如果甲或乙有违禁成分,就进口戊和己;③ 如果丙含有违禁成分,那么丁就不进口了;如果进口戊,就进口乙和丁;④ 如果不进口丁,就进口丙;如果进口丙,就不进口丁。

根据上述要求,以下哪项所列的农作物是该国可以进口的?

A. 甲、乙、丙   B. 乙、丙、丁   C. 甲、戊、己   D. 甲、丁、己

E. 丙、戊、己

29～30 题基于以下题干：

某校四位女生陈琳、张芳、王玉、杨虹和四位男生范勇、吕伟、赵虎、李龙进行中国象棋比赛。他们被安排在四张桌上，每桌一男一女对弈，四张桌从左到右分别记为 1、2、3、4 号，每对选手需要进行四局比赛，比赛规定：选手每胜一局得 2 分，和一局得 1 分，负一局得 0 分。前三局结束时，按分差大小排列，四对选手的总积分分别是 6∶0、5∶1、4∶2、3∶3。已知：

（1）张芳跟吕伟对弈，杨虹在 4 号桌比赛，王玉的比赛桌在李龙比赛桌的右边；

（2）1 号桌的比赛至少有一桌是和局，4 号桌的总积分不是 4∶2；

（3）赵虎前三局总积分并不领先他的对手，他们也没有下成过和局；

（4）李龙已连输三局，范勇在前三局总积分上领先他的对手。

29. 根据上述信息，前三局比赛结束时谁的总积分最高？

A. 杨虹　　　　　　B. 陈琳　　　　　　C. 范勇　　　　　　D. 王玉

E. 张芳

30. 如果下列有位选手前三局均与对手下成和局，那么他（她）是谁？

A. 陈琳　　　　　　B. 杨虹　　　　　　C. 张芳　　　　　　D. 范勇

E. 王玉

2017 年管理类专业学位
全国联考逻辑真题

逻辑推理：以下 30 小题，每小题 2 分，共 60 分。给出的 A、B、C、D、E 五个选项中，只有一项是符合试题要求的，请在答题卡上将所选项的字母涂黑。

1. 倪教授认为，我国工程技术领域可以考虑与国外先进技术合作，但任何涉及核心技术的项目都不能受制于人，我国许多网络安全建设项目涉及信息核心技术，如果全盘引进国外先进技术，而不努力自主创新，我国的网络安全将受到严重威胁。

根据倪教授的陈述，可以得出以下哪项？

A. 我国有些网络建设项目不能受制于人

B. 我国许多网络安全建设项目，不能与国外先进技术合作

C. 我国工程技术领域的所有项目都不能受制于人

D. 只要不是全盘引进国外先进技术，我国网络安全就不会受到严重威胁

E. 如果能做到自主创新，我国的网络安全就不会受到严重威胁

2. 任何结果都不可能凭空出现，它们的背后都是有原因的，任何背后有原因的事物均可以被认识，而可以被人认识的事物都必然不是毫无规律的。

根据以上陈述，以下哪项为假？

A. 人可能认识所有事物

B. 有些结果的出现可能毫无规律

C. 那些可以被人认识的事物，必然有规律

D. 任何结果出现的背后都是有原因的

E. 任何结果都可以被人认识

3. 近年来，我国海外代购业务量快速增长，代购者们通常从海外购买产品，通过各种渠道避开关税，再卖给内地顾客从中牟利，却让政府损失了税收收入，某专家由此指出，政府应该严厉打击海外代购的行为。

以下哪项如果为真，最能支持上述专家的观点？

A. 近期，有位前空乘服务员因在网上开设海外代购店而被我国地方法院判定犯有走私罪

B. 国内一些企业生产的同类产品与海外代购产品相比，无论质量还是价格都缺乏竞争优势

C. 海外代购提升了人民的生活水平，满足了国内部分民众对于品质生活的向往

D. 去年，我国奢侈品海外代购规模几乎是全球奢侈品国内门店销售额的一半，这些交易大多避开关税

E. 国内民众的消费需求提升是伴随着我国经济发展而产生的经济现象,应以此为契机促进国内同类消费品产业的升级

4. 某剧组招募群众演员,为配合剧情,需要招 4 类角色,外国游客 1～2 名,购物者 2～3 名,商贩 2 名,路人若干。有甲、乙、丙、丁、戊、己 6 人可供选择,且每人在同一个场景中只能出演一个角色。已知:

(1) 只有甲、乙才能出演外国游客;

(2) 上述 4 类角色每个场景中至少有 3 类同时出现;

(3) 每一场景中,若乙或丁出演商贩,则甲和丙出演购物者;

(4) 购物者和路人的数量之和在每个场景中不超过 2。

根据上述信息,可以得出以下哪项?

A. 同一场景中,若戊和己出演路人,则甲只可能演外国游客

B. 同一场景中,若己出演外国游客,则甲只可能出演商贩

C. 至少有 2 人需要在不同场景中出演不同的角色

D. 甲、乙、丙、丁不会出现在同一场景中

E. 同一场景中,若丁和戊出演购物者,则乙只可能出演外国游客

5. 离家 300 米的学校不能上,却被安排到 2 千米以外的学校就读,某市一位适龄儿童在上小学时就遇到了所在区教育局这样的安排,而这一安排是区教育局根据儿童户籍所在施教区做出的。根据该市教育局规定的"就近入学"原则,儿童家长将区教育局告上法院,要求撤销原来安排,让其孩子就近入学,法院对此做出一审判决,驳回原告请求。

下列哪项最可能是法院判决的合理依据?

A. "就近入学"不是"最近入学",不能将入学儿童户籍地和学校的直线距离作为划分施教区的唯一依据

B. 按照特定的地理要素划分,施教区中的每所小学不一定就处于该施教区的中心位置

C. 儿童入学究竟应上哪一所学校不是让适龄儿童或其家长自主选择,而是要听从政府主管部门的行政安排

D. "就近入学"仅仅是一个需要遵循的总体原则,儿童具体入学安排还要根据特定的情况加以变通

E. 该区教育局划分施教区的行政行为符合法律规定,而原告孩子户籍所在施教区的确需要去离家 2 千米外的学校就读

6. 张立是一位单身白领,工作 5 年积累了一笔存款,由于该笔存款金额尚不足以购房,他考虑将其暂时分散投资到股票、黄金、基金、国债和外汇 5 个方面。该笔存款的投资需要满足如下条件:

(1) 如果黄金投资比例高于 1/2,则剩余部分投入国债和股票;

(2) 如果股票投资比例低于 1/3,则剩余部分不能投入外汇或国债;

(3) 如果外汇投资比例低于 1/4,则剩余部分投入基金或黄金;

（4）国债投资比例不能低于 1/6。

根据上述信息，可以得出以下哪项？

A. 国债投资比例高于 1/2   B. 外汇投资比例不低于 1/3

C. 股票投资比例不低于 1/4   D. 黄金投资比例不低于 1/5

E. 基金投资比例低于 1/6

7. 通识教育重在帮助学生掌握尽可能全面的基础知识，即帮助学生了解各个学科领域的基本常识；而人文教育则重在培育学生了解生活的意义，并对自己及他人行为的价值和意义做出合理的判断，形成"智识"。因此有专家指出，相比较而言，人文教育对个人未来生活的影响会更大一些。

以下哪项如果为真，最能支持上述专家的断言？

A. 当今我国有些大学开设的通识教育课程远远要多于人文教育课程

B. "知识"是事实判断，"智识"是价值判断，两者不能相互替代

C. 没有知识就会失去应对未来生活挑战的勇气，而错误的价值观可能会误导人的生活

D. 关于价值和意义的判断事关个人的幸福和尊严，值得探究和思考

E. 没有知识，人依然可以活下去；但如果没有价值和意义的追求，人只能成为没有灵魂的躯壳

8～9 题基于以下题干：

丰收公司邢经理需要在下个月赴湖北、湖南、安徽、江西、江苏、浙江、福建 7 省进行市场调研，各省均调研一次，他的行程需满足如下条件：

（1）第一个或最后一个调研江西省；

（2）调研安徽省的时间早于浙江省，在这两省的调研之间调研除了福建省的另外两省；

（3）调研福建省的时间安排在调研浙江省之前或刚好调研完浙江省之后；

（4）第三个调研江苏省。

8. 如果邢经理首先赴安徽省调研，则关于他的行程，可以确定以下哪项？

A. 第二个调研湖北省   B. 第二个调研湖南省

C. 第五个调研福建省   D. 第五个调研湖北省

E. 第五个调研浙江省

9. 如果安徽省是邢经理第二个调研的省份，则关于他的行程，可以确定以下哪项？

A. 第一个调研江西省   B. 第四个调研湖北省

C. 第五个调研浙江省   D. 第五个调研湖南省

E. 第六个调研福建省

10. 王研究员：我国政府提出的"大众创业，万众创新"激励着每一个创业者。对于创业者来说，最重要的是需要一种坚持精神。不管在创业中遇到什么困难，都要坚持下去。

李教授：对于创业者来说，最重要的是要敢于尝试新技术。因为有些新技术一些大公司不敢轻易尝试，这就为创业者带来了成功的契机。

根据以上信息，以下哪项最准确地指出了王研究员与李教授的分歧所在？

A. 最重要的是敢于迎接各种创业难题的挑战，还是敢于尝试那些大公司不敢轻易尝试的新技术

B. 最重要的是坚持创业，有毅力有恒心把事业一直做下去，还是坚持创新，做出更多的科学发现和技术发明

C. 最重要的是坚持把创业这件事做好，成为创业大众的一员，还是努力发明新技术，成为创新万众的一员

D. 最重要的是需要一种坚持精神，不畏艰难，还是要敢于尝试新技术，把握事业成功的契机

E. 最重要的是坚持创业，敢于成立小公司，还是尝试新技术，敢于挑战大公司

11. 进入冬季以来，内含大量有毒颗粒物的雾霾频繁袭击我国部分地区。有关调查显示，持续接触高浓度污染物会直接导致 10% 至 15% 的人患有眼睛慢性炎症或干眼症。有专家由此认为，如果不采取紧急措施改善空气质量，这些疾病的发病率和相关的并发症将会增加。

以下哪项如果为真，最能支持上述专家的观点？

A. 有毒颗粒物会刺激并损害人的眼睛，长期接触会影响泪腺细胞

B. 空气质量的改善不是短期内能做到的，许多人不得不在污染环境中工作

C. 眼睛慢性炎症或干眼症等病例通常集中出现于花粉季

D. 上述被调查的眼疾患者中有 65% 是年龄在 20～40 岁之间的男性

E. 在重污染环境中采取戴护目镜、定期洗眼等措施有助于预防干眼症等眼疾

12. 很多成年人对于儿时熟悉的《唐诗三百首》中的许多名诗，常常仅记得几句名句，而不知诗作者或诗名。甲校中文系硕士生有三个年级，每个年级人数相等。统计发现，一年级学生都能把该书中的名句与诗名及其作者对应起来；二年级 2/3 的学生能把该书中的名句与作者对应起来；三年级 1/3 的学生不能把该书中的名句与诗名对应起来。

根据上述信息，关于该校中文系硕士生，可以得出以下哪项？

A. 1/3 以上的硕士生不能将该书中的名句与诗名或作者对应起来

B. 大部分硕士生能将该书中的名句与诗名及其作者对应起来

C. 1/3 以上的一、二年级学生不能把该书中的名句与作者对应起来

D. 2/3 以上的一、二年级学生不能把该书中的名句与诗名对应起来

E. 2/3 以上的一、三年级学生能把该书中的名句与诗名对应起来

13. 婴儿通过触碰物体、四处玩耍和观察成人行为等方式来学习，但机器人通常只能按照编制的程序进行学习。于是，有些科学家试图研制学习方式更接近于婴儿的机器人。他们认为，既然婴儿是地球上最有效率的学习者，为什么不设计出能像婴儿那样不费力气就能学习的机器人呢？

以下哪项最可能是上述科学家观点的假设？

A. 婴儿的学习能力是天生的,他们的大脑与其他动物幼崽不同

B. 通过触碰、玩耍和观察等方式来学习是地球上最有效率的学习方式

C. 即使是最好的机器人,他们的学习能力也无法超过最差的婴儿学习者

D. 如果机器人能像婴儿那样学习,它们的智能就有可能超过人类

E. 成年人和现有的机器人都不能像婴儿那样毫不费力地学习

14. 针对癌症患者,一般采用化疗手段将药物直接注入人体杀伤癌细胞,但这也可能将正常细胞和免疫细胞一同杀灭,产生较强的不良反应。近来,有科学家发现,黄金纳米粒子很容易被人体癌细胞吸收,如果将其包上一层化疗药物,就可作为"运输工具",将化疗药物准确地投放到癌细胞中。他们由此推断,微小的黄金纳米粒子能提升癌细胞化疗的效果,并能降低化疗的不良反应。

以下哪项如果为真,能支持上述科学家所做出的结论?

A. 黄金纳米粒子用于癌症化疗的疗效有待大量临床检验

B. 在体外用红外线加热已进入癌细胞的黄金纳米粒子,可以从内部杀灭癌细胞

C. 因为黄金所具有的特殊化学性质,黄金纳米粒子不会与人体细胞发生反应

D. 现代医学手段已能实现黄金纳米粒子的精准投送,让其所携带的化疗药物只作用于癌细胞,并不伤及其他细胞

E. 利用常规计算机断层扫描,医生容易判定黄金纳米粒子是否已投放到癌细胞中

15. 甲:己所不欲,勿施于人。乙:我反对。己所欲,则施于人。

以下哪项与上述对话方式最为相似?

A. 甲:人非草木,孰能无情? 乙:我反对。草木无情,但人有情

B. 甲:人不犯我,我不犯人。乙:我反对。人若犯我,我就犯人

C. 甲:人无远虑,必有近忧。乙:我反对。人有远虑,亦有近忧

D. 甲:不在其位,不谋其政。乙:我反对。在其位,则行其政

E. 甲:不入虎穴,焉得虎子。乙:我反对。如得虎子,必入虎穴

16. 颜子、曾寅、孟申、荀辰申请一个中国传统文化建设项目。根据规定,该项目的主持人只能有一名,且在上述4位申请者中产生:包括主持人在内,项目组成员不能超过两位。另外,各位申请者在申请答辩时做出如下陈述:

(1)颜子:如果我成为主持人,将邀请曾寅或荀辰作为项目组成员;

(2)曾寅:如果我成为主持人,将邀请颜子或孟申作为项目组成员;

(3)荀辰:只有颜子成为项目组成员,我才能成为主持人;

(4)孟申:只有荀辰或颜子成为项目组成员,我才能成为主持人。

假定4人陈述都为真,关于项目组成员的组合,以下哪项是不可能的?

A. 孟申、曾寅   B. 荀辰、孟申   C. 曾寅、荀辰   D. 颜子、孟申

E. 颜子、荀辰

17. 研究者调查了一组大学毕业即从事有规律的工作正好满8年的白领,发现他们的体重比刚毕业时平均增加了8公斤。研究者由此得出结论,有规律的工作会增加人们的体重。

关于上述结论的正确性,需要询问的关键问题是以下哪项?

A. 和该组调查对象其他情况相仿且经常进行体育锻炼的人,在同样8年中体重有怎样的变化

B. 该组调查对象的体重在8年后是否会继续增加

C. 为什么调查关注的时间段是对象在毕业工作后8年,而不是7年或者9年

D. 该组调查对象中男性和女性的体重增加是否有较大差异

E. 和该组调查对象其他情况相仿但没有从事有规律工作的人,在同样的8年中体重有怎样的变化

18. 赵默是一位优秀的企业家。因为如果一个人既拥有在国内外知名学府和研究机构工作的经历,又有担任项目负责人的管理经验,那么他就能成为一位优秀的企业家。

以下哪项与上述论证最为相似?

A. 人力资源是企业的核心资源。因为如果不开展各类文化活动,就不能提升员工岗位技能,也不能增强团队的凝聚力和战斗力

B. 袁清是一位好作家。因为好作家都具有较强的观察能力、想象能力及表达能力

C. 青年是企业发展的未来。因此,企业只有激发青年的青春力量,才能促其早日成才

D. 李然是信息技术领域的杰出人才,因为如果一个人不具有前瞻性目光、国际化视野和创新思维,就不可能成为信息技术领域的杰出人才

E. 风云企业具有凝聚力。因为如果一个企业能引导和帮助员工树立目标,提升能力,就能使企业具有凝聚力

19. 爱书成痴注定会藏书。大多数藏书家也会读一些自己收藏的书;但有些藏书家却因喜爱书的价值和精致装帧而购书收藏,至于阅读则放到了以后闲暇的时间,而一旦他们这样想,这些新购的书就很可能不被阅读了。但是,这些受到"冷遇"的书只要被友人借去一本,藏书家就会失魂落魄,整日心神不安。

根据上述信息,可以得出以下哪项?

A. 有些藏书家将自己的藏书当作友人   B. 有些藏书家喜欢闲暇时读自己的藏书

C. 有些藏书家会读遍自己收藏的书   D. 有些藏书家不会立即读自己新购的书

E. 有些藏书家从不读自己收藏的书

20. 人们通常认为,幸福能够增进健康、有利于长寿,而不幸福则是健康状况不佳的直接原因,但最近有研究人员对3 000多人的生活状况调查后发现,幸福或不幸福并不意味着死亡的风险会相应地变得更低或更高。他们由此指出,疾病可能会导致不幸福,但不幸福本身并不会对健康状况造成损害。

以下哪项如果为真,最能质疑上述研究人员的论证?

A. 幸福是个体的一种心理体验,要求被调查对象准确断定其幸福程度有一定的难度

B. 有些高寿老人的人生经历较为坎坷,他们有时过得并不幸福

C. 有些患有重大疾病的人乐观向上,积极与疾病抗争,他们的幸福感比较高

D. 人的死亡风险低并不意味着健康状况好,死亡风险高也不意味着健康状况差

E. 少数个体死亡风险的高低难以进行准确评估

21. 甲:只有加强知识产权保护,才能推动科技创新。乙:我不同意。过分强化知识产权保护,肯定不能推动科技创新。

以下哪项与上述反驳方式最为类似?

A. 妻子:孩子只有刻苦学习,才能取得好成绩。丈夫:也不尽然。学习光知道刻苦而不能思考,也不一定会取得好成绩

B. 母亲:只有从小事做起,将来才有可能做成大事。孩子:老妈,你错了。如果我们每天只是做小事,将来肯定做不成大事

C. 老板:只有给公司带来回报,公司才能给他带来回报。员工:不对呀。我上月帮公司谈成一笔大业务,可是只得到 1% 的奖励

D. 老师:只有读书,才能改变命运。学生:我觉得不是这样。不读书,命运会有更大的改变

E. 顾客:这件商品只有价格再便宜些,才会有人来买。商人:不可能。这件商品如果价格再便宜一些,我就要去喝西北风了

22. 某著名风景区有"妙笔生花""猴子观海""仙人晒靴""美人梳妆""阳关三叠""禅心向天"6 个景点。为方便游人,景区提示如下:

(1) 只有先游"猴子观海",才能游"妙笔生花";

(2) 只有先游"阳关三叠",才能游"仙人晒靴";

(3) 如果游"美人梳妆"就要先游"妙笔生花";

(4) "禅心向天"应第四个游览,之后才可游览"仙人晒靴"。

张先生按照上述提示,顺利游览了上述 6 个景点。

根据上述信息,关于张先生的游览顺序,以下哪项不可能为真?

A. 第一个游览"猴子观海" B. 第二个游览"阳关三叠"

C. 第三个游览"美人梳妆" D. 第五个游览"妙笔生花"

E. 第六个游览"仙人晒靴"

23. "自我陶醉人格",是以过分重视自己为主要特点的人格障碍。它有多种具体特征:过高估计自己的重要性,夸大自己的成就;对批评反应强烈,希望他人注意自己和羡慕自己;经常沉湎于幻想中,把自己看成是特殊的人;人际关系不稳定;嫉妒他人,损人利己。

以下各项自我陈述中,除了哪项均能体现上述"自我陶醉人格"的特征?

A. 我是这个团队的灵魂,一旦我离开了这个团队,他们将一事无成

B. 他有什么资格批评我?大家看看,他的能力连我一半都不到

C. 我的家庭条件不好,但不愿意被别人看不起,所以我借钱买了一部智能手机

D. 这么重要的活动竟然没有邀请我参加,组织者的人品肯定有问题,不值得跟这样的

人交往

E. 我刚接手别人很多年没有做成的事情,我跟他们完全不在一个层次,相信很快就会将事情搞定

24. 通常情况下,长期在寒冷环境中生活的居民可以有更强的抗寒能力。相比于我国的南方地区,我国北方地区冬天的平均温度要低很多。然而有趣的是,现在很多北方地区的居民并不具有我们所以为的抗寒能力,相当多的北方人到南方来过冬,竟然难以忍受南方的寒冷天气,怕冷程度甚至远超于当地人。

以下哪项如果为真,最能解释上述现象?

A. 一些北方人认为南方温暖,他们去南方过冬时往往对保暖工作做得不够充分

B. 南方地区冬天虽然平均气温比北方高,但也存在极端低温的天气

C. 北方地区在冬天通常启用供暖设备,其室内温度往往比南方高出很多

D. 有些北方人是从南方迁过去的,他们没有完全适应北方的气候

E. 南方地区湿度较大,冬天感受到的寒冷程度超出气象意义上的温度指标

25. 译制片配音,作为一种特有的艺术形式,曾在我国广受欢迎。然而时过境迁,现在许多人已不喜欢看配过音的外国影视剧。他们觉得还是听原汁原味的声音才感觉到位。有专家由此断言,配音已失去观众,必将退出历史舞台。

以下各项如果为真,则除哪项外都能支持上述专家的观点?

A. 很多上了年纪的国人仍习惯看配过音的外国影视剧,而在国内放映的外国大片有的仍然是配过音的

B. 配音是一种艺术再创造,倾注了配音艺术家的心血,但有的人对此并不领情,反而觉得配音妨碍了他们对原剧的欣赏

C. 许多中国人通晓外文,观赏外国原版影视剧并不存在语言的困难;即使不懂外文,边看中文字幕边听原声也不影响理解剧情

D. 随着对外交流的加强,现在外国影视剧大量涌入国内,有的国人已经等不及慢条斯理、精工细作的配音了

E. 现在有外国影视剧配音难以模仿剧中演员的出色嗓音,有时也与剧情不符,对此观众并不接受

26~27 题基于以下题干:

六一节快到了。幼儿园老师为班上的小明、小雷、小刚、小芳、小花 5 位小朋友准备了红、橙、黄、绿、青、蓝、紫 7 份礼物。已知所有礼物都送了出去,每份礼物只能由一人获得,每人最多获得两份礼物。另外,礼物派送还需要满足如下要求:

(1)如果小明收到橙色礼物,则小芳会收到蓝色礼物;

(2)如果小雷没有收到红色礼物,则小芳不会收到蓝色礼物;

(3)如果小刚没有收到黄色礼物,则小花不会收到紫色礼物;

(4)没有人既能收到黄色礼物,又能收到绿色礼物;

（5）小明只收到橙色礼物，而小花只收到紫色礼物。

26. 根据上述信息，以下哪项可能为真？
A. 小明和小芳都收到两份礼物
B. 小雷和小刚都收到两份礼物
C. 小刚和小花都收到两份礼物
D. 小芳和小花都收到两份礼物
E. 小明和小雷都收到两份礼物

27. 根据上述信息，如果小刚收到两份礼物，则可以得出以下哪项？
A. 小雷收到红色和绿色两份礼物
B. 小刚收到黄色和蓝色两份礼物
C. 小芳收到绿色和蓝色两份礼物
D. 小刚收到黄色和青色两份礼物
E. 小芳收到青色和蓝色两份礼物

28. 某民乐小组拟购买几种乐器，购买要求如下：
（1）二胡、箫至多购买一种；
（2）笛子、二胡和古筝至少购买一种；
（3）箫、古筝、唢呐至少购买两种；
（4）如果购买箫，则不购买笛子。
根据以上要求，可以得出以下哪项？
A. 至多购买了3种乐器
B. 箫、笛子至少购买一种
C. 至少要购买3种乐器
D. 古筝、二胡至少购买一种
E. 一定要购买唢呐

29～30 基于以下题干：
某影城将在"十一"黄金周7天（周一至周日）放映14部电影，其中有5部科幻片，3部警匪片，3部武侠片，2部战争片，1部爱情片。限于条件，影城每天放映2部电影，已知：
（1）除科幻片安排在周四外，其余6天每天放映的2部电影都属于不同的类型；
（2）爱情片安排在周日；
（3）科幻片或武侠片没有安排在同一天；
（4）警匪片和战争片没有安排在同一天。

29. 根据以上信息，以下哪项2部电影不可能安排在同一天放映？
A. 警匪片和爱情片
B. 科幻片和警匪片
C. 武侠片和战争片
D. 武侠片和警匪片
E. 科幻片和战争片

30. 根据以上信息，如果同类影片放映日期连续，则周六可以放映的电影是哪项？
A. 科幻片和警匪片
B. 武侠片和警匪片
C. 科幻片和战争片
D. 科幻片和武侠片
E. 警匪片和战争片

2016年管理类专业学位
全国联考逻辑真题

逻辑推理：以下30小题，每小题2分，共60分。给出的A、B、C、D、E五个选项中，只有一项是符合试题要求的，请在答题卡上将所选项的字母涂黑。

1. 企业要建设科技创新中心，就要推进与高校、科研院所的合作，这样才能激发自主创新的活力。一个企业只有搭建服务科技创新发展战略的平台、科技创新与经济发展对接的平台以及聚集创新人才的平台，才能催生重大科技成果。

根据上述信息，可以得出以下哪项？

A. 如果企业搭建科技创新与经济发展对接的平台，就能激发其自主创新的活力

B. 如果企业搭建了服务科技创新发展战略的平台，就能催生重大科技成果

C. 能否推进与高校、科研院所的合作决定企业是否具有自主创新的活力

D. 如果企业没有搭建聚集创新人才的平台，就无法催生重大科技成果

E. 如果企业推进与高校、科研院所的合作，就能激发其自主创新的活力

2. 生态文明建设事关社会发展方式和人民福祉。只有实行最严格的制度、最严密的法治，才能为生态文明建设提供可靠保障。如果要实行最严格的制度、最严密的法治，就要建立责任追究制度，对那些不顾生态环境盲目决策并造成严重后果者，追究其相应的责任。

根据以上信息，可以得出以下哪项？

A. 如果对那些不顾生态环境盲目决策并造成严重后果者追究相应责任，就能为生态文明建设提供可靠保障

B. 实行最严格的制度和最严密的法治是生态文明建设的重要目标

C. 如果不建立责任追究制度，就不能为生态文明建设提供可靠保障

D. 只有筑牢生态环境的制度防护墙，才能造福于民

E. 如果要建立责任追究制度，就要实行最严格的制度、最严密的法治

3. 注重对孩子的自然教育，让孩子亲身感受大自然的神奇与美妙，可促进孩子释放天性，激发自身潜能。而缺乏这方面教育的孩子容易变得孤独，道德、情感与认知能力的发展都会受到一定影响。

以下哪项与以上陈述方式最为类似？

A. 脱离环境保护搞经济是"竭泽而渔"，离开经济发展抓环境保护是"缘木求鱼"

B. 只说一种语言的人，首次被诊断出患阿尔茨海默病的平均年龄为76岁；说三种语言的人首次被诊断出患阿尔茨海默病的平均年龄约为78岁

C. 老百姓过去"盼温饱",现在"盼环保",过去"求生存",现在"求生态"

D. 注重调查研究,可以让我们掌握第一手资料;闭门造车只能让我们脱离实际

E. 如果孩子完全依赖电子设备来进行学习和生活,将会对环境越来越漠视

4. 古人以干支纪年,甲乙丙丁戊己庚辛壬癸为十干,也称天干;子丑寅卯辰巳午未申酉戌亥为十二支,也称地支,依次以天干配地支,如甲子、乙丑、丙寅……癸酉;甲戌、乙亥、丙子等,六十年重复一次,俗称六十花甲子。根据干支纪年,公元 2014 年为甲午年,公元 2015 年为乙未年。

根据以上陈述,可以得出以下哪项?

A. 现代人已不用干支纪年　　　　　　B. 21 世纪会有甲丑年

C. 干支纪年有利于农事　　　　　　　D. 根据干支纪年,公元 2024 年为甲寅年

E. 根据干支纪年,公元 2087 年为丁未年

5. 赵明与王洪都是某高校辩论协会成员,在为今年华语辩论赛招募新队员问题上,两人发生了争执。

赵明:我们一定要选拔喜爱辩论的人,因为一个人只有喜爱辩论,才能投入精力和时间研究辩论并参加辩论比赛。

王洪:我们招募的不是辩论爱好者,而是能打硬仗的辩手,无论是谁,只要能在辩论赛中发挥应有的作用,他就是我们理想的人选。

以下哪项最可能是两人争论的焦点?

A. 招募的标准是从现实出发还是从理想出发

B. 招募的目的是研究辩论规律还是培养实战能力

C. 招募的目的是为了培养新人还是赢得比赛

D. 招募的标准是对辩论的爱好还是辩论的能力

E. 招募的目的是为了集体荣誉还是满足个人爱好

6. 在某届洲际杯足球大赛中,第一阶段某小组单循环赛共有 4 支队伍参加,每支队伍需要在这一阶段比赛三场,甲国足球队在该小组的前两轮比赛中一平一负,在第三轮比赛之前,甲国队主教练在新闻发布会上表示:"只有我们在下一场比赛中取得胜利并且本组的另外一场比赛打成平局,我们才有可能从这个小组出线。"

如果甲国队主教练的陈述为真,以下哪项是不可能的?

A. 第三轮比赛该小组两场比赛都分出了胜负,甲国队从小组出线

B. 甲国队第三场比赛取得了胜利,但他们未能从小组出线

C. 第三轮比赛甲国队取得了胜利,该小组另一场比赛打成平局,甲国队未能从小组出线

D. 第三轮比赛该小组另外一场比赛打成平局,甲国队从小组出线

E. 第三轮比赛该小组两场比赛都打成了平局,甲国队未能从小组出线

7. 考古学家发现,那件仰韶文化晚期的土坯砖边缘整齐,并且没有切割痕迹,由此他们推测,这件土坯砖应当是使用木质模具压制成型的,而其他 5 件由土坯砖经过烧制而成的烧结砖,经检测当时烧制它们的温度为 850~900℃,由此考古学家进一步推测,当时的砖是先使用模具将黏土做成土坯,然后再经过高温烧制而成的。

以下哪项如果为真,最能支持上述考古学家的推测?

A. 仰韶文化晚期的年代约为公元前 3500 年—公元前 3000 年

B. 仰韶文化晚期,人们已经掌握了高温冶炼技术

C. 出土的 5 件烧结砖距今已有 5 000 年,确实属于仰韶文化晚期的物品

D. 没有采用模具而成型的土坯砖,其边缘或者不整齐,或者有切割痕迹

E. 早在西周时期,中原地区人们就可以烧制铺地砖和空心砖

8. 研究人员发现,人类存在 3 种核苷酸基因类型:AA 型、AG 型以及 GG 型,一个人有 36％ 的概率是 AA 型,有 48％ 的概率是 AG 型,有 16％ 的概率是 GG 型,在 1 200 名参与实验的老年人中,拥有 AA 型和 AG 型基因类型的人都在上午 11 时之前去世,而拥有 GG 型基因类型的人几乎都在下午 6 时左右去世,研究人员据此认为:GG 型基因类型的人会比其他人平均晚死 7 个小时。

以下哪项如果为真,最能质疑上述研究人员的观点?

A. 平均寿命的计算依据应是实验对象的生命存续长度,而不是实验对象的死亡时间

B. 当死亡临近的时候,人体会还原到一种更加自然的生理节律感应阶段

C. 有些人是因为疾病或者意外事故等其他因素而死亡的

D. 对人死亡时间的比较,比一天中的哪一时刻更重要的是哪一年、哪一天

E. 拥有 GG 型基因类型的实验对象容易患上心血管疾病

9. 某市消费者权益保护条例明确规定,消费者对其所购商品可以"7 天内无理由退货",但这项规定出台后并未得到顺利执行,众多消费者在 7 天内"无理由"退货时,常常遭遇商家的阻挠,他们以商品已做特价处理、商品已经开封或使用等理由拒绝退货。

以下哪项如果为真,最能质疑商家阻挠退货的理由?

A. 开封验货后,如果商品规格、质量等问题来自消费者本人,他们应为此承担责任

B. 那些做特价处理的商品,本来质量就没有保证

C. 如果不开封验货,就不能知道商品是否存在质量问题

D. 政府总偏向消费者,这对于商家来说是不公平的

E. 商品一旦开封或使用了,即使不存在问题,消费者也可以选择退货

10. 某县县委关于下周一几位领导的工作安排如下:

(1)如果李副书记在县城值班,那么他就要参加宣传工作例会;(2)如果张副书记在县城值班,那么他就做信访接待工作;(3)如果王书记下乡调研,那么张副书记或李副书记就需在县城值班;(4)只有参加宣传工作例会或做信访接待工作,王书记才不下乡调研;(5)宣传工作例会只需分管宣传的副书记参加,信访接待工作也只需一名副书记参加。

根据上述工作安排,可以得出以下哪项?

A. 张副书记做信访接待工作
B. 王书记下乡调研
C. 李副书记参加宣传工作例会
D. 李副书记做信访接待工作
E. 张副书记参加宣传工作例会

11. 近年来,越来越多的机器人被用于在战场上执行侦察、运输,甚至将来冲锋陷阵的都不再是人,而是形形色色的机器人。人类战争正在经历自核武器诞生以来最深刻的革命。有专家据此分析指出,机器人战争技术的出现可以使人类远离危险,更安全、更有效地实现战争目标。

以下哪项如果为真,最能质疑上述专家的观点?

A. 现代人类掌控机器人,但未来机器人可能会掌控人类
B. 因不同国家军事科技实力的差距,机器人战争技术只会让部分国家远离危险
C. 机器人战争技术有助于摆脱以往大规模杀戮的血腥模式,从而让现代战争变得更为人道
D. 掌握机器人战争技术的国家为数不多,将来战争的发生更为频繁也更为血腥
E. 全球化时代的机器人战争技术要消耗更多资源,破坏生态环境

12. 郝大爷过马路时不幸摔倒昏迷,所幸有小伙子及时将他送往医院救治。郝大爷病情稳定后,有 4 位陌生小伙陈安、李康、张幸、汪福来医院看望他,郝大爷问他们究竟是谁送他来医院,他们回答如下:

陈安:我们 4 人都没有送您来医院。李康:我们 4 人有人送您来医院。张幸:李康和汪福至少有一人没有送您来医院。汪福:送您来医院的人不是我。后来证实上述 4 人有两人说真话,两人说假话。

根据以上信息,可以得出哪项?

A. 说真话的是李康和张幸
B. 说真话的是陈安和张幸
C. 说真话的是李康和汪福
D. 说真话的是张幸和汪福
E. 说真话的是陈安和汪福

13. 开车上路,一个人不仅需要有良好的守法意识,也需要有特有的"理性计算"。在拥堵的车流中,只要有"加塞"的,你开的车就不一定要让它;但是你开着车在路上正常直行,有车不打方向灯在你近旁突然横过来要撞上你,原来它想要改变道,这时你也就得让着它。

以下除哪项外,均能质疑上述"理性计算"的观点?

A. 有理的让着没有理的,只会助长歪风邪气,有悖于社会的法律与道德
B. "理性计算"其实就是胆小怕事,总觉得凡事能躲则躲,但有的事很难躲过
C. 一味退让就会给行车带来极大的危险,不但可能伤及自己,而且也有可能伤及无辜
D. 即便碰上也不可怕,碰上之后如果立即报警,警方一般会有公正的裁决
E. 如果不让,就会碰上。碰上之后,即便自己有理,也会有很多麻烦

14. 有专家指出,我国城市规划缺少必要的气象论证,城市的高楼建得高耸而密集,阻碍了城市的通风循环,有关资料显示,近几年国内许多城市的平均风速已下降10%,风速下降,意味着大气扩散能力减弱,导致大气污染滞留时间延长,易形成雾霾天气和热岛效应,为此,有专家提出建立"城市风道"的设想,即在城市里制造几条畅通的通风走廊,让风在城市中更加自由地进出,促进城市空气的更新循环。

以下哪项如果为真,最能支持上述建立"城市风道"的设想?

A. 城市风道形成的"穿街风",对建筑物的安全影响不大

B. 风从八方来,"城市风道"的设想过于主观和随意

C. 有风道但没有风,就会让城市风道成为无用的摆设

D. 有些城市已拥有建立"城市风道"的天然基础

E. 城市风道不仅有利于"驱霾",还有利于散热

15. 2014年,为迎接APEC会议的召开,北京、天津、河北等地实施"APEC治理模式",采取了有史以来最严格的减排措施。果然,令人心醉的"APEC蓝"出现了;然而,随着会议的结束,"APEC蓝"也逐渐消失了,对此,有些人士表示困惑,既然政府能在短期内实施"APEC治理模式"取得良好效果,为什么不将这一模式长期坚持下去呢?

以下除哪项外,均能解释人们的困惑?

A. 最严格的减排措施在落实过程中已产生很多难以解决的实际困难

B. 如果近期将"APEC治理模式"常态化,将会严重影响地方经济和社会发展

C. 任何环境治理都需要付出代价,关键在于付出的代价是否超出收益

D. 短期严格的减排措施只能是权宜之计,大气污染治理仍需从长计议

E. 如果APEC会议期间北京雾霾频发,就会影响我们国家的形象

16. 根据现有物理学定律:任何物质的运动速度都不可能超过光速,但最近一次天文观测结果向这条定律发起了挑战:距离地球遥远的IC310星系拥有一个活跃的黑洞,掉入黑洞的物质产生了伽马射线冲击波,有些天文学家发现,这束伽马射线的速度超过了光速,因为它只用了4.8分钟就穿越了黑洞边界,而光要25分钟才能走完这段距离。由此,这些天文学家提出,光速不变定律需要修改了。

以下哪项如果为真,最能质疑上述天文学家所做的结论?

A. 或者光速不变定律已经过时,或者天文学家的观测有误

B. 如果天文学家的观测没有问题,光速不变定律就需要修改

C. 要么天文学家的观测有误,要么有人篡改了天文观测数据

D. 天文观测数据可能存在偏差,毕竟IC310星系离地球很远

E. 光速不变定律已经历过多次实践检验,没有出现反例

17. 某公司办公室茶水间提供自助式收费饮料,职员拿完饮料后,自己把钱放到特设的收款箱中。研究者为了判断职员在无人监督时,其自律水平会受哪些因素的影响,特地在收款箱上方贴了一张装饰图片,每周一换。装饰图片有时是一些花朵,有时是一双眼睛。一个

有趣的现象出现了：贴着"眼睛"的那一周，收款箱里的钱远远超过贴其他图片的情形。

以下哪项如果为真，最能解释上述实验现象？

A. 该公司职员看到"眼睛"图片时，就能联想到背后可能有人看着他们

B. 在该公司工作的职员，其自律能力超过社会中的其他人

C. 该公司职员看着"花朵"图片时，心情容易变得愉快

D. 眼睛是心灵的窗口，该公司职员看到"眼睛"图片时会有一种莫名的感动

E. 在无人监督的情况下，大部分人缺乏自律能力

18～19 题基于以下题干：

某皇家园林依中轴线布局，从前到后依次排列着七个庭院。这七个庭院分别以汉字"日""月""金""木""水""火""土"来命名。已知：

(1)"日"字庭院不是最前面的那个庭院；(2)"火"字庭院和"土"字庭院相邻；(3)"金""月"两庭院间隔的庭院数与"木""水"两庭院间隔的庭院数相同。

18. 根据上述信息，下列哪个庭院可能是"日"字庭院？

A. 第一个庭院　　　B. 第二个庭院　　　C. 第四个庭院　　　D. 第五个庭院

E. 第六个庭院

19. 如果第二个庭院是"土"字庭院，可以得出以下哪项？

A. 第七个庭院是"水"字庭院　　　　　B. 第五个庭院是"木"字庭院

C. 第四个庭院是"金"字庭院　　　　　D. 第三个庭院是"月"字庭院

E. 第一个庭院是"火"字庭院

20. 在一项关于"社会关系如何影响人的死亡率"的课题研究中，研究人员惊奇地发现：不论种族、收入、体育锻炼等因素，一个乐于助人、和他人相处融洽的人，其平均寿命长于一般人，在男性中尤其如此；相反，心怀恶意、损人利己、和他人相处不融洽的人 70 岁之前的死亡率比正常人高出 1.5 至 2 倍。

以下哪项如果为真，最能解释上述发现？

A. 身心健康的人容易和他人相处融洽，而心理有问题的人与他人很难相处

B. 男性通常比同年龄段的女性对他人有更强的"敌视情绪"，多数国家男性的平均寿命也因此低于女性

C. 与人为善带来轻松愉悦的情绪，有益身体健康；损人利己则带来紧张的情绪，有损身体健康

D. 心存善念、思想豁达的人大多精神愉悦、身体健康

E. 那些自我优越感比较强的人通常"敌视情绪"也比较强，他们长时间处于紧张状态

21. 超市中销售的苹果常常留有一定的油脂痕迹，表面显得油光滑亮。牛师傅认为，这是残留在苹果上的农药所致，水果在收摘之前都喷洒了农药，因此，消费者在超市购买水果

后,一定要清洗干净方能食用。

以下哪项最可能是牛师傅看法所依赖的假设?

A. 除了苹果,其他许多水果运至超市时也留有一定的油脂痕迹

B. 超市里销售的水果并未得到彻底清洗

C. 只有那些在水果上能留下油脂痕迹的农药才可能被清洗掉

D. 许多消费者并不在意超市销售的水果是否清洗过

E. 在水果收摘之前喷洒的农药大多数会在水果上留下油脂痕迹

22. 许多人不仅不理解别人,而且也不理解自己,尽管他们可能曾经试图理解别人,但这样的努力注定会失败,因为不理解自己的人是不可能理解别人的。可见,那些缺乏自我理解的人是不会理解别人的。

以下哪项最能说明上述论证的缺陷?

A. 使用了"自我理解"概念,但并未给出定义

B. 没有考虑"有些人不愿意理解自己"这样的可能性

C. 没有正确把握理解别人和理解自己之间的关系

D. 结论仅仅是对其论证前提的简单重复

E. 间接指责人们不能换位思考,不能相互理解

23. 在编号1、2、3、4的4个盒子中装有绿茶、红茶、花茶和白茶四种茶,每只盒子只装一种茶,每种茶只装一个盒子,已知:① 装绿茶和红茶的盒子在1、2、3号范围之内;② 装红茶和花茶的盒子在2、3、4号范围之内;③ 装白茶的盒子在1、2、3号范围之内。

根据上述已知条件,可以得出以下哪项?

A. 绿茶在3号 B. 花茶在4号 C. 白茶在3号 D. 红茶在2号

E. 绿茶在1号

24. 在某项目招标过程中,赵嘉、钱宜、孙斌、李汀、周武、吴纪6人作为各自公司代表参与投标,有且只有一人中标,关于究竟谁是中标者,招标小组中有3位成员各自谈了自己的看法:① 中标者不是赵嘉就是钱宜;② 中标者不是孙斌;③ 周武和吴纪都没有中标。经过深入调查,发现上述3人只有一人的看法是正确的。

根据以上信息,以下哪项中的3人都可以确定没有中标?

A. 钱宜、孙斌、周武 B. 孙斌、周武、吴纪

C. 赵嘉、钱宜、李汀 D. 赵嘉、周武、吴纪

E. 赵嘉、孙斌、李汀

25. 如今,电子学习机已全面进入儿童的生活,电子学习机将文字与图像、声音结合起来,既生动形象,又富有趣味性,使儿童的独立阅读成为可能。但是,一些儿童教育专家却对此发出警告,电子学习机可能不利于儿童成长。他们认为,父母应该抽时间陪孩子一起阅读纸质图书。陪孩子一起阅读纸质图书,并不是简单地让孩子读书识字,而是在交流中促进其

心灵的成长。

以下哪项如果为真,最能支持上述专家的观点?

A. 纸质图书有利于保护儿童视力,有利于父母引导儿童形成良好的阅读习惯

B. 在使用电子学习机时,孩子往往更多关注其使用功能而非学习内容

C. 接触电子产品越早,就越容易上瘾,长期使用电子学习机会形成"电子瘾"

D. 现代生活中年轻父母工作压力较大,很少有时间能与孩子一起共同阅读

E. 电子学习机最大的问题是让父母从孩子的阅读行为中走开,减少了父母与孩子的日常交流

26. 田先生认为,绝大部分笔记本电脑运行速度慢的原因不是CPU性能太差,也不是内存容量太小,而是硬盘速度太慢,给老旧的笔记本电脑换新的固态硬盘可以大幅度提升使用者的游戏体验。

以下哪项如果为真,最能质疑田先生的观点?

A. 固态硬盘很贵,给老旧笔记本换装硬盘费用不低

B. 销售固态硬盘的利润远高于销售传统的笔记本电脑硬盘

C. 少部分老旧笔记本电脑的CPU性能很差,内存也小

D. 使用者的游戏体验者很大程度上取决于笔记本的电脑显卡,而老旧笔记本电脑显卡较差

E. 一些笔记本电脑使用者的使用习惯不好,使得许多运行程序占据大量内存,导致电脑运行速度缓慢

27～28题基于以下题干:

钟医生:"通常,医学研究的重要成果在杂志发表之前需要经过匿名评审,这需要耗费不少时间。如果研究者能放弃这段等待时间而事先公布其成果,我们的公共卫生水平就可以伴随着医学发现而更快获得提高。因为新医学信息的及时公布将允许人们利用这些信息提高他们的健康水平。"

27. 以下哪项最可能是钟医生论证所依赖的假设?

A. 许多医学杂志的论文评审者本身并不是医学研究专家

B. 首次发表于匿名评审杂志的新医学信息一般无法引起公众的注意

C. 即使医学论文还没有在杂志发表,人们还是会使用已公开的相关新信息

D. 部分医学研究者愿意放弃在杂志上发表,而选择事先公布其成果

E. 因为工作繁忙,许多医学研究者不愿成为论文评审者

28. 以下哪项如果为真,最能削弱钟医生的论证?

A. 社会公共卫生水平的提高还取决于其他因素,并不完全依赖于医学新发现

B. 大部分医学杂志不愿意放弃匿名评审制度

C. 人们常常根据新发表的医学信息来调整他们的生活方式

D. 有些媒体常常会提前报道那些匿名评审杂志准备发表的医学研究成果

E. 匿名评审常常能阻止那些含有错误结论的文章发表

29～30 题基于以下题干：

江海大学的校园美食节开幕了，某女生宿舍有 5 人积极报名参加此项活动，她们的姓名分别为金粲、木心、水仙、火珊、土润。举办方要求，每位报名者只做一道菜品参加评比，但需自备食材。限于条件，该宿舍所备食材仅有 5 种：金针菇、木耳、水蜜桃、火腿和土豆，要求每种食材只能有 2 人选用，每人又只能选用 2 种食材，并且每人所选食材名称的第一个字与自己的姓氏均不相同。已知：

（1）如果金粲选水蜜桃，则水仙不选金针菇；

（2）如果木心选金针菇或土豆，则她也须选木耳；

（3）如果火珊选水蜜桃，则她也必须选木耳和土豆；

（4）如果木心选火腿，则火珊不选金针菇。

29. 根据上述信息，可以得出以下哪项？

A. 金粲选用木耳、土豆

B. 水仙选用金针菇、火腿

C. 土润选用金针菇、水蜜桃

D. 火珊选用木耳、水蜜桃

E. 木心选用水蜜桃、土豆

30. 如果水仙选用土豆，则可以得出以下哪项？

A. 水仙选用木耳、土豆

B. 火珊选用金针菇、土豆

C. 土润选用水蜜桃、火腿

D. 木心选用金针菇、水蜜桃

E. 金粲选用木耳、火腿

2015 年管理类专业学位
全国联考逻辑真题

逻辑推理：以下 30 小题,每小题 2 分,共 60 分。给出的 A、B、C、D、E 五个选项中,只有一项是符合试题要求的,请在答题卡上将所选项的字母涂黑。

1. 晴朗的夜晚可以看到满天星斗,其中有些是自身发光的恒星,有些是自身不发光但可以反射附近恒星的光的行星。恒星尽管遥远,但是有些可以被现有的光学望远镜"看到"。和恒星不同,行星本身不发光,而且体积还小于恒星,所以,太阳系外的行星大多无法用现有的光学望远镜"看到"。

以下哪项如果为真,最能解释上述现象?

A. 如果行星的体积够大,现有的光学望远镜就能"看到"

B. 太阳系外的行星因距离遥远,很少能将恒星光反射到地球上

C. 现有的光学望远镜只能"看到"自身发光或者反射光的天体

D. 有些恒星没有被现有光学望远镜"看到"

E. 太阳系内的行星大多可用现有光学望远镜"看到"

2. 长期以来,手机生产的电磁辐射是否威胁人体健康一直是极具争议的话题。一项长达 10 年的研究显示,每天使用移动电话通话 30 分钟以上的人患神经胶质瘤的风险比从未使用者要高出 40％。由此,某专家建议:在取得进一步证据之前,人们应该采取更加安全的措施,如尽量使用固定电话通话或使用短信进行沟通。

以下哪项如果为真,最能表明该专家的建议不切实际?

A. 大多数手机产生电磁辐射强度符合国家规定标准

B. 现有存在于人类生活空间中的电磁辐射强度已经超过手机通话产生的电磁辐射强度

C. 经过较长一段时间,人们的体质已经逐渐适应强电磁辐射的环境

D. 在上述实验期间,有些人每天使用移动电话通话超过 40 分钟,但他们很健康

E. 即使以手机短信进行沟通,发送和接收信息瞬间也会产生较强的电磁辐射

3. 甲、乙、丙、丁、戊和己 6 人围坐在一张正六边形的小桌前,每边各坐一人。已知:
(1) 甲与乙正面相对;
(2) 丙与丁不相邻,也不正面相对。
如果乙与己不相邻,则以下哪一项为真?

A. 戊与乙相邻   B. 甲与丁相邻

C. 己与乙正面相对　　　　　　　　D. 如果甲与戊相邻,则丁与己正面相对

E. 如果丙与戊不相邻,则丙与己相邻

4. 人类经历了上百万年的自然进化,产生了直觉、多层次抽象等独特智能。尽管现代计算机已具备一定的学习能力,但这一能力还需要人类指导,完全的自我学习能力还有待进一步发展。因此,计算机要达到甚至超过人类的智能水平是不可能的。

以下哪项最可能是上述论证的假设?

A. 计算机可以形成自然进化能力

B. 计算机很难真正懂得人类的语言,更不可能理解人类的感情

C. 理解人类复杂的社会关系需要自我学习能力

D. 计算机如果具备完全的自我学习能力,就能形成直觉、多层次抽象等独特智能

E. 直觉、多层次抽象等这些人类的独特智能无法通过学习获得

5. 为进一步加强对不遵守交通信号等违法行为的执法管理,规范执法程序,确保执法公正,某市交警支队要求:凡属于交通信号不一致,有证据证明救助危难等产生的交通违法情形,一律不得录入道路交通违法信息系统;对已录入信息系统的违法记录,必须完善异议受理、核查、处理等工作规范,最大限度减少执法争议。

根据上述交警支队要求,可以得出以下哪项?

A. 有些因救助危难而违法的情形,如果仅有当事人说辞但缺乏当时现场的录音、录像证明,就应录入道路交通违法信息系统

B. 因信号灯相位设置和配时不合理等造成交通信号不一致而引发的交通违法情形,可以不录入道路交通违法信息系统

C. 如果汽车使用了行车记录仪,就可以提供现场实时证据,大大减少被录入道路交通违法信息系统的可能性

D. 只要对已录入系统的交通违法记录进行异议受理、核查和处理就能最大限度减少执法争议

E. 对已录入系统的交通违法记录,只有倾听群众异议,加强群众监督才能最大限度减少执法争议

6~7 题基于以下题干:

某次讨论会共有 18 名参与者。已知:

(1)至少有 5 名青年教师是女性;

(2)至少有 6 名女教师年过中年;

(3)至少有 7 名女青年是教师。

6. 根据上述信息,关于参与人员可以得出以下哪项?

A. 有些女青年不是教师　　　　　　B. 有些青年教师不是女性

C. 青年教师至少 11 名　　　　　　　D. 女教师至少 13 名

E. 女青年至多 11 名

7. 如果上述三句话有两真一假,那么关于参与人员可以得出以下哪项?
A. 女青年都是教师
B. 青年教师都是女性
C. 青年教师至少 5 名
D. 男教师至多 10 名
E. 女青年至少有 7 名

8. 当企业处于蓬勃上升时期,往往紧张而忙碌,没有时间和精力去设计和修建"琼楼玉宇";当企业所有重要工作都已经完成,其时间和精力就开始集中在修建办公大楼上。所以一个企业的办公大楼设计得越完美,装饰越豪华,则该企业离解体时间就越近。当某个企业大楼设计和建造趋于完美之际,它的存在就逐渐失去意义,这就是所谓的"办公大楼法则"。
以下哪项为真,最质疑上述观点?
A. 一个企业如果将时间和精力都耗在修建办公大楼上,则对其他重要工作就投入不足了
B. 某企业办公大楼修建得美轮美奂,入住后该企业的事业蒸蒸日上
C. 建造豪华的办公大楼,往往会增加运营成本,损害其利益
D. 企业的办公大楼越破旧,该企业就越来越有活力和生机
E. 建造豪华办公大楼并不需要投入太多时间和精力

9. 张云、李华、王涛都收到了明年 2 月初赴北京开会的通知,他们可以选择乘坐飞机、高铁与大巴等交通工具到北京,他们对这次进京方式有如下考虑:
(1) 张云不喜欢坐飞机,如果有李华同行,他就选择乘坐大巴;
(2) 李华不计较方式,如果高铁要比飞机更便宜,他就选择高铁;
(3) 王涛不在乎价格,除非预报 2 月初北京有雨雪天气,否则选择乘坐飞机;
(4) 李华和王涛家相隔很近,如果航班时间合适,他们将同行乘坐飞机。
如果上述 3 人愿望都得到满足,则可以得出以下哪项?
A. 如果李华没有选择乘坐高铁和飞机,则他肯定选择和张云一起乘坐大巴进京
B. 如果王涛和李华乘坐飞机进京,则 2 月初北京没有雨雪天气
C. 如果张云和王涛乘坐高铁,则 2 月初北京有雨雪天气
D. 如果 3 人都乘坐飞机,则飞机要比高铁便宜
E. 如果 3 人都乘坐大巴进京,则预报 2 月初北京有雨雪天气

10. 某市推出一项月度社会公益活动,市民报名踊跃。由于活动规模有限,主办方决定通过摇号抽签方式选择参与者。第一个月中签率为 1∶20,随后连创新低,到下半年的 10 月已达 1∶70,大多数市民屡摇不中。但从今年 7 月至 10 月,"李祥"这个名字连续 4 个月中签,不少市民据此认为有人作弊,并对主办方提出质疑。
以下哪项如果为真,最能消除市民质疑的是?
A. 已经中签的申请者中,叫"张磊"的有 7 人
B. 曾有一段时间,家长给孩子取名不回避重名

C. 在报名市民中,名叫"李祥"的近 300 人

D. 摇号抽签全过程是在有关部门监督下进行的

E. 在摇号系统中,每一位申请人都被随机赋予了一个不重复的编码

11. 美国扁桃仁于 20 世纪 70 年代出口到我国,当时被误译为"美国大杏仁"。这种误译导致大多数消费者根本不知道扁桃仁、杏仁是两种完全不同的产品。对此,我国林业专家一再努力澄清,但学界的声音很难传达到相关企业和民众中,因此,必须制定林果的统一标准,这样才能还相关产品以本来面目。

以下哪项是上述论证的假设?

A. 美国扁桃仁和中国大杏仁的外形很相似

B. 我国相关企业和大众并不认可我国林果专家意见

C. 进口商品名称的误译会扰乱我国企业正常对外贸易

D. 长期以来,我国没有林果的统一标准

E. 美国"大杏仁"在中国市场上销量超过中国杏仁

12. 10 月 6 日晚上,张强要么去电影院看电影,要么去拜访朋友秦玲。如果那天晚上张强开车回家,他就没去电影院看电影;只有张强事先与秦玲约定,张强才能拜访她。事实上,张强不可能与秦玲事先约定。

根据上述陈述,可以得出以下哪项结论?

A. 那天晚上张强没有开车回家　　　　B. 张强那天晚上拜访了朋友

C. 张强晚上没有去电影院看电影　　　　D. 那天晚上张强与秦玲一起看电影了

E. 那天晚上张强开车去电影院看电影

13～14 题基于以下题干:

天南大学准备派两名研究生、三名本科生到山村小学支教。经过个人报名和民主决议,最终人选将在研究生赵婷、唐玲和殷倩等 3 人和本科生周艳、李环、文琴、徐昂、朱敏等 5 人中产生。按规定同一学院或者同一社团至多选派一人。已知:

(1) 唐玲和朱敏均来自数学学院;

(2) 周艳和徐昂均来自文学院;

(3) 李环和朱敏均来自辩论协会。

13. 根据上述条件,以下必定入选的是:

A. 文琴　　　　　B. 唐玲　　　　　C. 殷倩　　　　　D. 周艳

E. 赵婷

14. 如果唐玲入选,下面必定入选的是:

A. 赵婷　　　　　B. 殷倩　　　　　C. 周艳　　　　　D. 李环

E. 徐昂

15. 有些阔叶树是常绿植物,因此阔叶树都不生长在寒带地区。

以下哪项如果为真,最能反驳上述结论?

A. 有些阔叶树不生长在寒带地区　　　　B. 常绿植物都生长在寒带地区

C. 寒带某些地区不生长常绿植物　　　　D. 常绿植物都不生长在寒带地区

E. 常绿植物不都是阔叶树

16~17题基于以下题干:

某大学运动会即将召开,经管学院拟组建一支12人的代表队参赛,参赛队员将从该院4个年级学生中选拔,每个年级须在长跑、短跑、跳高、跳远、铅球等5个项目中选1~2项比赛,其余项目可任意选择。一个年级如果选择长跑,就不能选短跑或跳高;一个年级如果选跳远,就不能选长跑或铅球,每名队员只参加一项比赛。已知该院:

(1) 每个年级均有队员被选拔进入代表队;

(2) 每个年级被选拔进入代表队的人数各不相同;

(3) 有两个年级的队员人数相乘等于另一个年级的队员人数。

16. 根据以上信息一个年级最多可选拔多少人参赛?

A. 8人　　　　　　　B. 7人　　　　　　　C. 6人　　　　　　　D. 5人

E. 4人

17. 如果某年级队员人数不是最少的,且选择长跑,那么对该年级来说,以下哪项不可能?

A. 选择铅球或跳远　　　　　　　　B. 选择短跑或铅球

C. 选择短跑或跳远　　　　　　　　D. 选择长跑或跳高

E. 选择铅球或跳高

18. 为防御电脑受病毒侵袭,研究人员开发了防御病毒、查杀病毒的程序,前者启动后能使程序运行免受病毒侵袭,后者启动后能迅速查杀电脑中可能存在的病毒。某台电脑上现出甲、乙、丙三种程序。已知:

(1) 甲程序能查杀目前已知所有病毒;

(2) 若乙程序不能防御已知的一号病毒,则丙程序也不能查杀该病毒;

(3) 只有丙程序能防御已知一号病毒,电脑才能查杀目前已知的所有病毒;

(4) 只有启动甲程序,才能启动丙程序。

根据上述信息可以得出以下哪项?

A. 只有启动丙程序,才能防御并查杀一号病毒

B. 只有启动乙程序,才能防御并查杀一号病毒

C. 如果启动丙程序,就能防御并查杀一号病毒

D. 如果启动了乙程序,那么不必启动丙程序也能查杀一号病毒

E. 如果启动了甲程序,那么不必启动乙程序也能查杀所有病毒

19. 研究人员将角膜感觉神经断裂的兔子分为两组：实验组和对照组。他们给实验组兔子注射了一种从土壤真菌中提取的化合物。3 周后检查发现,实验组兔子的角膜感觉神经已经复合,而对照组兔子未注射这种化合物,其角膜感觉神经都没有复合。研究人员由此得出结论：该化合物可以使兔子断裂的角膜感觉神经复合。

以下哪项与上述研究人员得出的结论的方式最为类似?

A. 一个整数或者是偶数,或者是奇数

B. 绿色植物在光照充足的环境下能茁壮成长,而在光照不足的环境下只能缓慢生长。所以,光照有助于绿色植物生长

C. 年逾花甲的老王戴上老花镜可以读书看报,不戴则视力模糊。所以年龄大的人都要戴老花镜

D. 科学家在北极冰川地区的黄雪中发现了细菌,而该地区的寒冷气候与木卫的冰冷环境有着惊人的相似。所以木卫可能存在生命

E. 昆虫都有三对足,蜘蛛并非三对足。所以蜘蛛不是昆虫

20. 张教授指出,明清时期科举考试分为四级,即院试、乡试、会试、殿试。院试在县府举行,考中者称"生员";乡试每三年在各省省城举行一次,生员才有资格参加,考中者为举人,举人第一名称"解元";会试于乡试后第二年在京城元都举行,举人才有资格参加,考中者称为"贡士",贡士第一名称"会元";殿试在会试当年举行,由皇帝主持,贡士才有资格参加,录取分为三甲,一甲三名,二甲三甲各若干名,统称为"进士",一甲第一名称"状元"。

根据张教授的陈述,以下哪项是不可能的?

A. 中举者不曾中进士　　　　　　　B. 中状元者曾为生员和举人

C. 中会元者不曾中举　　　　　　　D. 有连中三元者(解元、会元、状元)

E. 未中解元者,不曾中会元

21. 有人认为,任何一个机构都包括不同的职位等级或层级,每个人都隶属于其中一个层次。如果某人在原来级别岗位上干得出色,就会被提拔,而被提拔者得到重用后却碌碌无为,这会造成机构效率低下,人浮于事。

以下哪项为真,最能质疑上述观点?

A. 个人晋升常常会在一定程度上影响所在机构的发展

B. 不同岗位的工作方式不同,对新的岗位要有一个适应过程

C. 王副教授教学科研都很强,而晋升正教授后却表现平平

D. 李明的体育运动成绩并不理想,但他进入管理层后却干得得心应手

E. 部门经理王先生业绩出众,被提拔为公司总经理后工作依然出色

22. 如果把一杯酒倒入一桶污水中,你得到的是一桶污水;如果把一杯污水倒入一桶酒中,你得到的依然是一桶污水。在任何组织中,都可能存在几个难缠人物,他们存在的目的似乎就是把事情搞糟。如果一个组织不加强内部管理,一个正直能干的人进入某低效的部门就会被吞没。而一个无德无才者就能将一个高效的部门变成一盘散沙。

根据上述信息,可以得出以下哪项?

A. 如果不将一杯污水倒入一桶酒中,你就不会得到一桶污水

B. 如果一个正直能干的人进入组织,就会使组织变得更为高效

C. 如果组织中存在几个难缠人物,很快就会把组织变成一盘散沙

D. 如果一个正直能干的人在低效部门没有被吞没,则该部门加强了内部管理

E. 如果一个无德无才的人把组织变成一盘散沙,则该组织没有加强内部管理

23. 自闭症会影响社会交往、语言交流和兴趣爱好等方面的行为。研究人员发现,实验鼠体内神经连接蛋白的蛋白质如果合成过多,会导致自闭症。由此他们认为,自闭症与神经连接蛋白质合成量具有重要关联。

以下哪项如果为真,最能支持上述观点?

A. 生活在群体之中的实验鼠较之独处的实验鼠患自闭症的比例要小

B. 雄性实验鼠患自闭症的比例是雌性实验鼠的 5 倍

C. 抑制神经连接蛋白的蛋白质合成可缓解实验鼠的自闭症状

D. 如果将实验鼠控制蛋白合成的关键基因去除,其体内的神经连接蛋白就会增加

E. 神经连接蛋白正常的老年实验鼠患自闭症的比例很低

24. 张教授指出,生物燃料是指利用生物资源生产的燃料乙醇或生物柴油,它们可以替代由石油制取的汽油和柴油,是可再生能源开发利用的重要方向。受世界石油资源短缺、环保和全球气候变化的影响,20 世纪 70 年代以来,许多国家日益重视生物燃料的发展,并取得显著成效。所以,应该大力开发和利用生物燃料。

以下哪项最可能是张教授论证的假设?

A. 发展生物燃料可以有效降低人类对石油等化石燃料的消耗

B. 发展生物燃料会减少粮食供应,而当今世界有数以百万计的人食不果腹

C. 生物柴油和燃料乙醇是现代社会能源供给体系的适当补充

D. 生物燃料在生产与运输的过程中需要消耗大量的水、电和石油等

E. 目前我国生物燃料的开发和利用已经取得很大成绩

25. 有关数据显示,2011 年全球新增 870 万名结核病患者,同时有 140 万名患者死亡。因为结核病对抗生素有耐药性,所以对结核病的治疗一直都进展缓慢。如果不能在近几年消除结核病,那么还会有数百万人死于结核病。如果要控制这种流行病,就要有安全、廉价的疫苗。目前有 12 种新疫苗正在测试之中。

根据以上信息,可以得出以下哪项?

A. 2011 年结核病患者死亡率已达 16.1%

B. 有了安全、廉价的疫苗,我们就能控制结核病

C. 如果解决了抗生素的耐药性问题,结核病治疗将会获得突破性进展

D. 只有在近几年消除结核病,才能避免数百万人死于这种疾病

E. 新疫苗一旦应用于临床,将有效控制结核病的传播

26. 一个人如果没有崇高的信仰,就不可能守住道德的底线;而一个人只有不断加强理论学习,才能始终保持崇高的信仰。

根据以上信息,可以得出以下哪项?

A. 一个人只有不断加强理论学习,才能守住道德的底线

B. 一个人如果不能守住道德的底线,就不可能保持崇高的信仰

C. 一个人只要有崇高的信仰,就能守住道德的底线

D. 一个人只要不断加强理论学习,就能守住道德底线

E. 一个人没能守住道德的底线,是因为他首先丧失了崇高的信仰

27. 研究人员安排了一次实验,将 100 名受试者分为两组:喝一小杯红酒的实验组和不喝酒的对照组。随后,让两组受试者计算某段视频中篮球队员相互传球的次数。结果发现,对照组的受试者都计算准确,而实验组中只有 18% 的人计算准确。经测试,实验组受试者的血液中酒精浓度只有酒驾法定值的一半。由此专家指出,这项研究结果或许应该让立法者重新界定酒驾法定值。

以下哪项如果为真,最能支持上述专家的观点?

A. 酒驾法定值设置过低,可能会把许多未饮酒者界定为酒驾

B. 即使血液中酒精浓度只有酒驾法定值的一半,也会影响视力和反应速度

C. 只要血液中酒精浓度不超过酒驾法定值,就可以驾车上路

D. 即使酒驾法定值设置较高,也不会将少量饮酒的驾车者排除在酒驾范围之外

E. 饮酒过量不仅损害身体健康,而且影响驾车安全

28. 某研究人员在 2004 年对一些 12~16 岁的学生进行了智商测试,测试得分为 77~135 分,4 年之后再次测试,这些学生的智商得分为 87~143 分。仪器扫描显示,那些得分提高了的学生,其脑部比此前呈现更多的灰质(灰质是一种神经组织,是中枢神经的重要组成部分)。这一测试表明,个体的智商变化确实存在,那些早期在学校表现不突出的学生仍有可能成为佼佼者。

以下除哪项外,都能支持上述实验结论?

A. 有些天才少年长大后智力并不出众

B. 言语智商的提高伴随着大脑左半球运动皮层灰质的增多

C. 学生的非言语智力表现与他们大脑结构的变化明显相关

D. 部分学生早期在学校表现不突出与其智商有关

E. 随着年龄的增长,青少年脑部区域的灰质通常也会增加

29~30 题基于以下题干:

某高校数学、物理、化学、管理、文秘、法学等 6 个专业毕业生要就业,现有风云、怡和、宏宇三家公司前来学校招聘。已知,每家公司只招聘该校 2~3 个专业若干毕业生,且必须满足以下条件:

(1)招聘化学专业的公司也招聘数学专业;

（2）怡和公司招聘的专业,风云公司也招聘;

（3）只有一家公司招聘文秘专业,且该公司没有招聘物理专业;

（4）如果怡和公司招聘管理专业,那么也招聘文秘专业;

（5）如果宏宇公司没有招聘文秘专业,那么怡和公司招聘文秘专业。

29. 如果只有一家公司招聘物理专业,那么可以得出以下哪项?
A. 风云公司招聘化学专业　　　　　　B. 怡和公司招聘管理专业
C. 宏宇公司招聘数学专业　　　　　　D. 风云公司招聘物理专业
E. 怡和公司招聘物理专业

30. 如果三家公司都招聘了三个专业若干毕业生,那么可以得出以下哪项?
A. 风云公司招聘化学专业　　　　　　B. 怡和公司招聘法学专业
C. 宏宇公司招聘化学专业　　　　　　D. 风云公司招聘数学专业
E. 怡和公司招聘物理专业

2014 年管理类专业学位
全国联考逻辑真题

逻辑推理：以下 30 小题,每小题 2 分,共 60 分。给出的 A、B、C、D、E 五个选项中,只有一项是符合试题要求的,请在答题卡上将所选项的字母涂黑。

1. 随着光纤网络带来的网速大幅度提高,高速下载电影、在线看大片等都不再是困扰我们的问题。即使在社会生产力发展水平较低的国家,人们也可以通过网络随时随地获得最快的信息、最贴心的服务和最佳体验。有专家据此认为:光纤网络将大幅提高人民的生活质量。

以下哪项如果为真,最能质疑该专家的观点?

A. 网络上获得的贴心服务和美妙体验有时是虚幻的

B. 即使没有光纤网络,同样可以创造高品质的生活

C. 随着高速网络的普及,相关上网费用也随之增加

D. 人民生活质量的提高仅决定于社会生产力的发展水平

E. 快捷的网络服务可能使人们将大量时间消耗在娱乐上

2. 李栋善于辩论,也喜欢论辩。又一次他论证道:"郑强知道数字 87654321,陈梅家的电话正好是 87654321,所以郑强知道陈梅家的电话号码。"

以下哪项与李栋论证中所犯的错误最为类似?

A. 中国人是勤劳勇敢的,李岚是中国人,所以李岚是勤劳勇敢的

B. 金砖是由原子构成的,原子不是肉眼可见的,所以金砖不是肉眼可见的

C. 黄兵相信晨星在早晨出现,而晨星其实就是暮星,所以黄兵相信暮星在早晨出现

D. 张冉知道如果以 1∶0 的比分保持到终场,他们的队伍就出线了,现在张冉听到了终场比赛结束的哨声,所以张冉知道他们的队伍出线了

E. 所有蚂蚁都是动物,所以所有大蚂蚁都是大动物

3. 陈先生在鼓励他的孩子时说道:"不要害怕暂时的困难和挫折。不经历风雨怎么见彩虹?"他的孩子不服气地说:"您说得不对。我经历了那么多风雨,怎么就没见到彩虹呢?"

陈先生孩子的回答最适宜用来反驳以下哪项?

A. 如果想见到彩虹,就必须经历风雨

B. 只要经历了风雨,就可以见到彩虹

C. 只有经历风雨,才能见到彩虹

D. 即使经历了风雨,也可能见不到彩虹

E. 即使见到了彩虹,也不是因为经历了风雨

4. 在某次考试中,有3个关于北京旅游景点的问题,要求考生每题选择某个景点的名字作为唯一答案。其中6位考生关于上述3个问题的答案依次如下:

第一位考生:天坛、天坛、天安门;

第二位考生:天安门、天安门、天坛;

第三位考生:故宫、故宫、天坛;

第四位考生:天坛、天安门、故宫;

第五位考生:天安门、故宫、天安门;

第六位考生:故宫、天安门、故宫;

考试结果表明,每位考生都至少答对其中1道题。

根据以上陈述,可知这3个问题的正确答案依次是:

A. 天坛、故宫、天坛　　　　　　B. 故宫、天安门、天安门

C. 天安门、故宫、天坛　　　　　D. 天坛、天坛、故宫

E. 故宫、故宫、天坛

5. 人们普遍认为适量的体育运动能够有效降低中风的发生率,但科学家还注意到有些化学物质也有降低中风风险的作用。番茄红素是一种让番茄、辣椒、西瓜和番木瓜等果蔬呈现红色的化学物质。研究人员选取一千余名年龄在46～55岁之间的人,进行了长达12年的追踪调查,发现其中番茄红素水平最高的四分之一的人中有11人中风;番茄红素水平最低的四分之一的人中有25人中风。他们由此得出结论:番茄红素能降低中风发生率。

以下哪一项如果为真,最能对上述研究结论提出质疑?

A. 被研究的另一半人中有50人中风

B. 番茄红素水平较低的中风者中有三分之一的人病情较轻

C. 如果调查56～65岁之间的人,情况也许不同

D. 番茄红素水平高的人约有四分之一喜爱进行适量的体育运动

E. 吸烟、高血压和糖尿病等会诱发中风

6. 最新研究发现,恐龙腿骨化石都有一定的弯曲度,这意味着恐龙其实并没有人们想象的那么重。以前根据其腿骨为圆柱形的假定计算动物体重时,会使得计算结果比实际体重高出1.42倍。科学家由此认为,过去的那种计算方式高估了恐龙腿部所能承受的最大身体重量。

以下哪项如果为真,最能支持以上科学家的观点?

A. 恐龙腿骨所能承受的重量比之前人们所认为的要大

B. 恐龙身体越重,其腿部骨骼也越粗壮

C. 圆柱形腿骨能承受的重量比弯曲的腿骨大

D. 恐龙腿部的肌肉对于支撑其体重作用不大

E. 与陆地的恐龙相比,翼龙的腿骨更接近圆柱形

7. 已知某班共有25位同学,女生中身高最高者与最矮者相差10厘米;男生中身高最高

者与最矮者则相差 15 厘米。小明认为，根据已知信息，只要再知道男生、女生最高者的具体身高，或者再知道男生、女生的平均身高，均可确定全班学生中身高最高者与最低者之间的差距。

以下哪项如果为真，最能构成对小明观点的反驳？

A. 根据已知信息，如果不能确定全班同学中身高最高者与最低者之间的差距，则也不能确定男生、女生最高者的具体身高

B. 根据已知信息，即使确定了全班同学中身高最高者与最低者之间的差距，也不能确定男生、女生的平均身高

C. 根据已知信息，如果不能确定全班同学中身高最高者与最低者之间的差距，则既不能确定男生、女生最高者的具体身高，也不能确定男生、女生的平均身高

D. 根据已知信息，尽管再知道男生、女生的平均身高，也不能确定全班同学中身高最高者与最低者之间的差距

E. 根据已知信息，仅仅再知道男生、女生最高者的具体身高，就能确定全班同学中身高最高者与最低者之间的差距

8. 近几年来，某电脑公司的个人笔记本电脑的销量持续增长，但其增长率低于该公司所有产品总销量的增长率。

以下哪项关于该公司的陈述与上述信息相冲突？

A. 近 10 年来，该公司个人笔记本电脑的销量每年略有增长

B. 个人笔记本电脑的销量占该公司产品总销量的比例近几年来由 68% 上升到 72%

C. 近 10 年来，该公司产品总销量增长率与个人笔记本电脑的销量增长率每年同时增长

D. 近 10 年来，该公司个人笔记本电脑的销量占该公司产品总销量的比例逐年下降

E. 个人笔记本电脑的销量占该公司产品总销量的比例近 10 年来由 64% 下降到 49%

9. 学者张某说："问题本身并不神秘，因与果也不仅仅是哲学家的事。每个凡夫俗子一生中都将面临许多问题，但分析问题的方法技巧却很少有人掌握，无怪乎华尔街的分析大师们趾高气扬，身价百倍。"

以下哪项如果为真，最能反驳张某的观点？

A. 有些凡夫俗子可能不需要掌握分析问题的方法和技巧

B. 有些凡夫俗子将要面临的问题并不多

C. 凡夫俗子中很少有人掌握分析问题的方法和技巧

D. 掌握分析问题的方法和技巧对多数人来说很重要

E. 华尔街的大师们大都掌握分析问题的方法和技巧

10. 试验发现，孕妇适当补充维生素 D 可以降低新生儿感染呼吸道合胞病毒的风险。科研人员检测了 156 名新生儿脐带血中维生素 D 的含量，其中 54% 的新生儿被诊断为维生素 D 缺失，这当中有 12% 的孩子在出生后一年内感染了呼吸道合胞病毒，这一比例远高于维生素 D 正常的孩子。

以下哪项如果为真,最能对科研人员的上述发现提供支持?

A. 上述实验中,54%的新生儿维生素 D 缺失是由于他们的母亲在妊娠期间没有补充足够的维生素 D 造成的

B. 孕妇适当补充维生素 D 可降低新生儿感染流感病毒的风险,特别是在妊娠后期补充维生素 D 预防效果会更好

C. 上述实验中,46%补充维生素 D 的孕妇所生的新生儿也有一些在出生一年内感染呼吸道合胞病毒

D. 科研人员试验时所选的新生儿在其他方面跟一般新生儿的相似性没有得到明确验证

E. 维生素 D 具有多种防病健体功能,其中包括提高免疫系统功能,促进新生儿呼吸系统发育,预防新生儿呼吸道病毒感染等

11. 英国有家小酒馆采取客人吃饭付费“随便给”的做法,即让顾客享用葡萄酒、蟹柳及三文鱼等美食后,自己决定付账金额。大多数顾客均以公平或慷慨的态度结账,实际金额比那些酒水菜肴本来的价格高出 20%。该酒馆老板另有 4 家酒馆,而这 4 家酒馆每周的利润与付账“随便给”的酒馆相比少 5%。这位老板因此认为:“随便给”的营销策略很成功。

以下哪项如果为真,最能解释老板营销策略的成功?

A. 部分顾客希望自己看上去有教养,愿意掏足够甚至更多的钱

B. 如果顾客所付低于成本价格,就会收到提醒而补足差价

C. 另外 4 家酒馆位置不如这家“随便给”酒馆

D. 客人常常不知道酒水菜肴的实际价格,不知道该付多少钱

E. 对于过分吝啬的顾客,酒馆老板常常也无可奈何

12～13 题基于以下题干:

某公司年度审计期间,审计人员发现一张发票,上面有赵义、钱仁礼、孙智、李信 4 个签名,签名者的身份各不相同,是经办人,复核,出纳或审批领导之中的一个,且每个签名都是本人所签。询问 4 位相关人员,得到以下回答:

赵　义:“审批领导的签名不是钱仁礼。”

钱仁礼:“复核的签名不是李信。”

孙　智:“出纳的签名不是赵义。”

李　信:“复核的签名不是钱仁礼。”

已知上述每个回答中,如果提到的人是经办人,则该回答为假;如果提到的人不是经办人,则为真。

12. 根据以上信息,可以得出经办人是:

A. 赵义　　　　　B. 钱仁礼　　　　　C. 孙智　　　　　D. 李信

E. 无法确定

13. 根据以上信息,该公司的复核和出纳分别是:

A. 李信、赵义　　　　B. 孙智、赵义　　　　C. 钱仁礼、李信　　　　D. 赵义、钱仁礼

E. 孙智、李信

14. 长期以来,人们认为地球是已知唯一能支持生命存在的星球,不过这一情况开始出现改观。科学家近日指出,在其他恒星周围,可能还存在着更加宜居的行星,他们尝试用新的方法展开外生命探索,即收集放射性元素钍和铀,行星内部含有这些元素越多,其内部温度就越高,在一定程度上有助于行星的板块运动,而板块运动有助于维系行星表面的水体,因此_____

以下哪项最可能为科学家的假设?

A. 虽尚未证实,但地球外生命一定存在

B. 没有水的行星也可能有生命

C. 行星内部温度越高,越有助于板块运动

D. 行星板块运动都是由放射性元素钍和铀驱动的

E. 行星如能维系水体就可能存在生命

15. 为了加强学习型机关建设,某机关党委开展了菜单式学习活动,拟开设课程有"行政学""管理学""科学前沿""逻辑"和"国际政治"等五门课程,要求其下属的四个支部各选择其中的两门课程进行学习。已知:第一支部没有选择"管理学""逻辑",第二支部没有选择"行政学""国际政治",只有第三支部选择了"科学前沿",任意两个支部所选课程均不完全相同。

根据上述信息,关于第四支部的选课情况可以得出以下哪项?

A. 如果没有选择"行政学",那么选择了"逻辑"

B. 如果没有选择"管理学",那么选择了"逻辑"

C. 如果没有选择"国际政治",那么选择了"逻辑"

D. 如果没有选择"管理学",那么选择了"国际政治"

E. 如果没有选择"行政学",那么选择了"管理学"

16. 有气象专家指出:全球变暖已经成为人类发展最严重的问题之一,南北极地区的冰川由于全球变暖而加速融化,已导致海平面上升;如果这一趋势不变,今后势必淹没很多地区,但近几年来,北半球许多地区的民众在冬季感到相当寒冷,一些地区甚至出现了超强降雪和极低气温,人们觉得对近期气候的确切描述似乎更应该是"全球变冷"。

以下哪项如果为真,最能解释上述现象?

A. 除了南极洲,南半球近几年冬季的平均温度接近正常

B. 近几年来,由于南极附近海水温度升高导致原来洋流中断或者减弱,而北半球经历严寒冬季的地区正是原来暖流影响的主要环境

C. 北半球主要是大陆性气候,冬季和夏季的温差通常较大,近年来冬季极地寒流比较频繁,近几年来,全球夏季的平均气温比常年偏高

D. 近几年来,由于赤道附近海水温度升高导致了原来洋流增强,而北半球经历严寒冬季的地区原来是寒流影响的主要区域

E. 北半球主要是大陆性气候,冬季和夏季的温差通常比较大,近年来冬季极地寒流南侵比较频繁

17. 这两个《通知》或者属于规章或者属于规范性文件,任何人均无权依据这两个《通知》将本来属于当事人选择公证的事项规定为强制公证的事项。

根据以上信息,可以得出以下哪项?

A. 规章或者规范性文件既不是法律,也不是行政法规

B. 规章或规范性文件或者不是法律,或者不是行政法规

C. 这两个《通知》如果一个属于规章,那么另一个属于规范性文件

D. 这两个《通知》如果都不属于规范性文件,那么就属于规章

E. 将本来属于当事人选择公证的事项规定为强制公证的事项属于违法行为

18. 若一个管理者是某领域优秀的专家学者,则他一定会管理好公司的基本事务;一位品行端正的管理者可以得到下属的尊重;但是对所有领域都一知半解的人一定不会得到下属的尊重。浩瀚公司董事会只会解除那些没有管理好公司基本事务者的职务。

根据以上信息,你可以得出以下哪项?

A. 浩瀚公司董事会不可能解除品行端正的管理者的职务

B. 浩瀚公司董事会解除了某些管理者的职务

C. 浩瀚公司董事会不可能解除受下属尊重的管理者的职务

D. 作为某领域优秀专家的管理者,不可能被浩瀚公司董事会解除职务

E. 对所有领域都一知半解的管理者,一定会被浩瀚公司董事会解除职务

19. 某国大选在即,国际政治专家陈研究员预测,选举结果或者是甲党控制政府,或者是乙党控制政府。如果甲党赢得对政府的控制权,该国将出现经济问题;如果乙党赢得对政府的控制权,该国将陷入军事危机。

根据陈研究员上述预测,可以得出以下哪项?

A. 该国可能不会出现经济问题,也不会陷入军事危机

B. 如果该国出现经济问题,那么甲党赢得了对政府的控制权

C. 该国将出现经济问题,或者将陷入军事危机

D. 如果该国陷入了军事危机,那么乙党赢得了对政府的控制权

E. 如果该国出现了经济问题并且陷入了军事危机,那么甲党与乙党均赢得了对政府的控制权

20. 某大学顾老师在回答有关招生问题时强调:"我们学校招收一部分免费师范生,也招收一部分一般师范生。一般师范生不同于免费师范生,没有免费师范生毕业时可以留在大城市工作,而一般师范生毕业时都可以选择留在大城市工作,任何非免费师范生毕业时都需

要自谋职业,没有免费师范生毕业时需要自谋职业。"

根据顾老师的陈述,可以得出以下哪项?

A. 该校需要自谋职业的大学生都可以选择留在大城市工作

B. 不是一般师范生的该校大学生都是免费师范生

C. 该校需要自谋职业的大学生都是一般师范生

D. 该校所有一般师范生都需要自谋职业

E. 该校可以选择留在大城市工作的唯一一类毕业生是一般师范生

21. 某单位负责网络、文秘以及后勤的 3 名办公人员:文珊、孔瑞和姚薇,为了培养年轻干部,领导决定她们 3 人在这 3 个岗位之间实行轮岗,并将她们原来的工作间 110 室、111 室和 112 室也进行了轮换。结果,原本负责后勤的文珊接替了孔瑞的文秘工作,由 110 室调到了 111 室。

根据以上信息,可以得出以下哪项?

A. 姚薇接替孔瑞的工作　　　　　　　B. 孔瑞接替文珊的工作

C. 孔瑞被调到了 110 室　　　　　　　D. 孔瑞被调到了 112 室

E. 姚薇被调到了 112 室

22. 某小区业主委员会的 4 名成员晨桦、建国、向明和嘉媛围坐在一张方桌前(每边各坐一人)讨论小区大门旁的绿化方案。4 人的职业各不相同,每个人的职业是高校教师、软件工程师、园艺师或邮递员中的一种。已知:晨桦是软件工程师,他坐在建国的左手边,向明坐在高校教师的右手边,坐在建国对面的嘉媛不是邮递员。

根据以上信息,可以得出以下哪项?

A. 嘉媛是高校教师,向明是园艺师　　B. 向明是邮递员,嘉媛是园艺师

C. 建国是邮递员,嘉媛是园艺师　　　D. 建国是高校教师,向明是园艺师

E. 嘉媛是园艺师,向明是高校教师

23. 兰教授认为:不善于思考的人不可能成为一名优秀的管理者,没有一个谦逊的智者学习占星术,占星家均学习占星术,但是有些占星家确是优秀的管理者。

以下哪项如果为真,最能反驳兰教授的上述观点?

A. 有些占星家不是优秀的管理者　　　B. 有些善于思考的人不是谦逊的智者

C. 所有谦逊的智者都是善于思考的人　D. 谦逊的智者都不是善于思考的人

E. 善于思考的人都是谦逊的智者

24. 不仅人上了年纪会难以集中注意力,就连蜘蛛也有类似的状况。年轻蜘蛛结的网整齐均匀,角度完美;年老蜘蛛结的网可能出现缺口,形状怪异。蜘蛛越老,结的网就越没有章法。科学家由此认为,随着时间的流逝,这种动物的大脑会像人脑一样退化。

以下哪项如果为真,最能质疑科学家的上述论证?

A. 优美的蛛网更容易受到异性蜘蛛的青睐

B. 年老蜘蛛的大脑较之年轻蜘蛛,其脑容量明显偏小

C. 运动器官的老化会导致年老蜘蛛结网能力下降

D. 蜘蛛结网只是一种本能的行为,并不受大脑控制

E. 形状怪异的蛛网较之整齐均匀的蛛网,其功能没有大的差别

25. 某研究中心通过实验对健康男性和女性听觉的空间定位能力进行了研究。起初,每次只发出一种声音,要求被试者说出声源的准确位置,男性和女性都非常轻松地完成了任务;后来多种声音同时发出,要求被试者只关注一种声音并对声源进行定位,与男性相比,女性完成这项任务要困难得多,有时她们甚至认为声音是从声源相反方向传来的。研究人员由此得出:在嘈杂环境中准确找出声音来源的能力,男性要胜过女性。

以下哪项如果为真,最能支持研究者的结论?

A. 在实验使用的嘈杂环境中,有些声音是女性熟悉的声音

B. 在实验使用的嘈杂环境中,有些声音是男性不熟悉的声音

C. 在安静的环境中,女性注意力更易集中

D. 在嘈杂的环境中,男性注意力更易集中

E. 在安静的环境中,人的注意力更容易分散;在嘈杂的环境中,人的注意力更容易集中

26. 孙先生的所有朋友都声称,他们知道某人每天抽烟至少两盒,而且持续了40年,但身体一直不错,不过可以确信的是,孙先生并不知道有这样的人,在他的朋友中也有像孙先生这样不知情的。

根据以上信息,可以得出以下哪项?

A. 抽烟多少和身体健康与否无直接关系

B. 朋友之间的交流可能会夸张,但没有人想故意说谎

C. 孙先生的每位朋友知道的烟民一定不是同一个人

D. 孙先生的朋友中有人没有说真话

E. 孙先生的大多数朋友没有说真话

27. 现有甲、乙两所高校,根据上年度的教育经费实际投入统计,若仅仅比较在校本科生的学生人均经费投入,甲校等于乙校的86%;但若比较所有学生(本科生加上研究生)的人均经费投入,甲校是乙校的118%。各校研究生的人均经费投入均高于本科生。

根据以上信息,最可能得出以下哪项?

A. 上年度,甲校学生总数多于乙校

B. 上年度,甲校研究生人数少于乙校

C. 上年度,甲校研究生占该校学生的比例高于乙校

D. 上年度,甲校研究生人均经费投入高于乙校

E. 上年度,甲校研究生占该校学生的比例高于乙校,或者甲校研究生人均经费投入高于乙校

28～30 题基于以下题干：

孔智、孟睿、荀慧、庄聪、墨灵、韩敏等 6 人组成一个代表队参加某次棋类大赛。其中两人参加围棋比赛,两人参加中国象棋比赛,还有两人参加国际象棋比赛。有关他们具体参加比赛项目的情况还需满足以下条件:

(1) 每位选手只能参加一个比赛项目;

(2) 孔智参加围棋比赛,当且仅当,庄聪和孟睿都参加中国象棋比赛

(3) 如果韩敏不参加国际象棋比赛,那么墨灵参加中国象棋比赛;

(4) 如果荀慧参加中国象棋比赛,那么庄聪不参加中国象棋比赛;

(5) 荀慧和墨灵至少有一人不参加中国象棋比赛。

28. 如果荀慧参加中国象棋比赛,那么可以得出以下哪项?
A. 庄聪和墨灵都参加围棋比赛　　　　　　B. 孟睿参加围棋比赛
C. 孟睿参加国际象棋比赛　　　　　　　　D. 墨灵参加国际象棋比赛
E. 韩敏参加国际象棋比赛

29. 如果庄聪和孔智参加相同的比赛项目,且孟睿参加中国象棋比赛,那么可以得出以下哪项?
A. 墨灵参加国际象棋比赛　　　　　　　　B. 庄聪参加中国象棋比赛
C. 孔智参加围棋比赛　　　　　　　　　　D. 荀慧参加围棋比赛
E. 韩敏参加中国象棋比赛

30. 根据题干信息,以下哪项可能为真?
A. 庄聪和韩敏参加中国象棋比赛　　　　　B. 韩敏和荀慧参加中国象棋比赛
C. 孔智和孟睿参加围棋比赛　　　　　　　D. 墨灵和孟睿参加围棋比赛
E. 韩敏和孔智参加围棋比赛

2013年管理类专业学位
全国联考逻辑真题

逻辑推理：以下30小题,每小题2分,共60分。给出的A、B、C、D、E五个选项中,只有一项是符合试题要求的,请在答题卡上将所选项的字母涂黑。

1. 某公司自去年初开始实施一项"办公用品节俭计划",每位员工每月只能免费领用限量的纸笔等各类办公用品。年末统计时发现,公司用于各类办公用品的支出较上年度下降了30％。在未实施该计划的过去5年间,公司年均消耗办公用品10万元。公司总经理由此得出:该计划去年已经为公司节约了不少经费。

以下哪项如果为真,最能构成对总经理推论的质疑?

A. 另一家与该公司规模及其他基本情况均类似的公司,未实施类似的节俭计划,但在过去的5年间办公用品人均消耗额越来越低

B. 去年,该公司在员工困难补助、交通津贴等方面的开支增加了3万元

C. 另一家与该公司规模及其他基本情况均类似的公司,未实施类似的节俭计划,在过去的5年间办公用品消耗额年均也为10万元

D. 在过去的5年间,该公司大力推广无纸化办公,并且取得很大成效

E. "办公用品节俭计划"是控制支出的重要手段,但说该计划为公司"一年内节约不少经费",没有严谨的数据分析

2. 公司经理:我们招聘人才时最看重的是综合素质和能力,而不是分数。人才招聘中,高分低能者并不鲜见,我们显然不希望招到这样的"人才"。从你的成绩单可以看出,你的学业分数很高,因此我们有点怀疑你的能力和综合素质。

以下哪项和经理得出结论的方式最为类似?

A. 公司管理者并非都是聪明人,陈然不是公司管理者,所以陈然可能是聪明人

B. 闪光的物体并非都是金子,考古队挖到了闪闪发光的物体,所以考古队挖到的可能不是金子

C. 猫都爱吃鱼,没有猫患近视,所以吃鱼可以预防近视

D. 人的一生中健康开心最重要,名利都是浮云,张立名利双收,所以很有可能张立并不开心

E. 有些歌手是演员,所有的演员都很富有,所以有些歌手可能不是很富有

3. 某省大力发展旅游产业,目前已经形成东湖、西岛、南山三个旅游景点,每处景点都有二日游、三日游、四日游三种线路。李明、王刚、张波将赴上述三地进行九日游。每个人都设

计了各自的旅游计划。后来发现，每处景点他们三人都选择了不同的线路，李明赴东湖的计划天数与王刚赴西岛的计划天数相同。李明赴南山的计划是三日游，王刚赴南山的计划是四日游。

根据以上陈述，可以得出以下哪项？

A. 张波计划东湖三日游，李明计划西岛四日游

B. 张波计划东湖四日游，王刚计划西岛三日游

C. 王刚计划东湖三日游，张波计划西岛四日游

D. 李明计划东湖二日游，王刚计划西岛三日游

E. 李明计划东湖二日游，王刚计划西岛二日游

4. 国际足联一直坚称，世界杯冠军队所获得的"大力神"杯是实心的纯金奖杯。某教授经过精密测量和计算认为，世界杯冠军奖杯——实心的"大力神"杯不可能是纯金制成的，否则球员根本不可能将它举过头顶并随意挥舞。

以下哪项与这位教授的意思最为接近？

A. 只有球员能够将"大力神"杯举过头顶并自由挥舞，它才由纯金制成，并且不是实心的

B. 若球员能够将"大力神"杯举过头顶并自由挥舞，则它很可能是空心的纯金杯

C. 若"大力神"杯是实心的纯金杯，则球员不可能把它举过头顶并随意挥舞

D. 只有"大力神"杯是实心的，它才可能是纯金的

E. 若"大力神"杯是由纯金制成，则它肯定是空心的

5. 根据学习在动机形成和发展中所起的作用，人的动机可分为原始动机和习得动机两种。原始动机是与生俱来的动机，它们是以人的本能需要为基础的，习得动机是指后天获得的各种动机，即经过学习产生和发展起来的各种动机。

根据以上陈述，以下哪项最可能属于原始动机？

A. 尊师重教，崇文尚武　　　　　　B. 不入虎穴，焉得虎子

C. 宁可食无肉，不可居无竹　　　　D. 尊敬老人，孝顺父母

E. 窈窕淑女，君子好逑

6～7 题基于以下题干：

互联网好比一个复杂多样的虚拟世界，在互联网主机上的信息又构成了一个微观虚拟世界。若在某主机上可以访问本主机上的信息、则称该主机相通于自身；若主机 x 能通过互联网访问主机 y 的信息，则称 x 相通于 y，已知代号分别为甲、乙、丙、丁的 4 台联网主机有如下信息：

（1）甲主机相通于任一不相通于丙的主机；

（2）丁主机不相通于丙；

（3）丙主机相通于任一相通于甲的主机。

6. 若丙主机不相通于自身,则以下哪项一定为真?

A. 若丁主机相通于乙,则乙主机相通于甲

B. 甲主机相通于乙,乙主机相通于丙

C. 只有甲主机不相通于丙,丁主机才相通于乙

D. 甲主机相通于丁,也相通于丙

E. 丙主机不相通于丁,但相通于乙

7. 若丙主机不相通于任何主机,则以下哪项一定为假?

A. 甲主机相通于乙

B. 乙主机相通于自身

C. 丁主机不相通于甲

D. 若丁主机相通于甲,则乙主机相通于甲

E. 若丁主机不相通于甲,则乙主机相通于甲

8. 某科研机构对市民所反映的一种奇异现象进行研究,该现象无法使用已有的科学理论进行解释。助理研究员小王由此断言:该现象是错觉。

以下哪项如果为真,最可能使小王的断言不成立?

A. 有些错觉可以用已有的科学理论进行解释

B. 有些错觉不能用已有的科学理论进行解释

C. 错觉都可以用已有的科学理论进行解释

D. 所有错觉都不能用已有的科学理论进行解释

E. 已有的科学理论尚不能完全解释错觉是如何形成的

9. 人们知道鸟类能感觉到地球磁场,并利用它们导航。最近某国科学家发现,鸟类其实是利用右眼"查看"地球磁场的。为检验该理论,当鸟类开始迁徙的时候,该国科学家把若干知更鸟放进一个漏斗形状的庞大的笼子里。笼壁上涂着标记性物质,鸟要通过笼子细口才能飞出去。如果鸟碰到笼壁,就会黏上标记性物质,以此判断鸟能否找到方向。

以下哪项如果为真,最能支持该国科学家的上述发现?

A. 没戴眼罩的鸟和右眼戴眼罩的鸟顺利从笼中飞了出去,左眼戴眼罩的鸟朝哪个方向飞的都有

B. 没戴眼罩的鸟和左眼戴眼罩的鸟朝哪个方向飞的都有,右眼戴眼罩的鸟顺利从笼中飞了出去

C. 戴眼罩的鸟,不论左眼还是右眼,顺利从笼中飞了出去;没戴眼罩的鸟朝哪个方向飞的都有

D. 没戴眼罩的鸟和左眼戴眼罩的鸟顺利从笼中飞了出去,右眼戴眼罩的鸟朝哪个方向飞的都有

E. 没戴眼罩的鸟顺利从笼中飞了出去;戴眼罩的鸟,不论左眼还是右眼,朝哪个方向飞的都有

10～11题基于以下题干：

年初,为激励员工努力工作,某公司决定根据每月的工作绩效评选"月度之星"。王某在当年前10个月恰好只在连续的4个月中当选"月度之星",他的另3位同事郑某、吴某、周某也做到了这一点。关于这4人当选"月度之星"的月份,已知:

王某和郑某仅有3个月同时当选;

郑某和吴某仅有3个月同时当选;

王某和周某不曾在同一个月当选;

仅有2人在7月同时当选;

至少有1人在1月当选。

10. 根据以上信息,有3人同时当选"月度之星"的月份是_____
A. 5—7月　　　　　B. 4—6月　　　　　C. 3—5月　　　　　D. 2—4月
E. 1—3月

11. 根据以上信息,王某当选"月度之星"的月份是_____
A. 7—10月　　　　B. 5—8月　　　　　C. 4—7月　　　　　D. 3—6月
E. 1—4月

12. 若成为白领的可能性无性别差异,按正常男女出生率102∶100计算,当这批人中的白领谈婚论嫁时,女性与男性数量应当大致相等。但实际上,某市妇联近几年举办的历次大型白领相亲活动中,报名的男女比例约为3∶7,有时甚至达到2∶8,这说明,文化越高的女性越难嫁,文化低的反而好嫁;男性则正好相反。

以下除哪项外,都有助于解释上述分析与实际情况的不一致?
A. 与男性有所不同,女性白领要求高,往往只找比自己更优秀的男性
B. 与本地女性竞争的外地优秀女性多于与本地男性竞争的外地优秀男性
C. 大学毕业后出国的精英分子中,男性多于女性
D. 一般说来,男性参加大型相亲会的积极性不如女性
E. 男性因长相身高、家庭条件等被女性淘汰者多于女性因长相身高、家庭条件等被男性淘汰者

13. 张霞、李丽、陈露、邓强和王硕一起坐火车去旅游。他们正好坐在同一车厢相对两排的5个座位上,每人各坐一个位置。第一排的座位按顺序分别记作1号和2号,第2排的座位按顺序记为3、4、5号。座位1和座位3直接相对,座位2和座位4直接相对。座位5不和上述任何座位直接相对。李丽坐在4号位置;陈露所坐的位置不与李丽相邻,也不与邓强相邻(相邻是指同一排上紧挨着);张霞不坐在与陈露直接相对的位置上。

根据以上信息,张霞所坐位置有多少种可能的选择?
A. 5种　　　　　　B. 4种　　　　　　C. 3种　　　　　　D. 2种
E. 1种

14. 某大学的哲学学院和管理学院今年招聘新教师,招聘结束后受到了女权主义代表的批评,因为他们在 12 名女性应聘者中录用了 6 名,但在 12 名男性应聘者中却录用了 7 名。该大学对此解释说,今年招聘新教师的两个学院中,女性应聘者的录用率都高于男性的录用率。具体的情况是:哲学学院在 8 名女性应聘者录用了 3 名,而在 3 名男性应聘者中录用了 1 名;管理学院在 4 名女性应聘者录用了 3 名,而在 9 名男性应聘者中录用了 6 名。

以下哪项最有助于解释女权主义代表和该大学之间的分歧?

A. 整体并不是局部的简单相加

B. 现代社会提倡男女平等,但在实际执行中还是有一定的难度

C. 各个局部都具有的性质在整体上未必具有

D. 有些数学规则不能解释社会现象

E. 人们往往从整体角度考虑问题,不管局部如何,最终的整体结果才是最重要的

15. 教育专家李教授提出,每个人在自己的一生中,都要不断地努力,否则就会像乌龟赛跑的故事一样,一时跑得快并不能保证一直领先。如果你本来基础好又能不断努力,那你肯定能比别人更早取得成功。

如果李教授的陈述为真,以下哪项一定为假?

A. 只要不断努力,任何人都可能取得成功

B. 一时不成功并不意味着一直不成功

C. 小王本来基础好并且能不断努力,但也可能别人更晚取得成功

D. 人的成功是有衡量标准的

E. 不论是谁,只有不断努力,才可能取得成功

16. 最近一项研究发现,海水颜色能够让飓风改变方向,也就是说,如果海水变色,飓风的移动路径也会变向。这也就意味着科学家可以根据海水的"脸色"判断哪些地方将被飓风袭击,哪些地区会幸免于难。值得关注的是,全球气候变暖可能已经让海水变色。

以下哪项最可能是科学家作出判断所依赖的前提?

A. 海水颜色与飓风移动路径之间存在某种相对确定的联系

B. 海水温度升高会导致生成的飓风数量增加

C. 海水温度变化与海水颜色变化之间的联系尚不明朗

D. 全球气候变暖是最近几年飓风频发的重要原因之一

E. 海水温度变化会导致海水改变颜色

17. 某金库发生了失窃案,公安机关侦查确定,这是一起典型的内盗案,可以断定金库管理员甲、乙、丙、丁中至少有一人是作案者。办案人员对 4 人进行了询问,4 人的回答如下:

甲:"如果乙不是窃贼,我也不是窃贼。"

乙:"我不是窃贼,丙是窃贼。"

丙:"甲或者乙是窃贼。"

丁:"乙或者丙是窃贼。"

后来事实表明,他们 4 人中只有一人说了真话。

根据以上陈述,以下哪项一定为假?

A. 乙不是窃贼　　　　B. 丙不是窃贼　　　　C. 甲说的是真话　　　　D. 丙说的是假话

E. 丁说的是真话

18. 所有参加此次运动会的选手都是身体强壮的运动员,所有身体强壮的运动员都是极少生病的,但是有一些身体不适的选手参加了此次运动会。

以下哪项不能从上述前提中得出?

A. 有些身体不适的选手是极少生病的

B. 有些极少生病的选手感到身体不适

C. 参加此次运动会的选手都是极少生病的

D. 极少生病的选手都参加了此次运动会

E. 有些身体强壮的运动员感到身体不适

19. 足球是一项集体运动,若想不断取得胜利,每个强队都必须有一位核心队员,他总是能在关键场次带领全队赢得比赛。友南是某国甲级联赛强队西海队队员。据某记者统计,在上赛季参加的所有比赛中,有友南参赛的场次,西海队胜率高达 75.5%,另有 16.3% 的平局,8.2% 的场次输球,而在友南缺阵的情况下,西海队胜率只有 58.9%,输球的比率高达23.5%。该记者由此得出结论,友南是上赛季西海队的核心队员。

以下哪项如果为真,最能质疑该记者的结论?

A. 上赛季友南上场且西海队输球的比赛,都是西海队与传统强队对阵的关键场次

B. 西海队队长表示:"没有友南我们将失去很多东西,但我们会找到解决办法。"

C. 本赛季开始以来,在友南上阵的情况下,西海队胜率暴跌 20%

D. 上赛季友南缺席且西海队输球的比赛,都是小组赛中西海队已经确定出线后的比赛

E. 西海队教练表示:"球队是一个整体,不存在有友南的西海队和没有友南的西海队。"

20. 只要每个司法环节都能坚守程序正义,切实履行监督制约职能,结案率就会大幅度提高。去年某国结案率比上一年提高了 70%,所以,该国去年每个司法环节都能坚守程序正义,切实履行监督制约职能。

以下哪项与上述论证方式最为相似?

A. 在校期间品学兼优,就可以获得奖学金。李明没有获得奖学金,所以他在校期间一定不是品学兼优

B. 只有在校期间品学兼优,才可以获得奖学金。李明获得了奖学金,所以他在校期间一定品学兼优

C. 在校期间品学兼优,就可以获得奖学金。李明在校期间不是品学兼优,所以他不可能获得奖学金

D. 李明在校期间品学兼优,但是他没获得奖学金。所以,在校期间品学兼优,不一定可以获得奖学金

E. 在校期间品学兼优,就可以获得奖学金。李明获得了奖学金,所以他在校期间一定品学兼优

21. 在东海大学研究生会举办的一次中国象棋比赛中,来自经济学院、管理学院、哲学学院、数学学院和化学学院的 5 名研究生(每学院 1 名)相遇在一起,有关甲、乙、丙、丁、戊 5 名研究生之间的比赛信息满足以下条件:

(1) 甲仅与 2 名选手比赛过。

(2) 化学学院的选手和 3 名选手比赛过。

(3) 乙不是管理学院的,也没有和管理学院的选手对阵过。

(4) 哲学学院的选手和丙比赛过。

(5) 管理学院,哲学学院,数学学院的选手相互都交过手。

(6) 丁仅与 1 名选手比赛过。

根据以上条件,请问丙来自哪个学院?

A. 哲学学院　　　　B. 管理学院　　　　C. 经济学院　　　　D. 化学学院

E. 数学学院

22. 据统计,去年在某校参加高考的 385 名文、理科考生中,女生 189 人,文科男生 41 人,非应届男生 28 人,应届理科考生 256 人。

由此可见,去年在该校参加高考的考生中,_____

A. 应届理科男生多于 129 人　　　　B. 应届理科女生少于 130 人

C. 应届理科女生多于 130 人　　　　D. 非应届文科男生多于 20 人

E. 非应届文科男生少于 20 人

23. 某公司人力资源管理部人士指出:由于本公司招聘职位有限,在本次招聘考试中,不可能所有的应聘者都被录用。

基于以下哪项可以得出该人士的上述结论?

A. 在本次招聘考试中,必然有应聘者被录用

B. 在本次招聘考试中,必然有应聘者不被录用

C. 在本次招聘考试中,可能有应聘者被录用

D. 在本次招聘考试中,可能有应聘者不被录用

E. 在本次招聘考试中,可能有应聘者被录用,也可能有应聘者不被录用

24. 在某次综合性学术年会上,物理学会做学术报告的人都来自高校;化学学会做学术报告的人有些来自高校,但是大部分来自中学;其他做学术报告者均来自科学院。来自高校的学术报告者都具有副教授以上职称,来自中学的学术报告者都具有中高级以上职称。李默、张嘉参加了这次综合性学术年会,李默并非来自中学,张嘉并非来自高校。

以上陈述如果为真,可以得出以下哪项结论?

A. 张嘉如果做了学术报告,那么他不是物理学会的

B. 张嘉不具有副教授以上职称

C. 李默不是化学学会的

D. 张嘉不是物理学会的

E. 李默如果做了学术报告,那么他不是化学学会的

25. 根据某位国际问题专家的调查统计可知:有的国家希望与某些国家结盟,有三个以上的国家不希望与某些国家结盟;至少有两个国家希望与每个国家建交,有的国家不希望与任一国家结盟。

根据上述统计可以得出以下哪项?

A. 每个国家都有一些国家希望与之建交

B. 每个国家都有一些国家希望与之结盟

C. 有些国家之间希望建交但是不希望结盟

D. 至少有一个国家,既有国家希望与之结盟,也有国家不希望与之结盟

E. 至少有一个国家,既有国家希望与之建交,也有国家不希望与之建交

26. 翠竹的大学同学都在某德资企业工作,溪兰是翠竹的大学同学。涧松是该德资企业的部门经理。该德资企业的员工有些来自淮安。该德资企业的员工都曾到德国研修,他们都会说德语。

以下哪项可以从以上陈述中得出?

A. 涧松来自淮安　　　　　　　　　　B. 溪兰会说德语

C. 翠竹与涧松是大学同学　　　　　　D. 涧松与溪兰是大学同学

E. 翠竹的大学同学有些是部门经理

27. 某国研究人员报告说,与心跳速度每分钟低于 58 次的人相比,心跳速度每分钟超过 78 次者心脏病发作或者发生其他心血管问题的概率高出 39%,死于这类疾病的风险高出 77%,其整体死亡率高出 65%。研究人员指出,长期心跳过快导致了心血管疾病。

以下哪项如果为真,最能对该研究人员的观点提出质疑?

A. 各种心血管疾病影响身体的血液循环机能,导致心跳过快

B. 在老年人中,长期心跳过快的不到 39%

C. 在老年人中,长期心跳过快的超过 39%

D. 野外奔跑的兔子心跳很快,但是很少发现它们患心血管疾病

E. 相对于老年人,年轻人生命力旺盛,心跳较快

28. 专业人士预测:如果粮食价格保持稳定,那么蔬菜价格也将保持稳定,如果食用油价格不稳,那么蔬菜价格也将出现波动。老李由此断定:粮食价格将保持稳定,但是肉类食品价格将上涨。

根据上述专业人士的预测,以下哪项如果为真,最能对老李的观点提出质疑?

A. 如果食用油价格稳定,那么肉类食品价格将会上涨

B. 如果食用油价格稳定,那么肉类食用品价格不会上涨

C. 如果肉类食品价格不上涨,那么食用油价格将会上涨

D. 如果食用油价格出现波动,那么肉类食品价格不会上涨

E. 只有食用油价格稳定,肉类食品价格才不会上涨

29～30 题基于以下题干:

晨曦公园拟在园内东、南、西、北 4 个区域种植 4 种不同的特色树木,每个区域只种植一种。选定的特色树种为:水杉,银杏,乌柏,龙柏。布局的基本要求是:

(1) 如果在东区或者南区种植银杏,那么在北区不能种植龙柏或者乌柏;

(2) 北区或者东区要种植水杉或者银杏之一。

29. 根据上述种植要求,如果北区种植龙柏,以下哪项一定为真?

A. 西区种植水杉　　B. 南区种植乌柏　　C. 南区种植水杉　　D. 西区种植乌柏

E. 东区种植乌柏

30. 根据上述种植要求,如果水杉必须种植于西区或南区,以下哪项一定为真?

A. 南区种植水杉　　B. 西区种植水杉　　C. 东区种植银杏　　D. 北区种植银杏

E. 南区种植乌柏

第二部分
2022—2013 年真题解析

2022 年管理类专业学位全国联考逻辑真题解析

2021 年管理类专业学位全国联考逻辑真题解析

2020 年管理类专业学位全国联考逻辑真题解析

2019 年管理类专业学位全国联考逻辑真题解析

2018 年管理类专业学位全国联考逻辑真题解析

2017 年管理类专业学位全国联考逻辑真题解析

2016 年管理类专业学位全国联考逻辑真题解析

2015 年管理类专业学位全国联考逻辑真题解析

2014 年管理类专业学位全国联考逻辑真题解析

2013 年管理类专业学位全国联考逻辑真题解析

2022 年管理类专业学位
全国联考逻辑真题解析

 1. C。假言推理，已知条件中只有大前提，没有小前提。对已知条件阅读理解可知，"信念坚定"是"不会陷入停滞彷徨的思想迷雾"和"面对前进道路上的各种挑战风险"的必要条件。"坚持中国特色社会主义的'四个自信'"是把"中国的事情办好""把中国特色社会主义事业发展好"的必要条件。由于没有小前提，逐项验证各个选项。

A	无关选项。"四个自信"是必要条件，该选项将此作为充分条件，排除
B	无关选项。"信念坚定"是必要条件，该选项将此作为充分条件，排除
C	正确选项。正确地表示"信念坚定"是应对前进道路上各种风险的必要条件
D	无关选项。是否充分理解百年党史揭示的理论，不涉及充分和必要条件，排除
E	无关选项。理由与 D 相同

 2. E。需要加强的观点是：李商隐的《雨夜寄北》一诗不是"家书"，而是寄给友人的书信。

A	干扰选项。该选项可加强书信不是寄给其妻，但是无法加强"书信是寄给友人"的
B	无关选项。对于"西席""西宾"的解释与诗中的"西窗"无关
C	无关选项。唐代温庭筠的诗句与论证无直接关系
D	无关选项。对论证事实上是削弱，该选项说明了诗确实是家书，寄给其妻
E	正确选项。对于"西窗"的解释，说明"共剪西窗烛"是与朋友共剪，加强了诗寄友人的观点

 3. A。假言推理，注意条件中的数字：5 个节目选 3 个。已知条件（1）说明《焦点访谈》和《人物故事》最多二选一；已知条件（2）说明《国家记忆》和《自然传奇》最多二选一，所以，老王一定观看了《纵横中国》。

 4. D。需要加强的 GCP 的观点是：由于各国在新冠肺炎疫情期间采取了封锁和限制措施，汽车使用量下降了一半左右，2020 年的碳排放量同比下降了创纪录的 7％，即碳排放量下降的原因是由于汽车使用量的下降。

A	无关选项。碳排放量下降最明显国家和地区的信息,与"碳排放量下降的原因是汽车使用量减少"无关
B	无关选项。与 GCP 的观点无关
C	无关选项。《巴黎协定》的相关内容与 GCP 的观点无关
D	正确选项。由于 2020 年碳排放量减少最大的行业是交通运输业,而汽车运行属于交通运输行业,所以该选项对 GCP 观点给予加强
E	无关选项。对 2021 年碳排放量下降的说明与 GCP 有关 2020 年的观点无关

5. E。三段论推理,可以从已知条件中推知:小陈家不是该小区 2 号楼 1 单元的住户,关于小李家和小赵家无法推知确定结论。逐项对照,由于不能确定小陈家是否是该小区的住户,故不能选 C,正确答案只有 E。

6. B。要加强的观点是"大脑默认网络的结构和功能与孤独感存在正相关",题干在得出观点过程,对"大脑默认网络"的介绍包括默认网络是一组参与内心思考的大脑区域,这些内心思考包括回忆旧事、规划未来、想象等。孤独者大脑的默认网络联结更为紧密,其灰质容积更大。

A	无关选项。该选项不涉及孤独者
B	正确答案。由于"有孤独感的人更多地使用想象、回忆过去和憧憬未来以克服社交隔离",而"想象、回忆过去和憧憬未来"等正是大脑默认网络的功能,由此加强"孤独感存在与大脑默认网络正相关"这一观点
C	无关选项。该选项不涉及大脑默认网络
D	无关选项。该选项说明了解孤独感对大脑影响的意义,与观点无关
E	无关选项。对"穹窿"的介绍与论证无关

7. B。假言推理,由于问题是"以下哪项是不可能的",所以逐项对照。

A	可能。宋、孔都参加,根据(2)可知李不参加,根据(1)可知张参加,满足所有条件
B	不可能。宋、孔都不参加,根据(1)可知,张、李都参加。这样不满足条件(3)
C	可能。李、宋参加,根据(2)孔不参加,根据(3)张参加,满足所有条件
D	可能。李、宋都不参加,根据(1),张、孔都参加,满足所有条件
E	可能。李参加,宋不参加,根据(3),张不参加,根据(1)孔参加,满足所有条件

8. E。要加强的观点是:人体同时感染新冠病毒和流感病毒的可能性应该低于预期,即一个人若感染新冠病毒,则他感染流感病毒的可能性会降低。

A	无关选项。接种流感疫苗会降低感染两种病毒的比例,这与感染新冠病毒者是否可以降低感染流感病毒可能性无关
B	无关选项。新冠肺炎患者中大约有3%的人同时感染另一种病毒与观点无关
C	干扰选项。感染某种病毒后的几周内,先天免疫系统的防御能力会逐步增强,由于不涉及具体的病毒,所以与要加强的观点无关
D	干扰选项。该选项说明人们防御新冠病毒感染的措施也有助于防止流感病毒,但是与观点无关
E	正确答案。说明新冠病毒感染者由于体内基因的活性增加,有助于防止流感病毒在体内复制,这就加强了新冠病毒感染者降低流感病毒感染这一观点

9. D。要质疑的专家观点是:多吃猪蹄其实并不能补充胶原蛋白。

A	无关选项。猪蹄中的胶原蛋白不会直接补充到皮肤之中,对观点有所加强
B	无关选项。其他营养物质能够补充人体所需的胶原蛋白,与要质疑的观点无关
C	无关选项。该选项说明猪蹄中的胶原蛋白不多,同时说明食用猪蹄过多的害处,对观点有所加强
D	正确答案。该选项说明猪蹄中的胶原蛋白经过人体消化吸收以后,可以合成人体所必需的胶原蛋白,说明人食用猪蹄可以补充胶原蛋白,对专家的观点削弱
E	无关选项。该选项说明胶原蛋白对人体的用处,与观点无关

10. A。假言推理,由于仅有两个大前提,所以考虑隐藏着的条件"每人只学其中一个专业"。

第一步	假设"乙、戊、己中至多有2人是哲学专业",根据条件(2)可知,甲、丙、庚、辛4人的专业各不相同,即"甲和丙、丁和庚的专业都不同"
第二步	根据条件(1)可知,甲、丙、壬、癸的专业都是数学,这与"甲和丙的专业不同"矛盾
第三步	假设"乙、戊、己中至多有2人是哲学专业"不成立,这说明"乙、戊、己3人的专业都是哲学"
所以,答案选A	

11. E。阅读题干,关注其中H市医保局公告内容中所涉及的假言命题。

A	无关选项。定点医疗机构均已经实现医保电子凭证的实时结算,无法由此确定"非定点医疗机构"的情况
B	无关选项。定点医疗机构可以使用医保电子凭证进行结算,但无法确定使用医保电子凭证结算的医院是否都是定点医疗机构
C	无关选项。已知本市参保人员可以凭医保卡凭证就医结算,不能由此推导外地参保人员的情况
D	无关选项。排除理由与C相同
E	正确答案。由于"本市参保人员只有将医保电子凭证激活后才能扫码使用",所以,未激活医保凭证,就不能使用医保电子凭证扫码就医

12. C。假言推理,有两个大前提,除了小前提"李订阅了《人民日报》"以外,还要关注"每种报纸均有两人订阅,且各人订阅的均不完全相同"这一条件。

第一步	将"李订阅了《人民日报》"与"每种报纸均有两人订阅"结合可以推知"宋、吴"不会都订阅《人民日报》,再结合条件(2)可以推知,李、王都订阅了《文汇报》
第二步	由于李订阅了《人民日报》和《文汇报》,结合"各人订阅的均不相同"可知,吴至少订阅了《光明日报》《参考消息》中的一种,结合条件(1)可以推知,王未订阅《光明日报》
第三步	由于王订阅的报纸与李不同,所以王还订阅了《参考消息》
所以,答案选 C	

13. B。要解释的现象是"感染了寄生虫的鱼分三组,长期噪声组的鱼先死亡,比其他两组的鱼早了两天"。

A	无关选项。噪声对鱼、两栖动物等都有危害,不涉及寄生虫,与要解释的现象无关
B	正确答案。说明长期噪声和寄生虫与鱼的危害之间具有关系
C	无关选项。由于实验中的鱼已经感染了寄生虫,所以噪声使鱼更易感染寄生虫与要解释的现象无关
D	无关选项。一方面未涉及鱼的死亡,另一方面也并未说明长期噪声和短期噪声对鱼危害的区别
E	无关选项。仅说明短期噪声不损害鱼的免疫系统,但既未涉及寄生虫,也未涉及长期噪声对鱼的危害

14. D。逐项验证即可。选甲,结合(1)则丁、戊和庚最多选一种,由此排除 A、C;选丙或者己,结合(2),必选乙但不选戊,由此排除 B、E,故答案选 D。

15. E。假言推理,大前提是"如果既能发现当下不足,也能确立前进的目标,并通过实际行动改进不足和实现目标,就能始终保持对生活的乐观精神,这样就会拥有幸福感",小前提是"某些人尽管能发现当下的不足,并且通过实际行动去改进,但他们却没有幸福感"。两者结合可以推知,这些人或者不能确定前进的目标,或者没有通过实际行动实现目标。逐项对照,可知答案选 E。

16. A。阅读已知条件,关注其中的数字。由于 8 门课在 4 个学年选修,每个学年选修1～3 门课程,而后 3 个学年选修的课程数量均不相同,所以可以确定,后三个学年选修的课程门数为 1、2、3,这样第 1 学年选修的课程数量是 2 门。根据条件(2)可知,丙、己和辛在丁之前,所以丙、己和辛在第 2 或者第 3 学年。由于辛不能在第 1 学年选修,根据条件(3)可知丁不能在第 4 学年。这样可以确定,丙、己和辛在第 2 学年,丁在第 3 学年,由于乙在丁之前,而第二学年 3 门课已经确定,所以乙只能在第 1 学年,故答案选 A。

17. A。接上一题,根据上一题的推导,已经确定的结论如下:第2学年是丙、己和辛,第3学年有丁。又由于甲、庚均在乙以后,于是可以确定,第1学年有乙和戊,第3和第4学年有甲或者庚,但甲和庚具体在哪个学年不确定,故答案选A。

18. C。假言推理,已知条件中只有大前提,没有小前提,因此只能逐项对照。

A	无关选项。"为人们提供更多心灵滋养与精神力量"在已知前提中是必要条件的结果,而非必要条件,排除
B	无关选项。"传统节日更好地融于现代生活"在已知前提中是必要条件,而不是充分条件,排除
C	正确答案。从前提"传统节日带给人们的不只是快乐和喜庆,还塑造着影响至深的文化自信"可知推知该选项正确
D	无关选项。已知条件中并没有涉及"带有厚重历史文化的传统",排除
E	无关选项。已知条件仅有"习俗因传承而深入人心",未涉及"深入人心的习俗",排除

19. C。需要质疑的观点是:某类教育影视剧只能贩卖焦虑,进一步激化社会冲突,对现实教育公平于事无补。注意观点中的"只能",同时考虑这类电视剧已经"引发社会广泛关注"。

A	无关选项。不涉及这类电视剧的作用
B	无关选项。理由与A相同
C	正确答案。该选项说明这类电视剧不是"只能贩卖焦虑,激化社会冲突,对现实教育公平于事无补",还能影响国家的教育政策,对于现实教育公平还是起到作用的
D	干扰选项。该选项这类电视剧可以提醒学校明确职责,但对于观点中的"贩卖焦虑、激化社会冲突、对现实教育公平于事无补"则未曾涉及
E	无关选项。对家长的要求与这类电视剧的作用无关

20. B。条件(3)是小前提,与(1)结合可以推知,悬疑片不能在周二或周五放映;与(2)结合可以推知,悬疑片不能在周四或者周六放映,由于周一休息,所以悬疑片只能在周日放映,故答案选B。

21. C。接上一题,根据上一问的结论,由于周三放映战争片,周日放映悬疑片,又因为历史片放映时间与纪录片、科幻片都相邻,所以历史片、纪录片和科幻片占据三个连续的位置,并且历史片在中间,三个连续的位置只有周四、周五和周六,故历史片在周五,周二只能放映动作片,故答案选C。

22. E。要削弱的观点是:如果将延长线虫寿命的科学方法应用于人类,人活到500岁就会成为可能。

A	无关选项。下一代一些个体失去繁殖能力与"人可能活到 500 岁"无关
B	无关选项。肯定了"人能够活到 500 岁",对观点有所加强
C	无关选项。这种方法应用于人类还需要较长一段时间,与应用于人类以后,是否能使人活到 500 岁无关
D	无关选项。人有不良的生活习惯和压力,会影响身心健康,这并不涉及人是否能活到 500 岁
E	正确答案。直接否定了人能够活到 500 岁的可能性

23. D。要求对易某的回答做出评价。由于邻居贾某受易某安装空调的影响,所以与易某协商"受到空调影响如何解决",而易某的回答却是"自己有权利安装空调",这一回答的逻辑错误就是答非所问、转移论题,所以答案选 D。注意,B、C、E 选项说明易某的行为有不当之处,但是并未对易某的回答做出恰当的评价。

24. D。假言推理,由于已知三个条件都是大前提,所以要关注隐藏的小前提,四人对四种文学形式的爱好和创作各不相同,并且每人的爱好和创作的文学形式也不相同。

第一步	根据(1)和(3)可知,不管王是否创作诗歌,李都爱好小说,所以可以推知:李爱好小说
第二步	李爱好小说,所以李不创作小说,这样结合(2)可知推知:王创作诗歌
第三步	王创作诗歌,结合(3)可以推知:周爱好散文
第四步	由于王创作诗歌,所以他爱好不是诗歌,这样,王爱好戏剧,丁爱好诗歌
所以,答案选 D	

25. A。接上一问,从已经得出的结论可知,在爱好上:李小说,周散文,王戏剧,丁诗歌;在创作上:王诗歌。又已知,在创作上,丁散文。由于李不能创作小说,所以周创作小说,李创作戏剧,故答案选 A。

26. C。要求解释的现象是:种了金盏草的花坛玫瑰长得很繁茂,而未种金盏草的花坛,玫瑰却呈现病态,很快就枯萎了。

A	无关选项。未解释玫瑰生长与金盏草之间的关系
B	无关选项。仅说明金盏草不会与玫瑰争夺营养,可以保持土壤湿度,但是却未说明为什么金盏草可以使玫瑰花不出现病态
C	正确答案。由于金盏草的根部可以分泌杀死土壤害虫的物质,保护玫瑰花免受害虫侵害,所以与金盏草种植在同一花坛的玫瑰花不出现病态
D	无关选项。说明金盏草对玫瑰的生长具有奇特的作用,但既没有说明是什么奇特作用,更没有解释这种奇特作用的原因
E	无关选项。由于施肥多少与玫瑰花是否呈现病态无关,所以该选项不能解释与金盏草种植在一起的玫瑰花不呈现病态的原因

27. C。5人的想法都得到了实现,说明5人的想法都是真的。

贾元以外4人的想法都是假言命题,所以将贾元的想法作为起点:龙川和徽州古城至少去一个。

若去龙川,结合李佳的想法,可知去呈坎;再结合夏辛的想法,可知去新安江山水画廊;再结合吴悠的想法,可知去江村。

若不去龙川而去徽州古城,结合丁东的想法,可推知去新安江山水画廊,这样结合吴悠的想法,也去江村。综上所述,一定去新安江山水画廊和江村。故答案选C。

28. E。要加强研究人员的观点是:胃底腺息肉与胃癌呈负相关。

A	无关选项。"没有家族癌症史"并不意味着此人就不患胃癌
B	无关选项。被研究者的年龄情况与论证无关
C	无关选项。被研究者中有胃底腺息肉的人所占的比例与论证无关
D	无关选项。有胃底腺息肉的患者罹患萎缩性胃炎、胃溃疡的概率显著降低,但这些疾病与胃癌并没有直接关系
E	正确答案。由于胃内一旦有胃底腺息肉,往往意味着没有感染致癌物"幽门螺旋杆菌",这说明胃癌发病率下降,从而加强研究人员的观点

29. D。由于已知条件均是大前提,所以要关注隐藏着的小前提:每位建筑师均有2个项目入选,并且每个门类均有2~3个项目入选。

第一步	根据(2)可知,乙、丁若有项目入选观演建筑或者会堂建筑,则乙、丁入选建筑和工业建筑,与题意不符,所以,乙和丁既不能入选观演建筑,也不能入选会堂建筑
第二步	由于乙不能入选观演建筑,结合(1)可知推知,甲和乙既不能入选观演建筑,也不能入选工业建筑,所以,乙入选纪念建筑和商业建筑
第三步	由于丁不能入选观演建筑也不能入选会堂建筑,所以丁在纪念建筑和商业建筑中至少入选一个,结合(3)甲、己入选项目在纪念建筑、观演建筑和商业建筑之中,由于甲不能入选观演建筑,故甲入选纪念建筑和商业建筑。
第四步	由于丁不能入选观演建筑,也不能入选会堂建筑;己入选项目在纪念建筑、观演建筑和商业建筑之中,即己也不能入选会堂建筑。考虑到会堂建筑至少2~3人入选,所以丙和戊都入选会堂建筑。

所以,答案选D。

30. A。结合上一问,已经得出的结论是己有项目入选商业建筑,商业建筑有甲、乙、己3人入选,所以丁就不能入选商业建筑,这样丁入选工业建筑和纪念建筑。于是,纪念建筑有甲、丁和己3人入选,己只能入选观演建筑,还有戊和丙入选观演建筑和工业建筑,但不能确定具体的对应关系。故答案选A。

2021 年管理类专业学位
全国联考逻辑真题解析

1. 答案选 D。要加强的观点是"经验的个案不能反驳哲学",前提是"哲学不是一门具体科学",所以需要建立"经验的个案"和"具体科学"之间的关系,逐项对照如下:

A	无关选项。该选项没有涉及具体科学
B	无关选项。理由同 A
C	无关选项。该选项没有涉及"经验的个案"
D	正确答案。由于经验个案只能反驳具体科学,而哲学不是具体科学,所以经验的个案不能反驳哲学
E	无关选项。理由同 C

2. 答案选 B。已知前提都是简单命题,属于三段论推理,逐项对照如下:

第一步	根据"M 大学社会学院的老师都曾经到甲县某些乡镇进行家庭收支情况调研""N 大学历史学院的老师都曾经到甲县对所有乡镇进行历史考查"和"陈北鱼从未到甲县进行家庭收支情况调研"可以推知"陈北鱼不是 M 大学或 N 大学社会学院的老师",这样排除 A 和 D
第二步	根据"N 大学历史学院的老师都曾经到甲县对所有乡镇进行历史考查"和"赵若兮未曾到项鄠镇进行历史考察",可以推知"赵若兮或者不是 N 大学历史学院的老师或者项鄠镇不是甲县的"
第三步	从结论"赵若兮或者不是 N 大学历史学院的老师或者项鄠镇不是甲县的",可以推知 B 为真,B 与该结论等价

3. 答案选 C。要加强的观点是"餐前锻炼能改变代谢能力,从而达到减肥效果"。

A	无关选项。解释餐前锻炼组额外代谢的原因,但不涉及额外的代谢与脂肪的关系,也不涉及减肥效果
B	无关选项。餐前锻炼组的主观感觉与客观的减肥效果无关
C	正确答案。说明餐前锻炼对于体内糖分和脂肪的消耗更有效,从而支持了代谢能力的改变
D	无关选项。仅说明肌肉参与运动的两种营养可能来源,与观点无关
E	无关选项。某些餐前锻炼组的人锻炼积极性与该组代谢能力无直接关系

4. 答案选 C。阅读后注意到 5 人的意见有 4 句是假言命题：

第一步	甲和丁的意见含义相同,表示"建立健全企业管理制度"是"提高企业经济效益"的必要条件
第二步	丙和戊的意见含义相同,表示"建立健全企业管理制度"是"提高企业经济效益"的充分条件
第三步	甲、丁和丙、戊的话不可能都是假话,至少 2 句必为真
第四步	以上 4 人的话若有假话,则乙的意见作为唯一一句联言命题必假,故 5 句意见可能都真,也可能仅有 2 句真,故答案选 C

5. 答案选 A。要求解释的现象是"同样的低温,在阴雨天和刮风时,人们会感到更冷"。

A	正确答案。准确说明人们体感温度除了涉及气温,还涉及风速和空气湿度,这样在阴雨、刮风的情况下,人们会在相同温度下感觉更冷
B	无关选项。题干仅说明在同样的低温下,风力不大、阳光充足,相比较下人不会感到特别寒冷
C	无关选项。要解释的现象未涉及人们锻炼
D	无关选项。仅说明人们在有阳光的室外感到温暖,但未涉及题干现象的解释
E	无关选项。说明夏天的情况,与需要解释的现象无关

6. 答案选 C。从已知条件推导步骤如下：

第一步	10 名运动员来自 5 个国家,其中乙、戊、丁、庚、辛 5 人是外援,所以外援以外的 5 名运动员为本国人,来自同一个国家
第二步	5 名外援来自 4 个国家
第三步	由于乙、丁、辛来自 2 个国家,所以戊、庚来自不同国家
第四步	戊、庚与乙、丁、辛的国籍都不同,故 C 是正确答案

7. 答案选 A。张教授所反驳的指责是"自己早年的一篇论文存在抄袭现象"。逐项对照如下：

A	正确答案。从时间上说明不是张教授抄袭,而是他人抄袭张教授
B	无关选项。没有给出张教授是否抄袭的证据
C	无关选项。理由同 B
D	无关选项。理由同 B
E	无关选项。理由同 B

8. 答案选 D。试题已知条件有假言命题,没有小前提,推导如下：

第一步	考虑(3),假设最佳女主角来自影片 P,结合(2)可知,P 也是最佳故事片
第二步	由于最佳导演也来自影片 P,这样"最佳导演"和"最佳故事片"均来自 P,这与(3)矛盾,故 D 与预测不一致

9. 答案选 B。已知两句大前提,将"某幅画不是'特品'"作为小前提,推导步骤如下:

第一步	小前提结合(2)可以推知,该画既不是"稀品"也不是"名品"
第二步	该幅画不是"稀品"结合(1)可推知,该画既不是"真品"也不是"完品",故该画是"精品",答案选 B

10. 答案选 B。3 人意见中都恰有一半的景点序号正确,即每人正确 3 句,故 3 人一共有 9 句正确。推导步骤如下:

第一步	关于景点甲、乙、丙,3 人意见都不同,所以关于以上 3 个景点的意见最多仅 1 人正确
第二步	关于景点丁、戊、己,3 人中有 2 人意见相同,故关于以上 3 个景点的意见最多有 2 人正确
第三步	3 人关于景点的意见有 9 句正确只能在上述最多情况下产生
第四步	所以游览顺序只能是第 6 位游览丙(简写 6 丙,下同)、5 戊、4 甲;这样 3 己、1 丁、2 乙,故答案选 B

11. 答案选 A。已知条件有 3 句大前提,无小前提。推导步骤如下:

第一步	假设(1)"施密特"是阿根廷的常见姓氏,结合(2)可推知"冈萨雷斯"是爱尔兰常见姓氏
第二步	再结合(3)可推知"埃尔南德斯"和"墨菲"都不是卢森堡常见姓氏
第三步	由于 4 种姓氏都不是卢森堡姓氏,与题意不符,故假设错误
第四步	"施密特"不是阿根廷而是卢森堡的常见姓氏,故答案选 A

12. 答案选 E。已知条件(2)(3)为大前提,根据(1)可知,仅有张被 1 位学生选择,陆和陈有 2 位学生选择。推导步骤如下:

第一步	"陈被 2 位学生选择"结合(3)可推知,甲、丙、丁都没有选陆,所以乙和戊选陆
第二步	乙选陆,没有选陈,结合(2)可推知,丙、丁都没有选张,他们选的是陈,只有甲选张,故答案选 E

13. 答案选 B。论证的结论是"人工智能永远不能取代艺术家的创造性劳动",已知前提是"审美需求和情感表达是创造性劳动不可或缺的重要引擎"和"人工智能没有自我意识",所以需要补充"自我意志"和"审美需求、情感表达"之间的关系。

A	无关选项。不涉及"自我意识"和"审美需求、情感表达"之间的关系
B	正确答案。说明"自我意识"是"审美需求、情感表达"的必要条件,人工智能没有自我意识,所以就没有审美需求和情感表达,它就不能取代艺术家的创造性劳动
C	无关选项。理由同 A
D	无关选项。理由同 A
E	无关选项。理由同 A

14. 答案选 B。要支持的观点是"为了更好地保护地球免受太阳风的影响,必须更新现有的研究模式,另辟蹊径研究太阳风",即"更新现有的研究模式"。逐项对照如下:

A	无关选项。不涉及现有或者更新以后模式的优缺点
B	正确答案。说明现有研究模式误差太大,所以需要更新现有模式
C	无关选项。理由同 A
D	无关选项。理由同 A
E	无关选项。理由同 A

15. 答案选 E。注意 5 人中恰有 3 人报名,已知条件仅有大前提,推导步骤如下:

第一步	假设李梅若不报名,结合(3)可知,刘、孙都不报名
第二步	5 人中有 3 人不报名,与有 3 人报名条件不符
第三步	假设"李梅不报名"错误,故李梅已报名,答案选 E

16. 答案选 C。新增条件仍然是大前提,考虑大前提之间的连续性,以及 5 人中有 3 人报名,推导如下:

第一步	假设张报名,则刘、庄、孙、李都报名,5 人都报名,与题意不符,故张不能报名
第二步	假设刘报名,则庄、孙、李都报名,4 人都报名,与题意不符,故刘不能报名
第三步	张和刘不报名,所以庄、孙、李 3 人报名,故答案选 C

17. 答案选 D。要加强的观点是"饭后喝酸奶其实并不能帮助消化"。逐项对照如下:

A	无关选项。仅说明酸奶不含有某种促进消化物质,但这不意味着酸奶就不能促进消化
B	无关选项。仅说明酸奶中益生菌的作用,并说明这些益生菌在胃部会失去活性,但不涉及消化问题
C	无关选项。说明酸奶吃多了有害处,但同样不涉及消化问题

（续表）

D	正确答案。说明人体消化所需要的必要条件,而酸奶不具有上述必要条件,故酸奶不能帮助消化
E	无关选项。该项说明酸奶对消化具有帮助作用,削弱了专家的观点

18. 答案选 E。已知条件为两个大前提,从上往下推导如下:

第一步	根据条件(1),选择 2 月 1 日,则选择 9 月 1 日,排除 A、B
第二步	根据条件(2),当选择 3 月 1 日或者 4 月 1 日时,就不选 11 月 1 日,排除 C、D,故答案选 E

19. D。要加强的专家观点是:中国有一支优秀的后备力量以保障未来经济的发展。注意到题干中已知的前提有"今天的教育质量将决定明天的经济实力"和"中国 15 岁学生在 PISA 的测试中水平超过其他国家"。论证涉及"PISA 测试"和"今天的教育质量"两个关键词。逐项对照:

A	干扰选项。尽管该选项说明 15 岁测试优秀的学生,未来仍然会是优秀的,但是这与"未来的经济发展"无关
B	无关选项。既与 PISA 测试无关,也与测试对象 15 岁的学生无关
C	无关选项。仅说明当前国际智力测试成绩中国最好,但这与未来经济发展无关
D	正确答案。该选项说明"PISA 测试成绩优秀"意味着"教育质量高",将已知条件中的两个关键词建立联系,既是论证所需要的前提,也是对论证的加强
E	无关选项。理由同 C

20. 答案选 A。类似于"数独",但不必一一填写,而应当采取排除法,在排除过程中,仅考虑每行、列的词语不重复即可。以下是具体排除步骤:

第一步	第一列已经有"理论"和"制度",故①不能是"理论"和"制度",排除 D、E
第二步	第二行第一列填"文化"第四列是"理论",故①不能填"文化",排除 C;④不能填"理论",排除 B",故答案选 A

21. 答案选 B。要加强的观点是"在肉类选择上,应该优先选择水产品,其次是禽肉,这样对身体更健康",得出这一观点的前提是各种肉脂肪含量的比较,所以论证隐含的假设是:脂肪含量越低的肉对人体就越健康,肯定此假设就是对论证加强,故答案选 B。

22. 答案选 B。已知条件都是大前提,并且彼此之间还具有连续性。具体推导步骤如下:

第一步	假设乙不扮演项王,结合(3)可推知,丙扮演张良
第二步	再结合(2)可推知,丁扮演范增
第三步	再结合(4)可推知,甲不扮演沛公
第四步	再结合(1)可推知,乙扮演项王。这说明假设乙不扮演项王不成立,故乙扮演项王,B 是正确答案

23. 答案选 D。将"甲扮演沛公"作为小前提,具体推导步骤如下:

第一步	"甲扮演沛公"结合(4)可推知,丁扮演樊哙
第二步	再结合(2)可推知,丙和己都不扮演张良
第三步	由于庚扮演项庄,结合上一题结论乙扮演项王,也不扮演张良,故只能由戊扮演张良,答案选 D

24. 答案选 E。要削弱的观点是"人们通过手指自我检测能快速判断自己是否患有心脏或肺部疾病",依据是"手指出现的杵状改变是患有某种心脏或肺部疾病的迹象"。

A	无关选项。说明杵状改变确实可能由肺部病变引起,对专家的观点给予加强
B	无关选项。论证与癌症、肺癌无关
C	无关选项。手指检测杵状改变仅是判断的一种方法,不是唯一方法
D	干扰选项。该选项说明杵状改变的第一阶段不足以判断人体是否有疾病,但这不表示杵状改变就不能判断人体是否有疾病,正如任何疾病早期的症状都不足以判断是否确实患有疾病一样,但这不表示疾病不能通过症状来判断
E	正确答案。该选项说明"手指出现的杵状改变内在机理不明,即这种改变与疾病的关系不明确",因此不能以此判断个人是否有疾病

25. 答案选 C。要加强的观点是"快速阅读实际上是不可能的"。逐项对照如下:

A	无关选项。说明了快速阅读复杂,但并未否定快速阅读的可行性
B	无关选项。说明对快速阅读有怀疑,同时说明声称能够快速阅读者的动机,但也未否定快速阅读的可行性
C	正确答案。从视力特点和识别能力上说明快速阅读是不可行的
D	无关选项。事实上肯定了一些人具有快速阅读的能力
E	无关选项。说明一些快速阅读者在快速阅读过程中的特点,但并没有否定快速阅读

26. 答案选 B。由于已知条件没有小前提,只能逐项对照如下:

第一步	优秀论文都逻辑清晰,所以逻辑不清晰的论文不是优秀论文,排除 A
第二步	根据已知条件第三句假言命题可推知,优秀论文必须主题鲜明或者论据不翔实(排除)并且语言不准确(排除)或者逻辑清晰,故优秀的论文必须主题鲜明并且逻辑清晰,这样 B 为真
第三步	论据翔实与主题鲜明无确定关系,排除 C
第四步	经典的论文都语言准确,但是无法推知语言准确是何种论文,排除 D、E

27. 答案选 C。由于没有小前提，所以逐项对照如下：

第一步	融冰速度较慢的有Ⅲ和Ⅴ两种，而污染土壤风险都低，但是Ⅲ污染水体的风险为中，排除 A
第二步	Ⅰ的三种风险都高，排除 B
第三步	除冰剂至少在两个方面风险低的有Ⅲ和Ⅴ，它们的融冰速度都较慢，故 C 是正确答案
第四步	三方面风险都不高的有Ⅱ、Ⅲ、Ⅳ和Ⅴ，但Ⅳ的融冰速度快，排除 D
第五步	在破坏道路设施和污染土壤方面的风险都不高的有Ⅱ、Ⅲ、Ⅳ和Ⅴ，但融冰速度不是都较慢，排除 E

28. 答案选 D。要加强的观点是"进入学校以后孩子的好奇心越来越少是孩子受到外在的不当激励所造成的"。逐项对照如下：

A	无关选项。与要加强的观点无关
B	无关选项。好奇心与助人为乐、损人利己无关
C	干扰选项。说明孩子做很多事情是迫于老师、家长压力，但与好奇心无关
D	正确答案。说明老师家长只看考试成绩，对于成绩以外的并不看重，这样使孩子只知道死记硬背书本知识，而越来越缺乏好奇心
E	无关选项。观点中不涉及孩子是否由于老师和家长的压力而宅在家里

29. 答案选 A。考虑已知条件都是大前提，故可以将"甲、乙停靠的站均不相同"作为小前提，推导步骤如下：

第一步	由于"甲、乙停靠的站均不相同"，结合(3)可推知，甲、乙、丙最多有 1 趟车在"东沟"停靠
第二步	再结合(1)可推知，乙和丙车都不在"北阳"停靠
第三步	再考虑每站都恰好有 3 趟车停靠，由此可推知，丁、戊都在"东沟"停靠，甲、丁、戊都在"北阳"停靠
第四步	再结合(2)可推知，丙、丁和戊车均在"中丘"停靠，这样甲和乙都不在"中丘"停靠。故答案选 A

30. 答案选 C。将上一题的结论表示为以下表格：

	东沟	西山	南镇	北阳	中丘
甲				√	×
乙				×	×
丙				×	√
丁	√			√	√
戊	√			√	√

　　从上述表格可以看出关于"西山"和"南镇"没有任何结论,考虑甲、乙停站均不相同,故答案选 C。因为假设丙不在"西山"停靠,这样丁和戊都在"西山"停靠,又由于丁和戊至少有一列车在"南镇"停靠,这意味着丁和戊中的某列车每站均停靠,不合题意,假设丙不在"西山"停靠是错误的。

2020 年管理类专业学位
全国联考逻辑真题解析

1. 答案选 C。由于只有大前提,没有小前提,只能对照各个选项。具体过程如下:

A	无关选项。没有小前提,无法推出确定结论
B	无关选项。理由与排除与 A 相同
C	正确选项。大前提"领导干部只有从谏如流,并为说真话者撑腰,才能做到'兼听则明'并做出科学的决策",与小前提"不能从谏如流"结合,推知:既不能"兼听则明"也不能做出科学的决策
D	无关选项。"营造言者无罪、闻者足戒的氛围"和"形成风清气正的政治生态"不在一句假言命题之中
E	无关选项。"领导干部乐于和善于听取各种不同的意见"和"人们能知不无言,言无不尽"不在一句假言命题之中

2. 答案选 B。争议试题,答案详细解析参见第三部分"历年有争议试题辨析"。

3. 答案选 C。专家的观点"不招收调剂生",已有前提是"要有足够的爱心和兴趣才能做好医生"。隐含的结论是"调剂生做不好医生"。如何从已知前提中得出上述结论?"调剂生缺乏爱心或者缺乏兴趣"是上述专家的前提,故 C 是正确答案。

注意:不能选其他选项,因为其他选项都不涉及"调剂生"。

4. 答案选 D。甲和乙的条件类似,故可以排除 A 和 B;丙和戊的条件类似,故可以排除 C 和 E。重点验证 D,如果没有时间验证,猜 D 也是 100%正确! 下面是推导 D 的具体过程:

第一步	甲、乙都喜欢菊花茶,并且分别喜欢绿茶和红茶中的一种,这样甲、乙都不喜欢咖啡和大麦茶
第二步	丙、戊分别喜欢喜欢咖啡和大麦茶中的一种,这样咖啡和大麦茶目前仅被一人喜欢
第三步	由于每种饮品都有两人喜欢,所以丁喜欢咖啡和大麦茶

5. 答案选 C。题干论证与 C 具有共同的方式是:如果 A 并且 B,则 C。所以,若 A 并且非 C,则非 B。

A	无关选项。论证方式是：如果 A 并且 B，则 C。所以，非 C，则非 A 或非 B
B	无关选项。论证方式是：如果 A 并且 B，则 C。所以，若 A 并且非 B，则非 C
C	正确选项。论证方式是：如果 A 并且 B，则 C。所以，若 A 并且非 C，则非 B
D	无关选项。论证方式是：如果 A 并且 B，则 C。所以，若 C 并且非 A，则非 B
E	无关选项。论证方式是：如果 A 并且 B，则 C。所以，若 A 并且 C，则 B

6. 答案选 B。题干已知(3)和(4)是大前提，寻找相应的小前提。具体步骤见下表，由于"立春"对应"条风"，故推知：即"立冬"不对应"广莫风"。

第一步	(2)与(4)结合可以推知："立夏"对应"清明风"(结论1)，并且"立春"对应"条风"(结论2)
第二步	由结论1结合(3)可以推知："夏至"对应"条风"或者"立冬"对应"不周风"(结论 A)
第三步	结论2说明"夏至"不对应"条风"，结合结论 A 推知："立冬"对应"不周风"(结论3)
第四步	对照选项，B 是正确答案

7. 答案选 E。上一题结论是"立冬"对应"不周风"，结合(2)可以推知："冬至"对应"广莫风"，又(1)"立秋"对应"凉风"；而"春分"和"秋分"两节气对应的节风在"明庶风"和"阊阖风"之中，故剩下"夏至"对应"景风"。

8. 答案选 C。从小王的观点"女员工绩效都比男员工高"推出小李的观点"所有新入职员工绩效都不如女员工"，需要建立"新入职的员工"和"男员工"之间的关系。对照各个选项，"新入职的员工都是男性"既是小李论断的假设，也是对小李论断的加强。

9. 答案选 A。试题题干给出一些数字，阅读后对照各个选项。根据已知可知：常住人口＝户籍人口＋常住外来人口。假设 G 区的常住外来人口是 X，这样，G 区户籍人口是 240 万人$-X$；而 H 区常住外来人口就是 200 万人$-X$，所以 G 区户籍人口比 H 区常住外来人口多 40 万人，故 A 是正确答案。

10. 答案选 B。要削弱专家的观点是：移动支付将老年人阻挡在消费经济以外，从而影响他们晚年的生活质量。

A	无关选项。既没有涉及老年人是否被排除在消费经济以外，也不涉及生活质量
B	正确选项。说明即使老年人不熟悉移动支付，但是，既没有被排除在消费经济以外，生活质量也没有受到影响
C	无关选项。有关国家关于支付政策和一些商家的情况与专家观点无关
D	干扰选项。仅说明老年人学会了移动支付，既不涉及消费经济，也不涉及生活质量
E	无关选项。说明老年人既不熟悉也不会使用移动支付，但不涉及消费经济和他们的生活质量

11. 答案选 E。将已知七天的天气与各个选项对照即可。周三天气情况排除 A、B,周一天气情况排除 C,周六天气情况排除 D。

A	周三的天气既无风又无雨,排除
B	周三的天气既无风,又不是晴天,排除
C	周一的天气既有风,又下雨,排除
D	周六的天气风力超过 3 级,但不是晴天,排除
E	周一、周四和周六都有风并且风力不超过 3 级,并且不是晴天,正确答案

12. 答案选 A。将"③和④安排在假期第 2 天"作为推理的起点,具体步骤如下:

第一步	结合(2)可以推知:假期第 2 天做③④和⑤
第二步	根据(3)可以推知:②在假期第 1 天
第三步	由于每天至少做 2 件事情,不重复,故排除 B、C、E;要休息 1 天,排除 D,答案选 A

13. 答案选 C。将"第 2 天只做⑥等 3 件事"作为推理的起点,具体步骤见下表。所以,由此可以确定答案选 C。

第一步	根据(2)和(3)可推知:⑥不能与④和⑤安排在同一天;否则第 2 天做了以上 3 件事,②在③就不能安排在连续前后 2 天了
第二步	④和⑤与②或者③安排在同一天,但具体是②或者③不确定
第三步	和⑥安排在同一天,故正确答案选 C

14. 答案选 D。表面上看,已知条件仅有大前提,没有小前提,需考虑(1)。具体步骤如下:

第一步	由(2)可知:丙未合并到丑公司,戊和甲合并到丑公司,再由(3)可知,戊合并到寅公司;这样,当丙未合并到丑公司时,戊既合并到丑公司,又合并到寅公司,与题意不符,故"丙未合并到丑公司"不合题意
第二步	丙合并到丑公司,结合(3)可以推知:甲、乙、庚都合并到卯公司
第三步	在结合(2)可以推知:丁和丙都合并到丑公司。故正确答案选 D

15. 答案选 C。要加强李教授的观点是"不吃早餐会增加患糖尿病的风险,还会增加患其他疾病的风险"。

A	无关选项。吃早饭对人体有益,但不涉及不吃早饭的害处
B	干扰选项。该选项是已经患糖尿病的人某个时间段摄入一天所需的卡路里有好处,这与要加强的观点无关
C	正确选项。"不利于血糖调节"增加"患糖尿病的风险",还容易患胃溃疡、胆结石等疾病,加强了"患其他疾病的风险"的观点
D	无关选项。人们很难按时吃早饭,并且身体常常处于亚健康状态,并没有涉及糖尿病和其他疾病
E	无关选项。不吃早饭的人缺乏某些知识和具有不良生活习惯,与李教授的观点无关

16. 答案选 A。直接验证即可。A 中【aWb(有含义语词)】c(无含义语词)【dXe(有含义语词)Z(有含义语词)】。验证其他选项都不符合题干"合法的语句"的涵义。

注意:选项 E 是 XWbaZdWc,【XW(有含义语词)a(无含义语词)aZd(有含义语词)Wc】,前面的 6 个字母可以构成合法的语句,但是后面多了 Wc,这样 E 选项整体便不是合法的语句了。

17. 答案选 E。将"种银杏"作为小前提,具体推理步骤如下:(2)(3)结合可以推知,如果既种椿树又种枣树,会推知既种雪松又不种雪松的矛盾。所以,不能"既种椿树也种枣树"。由"种银杏"结合(3)可推知不种枣树;这样,种椿树,于是种植楝树但不种植雪松。注意 6 种树选 4 种,故种桃树,E 是不可能的,是正确答案。

第一步	"种银杏"与(3)结合,可以推知:不种枣树(结论 1)
第二步	结论 1 与(1)结合,可以推知:种椿树(结论 2)
第三步	结论 2 与(2)结合,可以推知:种楝树,不种雪松
第四步	考虑 6 种树要选 4 种种植,故剩下的桃树要种植
第五步	注意问题要求选"不可能的",故答案选 E

18. 答案选 C。要加强的观点是:西藏披毛犀具有更原始的形态。这一观点在表述上有些歧义,正确理解为**西藏披毛犀是具有更原始形态的物种**。C 说明了这一观点。不选 A,因为 A 中的"起源地"与论证无关。

A	干扰选项。由于论证不涉及"起源地",所以该选项与论证无关
B	无关选项。西藏披毛犀的化石是已知最早的,与该物种是否是更早的物种无关
C	正确选项。披毛犀的鼻中隔从软到硬、从不完整到完整的进化过程,由此可知具有不完整鼻中隔的西藏披毛犀比亚洲北部、西伯利亚地区的披毛犀在形态上更原始,加强了观点
D	无关选项。该选项不涉及西藏披毛犀在形态上是否更原始
E	无关选项。西藏披毛犀能够向北迁徙,同样不涉及它们是否在形态上更原始

19. 答案选 C。专家的观点是：现在黄土高原不长植物,是因为这里的黄土都是生土。
注意：不选 A,该选项"土壤改造"题干并未涉及;不选 E,该选项中的"熟土"题干并未涉及。

A	干扰选项。该选项不涉及水土流失的后果,并且专家的观点不涉及"黄土高原土壤改造"
B	无关选项。专家的观点仅是黄土高原上的土是生土,并不涉及生土是否有人愿意耕种
C	正确选项。专家的进一步分析是建立在以下已知上的：黄土高原是植被被破坏后水流冲刷大地的后果。这样,生土既是水土流失的后果,又是不长植物的原因。该选项起到既说明了生土产生的原因,又说明了生土造成的结果
D	无关选项。黄土高原的情况与东北的黑土地无关
E	无关选项。专家的观点中并未涉及"熟土"

20. 答案选 B。要加强的观点是：某项技术开创了未来新型食物生产的新路,有助于解决全球饥饿问题。注意问题中的"除了"。

该选项不涉及题干中所说明的技术,故不能支持科学家的观点。其他选项都与技术、解决饥饿问题有关。注意问题中的"除了"。

A	加强选项。确认了这项技术能够产生有营养价值的食物
B	正确选项。仅说明粮食问题更严重,既不说明技术,也不涉及该技术是否有助于解决粮食问题
C	加强选项。说明技术不仅可以生产食物,还具有其他优点
D	加强选项。说明技术生产的食物确实具有营养价值
E	加强选项。说明技术有助于解决沙漠或者其他饥荒地区的饥饿问题

21. 答案选 E。(1)是大前提,并且注意条件中的数字：每人都去两个国家并且每个国家都至少 2 人以上去过。具体推理步骤如下：(3)说明丁和戊去了英国和法国;没有去韩国和日本。由于每个国家都有 2～3 人去旅游,结合(2)可推知,丙、戊去了韩国、日本,故答案选 E。

第一步	根据(3)可以推知：丁和乙去了英国和法国,没有去日本和韩国
第二步	根据(2)可以推知：丙和戊都去了日本和韩国,因为他们如果都不去韩国和日本,则韩国和日本就不足 2 人都去了。故答案选 E

22. 答案选 A。接上题结论,由于丙、戊都去日本、韩国;丁、乙都去法国、英国。又 5 人去亚洲和欧洲国家人次一样多,故甲一定去了一个亚洲国家和一个欧洲国家。根据(1)可以推知,甲不去韩国,故他去了日本。

23. 答案选 A。已知规定是"所有鱼油都需经过检查并缴纳检查费",而商人认为"鲸鱼不是鱼",由此推出"鲸鱼油不是鱼油",因此问题的关键点在于"鲸鱼油是不是鱼油"? 只要法律规定,"鱼油中包括鲸鱼油",那么陪审员的判决就是正确、合法的,故 A 最能支持陪审员所做的判决。其他选项都没有说明"鲸鱼油是鱼油",故均不能支持陪审员的判决。

24. 答案选 C。要加强的专家观点是:我国高层次人才引进工作急需进一步加强。

A	无关选项。专家的观点并未涉及不同学科高层次人才
B	无关选项。专家的观点并且涉及一般性人才
C	正确答案。注意到专家的论据有:发展中国家的高层次人才紧缺状况更甚于发达国家。这样,要建立"我国"和"发展中国家"的关系,即 C 既是专家论证的假设,也加强了专家的论证
D	无关选项。仅说明人才指标涉及综合国力,但并没有说明我国高层次人才的情况
E	无关选项。专家既没有说明"领军人才",同时,引进数量比欧美国家少不等于引进的数量就少

25. 答案选 E。要加强的观点是:数字阅读具有重要价值,是阅读的未来发展趋势。

A	干扰选项。仅说明数字阅读可能对生活产生影响,但并不说明数字阅读是否有价值
B	无关选项。数字阅读可能读到虚假信息,不能加强数字阅读有价值
C	无关选项。说明"听书"效率低,不涉及数字阅读有价值
D	无关选项。说明纸质阅读更好,不能加强数字阅读有价值
E	正确选项,直接说明数字阅读的作用和意义,对"数字阅读具有重要价值"给予加强

26. 答案选 E。由于题干只有大前提,没有小前提,故对照各个选项:

A	建设部负责环境,平安部负责协调,分别与(1)(2)结合,推知综合部和民生部都负责秩序,排除
B	建设部负责秩序,结合(1)推知,综合部负责协调,与民生部负责协调冲突,排除
C	综合部负责安全,结合(1)推知,建设部负责协调,与民生部负责协调冲突,排除
D	民生部负责安全,结合(2)推知,平安部负责秩序,与综合部负责秩序冲突,排除
E	平安部负责安全,建设部负责秩序,与(1)结合,综合部负责协调;环境部负责环境,完全符合题意

27. 答案选 E。题干已知是一段古文(韩愈的"师说"),阅读理解后,对照各个选项。

A	无关选项。已知条件中没有"与吾生乎同时"的情况
B	无关选项。已知条件是"道之所存,师之所存"
C	无关选项。已知条件是"无贵无贱,无长无少,道之所存,师之所存也"
D	无关选项。解析与 A 相同
E	正确选项。已知条件:惑而不从师,其为惑也,终不解矣。即如果有疑惑而不向老师学习,疑惑就不能解决。所以,如果疑惑解决了,那么是向老师学习了

28. 答案选 B。题干论证与 B 具有类似方式是：A,又如果 B,则非 A。所以非 B。**注意：**不能选 C,其结构是：应该是 A,又如果 B,则非 A。其中"应该可以判断"不等于"可以判断"。

A	干扰选项。论证方式是：A,又如果 B,则非 A。所以很难有 C。注意"人工椎间盘"和"椎间盘"是不同的概念
B	正确选项。论证方式是：A,又如果 B,则非 A。所以非 B
C	干扰选项。论证方式是：应该是 A,又如果 B,则非 A。所以非 B。注意"应该是 A"不等于 A
D	无关选项。论证方式是：A,又只有 B,才 A。所以非 A
E	无关选项。论证方式是：A,又如果坚信 A,就会 B。所以,不应该只是 A

29. 答案选 D。阅读理解题干已知条件：4 题都是单选题,并且给出各人选择情况。仅有王和李各答对 1 题。可以看出,4 人在第一题和第二题上的选择包括 A、B、C、D,故两题都必有一人答对,这样第三题和第四题,4 人都错。由于第四题 4 人的选择有 B、C、D,这些选择都错,故第四题正确答案是 A,因此本题答案选 D。

30. 答案选 A。接上题解析,第四题答案选 A,又第三题没有人答对,即第三题正确答案不选 B。王和李有 1 人答对第二题,即第二题的正确答案是 D 或者 C,也不选 B。由于每一题答案均不同,由此可以推知,第一题正确答案选 B,故本题答案选 A。

2019 年管理类专业学位
全国联考逻辑真题解析

1. 答案选 B。试题已知条件没有表示假言命题的关键词，对照各个选项。

A	无关选项，已知条件中并没有"质优价高的产品"相关信息
B	正确选项，从已知中的"低质量的产能必然会过剩"和"顺应市场需求不断更新换代的产能不会过剩"，可以推知"顺应市场需求不断更新换代的产能不是低质量的产能"
C	无关选项，已知条件"低质量的产品必然产能过剩"，这与"满足个性化需求"无关
D	无关选项，已知条件中并没有"不断更新换代的产品"和"满足个性化、多样化消费需求"之间的关系
E	无关选项，已知条件中仅仅说明"供给侧改革是满足需求"，并没有"新常态下必须进行供给侧改革"这一信息

2. 答案选 A。争议试题，答案详细解析参见第三部分"历年有争议试题辨析"。

3. 答案选 D。三句前提都是假言命题，问题中给出小前提，推理步骤如下：

第一步	(1)和(3)与"李诗不爱好苏轼和辛弃疾的词"结合，可以推知"李诗不爱好王维和杜甫的诗"
第二步	根据"每人不爱好同姓唐诗作者的诗"可知，李诗不爱好李白的诗。所以，李诗爱好刘禹锡的诗
第三步	将"李诗爱好刘禹锡的诗"与(2)结合，可知，李诗爱好岳飞的词

4. 答案选 C。科学家的观点是"狗比猫更聪明"，论据是狗的大脑皮层神经细胞数量比猫多，要求寻找科学家论证的假设。

A	无关选项，狗对人类的贡献比猫大，与科学家的观点和论据都没有关系
B	无关选项，狗能够相互配合，需要做出一些复杂行为，既与"狗比猫更聪明"的观点无关，也不涉及科学家"大脑皮层神经数量"的论据
C	正确选项，该选项是从前提到观点的过渡性假设，建立了"大脑皮层神经细胞数量和动物聪明程度之间的关系"
D	无关选项，对猫的神经细胞数量比狗少的原因进行解释，这与科学家的论证无关
E	无关选项，对棕熊的情况进行说明，与"狗和猫"的论证无关

5. 答案选 D。由于选项是 3 名派遣者的完整罗列,所以可以采取"从上往下"验证,具体步骤如下:

第一步	根据条件(1)排除 B、E 选项
第二步	根据条件(2)排除 A、C 选项
第三步	剩下唯一选项 D 是正确答案

6. 答案选 E。注意条件是 6 选 3。又:陈甲和刘戊至少派一人;可以采取假设法,步骤如下:

第一步	假设派了陈甲,由(1)可知派邓丁
第二步	假设不派陈甲而派了刘戊,根据条件(2)可知,傅乙和赵丙都不派。这样剩下两人邓丁和张己都要派,这说明也派邓丁
第三步	派陈甲或者不派陈甲,都得出"要派邓丁",所以邓丁必派,答案选 E

7. 答案选 D。争议试题,答案详细解析参见第三部分"历年有争议试题辨析"。

8. 答案选 D。试题首先需要读懂,这样可以确定"①今天,我们仍然要提倡勤俭节约"是观点。而为什么要节约呢? 关于"节约的好处"是直接支持该观点的论据,所以②和④说明节约的两种好处,是支持①的两个证据;③和⑤则是为什么"节约有好处"原因的说明。这样,答案选 D。

9. 答案选 E。要加强的观点是"母亲与婴儿对视有助于婴儿的学习和交流",该观点的论据是"母亲与婴儿对视时双方的脑电波趋于同步"。

A	无关选项,两个成年人之间的情况,与论证中的"母婴关系"无关
B	无关选项,父母与孩子"互动"未必就是论证中的"母婴对视",而"情绪和心率可能会同步"与"有助学习和交流"也无直接关系
C	无关选项,学生对某学科感兴趣而产生的脑电波情况与"母婴脑电波同步"无关,而"学生的学习效果提高"也与"婴儿的学习和交流"无关
D	干扰选项,母婴之间发出信号表明"愿意与对方交流",这与"交流效果"无关,也不表示"有助于婴儿的学习和交流"
E	正确选项,母婴对视使双方脑电波趋于同步,该选项说明趋于同步的脑电波有助于双方对话和交流,这样加强了"有助于婴儿的学习和交流"

10. 答案选 B。根据(3)可知,密码组合中的数字之和不等于 15,所以结合(2)可知,4 个英文字母不连续排列,这样 A、C、D;根据(1),可知密码中的数字大于丙,排除 E。

11. 答案选 A。类似于"数独游戏"，但是由于逻辑考试已经有了选项，所以不必从头到尾计算填写。而应采取"从上往下"进行验证，步骤如下：

第一步	根据表格中第一列有"射""御"，对照各个选项均合乎要求
第二步	根据表格中第二列有"乐""御""数"，排除 E 选项
第三步	根据表格中第三列有"书""数"，对照剩下的 A、B、C、D 均合乎要求
第四步	根据表格中第四列有"御""乐"，排除 C 选项
第五步	根据表格中第五列有"书""礼""数"，排除 B 选项。仅剩下两个选项 A 和 D
第六步	由于表格第三行第四列这一格不能填"乐"，只能填"数"，所以排除 D 选项

12. 答案选 C。试题计算步骤如下：

第一步	注意条件是 7 选 6，即只能排除 1 项，条件(2)说明排除的 1 项在流行、民谣和摇滚中
第二步	因为排除的 1 项在流行、民谣和摇滚中，所以，电音和说唱都入围了
第三步	根据条件(3)推知：摇滚或者民族未入围；结合条件(2)，民族不在不入围之中，所以摇滚未入围

13. 答案选 D。五人的话仅有一真，并且五句话之间没有矛盾关系。采取逐项假设验证法，步骤如下：

第一步	假设甲做好事，丙、丁、戊的话都真，不合题意，排除
第二步	假设乙做好事，甲、丙、戊的话都真，不合题意，排除
第三步	假设丙做好事，乙、戊的话都真，不合题意，排除
第四步	假设丁做好事，仅丙的话为真，合乎题意
第五步	假设戊做好事，丙、戊的话都真，不合题意，排除。所以答案选 D

14. 答案选 D。争议试题，答案详细解析参见第三部分"历年有争议试题辨析"。

15. 答案选 B。要验证"每张卡片至少有一面印的是偶数或者花卉"，由于卡片"6""菊""8"已经表明印有偶数或花卉了，所以这三张卡片不必看，仅需翻看"虎""7"和"鹰"这三张卡片。

16. 答案选 D。试题已知三个条件都是假言命题，为大前提，将"每人只能选择一种岗位应聘，且每种岗位都有其中一人应聘"作为小前提。具体推理步骤如下：

第一步	已知条件即"每个岗位有并且只有一人应聘"，由(3)可知：乙不应聘保洁
第二步	再由(2)可知：甲应聘保洁，丙应聘销售
第三步	再由(1)可知：丁不应聘网管。这样，乙应聘网管

17. 答案选 C。要质疑的观点是"未来智能导游必然取代人工导游,传统的导游职业行将消亡"。

A	无关选项,说明中国出境游客对智能导游 App 需求强烈,对观点有加强,不能削弱
B	无关选项,说明智能导游 App 在保持用户黏性、取得商业价值上有一定的问题,这与"智能导游未来取代人工导游"的观点无关
C	正确选项,说明人工导游具有智能导游 App 所不具有的优点,因此人工导游不会被智能导游 App 所取代,对观点质疑
D	无关答案,说明当前智能导游 App 用户总量还有待于发展,这与它是否未来能取代人工导游无关
E	无关选项,说明人工导游有缺点,未来退出市场需要一定时间,对观点有加强,无削弱

18. 答案选 E。阅读理解甲和乙的对话,注意问题是"除了哪项,其余各项均可得出"。由于"医生没有医德"是甲的观点,并且甲在表达此观点后,乙并没有相应的回应,所以无法推出乙也同意此观点,故 E 是从对话中所推不出的结论。

19. 答案选 B。阅读题干,考生需要具有对简单的传统汉语的理解能力。论证的观点最后一句"君子战必胜",前提是"得道者多助,失道者寡助"。按照论证的观点和前提,该论证隐含的前提有"君子是得道者""多助者必胜寡助者"。所以 B 是正确答案。注意不能选 C,因为该选项没有涉及前提中的"君子"和"多助者与寡助者"。

20. 答案选 C。要加强的观点是"家长陪孩子写作业,会对孩子的成长产生不利影响。"

A	无关选项,说明家长陪伴孩子做作业重要,对观点有削弱
B	无关选项,说明家长没有精力辅导孩子做作业,但没有说明"陪孩子做作业对孩子的害处"
C	正确选项,说明家长陪孩子做作业使孩子在学习兴趣和人格养成上都有害处,对观点加强
D	无关选项,说明家长不能有效地辅导孩子做作业,但没有说明陪孩子做作业对孩子有什么害处
E	无关选项,说明家长如何才能有效地辅导孩子做作业,对观点有削弱

21. 答案选 B。注意问题是"以下哪项是不可能的"。由于选项是各种植被形态的组合,所以对照各个选项,步骤如下:

第一步	条件(1)说明由低到高:荒漠、山地草原、森林,各选项都满足
第二步	条件(2)说明由低到高:荒漠、山地草原、森林,各选项都满足
第三步	条件(3)说明由低到高:山地草原、森林、山地草甸,各选项都满足
第四步	条件(4)说明由低到高:山地草甸草原、山地草甸、高寒草甸,B选项不满足

22. 答案选 D。已知三个条件,具体推理步骤如下:

第一步	根据(2)可知,乙和丁选的是《论语》和《史记》,尽管不能确定两人具体选择哪一本书,但戊肯定不选《史记》
第二步	戊不选《史记》,结合(3)可知,乙不选《论语》,乙选的是《史记》
第三步	条件(2),乙选了《史记》,那么丁选的是《论语》

23. 答案选 B。已知条件有假言命题,为大前提,加上没有小前提,所以只能对照各个选项:

A	无关选项,该选项中的"那么重担就能将他压倒"推不出,排除
B	正确选项,从已知条件"这是为大家而献身……我们的幸福将属于千百万人,……而面对我们的骨灰,高尚的人们将洒下热泪"推出
C	无关选项,该选项中"如果我们没有选择最能为人类福利而劳动的职业"推不出,排除
D	无关选项,该选项中"成为著名学者、大哲人和成为完美无瑕的伟大人物",仅与"如果只为自己劳动"有联系,而与"为人类福利而劳动"无关,排除
E	无关选项,该选项中"我们的事业就不会默默地、永恒发挥作用地存在下去"无法推出,排除

24. 答案选 A。观察四个条件中,"黄椒"出现两次,条件(2)说明芹菜不能在黄椒那一组,而条件(4)黄椒和豇豆一组,由此可以推知"芹菜与豇豆不在同一组",故 A 是正确的。

25. 答案选 B。将三组记为 M 组、N 组、L 组。韭菜、青椒、黄瓜在同一组,L 组;红椒在N 组;黄椒在 M 组。这样,三种叶菜:芹菜(非 M)、菠菜、韭菜(L);三种椒菜:青椒(L)、红椒(N)、黄椒(M);三种瓜菜:黄瓜(L)、冬瓜、丝瓜;三种豆菜:扁豆、毛豆(N 或者 L)、豇豆(M)。显然,菠菜肯定在 M 组,即菠菜、黄椒、豇豆在同一组,故 B 是正确答案。

26. 答案选 E。要加强民俗专家的观点是"牛肉汤的起源不会晚于春秋战国时期",证据是《淮南子·齐俗训》中有关于牛肉汤做法的文献资料。

A	无关选项,《淮南子》这本书的完成年代与论证中内容无关
B	无关选项,我国在春秋时代开始使用耕牛,这与"牛肉汤的起源时间"无关
C	无关选项,《淮南子》的作者有来自齐国故地的人,这与论证中内容无关
D	干扰选项,春秋时代有熬汤的鼎器,并不意味着所熬制的汤就是牛肉汤,与牛肉汤的起源也没有关系
E	正确选项,《淮南子》中记述的是春秋战国时期齐国的风俗习惯,而根据记载当时的齐国已经熬制牛肉汤,故加强了民俗专家的观点

27. 答案选 D。争议试题,答案详细解析参见第三部分"历年有争议试题辨析"。

28. 答案选 A。要削弱的观点是"为了降尘,北京应当大力推广阔叶树,并尽量减少针叶林面积"。

A	正确选项,由于阔叶树和针叶树具有一定的比例,不能比例失调,对"大力推广阔叶树尽量减少针叶林面积"构成削弱
B	无关选项,针叶林在冬天的生物活性差,这对"尽量减少针叶林的比例"有加强
C	无关选项,论证的观点是"为了降尘"这一目的,与其他植树造林的目的无关
D	干扰选项,仅仅说明种植阔叶树的成本高,但与"为了降尘,应当推广阔叶树尽量减少针叶林的面积以降尘"无关
E	无关选项,建造通风走廊的好处与论证的观点无关

29. 答案选 E。对试题中的"相邻格子"涵义给予理解:有共同边的两个格子。例如,格子 5 的相邻格子有 2、3、4、6。对照图像,可以知道,格子 5 与格子 1 的花是相同种类;格子 3 和格子 4 的花是相同种类;格子 2 和格子 6 的花是相同种类。又已知,格子 5 是红花,而菊花没有红花,所以格子 5 不是菊花,这样格子 2 中的花不是菊花,故 E 是正确答案。

30. 答案选 D。格子 5 是红色的玫瑰,这样格子 5 旁边的 2、3、4、6 是两种兰花(不能红色,只能黄色和白色)和两种菊花。格子 3 是黄色的花,只能是黄色的兰花,因为若是黄色的菊花,那么格子 2 和 6 便无法填入黄色的兰花。这样可以推知,格子 4 是白色兰花;格子 2 和 6 分别是蓝色的菊花和白色的菊花。

2018 年管理类专业学位
全国联考逻辑真题解析

1. 答案选 A。阅读题干后，由于没有小前提，故对照各个选项：A"只有不离开人民，文艺才不会变成无根的浮萍、无病的呻吟、无魂的躯壳"等价于已知条件中的"离开人民，文艺就会变成无根的浮萍、无病的呻吟、无魂的躯壳"，所以它是正确答案。

A	正确选项，与已知条件等价
B	无关选项，假。从已知条件"人民既是历史的创造者，也是历史的剧中人"可以推出"有些历史的创造者是历史的剧中人"
C	无关选项，不确定。从已知条件"人民既是历史的创造者，也是历史的见证者"可以推注"有些历史的创造者是历史的见证者"，但不能推出"都是"
D	无关选项，不确定。解释与 C 选项类似
E	无关选项，不确定。已知条件"关注人民的生活、命运、情感，表达人民的心愿、心情、心声，我们的作品才会在人民中传之久远"表示"关注人民生活等"是"作品传之久远"的必要条件，选项错误地理解为充分条件

2. 答案选 C。早报仅仅罗列了若干城市的天气情况，这些天气一共是 9 种情况。由于所罗列地既不涉及所有城市的情况，也不是根据所有天气情况而罗列，故上述 9 种天气类型只是"可能是全部类型或者可能不是全部类型"，这样正确答案只能选 C。

3. 答案选 E。争议试题，答案详细解析参见第三部分"历年有争议试题辨析"。

4. 答案选 A。要加强的专家观点是"分心驾驶已成为我国道路交通事故的罪魁祸首"。

A	正确选项，由于分心驾驶导致的交通事故占比最高，所以它是我国道路交通事故的罪魁祸首
B	无关选项，仅说明驾驶时用手机会使反应时间延迟，但不涉及实际交通事故及其发生原因的排序情况
C	无关选项，仅说明开车时使用手机发短信会使车祸概率增加，但同样不涉及实际交通事故及其发生原因的排序情况
D	无关选项，仅说明了"分心驾驶"的主要表现形式是使用手机，但是同样不涉及实际交通事故及其发生原因的排序情况
E	无关选项，不涉及我国情况

5. 答案选 B。小前提"丙周日值日"与相应大前提结合,具体解题步骤见下表。

第一步	丙周日值日与大前提(2)结合,推知:甲不在周一值日
第二步	甲不在周一值日与大前提(3)结合,推知:己在周四值日,庚在周五值日
第三步	己在周四值日与大前提(4)结合推知:乙不在周二值日,考虑(1),推知:乙在周六值日

6. 答案选 D。将小前提"庚在周四值日"作为起点,注意问题是"以下哪项为假"。具体解题步骤见下表。

| 第一步 | 庚在周四值日与大前提(3)结合,推知:甲在周一值日;排除 A 选项 |
| 第二步 | 甲在周一值日与大前提(2)结合,推知:丙在周三,戊在周五,这样 D 选项为假 |

7. 答案选 E。已知条件"弟子不必不如师,师不必贤于弟子"等价于"有些弟子可能如师,有些师可能不贤于弟子",故答案选 E。

A	无关选项,已知条件推出"可能"命题,不能推出"必然"命题
B	无关选项,"有些弟子可能如师"是肯定命题,推不出"有些弟子可能不如师"这句否定命题
C	无关选项,"有些师不可能贤于弟子"等价于"有些师必然不贤于弟子",这是"必然判断",不能推出
D	无关选项,解释与 B 选项相同
E	正确选项,与已知条件"师不必贤于弟子"等价

8. 答案选 E。注意问题是"以下哪项不可能",识别已知条件中(3)和(4)是大前提,而(1)和(2)中隐藏的小前提。具体推理步骤见下表:

第一步	(2)说明"雨水"在春季,和大前提(4)结合,推知:"霜降"在秋季
第二步	"霜降"在秋季和大前提(3)结合,推知:"清明"在春季
第三步	对照各个选项,由于 E 中"清明"在夏季,所以 E 是不可能的

9. 答案选 C。题干论述结构:若 A,则 B;若 C,则 D。所以,如果非 D,则非 A。

A	无关选项,结构:若 A,则 B,若 C,则 D。所以,若非 D,则非 C
B	无关选项,前提中没有假言判断
C	正确选项,结构:若 A,则 B;若 C,则 D。所以,如果非 D,则非 A
D	无关选项,前提中没有假言判断
E	无关选项,前提中的"有志"和"无志"是矛盾的,与题干不符

10. 答案选 D。注意问题是"以下哪项最可能与上述信息不一致",阅读后理解已知条件(1)(2)(3)是大前提,(4)是小前提。推理步骤见下表：

第一步	小前提(4)和大前提(3)结合,推知：小李乘 8 站,转 2 次车
第二步	小前提(4)和大前提(1)结合,推知：小张乘 7 站,换 1 次车
第三步	小前提(4)和大前提(2)结合不能推知小王的具体情况
第四步	由于换乘、步行、地铁运行加停靠时间都相同,所以小张应当比小李先到达单位,故选项 D 最可能与题干信息不一致

11. 答案选 C。论证由"某年龄段患病人数增多"得出结论"该年龄段人口患病率上升",削弱上述论证的关键在于"患病人数增多"一定是由于或者可以推出"患病率上升"吗?

A	无关选项,"该国民众更有条件关注自己的身体健康"与"某些疾病年轻人中发病率上升"没有直接关系
B	无关选项,"老年人"的最低年龄提高而不是降低,所以这与老年病在年轻人中发病率提高无关
C	正确选项,患病人数增加是由于这一年龄段人口增加了,对"患病率上升"给予削弱
D	无关选项,没有涉及年轻人患老年病数量增加及其原因
E	无关选项,与论证中的年轻人患老年病数量增多及其原因无关

12. 答案选 A。题干中张教授"如果每一个体在不损害他人利益的前提下,尽可能满足其自身的利益需求,那么由这些个体组成的社会就是一个良善的社会"与选项 A 表述的假言命题是等价的,所以 A 选项是正确答案。选项 C、D、E 说明了"良善的社会"的必要条件,而不是张教授所表明的充分条件,排除;选项 B 与张教授观点无关,排除。

13. 答案选 C。试题要求选择某个选项结合题干的已知可以推出"赵珊珊选修的是宋词选读"。具体解题步骤如下：

第一步	由(2)可知：赵珊珊选修的是："《诗经》鉴赏""唐诗鉴赏""宋词选读"中的某一门
第二步	由(3)可知：赵珊珊没有选"唐诗鉴赏"和"《诗经》鉴赏"中某一门
第三步	如果再排除"唐诗鉴赏"和"《诗经》鉴赏"中一门,就可以推知：赵珊珊选修"宋词选读",这样,C 是正确答案

14. 答案选 D。要解释的矛盾现象是"河流流速缓慢有利于水草生长的情况下,水草总量却没有增加"。

A	无关选项,"以水草为食的水生动物数量减少"有利于说明水草的增加而不是减少
B	无关选项,"水温变化小有利于水草生长"不能解释水草数量少
C	无关选项,水草数量多有什么后果与"为什么水草数量少"无关
D	正确选项,考虑到水草也是属于"水生物",干旱导致大量水生物死亡,即水草在干旱中死亡了,所以即使河流的流速缓慢,水草总量也没有增加
E	无关选项,与论证中的现象完全没有关系

15. 答案选 D。将已知条件在题干中直接作出如下标注:
甲(×)、乙、丙(√,两者仅 1 个在一编队)、丁、戊(两者仅 1 个在一编队)、己(二编队)、庚。标注完毕后,根据题干知,甲(二编队),所以丙(一编队),这样,戊(二编队)。所以答案选 D。

16. 答案选 D。注意到已知条件(4)是大前提,根据(4)假设"乙在第一编队",则丁在第一编队,庚也在第一编队。而甲和丙中也有一艘舰在第一编队,这样第一编队有 4 艘舰,不合题意,故乙只能在第二编队。这样,乙、己确定在第二编队,由于甲和丙分属两个编队,所以丁、庚在第一编队,戊在第二编队。

17. 答案选 C。题干反驳结构可以概括为:X 最重要的是 A。反驳,X 最重要的是 B,(因为)如果没有 B,就没有 X。

A	无关选项,结构:X 最重要的是 A。反驳,X 最重要的是 B,(因为)所有优秀的 X 都来源于 B
B	无关选项,结构:X 最重要的是 A。反驳。X 最重要的是 B,(因为)如果没有 B,就没有 A
C	正确选项,结构:X 最重要的是 A。反驳,最重要的是 B,(因为)如果没有 B,就没有 X
D	无关选项,结构:X 最重要的是 A。反驳,最重要的是 B,(因为)只有 B,才有 A
E	无关选项,结构:X 最重要的是 A。反驳,最重要的是 B,(因为)如果没有 B,就没有 A

18. 答案选 C。已知条件"若要人不知,除非己莫为,若要人不闻,除非已莫言",等价于"如果希望人不知,则己不为,如果希望人不闻,则己不言"。

A	无关选项,与已知前提"若人不知,则己不为"不等价
B	无关选项,与已知前提"若人不闻,则己不言"不等价
C	正确选项,与已知前提"若人不知,则己不为;若人不闻,则己不言"等价
D	无关选项,已知前提"言之而欲人不闻"和"捕雀而掩耳"之间存在假言条件关系
E	无关选项,解释与 D 选项解释类似

19. 答案选 D。根据已知条件,假设中国 2013 年卷烟消费量是 X,则 2014 年为 $X(1+2.4\%)$,2015 年为 $X(1+2.4\%)(1-2.4\%)$,由此排除选项 A、B。2015 年中国卷烟消费量下降了 2.4%,但是世界卷烟消费量下降了 2.1%,这样可以得出,中国以外的其他国家卷烟消费量下降的比例低于中国,故正确答案选 D。

20. 答案选 D。注意问题是"以下哪项是不可能的",逐项验证。根据条件(1),哲学类新书不限位置,前 3 排书橱中有哲学类新书,但不排除其他排书橱也有哲学类新书,这样排除选项 A 和 C;由条件(2)可以确定"法学类新书只放在第 5 排书橱",所以选项 D 是不可能的,故它是正确答案。注意,条件(3)说明管理类新书放在最后一排书橱,但是最后一排是第几排没有说明,所以 E 选项是可能的。

21. 答案选 A。由已知条件"本次会议只欢迎有主办方邀请函的科研院所的学者参加",又"只有论文通过审核才能收到会议主办方发出的邀请函",可以推知,论文没有通过审核,就不能收到邀请函,就不被本次会议欢迎。对照各个选项:

A	正确选项,论文没有通过审核,本次学术会议就不会欢迎
B	无关选项,推不出。论文即使通过审核,也不意味着就收到邀请函,不能推出这些学者"都可以参加"
C	无关选项,推不出。论文即使通过审核并且有了邀请函,也未必就受到本次会议的欢迎
D	无关选项,假。只要没有邀请函,本次会议就肯定不欢迎其参加
E	无关选项,推不出。"是否欢迎某学者参加"与"该学者实际是否能参加"无关

22. 答案选 B。阅读题干,条件(1)(2)(3)是大前提,(4)是小前提。具体推理步骤见下表:

第一步	小前提(4)和大前提(3)结合可以推知:菊园不在园林的中心
第二步	对照各个选项,B 为正确答案

23. 答案选 C。将"北门位于兰园"作为小前提,具体推理步骤见下表。

第一步	小前提"北门位于兰园",与大前提(2)结合可以推知南门位于竹园
第二步	"南门位于竹园",在与大前提(1)结合可以推知,东门既不位于松园也不位于菊园,所以东门只能位于梅园
第三步	对照各个选项,C 为正确答案

24. 答案选 E。要加强专家的观点是"雌性青蛙数量减少会导致青蛙数量下降"。

A	无关选项,路盐可能给其他水生物造成危害,破坏青蛙的食物链,与"雌性青蛙及相关区域青蛙数量"没有直接关系
B	无关选项,不确定青蛙是否以雌性为主,也不确定"可能受到影响"是什么具体影响
C	无关选项,水池中盐含量增加会减少雌性青蛙的数量,这与观点"相关区域青蛙数量受影响"无关
D	无关选项,"青蛙的生长发育过程受到影响"与"相关区域青蛙数量受影响"没有直接关系
E	正确选项,该选项是"雌性青蛙数量减少使相关区域青蛙总的数量减少"的大前提

25. 答案选 D。已知条件没有明确的小前提,对照各个选项:

A	无关选项,"意义重大"和"关注度高"之间没有确定的联系
B	无关选项,解释与 A 选项解释相同
C	无关选项,涉及民生问题的项目都意义重大,但是不能确定它们是否引起关注
D	正确选项。由已知条件"凡意义重大的项目均涉及民生问题"和"有些最终审定的项目并不涉及民生问题",可以推知:有些最终审定的项目不是意义重大的。再结合:最终审定的项目或者意义重大或者关注度高,可以推知这些项目"关注度高"
E	无关选项,意义重大的项目都涉及民生问题,所以,不涉及民生问题的项目意义都不重大

26. 答案选 E。题干对话的结构可以概括为:A 比 B 难,先 A 后 B;反对,B 比 A 难,先 B 后 A。

A	无关选项,甲的话中不涉及两件事情的难和易
B	无关选项,甲和乙的对话都不涉及两件事情的难和易
C	无关选项,甲和乙的对话不涉及先做和后做,讨论的是两件事情谁更重要
D	干扰选项,不同于题干先做难的事情,甲和乙的结论是先做容易的事情
E	正确选项,结构:A 比 B 难,先 A 后 B;反对,B 比 A 难,先 B 后 A

27. 答案选 C。已知条件中没有明确的小前提,注意问题是"以下哪项是不可能的"。对照各个选项:

A	无关选项,可能为真。"值得拥有专利的产品是否都申请了专利"是不确定的
B	无关选项,可能为真。"创新者"与"受惩罚"之间关系不确定
C	正确选项,假。根据"所有值得拥有专利的产品或设计方案都是创新"和"所有的模仿都不是创新"可以推知,所有值得拥有专利的产品都不是模仿。C 与此矛盾,故假
D	无关选项,可能为真。创新都值得拥有专利,但不能确定"模仿是否值得拥有专利"
E	干扰选项,可能为真。注意:"应该受到惩罚"与"受到惩罚"是不同的概念

28. 答案选 A。选项都是确定的结论,但已知条件却没有小前提,故考虑二难推理结构。具体推理步骤见下表:

第一步	(4)中的"若进口丙,就不进口丁"与(3)中的"若丙不进口(有违禁成分),就不能进口丁"结合,二难推理,可以推知:不进口丁。再与(4)中的"若不进口丁,则进口丙"结合,推知:进口丙
第二步	不进口丁,结合(3)中"如果进口戊,就进口乙和丁",推知:不进口戊
第三步	不进口戊,与(2)结合可推知:甲和乙都没有违禁成分。结合(1)可知:甲、乙都进口
第四步	对照各个选项,A 为正确答案

29. 答案选 B。在题干中将已知条件标注如下:

陈琳、张芳(A)、王玉(在李龙的右边)、杨虹(4 桌)和四位男生范勇、吕伟(A)、赵虎、李龙。总积分最高的是获得 3 胜积 6 分的。由条件(4)可知,她是与李龙对弈的某位女生。具体推理步骤见下表。

第一步	由(1)可知:张芳和王玉都不与李龙对弈
第二步	又由(1)"王玉的比赛桌在李龙的右边",所以李龙不在 4 号桌,而杨虹在 4 号桌比赛,所以,与李龙对弈的也不是杨虹
第三步	与李龙对弈的只能是陈琳,陈琳是积 6 分总积分最高的选手,答案选 B

30. 答案选 C。和局的是 3∶3 比分的一对选手。具体推理见下表。

第一步	由上一题可知:李龙对陈琳,比分 6∶0,排除上述两位选手
第二步	由(4)排除范勇
第三步	由(3)赵虎及其对手没有和局,赵虎的积分也不领先其对手,说明赵虎与其对手的比分也不是 3∶3。因此,比分 3∶3 的男生只能是吕伟
第四步	由(1)张芳、吕伟对弈,故答案选 C

2017 年管理类专业学位
全国联考逻辑真题解析

1. 答案选 A。从倪教授陈述中"任何涉及核心技术的项目都不能受制于人"和"我国许多网络安全建设项目涉及信息核心技术"结合可以推知"我国许多网络安全建设项目不能受制于人",故 A 为正确答案。倪教授的陈述中,"可以考虑与国外先进技术合作","与国外先进技术合作"两个概念是不周延的,所以 B、D、E 都无法推出;C 的主项是"工程技术领域的所有项目",这个概念在前提中没有出现,故排除 C。

2. 答案选 B。从已知条件可以得出:"任何结果"的"背后都是有原因的",而"任何背后有原因的事物均可以被认识",并且它们"必然不是毫无规律的",所以,"任何结果必然不是毫无规律的"。这样 B 为假。注意试题问题是"以下哪项为假"。

A	无关选项,不确定真假,试题条件不涉及人的认识
B	正确选项,假,从已知条件可以推知"所有结果必然不是毫无规律的",所以"有些结果的出现可能毫无规律"为假
C	无关选项,真,从已知条件"所有可以被人认识的事物都必然不是毫无规律的",所以,该选项为真
D	无关选项,真,从已知条件"任何结果出现的背后都是有原因的",该选项为真
E	无关选项,真,从已知条件可以推知"任何结果背后都有原因、都可以被认识",该选项为真

3. 答案选 D。要求加强专家的观点是"政府应该严厉打击海外代购的行为",专家观点的前提是"政府损失了税收收入"。对照各个选项,同时考虑税收。

A	无关选项,仅仅说明有人因为海外代购被严厉打击了,但是是否需要严厉打击并没有涉及
B	削弱选项,说明了海外代购的原因,对于需要严厉"打击海外代购"给予削弱
C	削弱选项,说明海外代购的好处,对于需要严厉"打击海外代购"给予削弱
D	加强选项,说明海外代购的不是生活所必需的奢侈品,同时关税流失,加强"需要严厉打击海外代购"的观点
E	无关选项,仅仅说明与海外代购有联系的消费升级是必要的,基本上不涉及海外代购,所以与"需要严厉打击海外代购"这一观点基本无关

4. 答案选 E。由于已知条件只有大前提，没有小前提，所以对照各个选项。具体过程见下表：

A	推不出，戊和己出演路人时，已知条件不涉及甲，所以无法推出甲出演的角色
B	推不出，由于(1)只有甲、乙才能出演外国游客，所以己不能出演外国游客
C	推不出，由于6人出演4类角色，所以每个人的角色都可以不变，没有2人必须在不同场景出演不同的角色
D	推不出，在同一场景中，甲和丙是购物者，乙是外国游客，丁是商贩，他们共同出现是合乎题意的
E	真，丁和戊是购物者，由(3)可知：乙和丁都不是商贩；由(4)可知，该场景不允许有路人，所以：乙不能出演购物者、商贩和路人，他只能出演外国游客。(注意：结论是"乙只能出演外国游客"，而不是"乙必然出演外国游客")

5. 答案选 E。法院驳回原告"让孩子就近入学"的理由必须是合乎法律，E选项说教育主管部门做法合乎法律，所以最可能是法院判决的合理依据。

A	干扰选项，尽管解释了"就近入学"不是"最近入学"，但是不涉及教育局安排是否合乎法律，所以不能作为法院判决的依据
B	无关选项，家长的诉讼和教育局的安排都不涉及该选项的内容
C	无关选项，略有干扰，是否支持家长诉讼关键在于政府主管部门的做法是否合乎法律，该选项不涉及法律，隐含着"政府的任何做法都是正确的"这一不合理的假设
D	无关选项，法院判决的依据是法律，而不是"特定情况下可以变通"
E	正确选项，法院判决的依据是教育局的行为合乎法律，这样家长的诉讼要求才能被驳回

6. 答案选 C。阅读题干，(1)(2)(3)是大前提，(4)是一个带有数字的简单判断，为小前提。具体解题步骤如下表：

第一步	(4)与(2)结合，可以推知，股票投资比例不低于1/3
第二部	(4)与(3)结合，可以推知，外汇投资比例不低于1/4
第三部	对照各个选项，由于股票投资不低于1/3，所以C是正确选项

7. 答案选 E。题干对通识教育(掌握基本常识)和人文教育(了解生活世界的意义)给予介绍后，得出观点"人文教育对个人的影响会更大一些"。

A	无关选项，仅仅说明有些大学开设的不同课程之间的数量关系，不涉及哪一种课程更重要
B	无关选项，仅仅说明通识教育和人文教育不能相互替代，没有说明哪一种教育更为重要
C	无关选项，说明通识教育重要，人文教育也重要，不涉及两者相比如何的说明
D	无关选项，仅仅说明人文教育的结果"价值和意义判断"重要，但不涉及两种教育的比较
E	正确选项，说明不接受通识教育危害不大，但是不接受人文教育危害很大，通过对比说明人文教育更重要

8. 答案选 C。阅读完题干后,将确定位置和相对位置用下面的数字表示:

江西(1 或者 7),江苏(3),安徽(2')浙江(5')福建(1'或者 6'),湖南、湖北(没有条件限制),加'的数字仅表示相对前后位置,不表示确定的位置。

又第一个调研安徽省,即安徽(1),所以:江西(7),江苏(3),浙江(4),福建(5),所以正确答案选 C。

9. 答案选 C。总的条件仍然是:

江西(1 或者 7),江苏(3),安徽(2')浙江(5')福建(1'或者 6'),湖南、湖北(没有条件限制),加'的数字仅表示相对前后位置,不表示确定的位置。

又第二个调研安徽省,即安徽(2),所以,江苏(3),浙江省(5)。因此,正确答案选 C。

注意: 不能选 E,因为对福建的调查可以排在第 1 页可以排在第 6,不能确定具体位次。

10. 答案选 D。王研究员认为创业的重点是"需要一种坚持精神",李教授的看法是创业重要在于"尝试新技术",对照各个选项,对两人对话分歧最合适说明的选项为 D。

A	无关选项,两人都没有涉及"迎接各种创业难题的挑战"
B	干扰选项,李教授的说法是"尝试新技术"而不是"坚持创新"
C	无关选项,与两人的观点都没有关系
D	正确选项,王研究员强调"坚持精神",李教授则认为"尝试新技术"重要
E	无关选项,两人的观点不涉及"成立小公司还是挑战大公司的分歧"

11. 答案选 A。要加强的专家观点是"如果不采取紧急措施改善空气质量,有关眼睛的疾病的发病率和相关并发症将会增加"。

A	加强选项,"有毒颗粒影响泪腺细胞"与"眼睛疾病和并发症"有关,加强
B	无关选项,不涉及"眼睛疾病"
C	无关选项,不涉及"空气质量"
D	无关选项,患者年龄与论证无关
E	无关选项,在重污染环境中如何防止眼睛疾病,与空气质量恶化导致眼睛疾病发生没有直接关系

12. 答案选 E。要注意题干已知条件的细微差别:一年级是所有学生"名句、诗名、作者"都能对应;二年级是 2/3 的学生"名句、作者"能对应;三年级是 1/3 的学生不能将"名句、诗名"对应,即 2/3 的学生能够对应"名句和诗名"。

| A | 推不出,由于二年级学生不涉及名句与诗名的对应情况,三年级学生不涉及名句与作者的对应情况,所以无法推出该选项 |
| B | 推不出,名句、诗名和作者都能对应的只有一年级学生是确定的,即只有 1/3 学生确定,推不出"大部分" |

（续表）

C	假，一年级学生都能对应，二年级学生中有 1/3 不能将名句与作者对应
D	假，一年级学生都能对应，不能对应的一、二年级学生在 1/2 以内
E	真，一年级学生都能对应，三年级学生 2/3 能够对应，所以总的占比超过 2/3

13. 答案选 B。已知前提是"婴儿通过触碰物体、四处玩耍和观察成人行为等方式来学习"，由此，科学家认为，"婴儿是地球上最有效率的学习者"。显然，概念之间存在由此及彼的过渡，即需要假设"通过触摸物体、四处玩耍和观察成人行为等学习方式是地球上最有效率的学习方式"，即正确答案选 B。

A	无关选项，既不涉及婴儿特殊的学习方式，也不涉及"最有效率的学习方式"
B	正确选项，将婴儿特殊的学习方式与"最有效率的学习方式"建立联系
C	无关选项，论证不涉及机器人和婴儿"学习能力"的比较，而是讨论"学习方式"
D	无关选项，目前机器人不能像婴儿那样学习，但论证没有涉及机器人能像婴儿那样学习的假设
E	干扰选项，论证没有涉及成人的学习方式和学习能力，所以有关成人和婴儿学习方式的比较与论证无关

14. 答案选 D。要加强的观点是"黄金纳米粒子能提升癌细胞化疗的效果，并能降低化疗的不良反应"，观点中的关键词是"化疗"。

A	无关选项，疗效还需要大量临床检验，对科学家的观点有削弱无加强
B	干扰选项，说明黄金纳米粒子有疗效，但是不涉及不良反应
C	无关选项，黄金纳米粒子与人体细胞不会发生反应仅仅说明也许没有不良反应，但是不涉及疗效
D	正确选项，既说明黄金纳米粒子携带的化疗物质能够作用癌细胞，有疗效，又说明不伤及其他细胞，没有不良反应
E	无关选项，能够判断黄金纳米粒子是否已经投放到癌细胞，既不涉及疗效也不涉及是否存在不良反应

15. 答案选 B。题干对话的结构是："甲：A→B；乙：反对，非 A→非 B"。

A	无关选项，结构："A 不是 B，A 具有 C；反对，B 没有 C，但是 A 有 C"
B	正确选项，结构："A→B；反对，非 A→非 B"
C	无关选项，结构："A→B；反对，非 A 并且 B"
D	干扰选项，结构："A→B；反对，非 A→非 C"，注意"谋其政"和"行其政"是不同的命题
E	无关选项，结构："A→B；反对，非 B→非 A"

16. 答案选 C。每个人说的话都是假言命题，是大前提。已知条件没有小前提，对照各

个选项：

A	可能为真，曾寅是主持人时，根据条件(2)，孟申是项目组成员，合乎题意
B	可能为真，孟申是主持人时，根据条件(4)，荀辰是项目组成员，合乎题意
C	假，曾寅是主持人，根据条件(2)，颜子或孟申作为项目组成员；荀辰是主持人，根据条件(3)，颜子是项目组成员。两人任何一人是主持人都不合乎题意
D	可能为真，孟申是主持人，根据条件(4)，荀辰或颜子是项目组成员，合乎题意
E	可能为真，荀辰是主持人，根据条件(3)，颜子是项目组成员，合乎题意

17. 答案为 E。论证认为体重增加的原因是"有规律的工作"，显然关键问题是，"其他情况相似但是不从事有规律工作的人体重是否增加"是关键问题。

A	无关选项，不涉及"有规律的工作"，与论证无关
B	无关选项，同上
C	无关选项，同上
D	无关选项，论证不涉及性别
E	正确选项，如果没有从事有规律工作的人体重没有类似增加，对论证加强；如果没有从事有规律工作的人体重也有类似增加，对论证削弱

18. 答案选 E。已知题干论证的特点是：前提中有充分条件假言命题，并且前提和结论都是肯定命题。

A	无关选项，假言命题中有否定命题，与题干不相似
B	无关选项，前提中没有假言命题，与题干不相似
C	无关选项，前提中是必要条件假言命题，而不是充分条件，与题干不相似
D	无关选项，假言命题中有否定命题，与题干不相似
E	正确选项，既是充分假言命题，同时，前提和结论都是肯定命题

19. 答案选 D。由已知"有些藏书家却因喜爱书的价值和精致装帧而购书收藏，至于阅读则放到了以后闲暇的时间"，所以，这些藏书家不会立即读自己新购的书，正确答案选 D。

A	无关选项，已知条件是"藏书家的书被友人借去"，藏书家并没有将书当作友人
B	干扰选项，藏书家会在以后闲暇时间阅读，但是否"喜欢在闲暇时间阅读"不确定
C	无关选项，不能确定是否有藏书家会"读遍自己收藏的书"
D	正确答案，由于"阅读放在了以后的闲暇时间"，所以可以确定这些藏书家不会立即读自己新购的书
E	无关选项，有些藏书家不会立即读自己新购的书，不等于"从来不读"

20. 答案选 D。论证根据调查"幸福或不幸福并不意味着死亡的风险会相应地变得更低或更高"，得出结论，"疾病可能会导致不幸福，但不幸福本身并不会对健康状况造成损害"。很明显，论证在"死亡的风险"和"健康状况"之间存在概念跳跃。

A	无关选项，只是说明个人较难把握自己是否幸福，但该选项不涉及健康，也不涉及死亡风险，与论证无关
B	加强选项，给出不幸福而高寿的例子，即不幸福本身没有对健康造成危害
C	无关选项，给出幸福感高但是患重大疾病的例子，与论证对象"不幸福的人"无关
D	削弱选项，论证将"死亡风险"与"健康"相联系，该选项说明两者没有联系，对论证削弱
E	无关选项，只是说明个体死亡风险高低难以进行准确评估，但该选项不涉及健康，也不涉及死亡风险，与论证无关

21. 答案选 B。乙在反驳中的特点：偷换概念，将"强化知识产权保护"偷换成"过分强化知识产权保护"；结论是确定的"肯定不能"。

A	干扰选项，丈夫的反驳具有偷换概念的特点，但是结论不确定，表达为"不一定"
B	正确选项，孩子的反驳偷换概念，将"从小事做起"偷换成"只是做小事"，结论肯定，表达为"肯定做不成"
C	无关选项，反驳中没有偷换概念的特点
D	无关选项，反驳中没有偷换概念的特点
E	无关选项，反驳中没有偷换概念的特点

22. 答案选 D。将确定位置和相对位置以不同的数字标注如下：
猴子观海(1')妙笔生花(2')美人梳妆(3')禅心向天(4)仙人晒靴(5 或者 6)阳关三叠(在"仙人晒靴"前)。数字 1'、2'、3'仅表示相对前后位置，不表示确定的位置。
一个简单的可能排序是：
猴子观海(1)妙笔生花(2)美人梳妆(3)禅心向天(4)阳关三叠(5)仙人晒靴(6)。但是"阳关三叠"的位置除了在"仙人晒靴"之前，它还可以排在前三位。一旦"阳关三叠"排在前三位，落入第 5 或者 6 位的只能是"美人梳妆"，而"猴子观海"和"妙笔生花"不可能排在第 5 和第 6 位。注意在问题"以下哪项不可能为真"，故答案选 D。

23. 答案选 C。对题干中关键概念"自我陶醉人格"特点的概括有：高估自己(A、E 选项合乎此特点)；对批评反应强烈(B 选项合乎此特点)；人际关系不稳定(D 选项合乎此特点)。只有 C 选项描述的特点几乎是与该种人格特征相反的"自卑感"的体现。所以，正确答案选 C。注意问题中的"除了"。

24. 答案选 E。争议试题，答案详细解析参见第三部分"历年有争议试题辨析"。

25. 答案选 A。要支持的观点是"配音已失去观众,必将退出历史舞台"。

A	正确选项,说明一些观众需要配音,某些国外大片也需要配音,从而削弱"配音已失去观众"
B	干扰选项,尽管说明了配音有价值,但是仅仅说明一些人不需要配音,而没有说明有人需要配音,所以对论证不仅没有削弱,反而加强
C	无关选项,说明很多人不需要配音,对论证加强
D	无关选项,说明配音已经不能满足人们的及时需要,对论证加强
E	无关选项,说明配音具有缺陷,对论证加强

26. 答案选 B。已知条件(1)(2)(3)都是假言命题,是大前提。条件(4)和(5)是小前提。根据已知(5)可以推知,小明和小花仅收到一份礼物;这样排除 A、C、D、E,所以正确答案为 B。

27. 答案选 D。解题的起点是小前提(5),具体步骤如下表:

第一步	(5)小花只收到紫色礼物,与(3)结合,推知:小刚收到黄色礼物,再与(4)结合推知,小刚不能收到绿色礼物
第二步	(5)小明收到橙色礼物,与(1)结合,推知:小芳收到蓝色礼物,再与(2)结合推知,小雷收到红色礼物
第三步	小刚的两份礼物,一份是黄色,另一份不能是橙色、紫色、绿色、蓝色、红色,只能是青色,所以正确选项选 D

28. 答案选 D。由于题干仅有大前提,没有小前提,所以对照各个选项,具体过程如下表:

A	不能推出,条件没有涉及的乐器是否购买不确定,所以不能推出该选项
B	不能推出,箫和笛子都不购买,购买古筝、唢呐即可满足所有条件
C	不能推出,同上,只需要购买古筝和唢呐两种乐器即可满足所有条件
D	正确选项,假设古筝、二胡都不购买,由(2)可以推知,要买笛子,再由(4)推知,不能买箫,再由(3)推知,买古筝,与假设矛盾
E	不能推出,不买唢呐,由(3)推知,买箫和古筝,即可满足所有条件

29. 答案选 A。根据已知,周四放映两部科幻片;周日放映一部爱情片;另外 3 部武侠片(A)和科幻片(B)不能在同一天放映;所以 A 和 B 一共要占据 6 个位置,所以武侠片和科幻片需要在周一、二、三、五、六、日放映,如下表(A 和 B 位置可以调换,但是 A 和 B 不能在同一天放映)。因此,周日与爱情片同映的或者是科幻片或者是武侠片。所以,警匪片和爱情片不

能在同一天放映,故正确答案选 A。

周一	周二	周三	周四	周五	周六	周日
			科幻片			爱情片
武侠片(A)	武侠片(A)	武侠片(A)	科幻片	科幻片(B)	科幻片(B)	科幻片(B)

30. 答案选 C。由于要求同类影片放映日期连续;所以三部警匪片只能排在周一、二、三放映;战争片只能排在周五、六放映;注意武侠片和科幻片的放映日期可以对调;所以周六可以放映战争片和科幻片,也可以放映战争片和武侠片,故正确答案选 C。

周一	周二	周三	周四	周五	周六	周日
警匪片	警匪片	警匪片	科幻片	战争片	战争片	爱情片
武侠片(A)	武侠片(A)	武侠片(A)	科幻片	科幻片(B)	科幻片(B)	科幻片(B)

2016 年管理类专业学位
全国联考逻辑真题解析

1. 答案选 D。题干已知条件中的假言命题可以等价为：自主创新活力→企业创建科技创新中心→合作；企业催生重大科技成果→搭建平台。对题干自然语言这种形式化是本书解析试题时给予简化的处理方法，表示"充分→必要"，解答试题时并不需要这样"翻译"。

A	无关选项，搭建平台→激发自主创新活力，充分与必要条件混淆
B	无关选项，搭建平台→催生重大科技成果，充分与必要条件混淆
C	无关选项，不属于假言命题，与题干条件无关
D	正确答案，不搭建平台→不催生重大科技成果，与题干已知条件属于逆否命题等价
E	无关选项，合作→自主创新活力；充分与必要条件混淆

2. 答案选 C。题干已知条件中的假言命题可以等价为：为生态文明建设提供可靠保障→实行最严格的制度和法治→追究责任。

A	无关选项，追究责任→为生态文明建设提供可靠保证，充分与必要条件混淆
B	无关选项，不涉及假言命题，与题干条件无关
C	正确答案，不追求责任→不能为生态文明提供可靠保证，与题干已知条件属于逆否命题等价
D	无关选项，造福于民→制度保护墙，题干之中没有上述信息
E	无关选项，责任追究→实行最严格的制度和法治；充分与必要条件混淆

3. 答案选 D。题干的陈述结构可以概括为：采取 A 行为，可以得到较好的 B 结果；不采取 A 行为，可以得到较差的 C 结果。陈述结构的关键特点在于一分为二，"采取"和"不采取"某一行为属于矛盾的两个方面。

A	干扰选项，注意"脱离环境搞经济"和"离开经济发展抓环境保护"不是矛盾的两种行为，而且两种做法的结果都不好，没有较好、较差的区别
B	无关选项，"说一种语言的人"和"说三种语言以上的人"不是行为的区别，也不矛盾
C	无关选项，现在和过去人们行为和期盼有区别，与矛盾的行为无关
D	正确选项，"注重调查研究"和"闭门造车"（可以理解为"不注重调查研究"）属于矛盾的两种行为，两种行为的结果具有较好、较坏的区别
E	无关选项，一句假言命题，没有行为的区别

4. 答案选 E。此题需要理解"天干"和"地支"搭配的具体规则,若不理解天干与地支的搭配规则,则无法解答试题。天干有 10 个,地支有 12 个,依次搭配:

第一个十年:甲子,乙丑…癸酉天干 10 个搭配完毕,而地支还有 2 个;第二个十年:甲戌,乙亥,丙子…癸未;第三个十年:甲申…。显然,天干中的"甲"配地支每 10 年依次只能是甲子、甲戌、甲申、甲辰、甲寅,不可能出现甲丑相配,所以排除 B;A 和 C 与题干无关,排除;2024 年比 2014 年多了 10 年,2014 是甲午年,故 2024 应当是甲辰年,排除 D,正确答案选 E。

5. 答案选 D。两人争论应当招募什么样的新队员,所以,两人争论的是"招募标准"而非"招募目的"。

A	无关选项,两人都没有涉及"理想"和"现实"
B	无关选项,两人都没有涉及"研究辩论规律",且不涉及招募的目的
C	无关选项,两人都没有涉及"培养新人",且不涉及招募的目的
D	正确选项,赵的观点是"一定要招募喜爱辩论的人",王的观点是"喜爱辩论与否不是必要条件,只要辩论能力强,就可以招募",所以两人的争论焦点是"招募是以喜爱(爱好)辩论还是以辩论能力为标准"
E	无关选项,两人都没有涉及"集体荣誉",且不涉及招募的目的

6. 答案选 A。这意味着,缺少任意一个必要条件,甲国队就不能出线。甲国主教练的观点涵义是:小组出线需要两个同时存在的必要条件,甲国第三轮胜利并且第三轮另外一组平局,A 说明,第三轮比赛另外一组没有平局,但甲国也出线了,故不可能为真,A 为正确答案。注意,不能选 C,因为即使有必要条件,没有结果也是可能的。

7. 答案选 D。要支持考古学家的推测"某件土坯砖是使用木质模具压制成型,再经过高温烧制而成",考古学家推测的关键不在于年代,而在于土坯砖是"模具压制"成型。

A	无关选项,仰韶文化晚期的时间与考古学家的观点无关
B	无关选项,仰韶文化晚期人们是否掌握高温冶炼技术与考古学家的观点无关
C	无关选项,出土的烧结砖是仰韶文化晚期的,这与砖是怎样烧制的无关
D	正确选项,"没有采用模具而成型的土坯砖,其边缘或者不整齐,或者有切割痕迹",即"边缘整齐并且没有切割痕迹的土坯砖都是采用模具成型的",对"模具压制成型"给予加强
E	无关选项,人们在西周时期可以烧制地砖和空心砖与考古学家的观点无关

8. 答案选 D。题干论据是"甲类人死亡时间是上午 11 时,乙类人死亡时间是下午 6 时",结论是"乙类人比甲类人平均晚死 7 小时"。显然,论据不能证明论点,因为假设甲乙两人出生时间相同,乙在 1 月 1 号下午 6 时死亡,而甲在同年 1 月 2 日上午 11 时死亡,甲事实上是比乙晚死,而非相反。因此,论据用"死亡时间"来证明论点中的"晚死、早死"是没有意义的。

A	干扰选项,论证的观点涉及死亡的早晚,并不涉及人的寿命长短
B	无关选项,人们在死亡临近时的感觉与死亡时间早晚无关
C	无关选项,死亡具有不同的原因与死亡时间的早晚无关
D	正确选项,死亡的早晚是绝对时间序列的前后排序,这一排序中"哪一天、哪一年"比"哪一时刻"更重要,但是题干论证只考虑"哪一时刻"却忽略"哪一天、哪一年"
E	无关选项,某些人更容易患上心血管疾病既与死亡无关,更与死亡早晚无关

9. 答案选 E。要质疑商家阻挠退货的理由,即"特价处理、商品开封或者使用等就不能退货"。

A	无关选项,加强了商家,说明不能退货
B	无关选项,加强了商家,特价商品质量本来就没有保证,所以不能退货
C	干扰选项,仅仅说明"开封验货的必要性",但并没有说明"开封验货后的商品能否退货",所以不能削弱
D	无关选项,加强了商家,说明政府条例规定"无理由退货"对商家不公平,即商家拒绝无理由退货是公平的
E	正确选项,商品即使开封或使用,即使不存在问题,消费者也可以选择退货,这是对商家"不能退货"的削弱

10. 答案选 B。已知条件中假言命题等价于:
(1) 王书记下乡调研→张副书记或者李副书记在县城值班;
(2) 李副书记县城值班→他参加宣传工作例会;
(3) 张副书记县城值班→他做信访接待工作;
(4) 王书记不下乡调研→他参加宣传工作例会或者做信访接待工作。
由于关于张和李两位副书记的已知条件的形式上完全相同,所以 A、C、D、E 即使不看内容,在形式上也可以排除;故答案选 B。选择 B 的理由是,条件(5)说明,王书记既不参加宣传工作例会也不做信访工作,与条件(4)结合,推知"王书记下乡调研"。

11. 答案选 D。要质疑专家的观点"机器人战争技术的出现可以使人类远离危险,更安全、更有效地实现战争目标",即"机器人使未来战争中人类更安全"。

A	无关选项,人与机器人未来谁掌控谁,与未来战争中人类是否更安全无关
B	干扰选项,由于"部分国家远离危险"不意味着"其他国家更危险",所以,总体上"人类也可能更安全",不能削弱
C	无关选项,现代战争更为人道说明人类在战争中更安全,对观点加强
D	正确选项,"未来战争的发生更为频繁也更为血腥",说明未来战争中人类不是更安全
E	无关选项,战争破坏生态环境与人类在战争中是否更安全无关

12. 答案选 A。陈安和李康的话矛盾,一真一假;两真两假排除这对矛盾后剩下两人,张幸和汪福的话也是一真一假。若汪福的话是真话,则张幸的话就是真话,这与题意不符;所以,汪福的话是假话,张幸的话为真话;由此推出陈安的话为假话,李康的话是真话。故答案选 A。

13. 答案选 E。对于题干中"理性计算"的理解就是"自己开车守法,但如果自己有麻烦就也要在开车时避让其他人,即使其他人违法"。注意问题中的"除"字,A、B、C、E 都说明"不要让"对"让别人"给予削弱,只有 E 说明"不让不好",对论证加强,故正确答案选 E。

14. 答案选 E。题干给出的当前城市缺陷的信息是:当前城市中大气污染滞留时间延长,易形成雾霾天气和热岛效应。要加强的结论是"建立城市风道",因为城市风道能够促进城市空气更新循环。

A	无关选项,仅仅说明对建筑物没有安全上的不利影响,没有针对当前城市的缺陷说明城市风道建设是否有好处
B	无关选项,说明城市风道的设想主观和随意,事实上对观点削弱
C	无关选项,对观点削弱,说明城市风道没有用处
D	干扰选项,只是说明具有建设城市风道的基础,但没有说明建设城市风道的好处
E	正确选项,说明城市风道不仅有利于"驱霾",还有利于散热,这对于解决目前城市缺陷正好对症下药

15. 答案选 E。试题要求解释为什么不能长期采取"APEC 治理模式"? APEC 治理模式的特点是短期实施的最严格的减排措施。注意问题中的"除"字。

A	无关选项,能解释,最严格的减排在落实中有困难,所以,很难长期采取
B	干扰选项,能解释,说明采取上述措施影响了经济与社会发展
C	无关选项,能解释,说明采取上述措施代价太大
D	无关选项,能解释,说明 APEC 的治理模式仅仅是短期的,不能长期采取
E	正确选项,不能解释,仅仅说明雾霾会影响国家形象,所以短期采取了 APEC 治理模式,但不涉及长期为什么不采取这种治理模式的原因

16. 答案选 C。天文学家根据观测及其得出的观测数据来做出"光速不变定律需要修改"的结论,要求削弱上述结论。在阅读选项时,要理解"要么、要么"的涵义。

A	无关选项,加强,说明如果观测没有错误,光速不变的定律确实要修改
B	无关选项,加强,涵义与 A 选项类似
C	正确选项,该选项说明,天文学家做出结论的观测是错误的,或者是观测结论被篡改,两者必居其一,由此削弱其结论
D	干扰选项,"可能"不能质疑现实
E	无关选项,仅仅说明过去没有出现反例,但不表示未来就不会出现反例

17. 答案选 A。要解释的现象是"当职员看到眼睛图片时,更多的人主动投钱,即自律性提高"。

A	正确选项,看到"眼睛"图片就"联想到背后可能有人看着他们"说明感觉到有监督,所以自律水平高了
B	无关选项,不能解释"眼睛"图片与其他图片对职员影响的不同
C	无关选项,与"眼睛"图片无关
D	无关选项,"看到眼睛图片会有莫名的感动"与"自律性提高"没有必然的联系
E	无关选项,不能解释"眼睛"图片与其他图片对职员影响的不同

18. 答案选 D。已知条件(3)说明"金""月""木""水"要占据连续或者对称的四个位置,同时条件(2)说明"火""土"庭院占据两个连续的位置。这样考虑"日"不能在第一,它可以在的位置是 3、5、7;因为如果"日"在 2、4、6,就不能同时满足条件(2)和(3),所以,D 选项是正确答案。

19. 答案选 E。当"土 2"时,由于"火"与"土"相邻,因此"火 1"或者"火 3";假设"土 2 火 3"再考虑"日不是 1",这时候,已知条件(3)无法满足,所以"火"不能是 3,故"火只能是 1"。

20. 答案选 C。要解释的发现是"与人为善的人寿命更长"。

A	无关选项,没有涉及"与人为善的人的健康或者寿命问题"
B	无关选项,仅仅说明男性,与题干要解释的联系无关
C	正确选项,说明"与人为善带来轻松愉快的情绪,而这有益于身体健康",这就建立"与人为善"和"寿命长"的关系
D	干扰选项,仅仅说明心存善念的人健康,但是为什么健康却没有给予解释
E	无关选项,没有涉及"与人为善的人的健康或者寿命问题"

21. 答案选 B。牛师傅论证的观点是:超市销售的水果上有农药,消费者买回后要清洗干净方能食用。论据是:水果在收摘之前都被喷洒了农药。该论证的关键在于"水果在收摘前喷洒了农药,收摘后是否被彻底清洗了?"注意,牛师傅的观点与苹果上的"油脂痕迹"无关。

A	干扰选项,论证不是根据"油脂痕迹"来进行推导,所以无关
B	正确选项,如果水果已经得到彻底清洗,那么就不必要再清洗了,所以,这是牛师傅看法所依赖的假设
C	无关选项,由于"油脂痕迹"在论证中没有作用,所以,涉及"油脂痕迹"的属于无关选项
D	无关选项,"消费者是否在意水果清洗"与"水果是否需要清洗"无关
E	干扰选项,不选理由与 A、C 一致

22. 答案选 D。论证的已知条件和结论分析如下面表格：

前提	1. 许多人不理解别人，也不理解自己；2. 不理解自己→不能理解别人
结论	1. 这些人不能理解别人；2. 不理解自己→不理解别人

显然，结论在内容和形式上都是前提的重复，所以答案选 D。

A	无关选项，由于"自我理解"按照上下文的涵义就是"理解自己"，所以不必给予定义
B	无关选项，"这些人不理解自己"的原因可能是"自己不愿意"，与论证本身无关
C	无关选项，论证已经明确"理解自己"是"理解别人"的必要条件
D	正确选项，仅仅重复前提，结论与前提即使在形式上也没有逆否命题等价转换
E	无关选项，与论证内容完全无关

23. 答案选 B。(1)(3) 都涉及 1、2、3 号，结合后可以推知：绿、红、白在 1、2、3 号范围内，由于一种茶只能装在一个盒子中，这样根据 (2) 可以推知，花茶在 4 号盒子中，即答案选 B。

24. 答案选 C。三句命题中仅有一真，由于仅有一人中标，所以考虑 (1)，若赵嘉或者钱宜之中的某人中标，则 (1)(2)(3) 都为真，与题意不符；这样，赵、钱都没有中标，仅有 C 包括赵、钱没有中标，故正确答案选 C。至于李汀没有中标，可以这样推知：当李汀中标时，(2)(3) 都为真，不合题意，所以李汀也没有中标，当然在考试时，对于李汀的推导是不必要的。

25. 答案选 E。专家的观点是：电子学习机可能不利于儿童成长，家长要与孩子一起阅读纸质图书，通过交流促进孩子心灵成长。专家观点中的关键词是"家长与孩子的交流"。

A	无关选项，没有涉及电子学习机，也没有涉及"家长与孩子交流"
B	无关选项，没有说明电子学习机本身有什么不利之处
C	无关选项，"电子瘾"是否有利于孩子成长不明确，也没有涉及家长与孩子"交流"
D	无关选项，仅说明没有时间或者条件进行交流
E	正确选项，说明电子学习机不利于家长与孩子的交流，加强了"电子学习机可能不利于孩子成长"的结论

26. 答案选 D。田先生的观点是：使用者的游戏体验取决于电脑的硬盘，所以换电脑硬盘可以提升使用者的游戏体验。D 说明使用者的游戏体验者很大程度上取决于笔记本的电脑显卡，这就意味着即使换了硬盘对于提升游戏体验也没有用处。所以，D 对论证削弱。其他选项都没有涉及"游戏体验"，均属于无关选项。

27. 答案选 C。钟医生的观点是：如果研究者在经过匿名评审前就公布研究成果，公共卫生水平就能更快获得提高。论据是：新医学信息更及时公布是有利于人们利用其提高健康水平的。论证假设"即使这些医学信息没有在杂志发表，人们也会关注并且使用这些信息"，即 C 选项。A、B、E 选项与论证无关，D 选项中"愿意放弃在杂志上发表"是不必假设的。

28. 答案选 A。争议试题，答案详细解析参见第三部分"历年有争议试题辨析"。

29. 答案选 C。五个人简称"金、木、水、火、土"，所用五种食材也是"金、木、水、火、土"。在具体推理时，已知条件给出了大前提，但同时需要注意"每人所选食材名称的第一个字与自己的姓氏均不相同"和数字规定的小前提。具体计算思路和步骤如下：

第一步：由已知(2)可知，木不选金也不选土；由已知(3)可知，火不选水。下表列是人名，行是食材，第一步记为1(第 0 步是根据已知"每人所选食材名称的第一个字与自己的姓氏均不相同")。

第二步：由表格可知，木选水和火，第二步记为2。

第三步：木选火，根据已知(4)可知，火不选金，这样，从表中可以看出三人不选金，所以水和土选金；火有三种食材不选，所以火选木和土。第三步记为3。

第四步：水选金，由已知(1)可知，金不选水；所以水有三人不选，因此土选水，这样土选金和水，得到本题答案选 C。第四步记为4。

	金	木	水	火	土
金	×(0)		×(4)		
木	×(1)	×(0)	√(2)	√(2)	×(1)
水	√(3)		×(0)		
火	×(3)	√(3)	×(1)	×(0)	√(3)
土	√(3)	×(4)	√(4)	×(4)	×(0)

30. 答案选 E。在解答上一问表格的基础上，进行第五步计算：将水选土记入表格，可以得出金选木和火，所以本题答案选 E。第五步记为5。

	金	木	水	火	土
金	×(0)	√(5)	×(4)	√(5)	×(5)
木	×(1)	×(0)	√(2)	√(2)	×(1)
水	√(3)	×(5)	×(0)	×(5)	√(5)
火	×(3)	√(3)	×(1)	×(0)	√(3)
土	√(3)	×(4)	√(4)	×(4)	×(0)

2015 年管理类专业学位
全国联考逻辑真题解析

1. 答案选 B。问题属于解释题,要求解释为什么"太阳系外的行星大多数无法用现有的光学望远镜看到"。要注意题干中有"人们可以看到一些自身发光的恒星或者是自身不发光但可以发射附近恒星光的行星"。因此"看不到"的原因便是将上述看得到的原因"自身发光和反射光"都否定。

A	无关选项,要解释"看不到"的原因,什么条件下"能看到"与"看不到"无关
B	正确选项,人们看得到是由于恒星自身发光或者行星反射光。行星自身不发光,这样,地球上看不到这些太阳系外的行星,是因为这些行星的反射光无法达到地球
C	干扰选项,即使现有的光学望远镜只能看自身发光或者反射光的天体,但由于行星能够反射光,故该选项还是不能解释为什么人们看不到太阳系外的这些行星
D	无关选项,需要解释为什么人们看不到行星,这与恒星无关
E	无关选项,要解释大多数太阳系外的行星为什么人们看不到,这与太阳系内的行星无关

2. 答案选 B。题干中的专家建议,由于使用移动电话通话可能具有电磁辐射,所以,采用其他如固定电话或者短信进行沟通,这样可以避免可能的电磁辐射威胁健康。

A	无关选项,辐射是否威胁健康,与辐射强度是否符合国家标准无关
B	正确选项,目前存在于人类生活空间中的电磁强度已经超过手机通话产生的电磁强度,这说明,即使不使用移动电话,也不能避免电磁辐射产生的健康威胁
C	无关选项,能够适应强电磁环境不等于这种环境对人体无害
D	干扰选项,注意"有些人"健康,不等于所有人都健康或者多数人健康
E	干扰选项,短信不安全,不表示建议中的"固定电话"也不安全;另外,"瞬间"产生的电磁辐射肯定不同于使用移动电话 30 分钟长时间的电磁辐射

3. 答案选 E。由于试题涉及空间排座位,可以简单作图如下:① 将甲和乙正面相对;② 丙和丁既不相邻,也不正面相对,只需要将丙的位置按照要求安置后,丁就可以确定。但注意到己与乙不相邻,只能是丙与乙相邻;这样,乙的两边是丙和丁;所以,甲的两边是戊和己;所以,答案是 E。

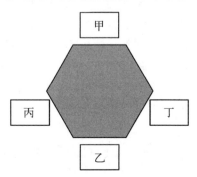

4. 答案选 E。题干论述的结论是"计算机不能达到甚至超过人类智能",已有前提是"人类具有直觉、多层次抽象等独特智能,而计算机能够学习",所以,人类直觉、多层次抽象等独特智能是不能通过学习获得的,即 E 是上述论证的假设。

5. 答案选 B。题干给出的交警支队要求是:凡属于交通信号不一致、有证据证明救助危难等产生的交通违法情形,一律不得录入道路交通违法信息系统;对已录入信息系统的违法记录,必须完善异议受理、核查、处理等工作规范,最大限度减少执法争议。要求中事实上给出了"不录入交通违法信息系统"的充分条件。

A	无关选项,有证据证明属于救助危难而产生的违法情形不录入,但是缺少证据证明上述情况的违法情形是否录入不能确定
B	正确选项,该选项的情况属于交通信号不一致造成的违法情形,可以不录入
C	无关选项,是否录入与是否有证据有关,但关键不在于是否有证据,录入与否的关键在于违法及其原因
D	无关选项,必须做的是完善上述工作规范,而不是工作本身
E	无关选项,同不选 D 选项的解释

6. 答案选 D。由(2)和(3)可以推知:女教师至少 6 名中年人,7 名年轻人,所以,女教师至少 13 名。

7. 答案选 C。(1)若假,则(3)必假,由于只有一句为假话,所以,(1)是真话。这样,至少有 5 名女性青年教师,所以答案选 C。

8. 答案选 B。题干观点是:一个企业的办公大楼设计得越完美,装饰越豪华,则该企业离解体时间就越近。可以将此理解为假言命题,选项中只有 B 与该假言命题矛盾,所以对观点削弱。

注意:题干只是说明了办公楼豪华与企业兴衰之间的关系,没有将企业衰败的原因归因于建造豪华办公楼投入太多时间和精力,所以,E 属于无关选项。

9. 答案选 E。已知条件都是大前提,没有小前提,只能对照各个选项。由于 3 人都乘坐大巴,即王涛没有乘坐飞机,这样,根据(3)推知,2 月初北京预报有雨雪天气,即答案选 E。其他选项都无法推出:李华不选择高铁和飞机,即他选择大巴,但从李华选择大巴,不能推出他与张云同行,排除 A;在验证过程中,要注意已知条件是"除非预报 2 月初北京有雨雪天气",这不等于"北京 2 月初有雨雪天气",所以,排除 B、C;从李华乘飞机,由(2)推知"高铁不比飞机更便宜",但两者有可能相等,所以,排除 D。

10. 答案选 C。要削弱"李祥连续 4 个月中签的原因是由于作弊",只要说明 4 次中签的李祥不是同一个人即可。

A	无关选项,张磊多次中签,说明可能有人作弊对论证加强
B	无关选项,仅仅说明有人会重名,但重名的未必是李祥,这就与"李祥多次中签"无关
C	正确选项,报名者中,重名"李祥"的人很多可以解释"李祥多次中签",他因削弱
D	无关选项,"摇号抽签是否有监督"与"是否有作弊"是不同的问题
E	无关选项,摇号系统在抽签程序上给予不重复的编码,这仅仅说明了抽签的程序规定,这与"是否存在作弊"无关

11. 答案选 D。题干已知条件为"消费者分不清扁桃仁、杏仁"(即"相关产品本来面目不清晰"),结论是"必须制定林果统一标准"。显然,论证假设了"目前还没有统一的林果标准",因为如果目前已经有统一的林果标准,就无需再制定了,故 D 是正确答案。

12. 答案选 A。已知条件有多句大前提,小前提是"张强不可能与秦玲事先约定",以此作为推理的起点,具体步骤如下:

步骤一	"张强不可能与秦玲事先约定"和"只有张强事先与秦玲约定,张强才能拜访她"结合
推知	"张强没有拜访朋友秦玲"
步骤二	再与"张强要么去电影院看电影,要么去拜访朋友秦玲"结合
推知	"张强去电影院看电影"
步骤三	再与"如果那天晚上张强开车回家,他就没去电影院看电影"结合
推知	"张强那天晚上没有开车回家"

13. 答案选 A。注意对相互冲突的元素进行标注,具体解题方法如下:

已知条件	赵婷、唐玲(A)、殷倩(二选一)
	周艳(B)、李环(C)、文琴、徐昂(B)、朱敏(A,C)(五选三)
对已知条件的处理	同一学院的用符号直接在题干中标注出来,如两个 A,两个 B,两个 C
解题思路	两个 B 二选一,两个 C 二选一;所以文琴必选,即答案选 A

14. 答案选 D。根据上题标注的已知条件(根据符号,同 A、同 B、同 C 不选):唐玲入选,朱敏不入选;朱敏不入选,李环入选,所以答案选 D。

15. 答案选 B。要反驳"阔叶树都不生长在寒带地区",只需要从"有些阔叶树是常绿植物"中得出"有些阔叶树生长在寒带地区"即可。将共同概念"阔叶树"去掉,得到"常绿植物"

和"生长在寒带地区"两个概念,两者之间必须是全称肯定关系,所以答案为 B。

16. 答案选 C。试题的已知条件可以理解为数学题:4 个不同的且不为零的正整数和为 12,其中一个数字是另外两个数字的积,则这 4 个数字中最大的是多少?按照简单的特殊值法可以知道这 4 个数字为 1、2、3、6(注意:逻辑题不是数学题,不需要严格的数学证明),所以,最大的数字是 6。

17. 答案选 C。"该年级选长跑"是小前提,与"如果选择长跑,就不能选短跑或跳高"结合,推知该年级不能选"短跑、跳高";再与"如果选跳远,就不能选长跑或铅球"结合,推知该年级不能选"跳远"。所以,该年级既不能选短跑也不能选跳远。

18. 答案选 C。已知条件都是大前提,没有小前提,只能对照各个选项。在验证过程中,注意已知条件中的"查杀""防御""目前已知所有病毒"等这些概念。将已知条件等价于以下形式:
   (1) 甲程序查杀目前已知病毒;
   (2) 丙程序查杀一号病毒→乙程序防御一号病毒;
   (3) 电脑查杀目前已知所有病毒→丙程序防御一号病毒;
   (4) 启动丙程序→启动甲程序。

A	无关选项,注意"启动丙程序"是充分条件,而不是必要条件
B	无关选项,题干中没有"启动乙程序"的条件
C	正确选项,启动丙程序,结合(1)推知"电脑查杀目前已知所有病毒";结合(3)推知"丙程序防御一号病毒",由此,推知"电脑能防御并且查杀一号病毒"
D	无关选项,解释同 B 选项
E	无关选项,注意"启动甲程序"是必要条件,而不是充分条件

19. 答案选 B。题干研究人员得出结论的方式可以概括为:有 A 时有 B,无 A 时无 B;所以,A 是 B 的原因。只有 B 具有类似的方式。注意 C 没有建立因果关系,故排除 C。

20. 答案选 C。已知条件可以理解为:中进士(包括第一名状元)具有必要条件,中贡士(包括第一名会员),后者又具有必要条件,中举人(包括第一名解元),再后者又具有必要条件,中生员,即"较低级考试通过"是"参加较高级考试的必要条件"。所以,中会员者必然中举,故 C 不可能真。

21. 答案选 E。要削弱的观点是"如果某人在原来级别岗位上干得出色,就会被提拔,而被提拔者得到重用后却碌碌无为",这是一个假言命题,与该假言命题矛盾,对此削弱,故 E 是正确答案。

22. 答案选 D。题干有若干句假言命题,由于没有小前提,所以对照各个选项:

A	无关选项。"如果不将一杯污水倒入一桶酒中",题干中无此充分条件
B	无关选项。"如果一个正直能干的人进入组织",题干中无此充分条件
C	无关选项。"如果组织中存在几个难缠人物",题干中无此充分条件
D	正确选项。与题干"如果一个组织不加强内部管理,一个正直能干的人进入某低效的部门就会被吞没"等价
E	无关选项。"如果一个无德无才的人把组织变成一盘散沙",题干中无此充分条件

23. 答案选 C。题干通过实验获得结论"神经连接蛋白合成量越多,越可能患自闭症"。

A	无关选项,削弱结论,说明自闭症与生活中是否独处有关
B	无关选项,削弱结论,说明自闭症与性别有关
C	正确选项,减少神经蛋白(无原因),缓解自闭症(无结果),属于正面例子加强
D	无关选项,没有涉及自闭症
E	无关选项,既多了"老年"这一新的因素,同时也没有涉及神经连接蛋白多少的问题

24. 答案选 A。张教授的观点概括为"由于受世界石油资源短缺、环保和全球气候变化的影响,所以,许多国家日益重视生物燃料的发展,并取得显著成效",张教授观点中含有"发展生物燃料"与"使用石油资源"之间的关系,即 A 是张教授的假设,其他选项均无关,且无干扰性。

25. 答案选 D。题干有若干句假言命题,由于没有小前提,所以对照各个选项:

A	无关选项。死亡率涉及病人总数,但题干仅给出新增病人数量,无法计算死亡率
B	无关选项。有了安全、廉价疫苗是控制结核病的必要条件,而非充分条件
C	无关选项。题干中关于抗生素的耐药性不涉及假言条件
D	正确选项。与题干"如果不能在近几年消除结核病,那么还会有数百万人死于结核病"等价
E	无关选项。题干不涉及新疫苗的具体情况

26. 答案选 A。题干已知条件可以等价于:守住道德底线→具有崇高信仰→加强理论学习。只有 A 与已知条件等价。

27. 答案选 B。题干实验说明即使在酒驾法定值以下的饮酒者计算能力也受到影响,由此专家认为应重新界定酒驾法定值(即将酒驾的法定值降低)。

A	无关选项,削弱论证,说明酒驾法定值不宜重新界定
B	正确选项,说明饮酒者即使低于酒驾法定值,但由于视力和反应速度受到影响,其驾车也不安全
C	无关选项,没有涉及驾车是否安全
D	无关选项,削弱论证,说明目前酒驾规定已经可以将少量饮酒者包括在内,不必提高了
E	无关选项,"饮酒过量有害"与题干论证无关

28. 答案选 E。争议试题,答案详细解析参见第三部分"历年有争议试题辨析"。

29. 答案选 D。计算步骤如下:

步骤一	(2)"怡和公司招聘的专业,风云公司也招聘"是大前提,又小前提:仅一家公司招聘文秘专业和物理专业
推知	怡和公司既不能招聘文秘专业,也不能招聘物理专业
步骤二	与(5):如果宏宇公司没有招聘文秘专业,那么怡和公司招聘文秘专业,结合
推知	宏宇公司招聘文秘专业
步骤三	由(3)只有一家公司招聘文秘专业,且该公司没有招聘物理专业
推知	宏宇公司没有招聘物理专业,并且"有公司招聘物理专业"
步骤四	由于"只有一家公司招聘物理专业"并且"怡和公司招聘的专业,风云公司也招聘"
推知	怡和公司不能招聘物理专业,唯一招聘物理专业的是风云公司

30. 答案选 D。计算步骤如下:

步骤一	由(2)"怡和公司招聘的专业,风云公司也招聘",和(3)仅一家公司招聘文秘专业
推知	怡和公司不能招聘文秘专业
步骤二	由(4)如果怡和公司招聘管理专业,那么也招聘文秘专业
推知	怡和公司没有招聘管理专业
步骤三	(1)招聘化学专业的也招聘数学专业,即"不招聘数学专业也就不招聘化学专业",与"怡和公司要招聘三个专业的若干毕业生"结合
推知	怡和公司招聘数学专业(因为如果怡和公司不招数学专业,就不能招化学专业,这样该公司就不能招三个专业的毕业生了)
步骤四	再由(2)"怡和公司招聘的专业,风云公司也招聘"
推知	风云公司招聘数学专业

2014年管理类专业学位
全国联考逻辑真题解析

1. 答案选 D。要质疑的专家观点是：光纤网络将大幅提高人民的生活质量,专家的观点事实上说明"只要有光纤网络,人民的生活质量就可以提高",即"光纤网络是提高人民生活质量的充分条件"。

A	无关选项,"网上的贴心服务和美妙体验有时是虚幻的"与"生活质量高低"无关
B	无关选项,没有光纤网络也能够提高生活质量不能削弱光纤网络能够提高生活质量
C	无关选项,生活质量提高和相应的生活成本提高无关
D	正确选项,说明人民生活质量与光纤网络无关,并且由于生活质量仅决定于社会生产力的发展水平,所以生产力较低的国家不可能生活质量高
E	无关选项,生活质量提高与"人们把大量时间消耗在娱乐"上无关

2. 答案选 C。题干李栋辩论的结构是：前提是"郑强知道某数字""这一数字是某人的电话号码";结论是"他知道某人的电话号码",错误在于"这一数字是某人的电话号码"郑强未必知道。即"A 是 B"和"某人知道 A 是 B"是不同的命题。类似的错误出现在 C 中。其他选项基本上没有干扰性,A、B、E 的错误属于偷换概念。D 的错误是推理的前提和结论无关。

3. 答案选 B。陈先生的观点是"不见风雨就不能见彩虹",即"经历风雨"是"见彩虹"的必要条件,而他孩子的反驳是针对的是"经历风雨就见彩虹",即"经历风雨"是"见彩虹"的充分条件,B 表达了上述充分条件,是正确答案。

4. 答案选 B。最简单的方法是将已知条件从上往下对照验证,根据每位考生至少答对其中一题,具体验证步骤如下：

第一步	第一位考生至少答对一题,故排除 C、E
第二步	第二位考生至少答对一题,故排除 D
第三步	剩下选项中,第四、第五两位学生都有答对的
第四步	第六位学生至少答对一题,排除 A
第五步	答案选 B

5. 答案选 A。要质疑的观点是"番茄红素能够降低中风发生率",论据是"被调查者中番茄红素最高的 1/4 比最低的 1/4 中风人数低"。

A	正确选项,另一半有 50 人中风,但由于不知道这些中风者番茄红素水平的高低,因为不是最高或最低的 1/4 者,但并不排除他们番茄红素水平也低,故该选项削弱力度不大
B	无关选项,"中风"与"中风是否严重"是不同的
C	干扰选项,年龄较大调查对象可能使调查结论不同,这不能明确调查结论如何,所以不能削弱番茄红素与中风之间的关系
D	干扰选项,如果改为"番茄红素水平高的人比其他人更喜欢进行适量的体育运动",就是正确的他因削弱了
E	无关选项,题干没有说明番茄红素水平低的人具有吸烟等这些诱发中风的原因

6. 答案选 C。阅读可知,题干结论是"恐龙腿部所能承受的最大体重被高估了",论据是"恐龙腿骨是弯曲而不是圆柱形的"。

A	无关选项,结论是高估了承重,此选项既与论证无关,并且直接否定结论
B	无关选项,不涉及恐龙腿部是圆柱形和腿部具有弯曲度之间的区别
C	正确选项,说明圆柱形和腿部具有弯曲度在承重上具有区别,是论证的假设,也是对论证的加强
D	无关选项,论据仅仅涉及腿部的形状,所以肌肉在承重时的作用是否存在与论证无关
E	无关选项,题干研究对象是恐龙,与翼龙无关

7. 答案选 D。小明的观点认为,只要知道两个条件(男女生最高者的具体身高或者男女生平均身高)之一,就能够确定"所有学生最高和最低者之间的差距",但根据数学关系可知,如果仅仅知道男女生平均身高,是无法推知该结果的,D 指出其漏洞,从而构成对小明的有效反驳,其他选项都没有干扰性。

8. 答案选 B。某电脑公司个人笔记本电脑销量持续增长,但增长率比该公司其他产品的增长率都低,由此可以推知个人笔记本电脑的销量占该公司所有产品总销量的比重近几年来是降低的,注意问题要求选择"相冲突"的信息,所以正确答案选 B,其他选项都与题干已知信息不冲突。

9. 答案选 B。题干中张某的观点是"因为每个人包括凡夫俗子都会面临很多问题,而解决问题的方法只有少数人、如华尔街的分析大师们能够掌握,所以这些人就身价百倍"。

A	干扰选项,由于题干张某仅仅说每个凡夫俗子是面临很多问题,并没有说每个凡夫俗子都需要掌握分析问题的方法和技巧,故该选项不能削弱
B	正确选项,张某的观点之一是"每一个凡夫俗子都将面临许多问题",该选项对此给予否定

(续表)

C	加强选项,张某观点有"掌握分析问题方法和技巧的人是少数",所以该选项实际上加强了张某的观点
D	加强选项,正是由于"掌握分析问题的方法和技巧对于大多数人很重要",所以,少数掌握的人才有价值。加强了张某的观点
E	加强选项,华尔街的分析大师之所以趾高气扬、身价百倍,正是假设了该选项

10. 答案选 A。争议试题,答案详细解析参见第三部分"历年有争议试题辨析"。

11. 答案选 A。争议试题,答案详细解析参见第三部分"历年有争议试题辨析"。

12. 答案选 C。注意试题问题中"每个回答提到的人是经办人,则该回答为假;否则为真"。假设每个人所提到的人是经办人,或者不是经办人,具体解题思路如下:

第一步	假设赵的回答"审批领导的签名不是钱仁礼"中提到的钱仁礼如果是经办人
第二步	"审批领导的签名不是钱仁礼"为假,这样得到"审批领导是钱仁礼"
第三步	钱仁礼既是经办人,又是审批领导,这与题意不符;所以钱仁礼不是经办人
第四步	同以上三步,可以知道钱仁礼回答中提到的李信和孙智回答中提到的赵毅也不是经办人
第五步	所以,经办人是孙智,答案选 C

13. 答案选 D。在上一问已知经办人是孙智的基础上,按照以下步骤计算。

第一步	由于孙智是经办人,而四人的回答中都没有提到孙智,所以四人的回答都是真话
第二步	钱仁礼既不是审批领导,也不是复核;所以钱仁礼是出纳
第三步	复核不是李信,所以李信是审批领导
第四步	赵毅是复核
第五步	答案选 D

14. 答案选 E。科学家观点是"存在更加宜居的行星",而论据是"其他行星有放射性元素,这样行星内部温度高,有助于行星板块运动,于是行星表面有水体"。

A	无关选项,科学家的观点并未涉及地球外生命,更没有假设这种生命一定存在
B	削弱选项,说明"是否有水"与"是否存在生命"无关
C	无关选项,仅说明"行星内部温度"和"行星板块运动"的关系,没有涉及"水"与观点的关系
D	无关选项,与观点"存在更加宜居的行星无关"
E	正确选项,在"行星表面有水"和"行星上存在生命"之间建立了联系

15. 答案选 B。可以将已知条件整理成以下表格：

	行政学	管理学	科学前沿	逻辑	国际政治
第一支部	√	×	×	×	√
第二支部	×	√	×	√	×
第三支部			√		
第四支部			×		

由于每一个支部所学课程不能完全相同，所以第四支部只能在"行政学"和"国际政治"中二选一，在"管理学"和"逻辑"中二选一，表示上述二选一的选项只有 B。

16. 答案选 C。要解释的是为什么全球变暖的情况下，北半球的冬天却更加冷。

A	无关选项，与北半球没有联系
B	干扰选项，尽管可以解释北半球冬季变冷，但没有全球变暖相结合。"南极附近海水温度升高"与"全球变暖"的关系不明朗。另外，考虑该选项与 D 类似，故排除
C	正确选项，全球变暖是因为全球夏季平均气温上升，同时北半球冬季变冷是因为北半球极地寒流频繁，将两者的矛盾给予兼容解释
D	干扰选项，尽管可以解释北半球冬季变冷，但没有全球变暖相结合。"赤道附近海水温度升高"与"全球变暖"的关系不明朗。另外，考虑该选项与 B 类似，故排除
E	无关选项，仅仅解释了北半球冬季变冷，但没有与全球变暖相结合

17. 答案选 D。这两个《通知》或者是规章或者是规范性文件；等价于"这两个《通知》如果不是规范性文件，那么就是规章"，所以答案选 D。

18. 答案选 D。试题仅有大前提，没有小前提，所以只能逐项验证。具体的验证思路是：由第一句已知条件，可以推知：若一个管理者是"某领域优秀的专家学者"，那么他"一定会管理好公司的基本事物"，再根据最后一句已知条件，可以推知："作为某领域优秀专家的管理者，就不会被浩瀚公司董事会解除职务"。所以答案选 D。注意，"只会解除某人的职务"不等于"一定会解除某人的职务"。

19. 答案选 C。已知"或者甲党控制或者乙党控制政府"，又"甲党控制则出现经济问题""乙党控制则陷入军事危机"。所以，该国或者出现经济问题，或者陷入军事危机，即答案选 C。所用的到推理规则是二难推理规则：已知 A→B，C→D；又 A 或者 C；所以 B 或者 D。

20. 答案选 D。试题没有可供推理的大、小前提，只能对照各个选项。由题干可知"一般师范生肯定不是免费师范生"；而"所有非免费师范生都需要自谋职业"，所以"该校一般师范生都需要自谋职业",即答案选 D。注意,由于该学校的学生除了免费师范生和一般师范生还包括其他学生,所以"免费师范生"和"一般师范生"不矛盾,即"不是一般师范生"未必就是"免费师范生"。

21. 答案选 D。题干说明"轮岗"(三人岗位都变化),"办公室轮换"(三人办公室都变化)。由此可以推知:文珊接孔瑞的工作;孔瑞接姚薇的工作;姚薇接文珊的工作。办公室则是文珊由 110 调 111,孔瑞从 111 调 112;姚薇从 112 调 110。所以答案选 D。

22. 答案选 B。作图。由于建国出现两次,于是根据建国来定位,确定在建国右手边是向明;所以,建国是高校教师;嘉媛是园艺师;向明是邮递员。图中数字表示推理步骤。

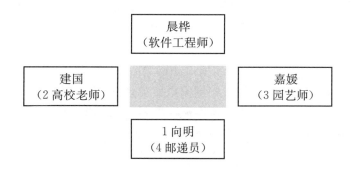

23. 答案选 E。问题要求从已知"不善于思考的人不可能成为优秀管理者""没有谦逊的智者学习占星术""占星家都学习占星术"中补充什么前提可以推出"有些占星家是优秀管理者"的矛盾命题,即推出"所有占星家都不是优秀的管理者"。将前提和结论出现两遍的概念"占星家""学习占星术""优秀管理者"去掉,剩下只出现一遍的概念"善于思考的人"和"谦逊的智者",要补充两者之间的关系,排除 A;前提中已经有一句否定,所以要补充两者之间的肯定关系,排除 B、D。由于两个概念在结论中都不出现,都是中项,中项都至少要周延一次,而"谦逊的智者"在已知前提中已经周延了,所以要保证"善于思考的人"周延,这样答案选 E。

24. 答案选 C。争议试题,答案详细解析参见第三部分"历年有争议试题辨析"。

25. 答案选 D。要加强的观点是"男性在嘈杂环境中比女性辨别声音来源的能力更强"。

A	无关选项,"是否熟悉声音"与"能否辨别出声源"无关
B	无关选项,与 A 选项类似
C	无关选项,由于结论是关于"嘈杂的环境中"的情况,所以,关于安静环境中的信息与论证无关
D	正确选项,因为在嘈杂的环境中,男性比女性注意力更集中,所以,这就解释了男性比女性辨别声源能力更强的原因,从而加强了观点
E	干扰选项,由于没有说明在嘈杂环境中男女注意力的差别,所以该选项不如 D

26. 答案选 D。题干第一句已知条件为"孙先生的所有朋友都声称知道某事"而最后一句已知条件是"事实上,孙先生的朋友中也有像他这样不知情的",两者结合可以推知:孙先生的朋友中至少有人没有说真话,即答案选 D。

27. 答案选 E。根据题干已知信息,可知:所有学生的人均经费投入＝(本科生人均经费×本科生人数)＋(研究生人均经费×研究生人数)/学生总人数(本科生＋研究生),同时已知每个学校的研究生人均经费大于本科生人均经费。在本科生人均经费上,甲校低于乙校;但在所有学生人均经费上,甲校却高于乙校。根据以上人均经费计算可以确定:或者是甲校的研究生人均经费高于乙校;或者是甲校的研究生人数所占比例比乙校高。故 E 是正确答案。

28. 答案选 E。将"荀睿参加中国象棋比赛"作为小前提,与(5)结合可知:墨灵不参加中国象棋比赛,再与(3)结合,可以推知:韩敏参加国际象棋,故答案选 E。

29. 答案选 D。将"庄聪和孔智参加项目相同"作为小前提,与(2)结合可知:庄聪和孔智不参加围棋比赛;又由于孟睿参加了中国象棋比赛;所以庄聪与孔智只能共同参加国际象棋比赛。这样,韩敏不参加国际象棋比赛,再与(3)结合推知:墨灵参加中国象棋比赛,这样,荀慧和韩敏共同参加围棋比赛。即答案选 D。

30. 答案选 D。由于没有给出小前提,所以只能对照各个选项。

A	无关选项,庄聪和韩敏参加中国象棋比赛,由(3)可知墨灵也参加中国象棋比赛,参加中国象棋比赛一共有三人,不合题意
B	无关选项,韩敏和荀慧参加中国象棋比赛,由(3)可知墨灵也参加中国象棋比赛,参加中国象棋比赛一共有三人,不合题意
C	无关选项,孔智参加围棋比赛,由(1)可知孟睿参加中国象棋,不可能也参加围棋,所以两人不能同时参加围棋比赛
D	正确选项,该选项建立在排除其他选项的基础上
E	无关选项,孔智参加围棋比赛,由(1)可知庄聪和孟睿都参加中国象棋比赛;而韩敏参加围棋,不参加国际象棋比赛,由(3)可知,墨灵也参加中国象棋比赛,这样三人参加中国象棋比赛,不合题意

2013年管理类专业学位
全国联考逻辑真题解析

1. 答案选 E。争议试题,答案详细解析参见第三部分"历年有争议试题辨析"。

2. 答案选 B。经理得出结论的推理结构是:有些 A(高分者)不是 B(能力高的),a(你)是 A(高分者),所以 a(你)很可能不是 B(能力高的)。各个选项的推理结构具体如下:

A	无关选项,结构是:有些 A(管理者)不是 B(聪明人),a(陈然)不是 A(管理者),所以 a(陈然)可能是 B(聪明人)
B	正确选项,有些 A(闪光的)不是 B(金子),a(这块东西)是 A(闪光的),所以 a(这块东西)很可能不是 B(金子)
C	无关选项,A(猫)是 B(爱吃鱼),A(猫)不是 C(近视),所以 B(爱吃鱼)不是 C(近视)
D	无关选项,在前提中缺乏"健康开心"与"名利"的关系
E	无关选项,有些 A(歌手)是 B(演员),所有 B(演员)是 C(富有的),所以,有些 A(歌手)可能不是 C(富有的)

3. 答案选 E。阅读后,可以理解三个人在三个地方的旅游时间各不相同,但都是两天、三天、四天三种情况。根据已知"李明赴南山的计划是三日游,王刚赴南山的计划是四日游",得"张波赴南山的计划是二日游",再根据"李明赴东湖的计划天数与王刚赴西岛的计划天数相同",他们既不能是三天,也不能是四天,所以只可能是两天。具体推导步骤如下所示:

李明东湖两天(第二步)	李明南山三天(已知)	李明西岛四天(第三步)
王刚东湖三天(第三步)	王刚南山四天(已知)	王刚西岛两天(第二步)
张波东湖四天(第四步)	张波南山两天(第一步,已知推得)	张波西岛三天(第四步)

4. 答案选 C。题干中教授的观点可以等价为:能举过头顶且随意挥舞→不可能是实心的纯金杯,这是一个假言命题,寻找与此假言命题等价的命题。

A	无关选项,形式化:纯金但不是实心杯→可能举过头顶并随意挥舞,不等价
B	无关选项,形式化:能举过头顶并随意挥舞→可能是空心的纯金杯,不等价

（续表）

C	正确选项,形式化:实心的纯金杯→不能举过头顶且随意挥舞,逆否命题,等价
D	无关选项,形式化:纯金杯→实心,不等价
E	无关选项,形式化:纯金杯→空心

5. 答案选 E。原始动机是人的本能需要为基础的动机,本题一方面需要阅读理解,另一方面也需要基本的常识,"对异性的追求,属于人的本能"是基本的常识。

6. 答案选 D。已知条件是大前提,将"丙不相通于丙"作为小前提,这是解题的起点,与各个大前提结合进行推理,具体步骤和结论如下:

前　　提	步 骤 与 结 论
(1)甲主机相通于任一不相通于丙的主机	(1)和(4)结合推知:甲相通于丙
(2)丁主机不相通于丙。	(1)和(2)结合推知:甲相通于丁
(3)丙主机相通于任一相通于甲的主机。	所以,答案选 D
又(4)丙不相通于丙	

7. 答案选 E。小前提"丙不相通于任何主机",又大前提"丙相通于任一相通于甲的主机",所以可以推知:没有任何主机相通于甲(否则丙将相通于该主机)。

A	无关选项,不确定,因为题干没有关于乙主机的明确信息
B	无关选项,不确定,同 A 选项,没有关于乙主机的明确信息
C	无关选项,真,因为若丁相通于甲,则丙就相通于丁,不符合题意,所以,丁不相通于甲
D	无关选项,真,该命题等价于"或者丁不相通于甲,或者乙相通于甲","丁不相通于甲"为真,所以该命题为真
E	正确选项,假,该命题等价于"丁或者乙相通于甲",这与推知的结论"没有任何主机相通于甲"不符

8. 答案选 C。已知前提"某现象无法使用现有的科学理论进行解释",小王的结论"某现象是错觉";划去两句之中的共同概念"某现象",剩下只出现一遍的两个概念"错觉"和"使用现有科学理论进行解释",要使小王的断言不成立,必须建立上述两个概念之间的否定关系,即"错觉都不是无法使用已有科学理论解释的",即 C 是正确答案。注意不能选 A,它是特称命题,不能作为单称命题结论的前提。

9. 答案选 D。题干中科学家的发现是:鸟类利用右眼(A)判断方向(B)。对照各个选项,D 说明蒙上右眼(无 A)就不能判断方向(无 B,鸟类向任一方向飞行);而没戴眼罩或者仅左眼戴眼罩,右眼不受影响(有 A),能够判断方向(有 B,鸟类顺利飞出),这是正面例子加强。

10. 答案选 B。这一题最简单的解题方法是构造一个符合试题要求的获奖可能,这种构造不考虑唯一,只考虑满足试题所有要求,构造的结果如下表,根据下表可知答案选 B。

1	2	3	4	5	6	7	8	9	10
				王	王	王	王		
		郑	郑	郑	郑				
		吴	吴	吴	吴				
周	周	周	周						

11. 答案选 B。直接根据第 10 题的构造表格确定正确选项。

12. 答案选 B。争议试题,答案详细解析参见第三部分"历年有争议试题辨析"。

13. 答案选 B。按照已知条件画出相应图表如下。陈露可以坐在座位 1 上,这时候,张霞可在座位 2 和 5;陈露也可以坐在座位 2 上,这时候张霞可以坐在座位 1、3 和 5 上。这样,张霞的位置有四种可能。

3	4 李丽	5
1(陈露)	2(陈露)	

14. 答案选 C。总的录取比例为,女性 6/12,男性 7/12,女性低于男性。但是,哲学学院录取比例为,女性 3/8,男性 1/3;管理学院录取比例为,女性 3/4,男性 6/9,都是女性高于男性。这样,"总体性质"和"部分性质"存在区别,说明这种区别的选项只能是 C。

注意:不能选 A,因为讨论的是总体和部分性质上的差别,而不是部分加总是否等于总体的问题。

15. 答案选 C。李教授的陈述中有假言命题等价为:基础好并且不断努力→比别人更早成功。对照各个选项,C"基础好并且不断努力,但没有比别人更早成功"。与李教授上述假言命题矛盾,所以 C 一定为假,即 C 是正确答案。

16. 答案选 A。研究发现的结论是"海水颜色能够让飓风方向改变",科学家的判断建立在上述结论上,这一研究发现和科学家的判断与"全球气候变暖"和"海水温度"没有关系。由于 B、C、D、E 都涉及"海水温度"和"全球变暖",与科学家的判断无关。A 是正确答案,它建立"海水颜色"和"飓风方向"的联系,是科学家判断的假设。

17. 答案选 E。注意问题要求选"一定为假",具体推理步骤见下表:

已知四人的回答(1)非乙→非甲,等价于"乙或者非甲";(2)非乙并且丙;(3)甲或者乙;(4)乙或者丙	
①	若干句仅有一真,真假话题。已知命题中是否有矛盾?四句命题之间没有矛盾,那么命题之间是否有真假依存关系?
②	乙不是,因为若乙是,则(1)(3)(4)都真,不合题意
③	丙不是,因为若丙是,(2)(4)真,不合题意,所以,乙和丙都不是窃贼,所以(4),即丁的话必假
④	丁的话为假,所以答案选 E

18. 答案选 D。既可以采取逐项带入验证的方法,也可以首先观察选项,C 和 D 是全称命题,首先验证;A、B、E 是特称命题,最后验证。C 中的"参加此次运动会的选手"具有周延的性质,在前提中,该词项也周延,没有发现错误。D 中的"极少生病的选手"具有周延的性质,但是在前提中,该词项不周延,违反了推理周延性规则,推不出,故答案选 D。

19. 答案选 A。记者的结论是:友南是上赛季西海队核心球员。而题干给出的"核心球员"的定义是:能在关键场次带领全队赢得比赛。显然,A 说明,友南上场,并没有带领全队赢得关键比赛的胜利。所以,最能质疑记者的结论,其他选项没有根据"核心球员"的定义来进行削弱,属于无关选项。

注意:C 是"本赛季开始以来",与"上赛季"无关。

20. 答案选 E。题干论证方式是:A(坚守程序正义)→B(结案率提高),B(结案率提高),所以,A(坚守程序正义)。

A	无关选项,方式:A(品学兼优)→B(获奖学金),非 B(没有获奖学金),所以,非 A(不是品学兼优)
B	无关选项,方式:A(获奖学金)→B(品学兼优),A(获奖学金),所以,B(品学兼优)
C	无关选项,方式:A(品学兼优)→B(获奖学金),非 A(不是品学兼优),所以,非 B(没有获奖学金)
D	无关选项,方式:A 并且非 B(品学兼优但没有获奖学金),所以,A(品学兼优)并不一定导致 B(获奖学金)
E	正确选项,方式:A(品学兼优)→B(获奖学金),B(获奖学金),所以,A(品学兼优)

21. 答案选 E。将试题已知条件综合为下表:

	经 济	管 理	哲 学	数 学	化 学
甲	×(由结论一得)				×(由条件 1 和条件 3 推知)
乙	×(由结论一得)	×(由条件 3 推知)	×(由条件 3 和条件 5 推知)	×(由条件 3 和条件 5 推知)	√(结论二)

（续表）

	经　济	管　理	哲　学	数　学	化　学
丙	×（由结论一得）		×（由条件 4 推知）		×（由结论二得）
丁	√（结论一）	×（由条件 5 和条件 6 推知）	×（由条件 5 和条件 6 推知）	×（由条件 5 和条件 6 推知）	×（由条件 2 和条件 6 推知）
戊	×（由结论一得）				×（由结论二得）

可以推知，丁来自经济学院，乙来自化学学院；丙来自管理学院或者数学学院。由于乙来自化学学院，和 3 名选手比赛过，他没有和管理学院的选手比赛过，他比赛对象一定来自哲学学院、数学学院和经济学院；这样，哲学学院和数学学院的选手都赛过 3 场比赛，而甲仅与两名选手比赛过，所以甲不来自哲学学院和数学学院，而是来自管理学院。由此可以推知丙来自数学学院。

22. 答案选 B。根据已知条件列出下表，表中右列说明解题过程：

总人数 385，女生 189，所以男生 196		
男生 196，应届理科考生 256	文科男生 41	（1）假设理科男生都是应届生，得到：应届理科男生最多 155
	理科男生 155	（2）假设文科男生都是应届生，得到：应届理科男生最少 127
	非应届男生 28	（3）当应届理科男生最多时，得到应届理科女生最少 256－155＝101
	应届男生 168	（4）当应届理科男生最少时，得到应届理科女生最多 256－127＝129

23. 答案选 B。已知命题"不可能所有应聘者都被录用"等价于"必然有些应聘者不被录用"，即 B 所表达的命题，与题干已知可以互推。

24. 答案选 A。由于试题已知条件只有大前提，没有小前提，故只能对照各个选项，具体验证过程如下：

A	正确选项。已知"物理学会做学术报告的都来自高校"，又，张嘉不是来自高校，两者结合推知"张嘉不是物理学会做学术报告的"，所以，如果张嘉做了学术报告，那么他不是物理学会的
B	无关选项。已知"来自高校的学术报告者都具有副教授以上职称"，又，张嘉不是来自高校；前假不能推后假，所以，张嘉和副教授之间的关系不确定
C	无关选项。李默不是来自中学；已知"化学学会做学术报告的大部分来自中学"是特称，所以，无法得到李默和化学学会的确定关系
D	无关选项。与 A 选项解释相同，只能得到"张嘉不是物理学会做学术报告的"
E	无关选项。与 C 选项解释相同，无法推知李默和化学学会的确定关系

25. 答案选 A。要关注已知条件中的全称命题。从"至少有两个国家希望与每个国家建交"和"有的国家不希望与任一国家结盟"可以推知：每一个国家都至少有两个国家希望与之建交同时也至少有一个国家不希望与之结盟。这样可推知 A 必真，其他选项都无法从已知条件中推出。

26. 答案选 B。由于试题已知条件只有大前提，没有小前提，所以只能对照各个选项，具体验证过程见下表：

A	无关选项。已知：涧松是该德资企业的部门经理,该德资企业的员工有些来自淮安。其中"德资企业员工"都不周延,不能推理
B	正确选项。已知：翠竹的大学同学都在某德资企业工作,溪兰是翠竹的大学同学,该德资企业的员工都会说德语。推知：溪兰是该德企员工,会说德语
C	无关选项。已知：翠竹的大学同学都在某德资企业工作,涧松是该德资企业的部门经理。其中"德资企业员工"都不周延,不能推理
D	无关选项。与C选项类似,不能推理
E	无关选项。与C选项类似,不能推理

27. 答案选 A。论证论据是："心跳速度快"和"心血管疾病"相关,结论是：心跳快导致心血管疾病。

A	正确选项,因果倒置。不是心跳快导致心血管疾病,而是心血管疾病导致心跳快
B	无关选项,老年人与心血管疾病没有必然联系
C	无关选项,类似于B选项
D	无关选项,兔子和人不具有可比性
E	无关选项,选项中不涉及心血管疾病

28. 答案选 B。专业人士的预测可以等价为连续的假言命题形式：粮价稳定→蔬菜价格稳定→食用油价格稳定。老李断定：粮价稳定并且肉类价格上涨。对老李的断定提出质疑的命题就是老李断定的矛盾命题：粮价稳定→肉类价格不上涨。将专业人士的预测与B"食用油价格稳定→肉类价格不上涨"结合,就可以得到老李断言的矛盾命题,故答案选 B。

29. 答案选 B。试题已知条件给出两个大前提,问题中给出了小前提,将小前提与大前提结合,具体推理步骤如下表：

条　件	步　骤　与　结　论
(1) 如果在东区或者南区种植银杏,那么在北区不能种植龙柏或者乌桕	(1)和(3)推知结论一：东区和南区不种银杏
(2) 北区或者东区要种植水杉或者银杏之一	结论一,(3)和(2)推知结论二：东区种水杉

（续表）

条　　件	步　骤　与　结　论
(3) 北区种植龙柏	(3),结论一、二推知结论三:南区种乌柏,即答案 B
(4) 四个区种植的树种都不同	

30. 答案选 D。具体推理步骤如下表:

条　　件	步　骤　与　结　论
(1) 如果在东区或者南区种植银杏,那么在北区不能种植龙柏或者乌柏	(2)和(3)推知结论一:北区或者东区种银杏
(2) 北区或者东区要种植水杉或者银杏之一	假设:东区种银杏,由(1)推知:北区不种龙柏也不种乌柏,所以北区只能种水杉,这与(3)相矛盾
(3) 水杉种植于西区或南区	所以,只能是北区种银杏,即答案 D
(4) 四个区的树种都不同	

第三部分

历年有争议试题辨析

管理联考争议试题辨析

2010年管理联考以来，有一些试题的答案是有争议的，这些答案有争议的试题基本上都是削弱加强等论证逻辑试题。由于这类试题不像推理逻辑那样具有真假的客观性，所以，考生对于争议的答案往往无所适从，再加上一些教材的作者不负责任地以"强度更大"或者"力度较弱"做出似是而非的解释，使考生更加认为逻辑难学，逻辑试题难以捉摸。为了正本清源，本书将历年管理联考中的所有答案有争议的试题集中辨析。作者对这些试题的解析是严肃且认真的，对试题每一个选项的选择和排除理由给予客观的说明。

逻辑试题的解析首先必须合乎逻辑，这样才能说服自己，说服大家。以下所有有争议试题作者在给出的答案时均反复推敲，对每一题各个选项排除和选择的理由不仅与多人讨论、辩论，而且假设正、反两方面的场景，思考可能的漏洞。可以说，每一题的答案和其解析不仅仅是作者的思维结晶，更是与众多持有不同看法的解题者讨论、辩论的结果。如果考生对这些试题有新的思路，欢迎继续参加讨论和辩论。

作者认为，逻辑解题的思路必须是在不知道答案时，找出正确答案的方法；而不是在知道答案后，对答案的一种解释，哪怕答案不合理也要勉强解释。逻辑思路更不是一种抽象的"力度""强度"的比较，由于缺乏客观的标准，说"A比B的削弱力度更强"就像说"猪八戒比牛魔王更漂亮"一样荒诞。所有逻辑试题的选项在接受和排除时必须有客观的标准，这是解答逻辑试题时基本的逻辑要求。

注意：这一部分的一些试题的解析中涉及某些逻辑术语，建议考生可以先阅读、学习第四部分内容后，再阅读本部分的内容。

下面各题题干前括号中的数字表示年代和试题序号，如(2019,2)表示2019年第2题。

2020年管理联考争议试题

1. (2020,2)某教授组织了120名年轻的参与者，先让他们熟悉电脑上的一个虚拟城市，然后让他们以最快速度寻找由指定地点到达关键地标的最短路线，最后再让他们识别茴香、花椒等40种芳香植物的气味。结果发现，寻路任务中得分较高者其嗅觉也比较灵敏。该教授由此推测，一个人空间记忆力好，方向感强，就会使其嗅觉更为灵敏。

以下哪项如果为真，最能质疑该教授的上述推断？

A. 大多数动物主要靠嗅觉寻找食物、躲避天敌，其嗅觉进化有助于"导航"

B. 有些参与者是美食家，经常被邀请到城市各处参观品尝美食

C. 部分参与者是马拉松运动员，他们经常参加一些城市举办的马拉松比赛

D. 在同样的检测中，该教授本人的嗅觉灵敏度和空间方向感方面都不如年轻人

E. 有的年轻人喜欢玩方向感要求较高的电脑游戏，因过分投入而食不知味

要削弱的观点是：一个人空间记忆力好，方向感强，就会使其嗅觉更为灵敏。依据是：在电脑虚拟城市中快速找到最短路线的人，嗅觉也较为灵敏。试题各个选项事实上都令人困惑，给出勉强能够质疑的选项为 B。具体分析如下：

A	干扰选项。大多数动物是因为嗅觉灵敏而更具有方向感，表面上看将嗅觉和方向感之间的因果关系颠倒。但是动物的情况与人很难具有可比性，更何况参与者的寻路任务只是在虚拟城市中寻找最短路线，并非实际的寻找线路
B	正确选项。参与者中有美食家，而美食家一般嗅觉灵敏。由于这些美食家经常被邀请到城市各处参观，这使他们具有较强的空间记忆和方向感，两者结合说明了参与者中空间记忆力好，方向感强和嗅觉灵敏之间不存在因果关系
C	无关选项。马拉松运动员既不涉及空间记忆力，也不涉及嗅觉灵敏
D	无关选项。教授的嗅觉灵敏度和空间方向感不如年轻人，与嗅觉灵敏度和空间方向感之间的关系无关
E	干扰选项。有些年轻人喜欢玩方向感要求高的游戏，这些年轻人与实验的参与者无关；另外"食不知味"中是"味觉"而非"嗅觉"

2019 年管理联考争议试题

2. (2019,2)据碳 14 检测，卡皮瓦拉山岩画的创作时间最早可追溯到三万年前。在文字尚未出现的时代，岩画是人类沟通交流、传递信息、记录日常生活的方式。于是今天的我们可以在这些岩画中看到：一位母亲将孩子举起嬉戏，一家人在仰望并试图碰触头上的星空……动物是岩画的另一个主角，比如巨型犰狳、马鹿、螃蟹等。在许多画面中，人们手持长矛，追逐着前方的猎物。由此可以推断，此时的人类已经居于食物链的顶端。

以下哪项如果为真，最能支持上述推断？

A. 岩画中出现的动物一般是当时人类捕猎的对象

B. 三万年前，人类需要避免自己被虎豹等大型食肉动物猎杀

C. 能够使用工具使得人类可以猎杀其他动物，而不是相反

D. 有了岩画，人类可以将生活经验保留下来供后代学习，这极大地提高了人类的生存能力

E. 对星空的敬畏是人类脱离动物、产生宗教的动因之一

分析 试题要加强的观点是"人类已经居于食物链的顶端"，得出观点的论据是岩画中出现了很多动物。此题选项 A 和 C 在选择时令人困惑，具体辨析如下：

A	正确选项。岩画中出现的动物是当时人类捕猎的对象，说明人类是动物的捕猎者，加强了"人类居于食物链的顶端"
B	无关选项。人类需要避免自己被大型食肉动物捕杀，这不意味着人就能捕杀其他动物，不能加强观点"人类已经居于食物链的顶端"

（续表）

C	干扰选项。该选项的信息与"岩画"完全无关。由于"能够使用工具使得人类可以猎杀其他动物"不等于"能够使用工具使得人类可以猎杀其他所有动物"，即，从该选项无法推知，岩画中的动物是人类捕猎对象。
D	无关选项。岩画能够使后代学习，提高人类的生存能力，这与要加强的观点没有关系
E	无关选项。对星空敬畏使宗教产生，这与要加强的观点没有关系

说明　所有选 C 的答题者认为 C 中的"而不是相反"说明了捕猎方向使该选项"力度更强"，不选 A 的理由便是 A"力度较弱"。事实上，A 说明岩画中的动物是人类捕猎对象，已经充分说明了方向，完全不必再加上什么方向说明。选择 C 的答题者完全忽略了该选项"不涉及岩画"这一巨大漏洞，尽管人类使用工具能够捕猎其他动物，但这不等于，岩画中的动物就是人类捕猎对象，就像"甲有枪，可以杀其他人而不是相反被其他人杀"无法由此加强"甲是杀人犯"。

3.（2019，7）近年来，手机、电脑的使用导致工作与生活界限日益模糊，人们的平均睡眠时间一直在减少，熬夜已成为现代人生活的常态。科学研究表明，熬夜有损身体健康，睡眠不足不仅仅是多打几个哈欠那么简单。有科学家据此建议，人们应该遵守作息规律。

以下哪项如果为真，最能支持上述科学家所做的建议？

A. 长期睡眠不足会导致高血压、糖尿病、肥胖症、抑郁症等多种疾病，严重时还会造成意外伤害或死亡

B. 缺乏睡眠会降低体内脂肪调解瘦素激素的水平，同时增加饥饿激素，容易导致暴饮暴食、体重增加

C. 熬夜会让人的反应变慢、认知退步、思维能力下降，还会引发情绪失控，影响与他人的交流

D. 所有的生命形式都需要休息与睡眠，在人类进化过程中，睡眠这个让人短暂失去自我意识、变得极其脆弱的过程并未被大自然淘汰

E. 睡眠是身体的自然美容师，与那些睡眠充足的人相比，睡眠不足的人看上去面容憔悴，缺乏魅力

分析　要加强的是科学家的建议："人们应该遵守作息规律"，这一建议的涵义就是"不要熬夜，要有足够睡眠"，那么，重点在于"要做什么"。

A	干扰选项。首先排除，该选项说明"长期睡眠不足有危害"，但这与题干说的"熬夜"不是同一个概念，就像"运动有益身体健康"不等于"过度运动有益于身体健康"一样
B	干扰选项。同样说明"缺乏睡眠"的害处，尽管这一害处不直接涉及健康，但仍然没有正面加强"要睡眠"，类似选项还有 C 选项
C	干扰选项。解释与 B 选项相同
D	正确选项。说明所有生命形式都需要睡眠，而人类的睡眠没有被大自然淘汰，从正面说明人类"要睡眠"，加强科学家的建议
E	干扰选项。说明睡眠的好处，但是仍然没有从正面加强"人类要睡眠"

> **说明** 这一题在解答时,看起来都说明了"熬夜的害处",但是由于 A 是描述"长期熬夜的害处",所以通过概念辨析可以最先排除。有些选 A 的人以"强度最强"来解释,但这完全无视了概念上的不同,既牵强又违反基本的逻辑规则! 对于其他各个选项如何选择,思路是抓住题干的观点"人们应该遵守作息规律",这意味着仅说明"缺乏睡眠的害处"是不够的,就像"缺乏运动有害处"不能加强"人人都应该运动",所以直接加强观点"要遵守作息规律"的只有 D。

4. (2019,14)作为一名环保爱好者,赵博士提倡低碳生活,积极宣传节能减排,但我不赞同他的做法,因为作为一名大学老师,他这样做,占用了大量的科研时间,到现在连副教授都没评上,他的观点怎么能令人信服呢?

以下哪项论证中的错误和上述最为相似?

A. 张某提出要同工同酬,主张在质量相同的情况下,不分年龄、级别一律按件计酬。她这样说不就是因为她年轻、级别低吗? 其实她是在为自己谋利益

B. 公司的绩效奖励制度是为了充分调动广大员工的积极性,它对所有员工都是公平的。如果有人对此有不同意见,则说明他反对公平

C. 最近听说你对单位的管理制度提了不少意见,这真令人难以置信! 单位领导对你差吗? 你这样做,分明是和单位领导过不去

D. 单位任命李某担任信息科科长,听说你对此有意见。大家都没有提意见,只有你一个人有意见,看来你的意见是有问题的

E. 有一种观点认为,只有直接看到的事物才能确信其存在。但是没有人可以看到质子、电子,而这些都被科学证明是客观存在的。所以,该观点是错误的

> **分析** 首先辨析出题干论证结构的错误在于:某人的观点是不正确的,因为一个理由(该理由不足以反驳)。这一论证错误的关键在于无效反驳。

A	干扰选项。对张某的观点没有进行反驳,而仅仅是说明张某提出某一观点的原因和动机,有论证错误,但不是类似的"无效反驳"
B	无关选项。错误是偷换概念。"某制度是公平的"但"某人反对该制度",这并不等于"某人就反对公平",就像"反对一项有关环保的政策",反对的是政策,但不等于"反对环保"
C	干扰选项。对"提的意见"本身并没有反驳,而从"提意见"说明"这是与领导过不去",尽管有论证错误,但不是类似的"无效反驳"
D	正确答案。反驳某人的意见,理由是"大家都没有意见"。显然,从"大家都没有意见"不能得出"意见就不正确",属于"无效反驳"
E	无关选项。举出客观存在的例子,来反驳一种观点,是正确而有效的反驳

> **说明** 这一题原本不应该存在争议,但是由于选择 A 选项的人很多反而产生了争议。他们给出选择 A 的理由是"诉诸人身"。这个选择和解释都非常牵强。"诉诸人身"作为一种方法必须应用于证明或者反驳,由于 A 选项仅仅说明张某提出观点的动机,并没有反对张某的观点,所以在论证错误的比较中可以首先排除 A 选项。

5. (2019,27)某研究机构以约 2 万名 65 岁以上的老人为对象,调查了笑的频率与健康状态的关系。结果显示,在不苟言笑的老人中,认为自身现在的健康状态"不怎么好"和"不好"的比例分别是几乎每天都笑的老人的 1.5 倍和 1.8 倍。爱笑的老人对自我健康状态的评价往往较高。他们由此认为,爱笑的老人更健康。

以下哪项如果为真,最能质疑上述调查者的观点?

A. 乐观的老年人比悲观的老年人更长寿

B. 病痛的折磨使得部分老人对自我健康状态的评价不高

C. 身体健康的老年人中,女性爱笑的比例比男性高 10 个百分点

D. 良好的家庭氛围使得老年人生活更乐观,身体更健康

E. 老年人的自我健康评价往往和他们实际的健康状况之间存在一定的差距

要质疑的观点是"爱笑的老人更健康"。

A	无关选项。乐观的老人一般是爱笑的老人,更长寿一般会更健康,对观点加强
B	无关选项。有病痛的折磨说明老人不健康,不健康的老人对自我健康状态评价也不高,对观点加强
C	无关选项。论证并不涉及不同性别老人之间爱笑比例的区别,该选项也未涉及不同性别老人之间健康状况的区别
D	正确选项。说明"良好的家庭氛围"使老人更乐观,这既是老人爱笑的原因,也是他们身体更健康的原因,属于共因削弱
E	干扰选项。自我健康评价与实际健康之间存在差距,这既不表示两者之间没有联系,更不表示自我健康评价高的老人实际就不健康,论证也不需要两者之间完全一致的假设,所以两者之间存在不一致对论证不能构成削弱

说明　这一题较难,选择 E 选项的人对选项 D 完全不理解。选择选项 E 的理由是概念不一致,即"老人对健康的自我评价"与"实际健康状况"不是一个概念。但是论证并不建立在两者是一个概念的基础上,就像"根据 GDP 统计,中国大于日本",由此得出"中国经济总量大于日本",这不需要假设"GDP 统计与经济总量完全一致",只要统计得出的"中国和日本的 GDP 总量差值存在"即可,但如果"中国 GDP 统计中的水分远大于日本"便能够削弱。由于 E 不表示"自我健康评价高的老人评价水分更大",所以它不能削弱论证。要理解 D 选项作为共因削弱需要一定的逻辑水平,它实际上说明"乐观爱笑"和"健康"不存在因果关系,其原因共同是'良好的家庭氛围'。可能有选 E 的人认为,题干的观点仅表示"爱笑的老人中健康的人数更多"不表示因果关系,即使不表示因果关系,也不是选 E 选项的理由,更何况,题干已经说明"调查了笑的频率与健康状态的关系",这就表明,调查是为了确定两者之间的因果关系。

2018 年管理联考争议试题

6. (2018,3)现在许多人很少在深夜 11 点以前安然入睡,他们未必都在熬夜用功,大多

是在玩手机或看电视,其结果就是晚睡,第二天就会头晕脑涨,哈欠连天。不少人常常对此感到后悔,但一到晚上他们多半还会这么做。有专家就此指出,人们似乎从晚睡中得到了快乐,但这种快乐其实隐藏着某种烦恼。

以下哪项如果为真,最能支持上述专家的结论?

A. 晨昏交替,生活周而复始,安然入睡是对当天生活的满足和对明天生活的期待。而晚睡者只活在当下,活出精彩

B. 晚睡者具有积极的人生态度。他们认为,当天的事必须当天完成,哪怕晚睡也在所不惜

C. 大多数习惯晚睡的人白天无精打采,但一到深夜就感觉自己精力充沛,不做点有意义的事情就觉得十分可惜

D. 晚睡其实是一种表面难以察觉的,对"正常生活"的抵抗,它提醒人们现在的"正常生活"存在着某种令人不满的问题

E. 晚睡者内心并不愿意晚睡,也不觉得手机或电视有趣,甚至都不记得玩过或看过什么,他们总是要在睡觉前花比较长时间磨蹭

分析　要加强的专家的结论是"晚睡表面的这种快乐其实隐藏着某种烦恼"。

A	无关选项。仅仅说明晚睡者活在当下,活出精彩,未涉及"某种烦恼"
B	无关选项。肯定了晚睡者具有积极的人生态度,但同样没有涉及"某种烦恼"
C	无关选项。说明了晚睡者之所以晚睡的原因,但也未涉及"某种烦恼"
D	干扰选项。说明了"正常生活"即不晚睡的生活,存在某种令人不满的问题,但是没有说明"晚睡生活有什么烦恼"
E	正确选项。人们内心并不愿意晚睡,并且不觉得手机或者电视有趣,但却违背意愿晚睡,说明事实上"晚睡"不仅不是快乐,事实上是烦恼

说明　这一题也不应当存在争议,因为选项 D 中的"正常生活"涵义是与"晚睡"相对立的一种生活,即"早睡早起的不晚睡的生活",这样选项 D 的涵义是"晚睡说明了人们早睡早起的正常生活中存在着某种令人不满的东西",这与观点无关,甚至可以说削弱了观点。当然,选 D 的人可能认为,"正常生活"难道不可以是"晚睡生活中的日常白天生活"吗?这是错误的!因为"正常生活"与"晚睡"相对立,表示一种不同于"晚睡"的生活,不可能与"晚睡"是部分与整体的关系。

2017 年管理联考争议试题

7. (2017,24)通常情况下,长期在寒冷环境中生活的居民可以有更强的抗寒能力。相比于我国的南方地区,我国北方地区冬天的平均温度要低很多。然而有趣的是,现在很多北方地区的居民并不具有我们所以为的抗寒能力,相当多的北方人到南方来过冬,竟然难以忍受南方的寒冷天气,怕冷程度甚至远超于当地人。

以下哪项如果为真,最能解释上述现象?

A. 一些北方人认为南方温暖,他们去南方过冬时往往对保暖工作做得不够充分

B. 南方地区冬天虽然平均气温比北方高,但也存在极端低温的天气

C. 北方地区在冬天通常启用供暖设备,其室内温度往往比南方高出很多

D. 有些北方人是从南方迁过去的,他们没有完全适应北方的气候

E. 南方地区湿度较大,冬天感受到的寒冷程度超出气象意义上的温度指标

> **分析** 要解释为什么"北方人到了南方,却更难以忍受南方的冬天"。

A	无关选项。要解释的是普遍现象,即"所有北方人到了南方普遍怕冷",而不仅仅是保暖工作做得不够充分的一些北方人
B	无关选项。要解释冬天更冷地方的北方人到平均温度比北方高的南方,反而觉得南方更冷,这不仅是在南方极端低温环境下,而是一般情况下的冬天
C	干扰选项。要解释北方人在南方的南方无论室内室外都更怕冷,不是仅仅指北方人在南方的室内更怕冷
D	无关选项。要解释的是北方人到南方怕冷,与从南方人没有适应北方气候无关
E	正确选项。北方人在南方更怕冷的原因不是因为南方的气温,而是因为南方的湿度

> **说明** 这一题原本也应该存在争议,结果因为有部分人选 C,理由是"要解释北方人为什么没有人们所以为的抗寒能力",因为北方人冬天的室内温度比南方高,所以北方人冬天"暖和惯了",因此不具有抗寒能力,所以到了南方反而觉得冷。这一解释非常牵强,因为它假设了冬天到南方感到冷的人都是在北方一直待在室内的人,但题干却是一般的北方人,这些北方人在北方未必一直待在室内。另外,要解释"抗寒能力弱"还需要兼顾"北方人到了南方反而怕冷超过当地人"这一表面矛盾的现象,即为什么这些北方人,就算抗寒能力弱,在北方更冷的室外却不感到冷,反而到了温度高得多的南方室外却感到更冷了呢? 选 C 事实上无法解释。

2016 年管理联考争议试题

8. (2016,28)钟医生:"通常,医学研究的重要成果在杂志发表之前需要经过匿名评审,这需要耗费不少时间。如果研究者能放弃这段等待时间而事先公布其成果,我们的公共卫生水平就可以伴随着医学发现而更快获得提高。因为新医学信息的及时公布将允许人们利用这些信息提高他们的健康水平。"

以下哪项如果为真,最能削弱钟医生的论证?

A. 社会公共卫生水平的提高还取决于其他因素,并不完全依赖于医学新发现

B. 大部分医学杂志不愿意放弃匿名评审制度

C. 人们常常根据新发表的医学信息来调整他们的生活方式

D. 有些媒体常常会提前报道那些匿名评审杂志准备发表的医学研究成果

E. 匿名评审常常能阻止那些含有错误结论的文章发表

> **分析** 注意到钟医生的观点是一个假言命题:如果研究者在经过匿名评审前就公布

研究成果,公共卫生水平就能更快获得提高,即"医学新发现的信息"是"公共卫生水平提高"的充分条件。A直接对上述充分条件给予否定,所以是对钟医生论证的削弱。

说明　这一题原本也应该不存在争议,因为钟医生的观点很明确,但是有很多人选E。他们认为这一选项说明匿名评审具有作用,并且认为,如果不匿名评审,就会有错误的结论发表,这样就不能促进公共卫生水平提高。选择E的错误纯粹是一个低级错误:完全忽视要削弱的观点。注意钟医生的观点与匿名评审无关,并且钟医生并没有否认匿名评审的用处,更没有认为未经匿名评审的医学新信息都是正确的,所以选项E完全与钟医生的论证无关!

2015年管理联考争议试题

9.(2015,28)某研究人员在2004年对一些12～16岁的学生进行了智商测试,测试得分为77～135分,4年之后再次测试,这些学生的智商得分为87～143分。仪器扫描显示,那些得分提高了了的学生,其脑部比此前呈现更多的灰质(灰质是一种神经组织,是中枢神经的重要组成部分)。这一测试表明,个体的智商变化确实存在,那些早期在学校表现不突出的学生仍有可能成为佼佼者。

以下除哪项外,都能支持上述实验结论?

A. 有些天才少年长大后智力并不出众

B. 言语智商的提高伴随着大脑左半球运动皮层灰质的增多

C. 学生的非言语智力表现与他们大脑结构的变化明显相关

D. 部分学生早期在学校表现不突出与其智商有关

E. 随着年龄的增长,青少年脑部区域的灰质通常也会增加

分析　题干中的实验结论有以下三点:① 个体智商变化确实存在;② 智商提高的原因是大脑结构中灰质的增加;③ 一个人学校表现的变化是智商变化的结果。**注意**:观点①是"个体智商会变化"而不是"智商会提高"。

A	无关选项。能够加强"个体智商会变化"
B	无关选项。能够加强"智商的变化是由于大脑结构中灰质的增加"
C	无关选项。能够加强"智商变化的原因是由于大脑结构的变化"
D	无关选项。能够加强"智商变化的结果是个体表现的变化"
E	正确选项。削弱了"智商变化的原因是由于大脑结构中灰质的增加",因为"青少年年龄增长,灰质都增加",这意味着"青少年智商都只能提高,而不是下降"

说明　这一题也应该不存在争议,但是一些人给出的答案选D,其解释是"那些早期表现不突出的学生以后也可能成为佼佼者"说明这些人的智商是高的,这一解释说明他们完全没有理解题干中的实验结论。未来这些人成为佼佼者,说明这些人未来智商会变化(提高),而早期的智商却不高,这样选项D正是对论证的加强。由于论证认为"智商提高表现为灰质增加",这

样选项 E 说明每两个人的智商随年龄而提高,与实验结论①不仅相悖,甚至削弱了论证。

2014 年管理联考争议试题

10.(2014,10)试验发现,孕妇适当补充维生素 D 可以降低新生儿感染呼吸道合胞病毒的风险。科研人员检测了 156 名新生儿脐带血中维生素 D 的含量,其中 54% 的新生儿被诊断为维生素 D 缺失,这当中有 12% 的孩子在出生后一年内感染了呼吸道合胞病毒,这一比例远高于维生素 D 正常的孩子。

以下哪项如果为真,最能对科研人员的上述发现提供支持?

A. 上述实验中,54% 的新生儿维生素 D 缺失是由于他们的母亲在妊娠期间没有补充足够的维生素 D 造成的

B. 孕妇适当补充维生素 D 可降低新生儿感染流感病毒的风险,特别是在妊娠后期补充维生素 D 预防效果会更好

C. 上述实验中,46% 补充维生素 D 的孕妇所生的新生儿也有一些在出生一年内感染呼吸道合胞病毒

D. 科研人员试验时所选的新生儿在其他方面跟一般新生儿的相似性没有得到明确验证

E. 维生素 D 具有多种防病健体功能,其中包括提高免疫系统功能,促进新生儿呼吸系统发育,预防新生儿呼吸道病毒感染等

分析　题干试验发现的结论是"孕妇适当补充维生素 D 可以降低新生儿感染呼吸道合胞病毒的风险",论据是"新生儿缺乏维生素 D 易于感染合胞病毒"。

A	正确选项。题干论据是新生儿缺乏维生素 D 更易患病,论点是孕妇补充维生素 D 可降低新生儿患病率。该选项说明新生儿缺乏维生素 D 的原因是孕妇没有补充足够的维生素 D。既是论证的假设,也是加强
B	无关选项。论证讨论的是"呼吸道合胞病毒",与流感病毒无关
C	削弱选项。说明补充维生素 D 孕妇所生的新生儿也会患病,对论证削弱
D	无关选项。由于试验所选新生儿其他方面是否与一般新生儿相似没有明确验证,所以对论证略有削弱,即可能有其他原因导致新生儿患病
E	干扰选项。仅说明维生素 D 确实有用,但不能证明"孕妇补充维生素 D"和"新生儿不患病"之间的关系

说明　这一题也不应该具有争议性,但因为选项 E 会混淆视听,所以考生们反而不清楚选项 A 还是选项 E 是正确答案了。解答论证逻辑试题的第一步也是重点在于明确要加强削弱的观点!本题的观点是"孕妇补充维生素 D 对婴儿有益",因此必须建立孕妇和婴儿之间的关系,即选项 A 是正确答案。至于选项 E,不管如何说明维生素 D 的用处,也与观点无关。就像"甲生活困顿是也因为甲的父亲没有钱",无论怎么说明"有钱的作用",如钱可以买东西,可以改善生活,等,都与"甲与其父亲的关系"无关!

11. (2014,11)英国有家小酒馆采取客人吃饭付费"随便给"的做法,即让顾客享用葡萄酒,蟹柳及三文鱼等美食后,自己决定付账金额。大多数顾客均以公平或慷慨的态度结账,实际金额比那些酒水菜肴本来的价格高出20%。该酒馆老板另有4家酒馆,而这4家酒馆每周的利润与付账"随便给"的酒馆相比少5%。这位老板因此认为:"随便给"的营销策略很成功。

以下哪项如果为真,最能解释老板营销策略的成功?

A. 部分顾客希望自己看上去有教养,愿意掏足够甚至更多的钱

B. 如果顾客所付低于成本价格,就会收到提醒而补足差价

C. 另外4家酒馆位置不如这家"随便给"酒馆

D. 客人常常不知道酒水菜肴的实际价格,不知道该付多少钱

E. 对于过分吝啬的顾客,酒馆老板常常也无可奈何

分析 要解释"随便给"营销策略成功,即顾客自己决定付账金额时,大多数顾客均以公平或慷慨的态度结账,于是酒店利润高。

说明 这一题考生会对选项 A 和选项 B 纠结。选项 A 给人的感觉是"部分"的解释"力度不足"(排除 A 的人都会以此"神秘理由")。但是考虑到要解释的事实中已经有"大多数顾客均以公平或慷慨的态度结账",那么这些"大多数顾客"中,部分顾客希望自己看上去有教养,便完全可以解释了。至于B,事实上其涵义是"给得多随便,给得少便不随便了",这是诡辩,实质上不是解释"随便给"而是否定"随便给",当然不是正确答案。

A	正确选项。因为部分顾客给的是足够甚至是更多的钱,这样解释了利润因此高的原因,当然该选项"部分顾客"在解释上存在漏洞
B	干扰选项。由于要解释"随便给"营销策略为什么成功,即给多少都可以。该选项实际上否定了"随便给",所以不能解释
C	无关选项。另外四家利润少的原因不能解释该酒家营销策略的成功
D	干扰选项。"客人不知道该付多少钱"不等于"客人一定多付钱",所以不能解释利润高
E	无关选项。这实际上说明该营销策略很可能没有利润

12. (2014,24)不仅人上了年纪会难以集中注意力,就连蜘蛛也有类似的状况。年轻蜘蛛的网整齐均匀,角度完美;年老蜘蛛的网可能出现缺口,形状怪异。蜘蛛越老,结的网就越没有章法。科学家由此认为,随着时间的流逝,这种动物的大脑会像人脑一样退化。

以下哪项如果为真,最能质疑科学家的上述论证?

A. 优美的蛛网更容易受到异性蜘蛛的青睐

B. 年老蜘蛛的大脑较之年轻蜘蛛,其脑容量明显偏小

C. 运动器官的老化会导致年老蜘蛛结网能力下降

D. 蜘蛛结网只是一种本能的行为,并不受大脑控制

E. 形状怪异的蛛网较之整齐均匀的蛛网,其功能没有大的差别

分析 要削弱的观点可以概括为:老蜘蛛结的网残破的原因是因为它们的大脑退

化了。

A	无关选项。"优美蛛网更容易受异性蜘蛛青睐"与"蛛网为什么不优美"没有关系
B	加强选项。"脑容量偏小"可以加强"老年蜘蛛大脑退化"
C	正确选项。对老年蛛网残破的原因给予新的解释,即不是大脑退化,而是因为运动器官老化
D	干扰选项。"蜘蛛结网是本能行为"与"蛛网结的好坏"是两件事情,正如"吃饭是本能"与"烹调手艺好坏"是两回事情
E	无关选项。"蛛网功能没有差别"与"结网好与坏的原因"是两回事情

说明　这一题较难,考生肯定会在 C、D 连个选项中犹豫。有的人会选选项 D,而排除选项 C 的理由便是"C 力度不如 D"。事实上,C 是正确答案。那为什么不选 D? 因为选项 D 混淆了概念。题干讨论的是"蜘蛛结网结的好还是结的不好"的原因,而不是"蜘蛛结网"。就像"人老了,口味越来越重,越来越喜欢吃的咸,这一定大脑感觉退化了",用"食色者,性也"不能削弱吧? 因为这讲的完全不是一个层面的事情。

2013 年管理联考争议试题

13.(2013,1)某公司自去年初开始实施一项"办公用品节俭计划",每位员工每月只能免费领用限量的纸笔等各类办公用品。年末统计时发现,公司用于各类办公用品的支出较上年度下降了 30%。在未实施该计划的过去 5 年间,公司年均消耗办公用品 10 万元。公司总经理由此得出:该计划去年已经为公司节约了不少经费。

以下哪项如果为真,最能构成对总经理推论的质疑?

A. 另一家与该公司规模及其他基本情况均类似的公司,未实施类似的节俭计划,但在过去的 5 年间办公用品人均消耗额越来越低

B. 去年,该公司在员工困难补助、交通津贴等方面的开支增加了 3 万元

C. 另一家与该公司规模及其他基本情况均类似的公司,未实施类似的节俭计划,在过去的 5 年间办公用品消耗额年均也为 10 万元

D. 在过去的 5 年间,该公司大力推广无纸化办公,并且取得很大成效

E."办公用品节俭计划"是控制支出的重要手段,但说该计划为公司"一年内节约不少经费",没有严谨的数据分析

分析　论证论据是:去年实施某计划后,去年比前年支出下降了。结论是:该计划去年为公司节约了不少经费。在排除干扰选项的过程中,一定要注意时间。

A	干扰选项。注意到时间,如果改为"另外一家类似的公司去年没有实施类似的节俭计划,但是去年这家公司的办公经费支出较上年度也下降了 30%"就属于反例削弱了
B	无关选项。在办公用品上节约经费与其他方面的支出增加无关
C	无关选项。类似的其他公司没有实施类似节俭计划,过去 5 年办公经费消耗额也没有变化,对论证具有弱的加强作用

D	干扰选项。注意到时间,如果改为"去年该公司大力推广无纸化办公,并且取得很大成效"就属于他因削弱了
E	正确选项。"办公用品支出去年比前年下降"与"节约经费"是不同的概念,前者有数据,但后者缺乏数据,论据不能有效地证明结论

说明 这一题较难,选 A 的人很多,完全忽略 A 中关于时间的漏洞。由于另一家相似的公司过去 5 年没有搞计划,但每年办公经费人均消耗越来越低,而对比该公司,过去 5 年没有搞计划,办公经费就不变,所以另一家公司不能作为反例证明该公司去年搞计划就没有用。类似的选项 D,也有这样的时间漏洞,因此均是干扰选项。有人可能会质疑选项 E,认为"办公经费"不正是"经费"中的一部分,前者节约不就意味着后者节约吗? 这种说法既没有逻辑概念辨析,也没有管理常识。工人工资是成本的一部分,是不是减少工资就一定降低成本? 当然不是,如果减少工资的同时,工人劳动态度等方面的变化,导致其他成本增加更多呢? 所以,一种经费的减少,是否可以推出总经费的减少,还需要严谨的数据分析,即选项 E 是正确答案。

14. (2013,12)若成为白领的可能性无性别差异,按正常男女出生率 102∶100 计算,当这批人中的白领谈婚论嫁时,女性与男性数量应当大致相等。但实际上,某市妇联近几年举办的历次大型白领相亲活动中,报名的男女比例约为 3∶7,有时甚至达到 2∶8,这说明,文化越高的女性越难嫁,文化低的反而好嫁;男性则正好相反。

以下除哪项外,都有助于解释上述分析与实际情况的不一致?

A. 与男性有所不同,女性白领要求高,往往只找比自己更优秀的男性

B. 与本地女性竞争的外地优秀女性多于与本地男性竞争的外地优秀男性

C. 大学毕业后出国的精英分子中,男性多于女性

D. 一般说来,男性参加大型相亲会的积极性不如女性

E. 男性因长相身高、家庭条件等被女性淘汰者多于女性因长相身高、家庭条件等被男性淘汰者

分析 要求解释为什么男性白领数量和女性白领数量理论上相同的情况下,更多的女性白领参加相亲活动,以及女性白领更难嫁? 注意问题要求选择"不能解释"的选项。

A	无关选项,能解释,因为女性白领要求高,只找更优秀的,而男性白领可以找不是白领的女性
B	正确选项,不能解释,外地的优秀女性多于外地的优秀男性,由于不知道本地优秀女性和优秀男性数量关系,所以无法解释总体人数差异
C	无关选项,能解释,优秀男性出国的更多,所以国内优秀女性比优秀男性多
D	无关选项,能解释,男性不积极参加相亲活动,解释了更多女性参加相亲活动
E	干扰选项,能解释,事实上该选项说明女性对男性的要求比男性对女性的要求更高,类似于 A 选项

说明　尽管这一题较难,但是思考细致的话,应该不会有争议。有些人选择 E 选项,这导致一些争议。选项 E 事实上与选项 A 类似,都说明了女性比男性在择偶标准上更高,所以能解释"女性白领更难嫁"。选择 E 选项的人认为 B 选项能解释,他们认为 B 选项说明这个城市外地来的优秀女性多于外地来的优秀男性,这样优秀女性数量总体上多于优秀男性。那么,本地的优秀女性和优秀男性哪一种更多呢? 他们会假设相等。这个假设的理由是题干说明男女出生比例接近 1∶1,并且成为白领的可能性无性别差异,但是题干上述说明是假设了没有人口流动,既然有外地人来本市的情况,就一定有本市人去外地的情况,所以选项 B 无法确定本地优秀男性和女性白领的数量了。认为选项 B 能为正确的人,既没有理解 E 的涵义,又同时将选项 B 错误地理解为"比外地优秀男白领更多的外地优秀女白领来到本市,而本市的白领基本都不流出到其他城市"了。

第四部分

联考逻辑真题考点、特点和趋势

历年真题的考点、特点和趋势

　　管理类联考考试大纲中关于逻辑科目的要求自从 2013 年以来就未曾变化，具体内容有："综合能力考试中的逻辑推理部分主要考查考生对各种信息的理解、分析和综合，以及相应的判断、推理、论证等逻辑思维能力，不考查逻辑学的专业知识。试题题材涉及自然、社会和人文等各个领域，但不考查相关领域的专业知识。"大纲除了上述总体要求，还比较详细地罗列了考试的以下知识点：

　　（1）概念：① 概念的种类；② 概念之间的关系；③ 定义；④ 划分。

　　（2）判断：① 判断的种类；② 判断之间的关系。

　　（3）推理：① 演绎推理；② 归纳推理；③ 类比推理；④ 综合推理。

　　（4）论证：① 论证方式分析；② 论证评价：a. 加强；b. 削弱；c. 解释；d. 其他；③ 谬误识别：a. 混淆概念；b. 转移论题；c. 自相矛盾；d. 模棱两可；e. 不当类比；f. 以偏概全；g. 其他谬误。

　　考生要注意到大纲中的逻辑考试"不考查逻辑学专业知识"。所以，对上述逻辑知识点不能死记硬背，更不能将这些知识点作为"公式"，认为解答逻辑试题就是"套公式"。那么，这些逻辑的知识点对于解答逻辑试题有什么用处呢？

　　逻辑考试的实质是"汉语的阅读理解"，大纲中的这些逻辑知识点事实上就是"阅读理解的规则"。逻辑考试与数学考试最大的不同在于：尽管一些试题的解答像数学试题那样可以"从上往下"推导得出，但是大部分逻辑试题需要"自下往上"，即将选项逐项与题干进行对照，对各个选项的阅读、理解和比较是解题必需的步骤；而数学解题一般都是"从上往下"的过程，不需要阅读比较选项，只需要根据已知条件计算相应结果，然后去找答案即可。

　　所以，考试大纲罗列的逻辑规则就是阅读、理解题干和选项、并由此对选项做出"选"和"不选"的判断，考试大纲中给出的内容是按照逻辑学的知识体系罗列的，这些内容尽管有些在考试中可以直接使用，但有些仅在考试中间接涉及而无直接应用。考生需要对考纲中涉及的上述知识点进行梳理，掌握它们在考试中的作用。下面对照历年真题，对大纲中的这些"考点"一一做出说明。

概　念

　　考试大纲在概念这部分列出四节内容，但是这些内容在考试中很少直接被考查，而是结合论证，要求考生理解谬误中的"混淆概念"，考查考生对概念进行辨析的能力。

　　考生首先要能有效辨析"集合概念"和"非集合概念"。

　　集合概念是指概念所指的对象是一个集合，如"军队"（"士兵"的集合）"学生们"（"学生"

集合）；非集合概念是指所指的对象是个体，如"士兵""学生"。上述例子比较容易理解，因为表示集合和非集合概念所用到的词语不同。较难理解的是：同一个词语，在某一语句中表达的是集合概念，而在另外一语句中表达的则是非集合概念。例如：

（1）A 部落的人是勤劳的。

（2）A 部落的人都姓王。

（3）甲是 A 部落的人。

（4）A 部落的人住在黄河流域的大片土地上。

（5）A 部落的人比起 B 部落的人，他们的个子普遍要高。

上述"A 部落的人"在（1）（4）（5）中是集合概念；在（2）（3）中是非集合概念。

那么如何辨析呢？任何一个语句在结构上都包括两部分，即主项和谓项，它们由不同的（也可以是相同的概念）充当。例如：所有运动员都是强壮的。其中主项是"运动员"，谓项是"强壮的"。辨析一个概念是集合还是非集合概念，首先要看这个概念在句子中是主项还是谓项。

如果要辨析的概念在谓项位置（如例句 3"甲是 A 部落的人"中的"A 部落的人"），而主项是个体（如例句 3"甲是 A 部落的人"中的"甲"），那么"A 部落的人"就表示个体，即非集合概念。

如果要辨析的概念在主项位置（如例句 1、2、4、5 中的"A 部落的人"），这时候需要理解谓项所表示的性质能否可能合理地被每一个主项（"A 部落的人"）所具有，若能，则主项（"A 部落的人"）表示个体，即非集合概念，否则是集合概念。例如，例句 2 中，每一个"A 部落的人"可以合理地认为都"姓王"，所以例句 2 中的"A 部落的人"是非集合概念；而例句 1 中，每一个"A 部落的人（包括婴儿）"都是"勤劳的"吗？很难合理地这样认为，所以例句 1 中的"A 部落的人"表示的是集合，即"A 部落的人"作为一个族群具有"勤劳"的特点，而不是每一个 A 部落的人都勤劳，所以例句 1 中"A 部落的人"是集合概念。概言之，当"X 是 Y"等价于"每一个 X 都是 Y"时，主项"X"是非集合概念，否则就是集合概念。

对集合概念和非集合概念的辨析在考试中一般与"混淆概念"（或者"偷换概念"）这一逻辑谬误的理解相结合很少。

除了辨析集合和非集合概念，考生对于概念之间的关系应有所了解。这种了解不必死记硬背逻辑学的术语和规则，只需要理解下列小练习答案及其解析即可。

（1）教室里有 3 位青年教师，4 位女教师，3 位男性物理教师。以上介绍涉及教室中的所有教师，问，教室中最少可能几位教师？最多可能几位教师？

（2）教室里有 5 位青年教师，4 位女性教师，3 位青年物理教师。以上介绍涉及教室中的所有教师，问，教室中最少可能几位教师？最多可能几位教师？

答案如下：第一题，最多 10 位教师（将 3 位青年教师、4 位女教师和 3 位男性物理教师相加即可），最少 7 位教师（4 位女教师与 3 位男性物理教师相加，3 位青年教师可能是他们 7 位中的 3 位）。第二题，最多 9 位教师（将 5 位青年教师、4 位女教师相加即可，3 位青年物理教师不能相加，他们就是 5 位青年教师中的 3 位），最少 5 位教师（4 位女教师可能也是青年教师）。

直接考核"概念"的历年真题很少，在 2012 年以后就没有涉及，所以考生可以不必将此内容作为重点。逻辑考试涉及"概念"的重点内容,往往集中的"概念辨析"上,这是阅读理解的基础,也是解答削弱加强试题的基本思路。

概念辨析就是相近或者相似的两个概念,其涵义存在区别,对两者之间区别的掌握就是概念辨析。考生在阅读过程中,只要发现论证的前后存在"概念的跳跃",就必须关注前后概念之间的区别,忽视这种区别所导致的逻辑谬误是"混淆概念"(又称"偷换概念")。事实上,逻辑一个最基本的要求就是概念明确,前后一致。例如:

甲:我认为,张三是一个好人。

乙:是的,我也这样认为。

上述对话表面上看不出什么漏洞,但是,从逻辑角度而言存在以下问题:

一、甲和乙所谈到的张三是同一个人吗?

二、好人是什么涵义?甲所说的好人在内涵上与乙所说的好人是相同的吗?

概念上的这些要求,表现在考生对题干论证的阅读理解中。一个论证,前提中出现的概念是 A,而结论中出现的概念是 B。A 和 B 之间的关系是论证是否成立的关键,由此产生假设、削弱加强等试题。肯定一个论证的假设也就是对论证的加强,否定假设也就是对论证的削弱。

以下真题的考试要求考生需要重点掌握。试题前面给出年代和题号,后面给出简单的要点点评,对于具体答案及解析,考生可以参考前面的相关内容。

(2014,2)李栋善于辩论,也喜欢论辩。又一次他论证道:"郑强知道数字 87654321,陈梅家的电话正好是 87654321,所以郑强知道陈梅家的电话号码。"

以下哪项与李栋论证中所犯的错误最为类似?

A. 中国人是勤劳勇敢的,李岚是中国人,所以李岚是勤劳勇敢的

B. 金砖是由原子构成的,原子不是肉眼可见的,所以金砖不是肉眼可见的

C. 黄兵相信晨星在早晨出现,而晨星其实就是暮星,所以黄兵相信暮星在早晨出现

D. 张冉知道如果 1∶0 的比分保持到终场,他们的队伍就出线了,现在张冉听到了终场比赛结束的哨声,所以张冉知道他们的队伍出线了

E. 所有蚂蚁都是动物,所以所有大蚂蚁都是大动物

要点点评:　知道"某数字"不等于就知道了"该数字是某人的电话号码"。

(2016,8)研究人员发现,人类存在 3 种核苷酸基因类型:AA 型、AG 型以及 GG 型,一个人有 36% 的概率是 AA 型,有 48% 的概率是 AG 型,有 16% 的概率是 GG 型,在 1 200 名参与实验的老年人中,拥有 AA 型和 AG 型基因类型的人都在上午 11 时之前去世,而拥有 GG 型基因类型的人几乎都在下午 6 时左右去世,研究人员据此认为:GG 型基因类型的人会比其他人平均晚死 7 个小时。

以下哪项如果为真,最能质疑上述研究人员的观点?

A. 平均寿命的计算依据应是实验对象的生命存续长度,而不是实验对象的死亡时间

B. 当死亡临近的时候,人体会还原到一种更加自然的生理节律感应阶段

C. 有些人是因为疾病或者意外事故等其他因素而死亡的

D. 对人死亡时间的比较,比一天中的哪一时刻更重要的是哪一年、哪一天

E. 拥有 GG 型基因类型的实验对象容易患上心血管疾病

要点点评: "死亡的时间"(时刻)与"死亡的早晚"是两个不同的概念,死亡的早晚不仅看时刻,还要看哪一天、哪一年。

(2017,20)人们通常认为,幸福能够增进健康、有利于长寿,而不幸福则是健康状况不佳的直接原因,但最近有研究人员对 3 000 多人的生活状况调查后发现,幸福或不幸福并不意味着死亡的风险会相应地变得更低或更高。他们由此指出,疾病可能会导致不幸福,但不幸福本身并不会对健康状况造成损害。

以下哪项如果为真,最能质疑上述研究人员的论证?

A. 幸福是个体的一种心理体验,要求被调查对象准确断定其幸福程度有一定的难度

B. 有些高寿老人的人生经历较为坎坷,他们有时过得并不幸福

C. 有些患有重大疾病的人乐观向上,积极与疾病抗争,他们的幸福感比较高

D. 人的死亡风险低并不意味着健康状况好,死亡风险高也不意味着健康状况差

E. 少数个体死亡风险的高低难以进行准确评估

要点点评: "健康状况好坏"与"死亡风险高低"不是同一个概念,建立或者否定两者联系构成对论证的加强或者削弱。

(2018,11)最近一项研究发现,某国 30 岁至 45 岁人群中,去医院治疗冠心病、骨质疏松等病症的人越来越多,而原来患有这些病症的大多是老年人。调研者由此认为,该国年轻人中"老年病"发病率有不断增加的趋势。

以下哪项如果为真,最能质疑上述调研结论?

A. 由于国家医疗保障水平的提高,相比以往,该国民众更有条件关注自己的身体健康

B. "老年人"的最低年龄比以前提高了,"老年病"的患者范围也有所变化

C. 今年来,由于大量移民涌入,该国 45 岁以下年轻人的数量急剧增加

D. 尽管冠心病,骨质疏松等病症是常见的"老年病",老年人患的病未必都是"老年病"

E. 近几十年来,该国人口老龄化严重,但健康老龄人口的比重在不断增大

要点点评: "患病人数多"和"发病率上升"并不是同一个概念。

(2019,4)人们一直在争论猫与狗谁更聪明。最近,有些科学家不仅研究了动物脑容量的大小,还研究了大脑皮层神经细胞的数量,发现猫平常似乎总摆出一副智力占优的神态,但猫的大脑皮层神经细胞的数量只有普通金毛犬的一半。由此,他们得出结论:狗比猫更聪明。

以下哪项最可能是上述科学家得出结论的假设?

A. 狗善于与人类合作,可以充当导盲犬、陪护犬、搜救犬、警犬等,就对人类的贡献而言,狗能做的似乎比猫多

B. 狗可能继承了狼结群捕猎的特点,为了互相配合,它们需要做出一些复杂行为

C. 动物大脑皮层神经细胞的数量与动物的聪明程度呈正相关

D. 猫的神经细胞数量比狗少，是因为猫不像狗那样"爱交际"

E. 棕熊的脑容量是金毛犬的 3 倍，但其脑神经细胞的数量却少于金毛犬，与猫很接近，而棕熊的脑容量却是猫的 10 倍

要点点评： 前提是猫和狗"大脑皮层神经细胞数量的比较"，结论是"猫和狗哪一种更聪明"，假设必须建立两者的关系。

(2020,8)小王：在这次年终考评中，女员工的绩效都比男员工高。

小李：这么说，新入职员工中绩效最好的还不如绩效最差的女员工。

以下哪项如果为真，最能支持小李的上述论断？

A. 男员工都是新入职的

B. 新入职的员工有些是女性

C. 新入职的员工都是男性

D. 部分新入职的女员工没有参与绩效考评

E. 女员工更乐意加班，而加班绩效翻倍计算

要点点评： 女员工、男员工和新入职的员工是三个不同的概念，需要辨析并理解在小李的论断中，三个不同的概念之间的关系。

(2020,23)1818 年前纽约市规定，所有买卖的鱼油都需要经过检查同时缴纳每桶25 美元的检查费。一天，鱼油商人买了三桶鲸鱼油，打算把鲸鱼油制成蜡烛出售，鱼油检查员发现这些鲸鱼油根本没过检查，根据鱼油法案，该商人需要接受检查并缴费，但该商人声称鲸鱼不是鱼，拒绝缴费，遂被告上法庭，陪审员最后支持了原告，判决该商人支付 75 美元检查费。

以下哪项如果为真，最能支持陪审员所作的判决？

A. 纽约市相关法律已经明确规定"鱼油"包括鲸鱼油和其他鱼类油

B. "鲸鱼不是鱼"是和中国古代公孙龙的"白马非马"类似，两者都是违反常识的诡辩

C. 19 世纪的美国虽有许多人认为鲸鱼不是鱼，但是也有许多人认为鲸鱼是鱼

D. 当时多数从事科学研究的人都肯定鲸鱼不是鱼，而律师和政客持反对意见

E. 古希腊有先哲早就把鲸鱼归类到鲐生四足动物和卵生四足动物之下，比鱼类更高一级

要点点评： 商人与鱼油检查员争议的关键在于"鲸鱼油是不是鱼油"，这与"鲸鱼是不是鱼"无关。

(2021,21)水产品的脂肪含量相对较低，而且含有较多不饱和脂肪酸，对预防血脂异常和心血管疾病有一定作用。禽肉的脂肪含量也比较低，脂肪酸组成优于畜肉；畜肉中的瘦肉脂肪含量低于肥肉，瘦肉优于肥肉。因此，在肉类选择上，应该优先选择水产品，其次是禽肉，这样对身体更健康。

以下哪项如果为真，最能支持以上论述？

A. 所有人都有罹患心血管疾病的风险

B. 肉类脂肪含量越低对人体越健康

C. 人们认为根据自己的喜好选择肉类更有益于健康

D. 人必须摄入适量的动物脂肪才能满足身体的需要

E. 脂肪含量越低,不饱和脂肪酸含量越高

要点点评: 论证的前提涉及的概念是"肉类脂肪含量高低",结论涉及的概念"对身体更健康",所以需要建立两者之间的关系,这既是论证的假设,也是对论证的加强。

(2022,23)贾某的邻居易某在自家阳台侧面安装了空调外机,空调一开,外机就向贾家窗户方向吹热风,贾某对此叫苦不迭,于是找到易某协商此事。易某回答说:"现在哪家没装空调? 别人安装就行,偏偏我家就不行?"

对于易某的回答,以下哪项评价最为恰当?

A. 易某的行为虽然影响到了贾家的生活,但易某是正常行使自己的权利

B. 易某的行为已经构成对贾家权利的侵害,应该立即停止侵权行为

C. 易某没有将心比心,因为贾家也可以在正对易家卧室窗户处安装空调外机

D. 易某在转移论题,问题不是能不能安装空调,而是安装空调该不该影响邻居

E. 易某空调外机的安装不应正对贾家卧室窗户,不能只顾自己享受而让贾家受罪

要点点评: "装空调的权利"和"装空调影响邻居"是不同的概念,同时,注意"评价易某的回答"不是"评价易某的行为"。

除"混淆概念"以外,直接涉及概念知识点的试题很少,并且相对而言比较简单,有时候,作为阅读理解,题干给出某一概念的"涵义",要求考生在选项中找出符合(或者不符合)上述涵义的选项。

(2013,5)根据学习在动机形成和发展中所起的作用,人的动机可分为原始动机和习得动机两种。原始动机是与生俱来的动机,它们是以人的本能需要为基础的,习得动机是指后天获得的各种动机,即经过学习产生和发展起来的各种动机。

根据以上陈述,以下哪项最可能属于原始动机?

A. 尊师重教,崇文尚武　　　　　B. 不入虎穴,焉得虎子

C. 宁可食无肉,不可居无竹　　　D. 尊敬老人,孝顺父母

E. 窈窕淑女,君子好逑

要点点评: 阅读理解"原始动机""习得动机"的涵义即可。

(2013,19)足球是一项集体运动,若想不断取得胜利,每个强队都必须有一位核心队员,他总是能在关键场次带领全队赢得比赛。友南是某国甲级联赛强队西海队队员。据某记者统计,在上赛季参加的所有比赛中,有友南参赛的场次,西海队胜率高达75.5%,另有16.3%的平局,8.2%的场次输球,而在友南缺阵的情况下,西海队胜率只有58.9%,输球的比率高达成23.5%。该记者由此得出结论,友南是上赛季西海队的核心队员。

以下哪项如果为真,最能质疑该记者的结论:

A. 上赛季友南上场且西海队输球的比赛,都是西海队与传统强队对阵的关键场次

B. 西海队队长表示:"没有友南我们将失去很多东西,但我们会找到解决办法。"

C. 本赛季开始以来,在友南上阵的情况下,西海队胜率暴跌20％

D. 上赛季友南缺席且西海队输球的比赛,都是小组赛中西海队已经确定出线后的比赛

E. 西海队教练表示:"球队是一个整体,不存在有友南的西海队和没有友南的西海队。"

要点点评: 关注"核心球员"的确切涵义。

(2017,23)"自我陶醉人格",是以过分重视自己为主要特点的人格障碍。它有多种具体特征:过高估计自己的重要性,夸大自己的成就;对批评反应强烈,希望他人注意自己和羡慕自己;经常沉湎于幻想中,把自己看成是特殊的人;人际关系不稳定;嫉妒他人,损人利己。

以下各项自我陈述中,除了哪项均能体现上述"自我陶醉人格"的特征?

A. 我是这个团队的灵魂,一旦我离开了这个团队,他们将一事无成

B. 他有什么资格批评我? 大家看看,他的能力连我一半都不到

C. 我的家庭条件不好,但不愿意被别人看不起,所以我借钱买了一部智能手机

D. 这么重要的活动竟然没有邀请我参加,组织者的人品肯定有问题,不值得跟这样的人交往

E. 我刚接手别人很多年没有做成的事情,我跟他们完全不在一个层次,相信很快就会将事情搞定

要点点评: 关注的重点在于"自我陶醉人格",要理解其特点有:高估自己、不喜欢批评、人际关系不稳定、嫉妒他人。注意问题中的"除了"二字。

(2018,4)分心驾驶是指驾驶人为满足自己的身体舒适、心情愉悦等需求而没有将注意力全都集中于驾驶过程的驾驶行为,常见的分心行为有抽烟、饮水、进食、聊天、刮胡子、使用手机、照顾小孩等。某专家指出,分心驾驶已成为我国道路交通事故的罪魁祸首。

以下哪项如果为真,最能支持上述专家的观点?

A. 一项统计研究表明,相对于酒驾、药驾驶、超速驾驶、疲劳驾驶等情形,我国由分心驾驶导致的交通事故占比最高

B. 驾驶人正常驾驶时反应时间为 0.3～1.0 秒,但是用手机时反应时间则延迟 3 倍左右

C. 开车使用手机会导致驾驶人注意力下降20％;如果驾驶人边开车边发短信,则发生车祸的概率是正常驾驶时的 23 倍

D. 近来使用手机已成为我国驾驶人分心驾驶的主要表现形式,59％的人开车过程中看微信,31％的人玩自拍,36％的人刷微博、微信朋友圈

E. 一项研究显示,在美国超过1/4的车祸是由驾驶人使用手机引起的

要点点评: 要加强的"分心驾驶已成为我国道路交通事故的罪魁祸首",既要注意"分心驾驶",也要关注"罪魁祸首",即分心驾驶引发的交通事故是最多的。

(2021,7)某高校的李教授在网上撰文指责另一个高校张教授早年发表的一篇论文存在抄袭现象。张教授知晓后,立即在同一网站对李教授的指责进行反驳。

以下哪项作为张教授的反驳最为有力?

A. 自己投稿在先而发表在后,所谓论文抄袭其实是他人抄自己

B. 李教授的指责纯属栽赃陷害,混淆视听,破坏了大学教授的整体形象

C. 李教授的指责是对自己不久前批评李教授学术观点所做出的打击报复

D. 李教授的指责可能背后有人指使,不排除受到两校不正当竞争的影响

E. 李教授早年的两篇论文其实也存在不同程度的抄袭现象

要点点评: 要反驳的观点中关键词是"抄袭",所以在选项中寻找与此关键词相关的选项。

判断和推理

判断(又称"命题"),首先,判断分为简单判断和复合判断。两者区分的标志在于"是否含有逻辑连接词,如并且、或者、如果则等表示假言的逻辑连接词",没有逻辑连接词的判断是简单判断,有逻辑连接词的判断是复合判断。例如:

(1) 如果明天下雨,运动会就顺延至下周同一时间;

(2) 有些木制品的硬度比金属制品还大;

(3) 或者你不签订合同,或者你可以继续留在公司;

(4) 有些不明智的人可能会认为自己可以胜任所有工作;

(5) 张教授精通法语,但是在学校里他一直说英语;

(6) 没有人相信他的观点。

以上6句判断中,(1)(3)(5)是复合判断,(2)(4)(6)是简单判断。推理也由此分为简单判断推理和复合判断推理。

简单判断考生需要掌握:简单判断的种类及其关系;简单判断推理。

简单判断在结构上一般包括两个概念:主项和谓项,形式上具有三个特点:性质、范围和程度。例如:

(1) 所有金属必然是导电的。主项"金属",谓项"导电的";性质"肯定",范围"全称",程度"必然"。

(2) 有些与会者可能不是精通经济学的专家。主项"与会者",谓项"精通经济学的专家";性质"否定",范围"特称",程度"可能"。

表示三个特点的关键词具体来说有:

简单判断有三个特点:性质、范围和程度。表示性质的是判断中的联项,包括:肯定(是)、否定(不是);表示范围的是判断中的量项,包括:全称(所有、都)、特称(有些、一些)、单称(判断对象是单独概念,如张三、南京市、太阳等);表示程度的是模态词,包括:必然性(必然,一定等)、可能性(可能、也许等)、现实性(判断中没有模态词)。下表是简单判断的三个特点:

性质	否定：不是	明天不下雨	否定判断
	肯定：是	今天是好天气	肯定判断
范围	全称：所有	所有学生都通过了考试	全称判断
	特称：有些	有些考生不是很有信心	特称判断
	单称	小王迟到了	单称判断
程度	必然性：必然	第一工程队必然中标	必然判断
	可能性：可能	有些人可能不会游泳	可能判断
	现实性	南京是江苏省省会	现实判断

主、谓项相同的简单判断之间具有矛盾和推导关系。

判断的矛盾关系是指两个判断不能同真，不能同假；即两个判断在任何情况下一真一假的关系。除了通过内容理解判断之间是否具有矛盾关系，在形式上，简单判断的矛盾是简单判断，复合判断的矛盾是复合判断；简单判断之间如果是矛盾的，那么两个简单判断的主、谓项必须都相同，并且表示三个特点的关键词全部相反。下表是简单判断矛盾关系在形式上特点的总结。

判　　断	矛盾判断	形式上特点
明天是晴天	明天不是晴天	"是"和"不是"相反
有些人是聪明的	所有人不是聪明的	"有些"和"所有"；"是"和"不是"都相反
所有金属必然是导电的	有些金属可能不是导电的	"所有"和"有些"；"必然"和"可能"；"是"和"不是"都相反

否定一句判断，在涵义上等价于该判断的矛盾，这时候考生要注意否定词"不""并非"等的位置。例如：

"不可能所有人都不及格"中的"不"在最前面，这是对"可能所有人都不及格"的否定，所以该句等价于"必然有些人不及格"；

"所有人可能不都及格"中的"不"在"都及格"的前面，这是对"都及格"的否定，所以该句等价为"有些人可能不及格"；

"所有人都不可能及格"中的"不"在"可能都及格"的前面，这是对"可能都及格"的否定，所以这句等价为"所有人都必然不及格"。

简单判断的推导关系是指：一判断为真，推出另一判断为真。推导关系具有以下要求：

（1）在性质上，前提和结论的性质必须相同。具体来说，主项、谓项都相同的简单判断之间，前提是肯定判断，只能推出肯定判断作为结论；前提是否定判断，只能推出否定判断作为结论。

（2）在方向上，"全称判断"真，推"单称判断"真，推"特称判断"真；"必然判断"真，推"现实判断"真，推"可能判断"真。

下表是简单判断推导关系的总结。

推导只能存在于相同性质判断之间，即肯定判断为真的前提，推出真的结论是肯定判断；否定判断为真的前提，推出真的结论是否定判断

已 知	结论一	结论二	规 则
所有天鹅都是白的(真)	这只天鹅是白的(真)	有些天鹅是白的(真)	全称判断真，推单称判断真，推特称判断真
中国必然不会受到金融危机的影响(真)	中国不会受到金融危机的影响(真)	中国可能不会受到金融危机的影响(真)	必然判断真，推现实判断真，推可能判断真

简单判断种类及其关系的直接应用试题较少，一般也比较简单，"真假话"试题是矛盾和推导关系的典型应用。这种试题的特点是：题干给出若干句判断，并且这些判断中仅有一真或者仅有一假(某些情况下，也可能是多句真或者多句假)，要求据此推出相应的结论。试题在解答时，寻找彼此矛盾的判断是一种重要方法，这确定了唯一一句真话(或者唯一一句假话)的范围。当已知条件中没有相互矛盾的判断时，判断之间的推导关系是解答"真假话题"的另一种方法。其思路是：已知判断1和2中仅有一真，如果判断1真能推出判断2真，则判断1必假。同理，已知判断3和4中仅有一假，如果判断3真能推判断4真，即判断4若假，则判断3必假，那么判断4必真。

下面是包括简单判断"真假话"题在内的一些历年真题中的典型试题。

(2013,23)某公司人力资源管理部人士指出：由于本公司招聘职位有限，在本次招聘考试中，不可能所有的应聘者都被录用。

基于以下哪项可以得出该人士的上述结论？

A. 在本次招聘考试中，必然有应聘者被录用

B. 在本次招聘考试中，必然有应聘者不被录用

C. 在本次招聘考试中，可能有应聘者被录用

D. 在本次招聘考试中，可能有应聘者不被录用

E. 在本次招聘考试中，可能有应聘者被录用，也可能有应聘者不被录用

要点点评： "不可能所有应聘者都被录用"等价于"必然有些应聘者不被录用"。

(2014,9)学者张某说："问题本身并不神秘，因与果也不仅仅是哲学家的事。每个凡夫俗子一生中都将面临许多问题，但分析问题的方法技巧却很少有人掌握，无怪乎华尔街的分析大师们趾高气扬，身价百倍"。

以下哪项如果为真，最能反驳张某的观点？

A. 有些凡夫俗子可能不需要掌握分析问题的方法和技巧

B. 有些凡夫俗子将要面临的问题并不多

C. 凡夫俗子中很少有人掌握分析问题的方法和技巧

D. 掌握分析问题的方法和技巧对多数人来说很重要

E. 华尔街的大师们大都掌握分析问题的方法和技巧

要点点评: 在 A 和 B 两个选项中辨析、寻找与张某说的话矛盾的判断。

(2015,7)某次讨论会共有 18 名参与者。已知:

(1) 至少有 5 名青年教师是女性;

(2) 至少有 6 名女教师年过中年;

(3) 至少有 7 名女青年是教师。

如果上述三句话有两真一假,那么关于参与人员可以得出以下哪项?

A. 女青年都是教师　　　　　　　　　B. 青年教师都是女性

C. 青年教师至少 5 名　　　　　　　　D. 男教师至多 10 名

E. 女青年至少有 7 名

要点点评: 命题之间的关系,若(1)假,则(2)假,所以(1)真。

(2016,3)注重对孩子的自然教育,让孩子亲身感受大自然的神奇与美妙,可促进孩子释放天性,激发自身潜能。而缺乏这方面教育的孩子容易变得孤独,道德、情感与认知能力的发展都会受到一定影响。

以下哪项与以上陈述方式最为类似?

A. 脱离环境保护搞经济是"涸泽而渔",离开经济发展抓环境保护是"缘木求鱼"

B. 只说一种语言的人,首次被诊断出患阿尔茨海默病的平均年龄为 76 岁;说三种语言的人首次被诊断出患阿尔茨海默病的平均年龄约为 78 岁

C. 老百姓过去"盼温饱",现在"盼环保",过去"求生存",现在"求生态"

D. 注重调查研究,可以让我们掌握第一手资料;闭门造车只能让我们脱离实际

E. 如果孩子完全依赖电子设备来进行学习和生活,将会对环境越来越漠视

要点点评: 关注题干陈述两句前提的矛盾性。

(2018,2)盛夏时节的某一天,某市早报刊载了由该市专业气象台提供的全国部分城市当天的天气预报,择其内容列表如下:

天津	阴	上海	雷阵雨	昆明	小雨
呼和浩特	阵雨	哈尔滨	多云	乌鲁木齐	晴
西安	中雨	南昌	大雨	香港	多云
南京	雷阵雨	拉萨	阵雨	福州	阴

根据上述信息,以下哪项做出的论断最为准确?

A. 由于所列城市盛夏天气变化频繁,所以上面所列的 9 类天气一定就是所有的天气类型

B. 由于所列城市并非我国的所有城市,所以上面所列的 9 类天气一定不是所有的天气类型

C. 由于所列城市在同一天不一定展示所有的天气类型,所以上面所列的 9 类天气可能不是所有的天气类型

D. 由于所列城市在同一天可能展示所有的天气类型,所以上面所列的 9 类天气一定是所有的天气类型

E. 由于所列城市分处我国的东南西北中,所以上面所列的 9 类天气一定就是所有的天气类型

> **要点点评:** 关注选项中唯一的一句"可能"命题。

(2018,7)唐代韩愈在《师说》中指出:"孔子曰:三人行,则必有我师。是故弟子不必不如师,师不必贤于弟子,闻道有先后,术业有专攻,如是而已。"

根据上述韩愈的观点,可以得出以下哪项?

A. 有的弟子必然不如师　　　　　　　B. 有的弟子可能不如师

C. 有的师不可能贤于弟子　　　　　　D. 有的弟子可能不贤于师

E. 有的师可能不贤于弟子

> **要点点评:** 已知条件"弟子不必不如师,师不必贤于弟子"中的"不"将后面的命题否定,所以已知条件等价于"弟子可能如师,师可能不贤于弟子"。

(2021,10)王、陆、田 3 人拟结伴到甲、乙、丙、丁、戊、己 6 个景点游览。关于游览的顺序,3 人意见如下:

(1) 王:1 甲、2 丁、3 己、4 乙、5 戊、6 丙;

(2) 陆:1 丁、2 己、3 戊、4 甲、5 乙、6 丙;

(3) 田:1 己、2 乙、3 丙、4 甲、5 戊、6 丁;

实际游览时,各人意见中都恰有一半的景点序号是正确的。

根据以上信息,他们实际游览的前 3 个景点分别是以下哪项?

A. 己、丁、丙　　　B. 丁、乙、己　　　C. 甲、乙、己　　　D. 乙、己、丙

E. 丙、丁、己

> **要点点评:** 考虑各个景点每个人意见正确的可能性,同时注意 3 人一共有 9 条意见是正确的。

简单判断的推理包括:简单判断变型推理和三段论推理。

在了解简单判断推理以前,首先必须掌握周延及其规则。

周延是指在一个判断中,主项和谓项的范围是否涉及全部,如果涉及全部,此概念是周延的,否则是不周延的。简单判断中,主、谓项是否周延的判别依据如下:

主项是否周延依据判断的范围。全称判断主项周延,特称判断主项不周延,单称判断主项只有一个,所以规定单称判断的主项周延。

例如:"所有美国人都是自大的"中的"美国人"周延;"有些人是学生"中的"人"不周延;"华盛顿可能是美国第一任总统"中的"华盛顿"周延。

谓项是否周延依据判断的性质,肯定判断谓项不周延,否定判断谓项周延。

例如:"有些动物不是会飞的"中的"会飞的"周延;"所有泰国人都是亚洲人"中的"亚洲人"不周延。

周延规则具体来说就是：推理结论中周延的概念，在前提中也必须周延。注意：对于结论不周延的概念，前提没有要求。例如：

中国人都是亚洲人，美国人都不是中国人，所以，美国人都不是亚洲人。

上述推理是错误的，因为结论中"亚洲人"周延，但是在前提中不周延。再例如：

中国人都是亚洲人，美国人都不是亚洲人，所以有些美国人不是中国人。

上述推理是正确的，因为结论中的"中国人"周延，前提中也周延。注意，结论中的"美国人"不周延，但是对于不周延的概念，前提没有要求。

将周延规则结合推导中的性质要求（同性质可推，肯定命判断只能推肯定判断，否定判断只能推否定判断），简单判断变型推理有以下正确的形式：

"所有 A 都是 B"为真，可以推出"有些 B 是 A"为真。例如："所有中学生都是有小学毕业证书的"可以推出"有些有小学毕业证书的人是中学生"；

"所有 A 都不是 B"与"所有 B 都不是 A"等价，两者之间可以互推。例如："所有美国总统都不是女性"与"所有女性都不是美国总统"等价，可以互推；

"有些 A 是 B"与"有些 B 是 A"等价，两者之间可以互推。例如："有些大学生是创业者"与"有些创业者是大学生"等价，可以互推。

注意："有些 A 不是 B"和"有些 B 不是 A"之间不具有推理关系。例如："有些鱼不是鸟类"不能推出"有些鸟类不是鱼"。考生是否理解两者之间为什么不能推理？

简单判断与其双重否定判断等价，具体有以下形式：

"所有 A 是 B"等价于"所有 A 不是非 B"。例如："所有金属都导电"等价于"所有金属都不是不导电"；

"所有 A 不是 B"等价于"所有 A 是非 B"。例如："所有乌鸦都不是白的"等价于"所有乌鸦都是非白色的"；

"有些 A 是 B"等价于"有些 A 不是非 B"。例如："有些阿拉伯人会汉语"等价于"有些阿拉伯人不是不会汉语"；

"有些 A 不是 B"等价于"有些 A 是非 B"。例如："有些人不是理性的"等价于"有些人是非理性的"。

简单判断与其逆否判断等价，具体形式是：

"所有 A 都是 B"与"所有 A 都不是非 B"（双重否定）等价，再与"所有非 B 都不是 A"（逆否命题）等价。例如："所有学习好的学生都勤于思考"等价于"所有学习好的考生都不是懒于思考"，再等价于"所有懒于思考的学生学习都不好"。

注意：逻辑试题的出题者经常采取以下两种形式"不好好说话"。

没有 A 是 B＝所有 A 都不是 B。例如："没有人会相信你"等价于"所有人都不会相信你"；

非（不）A 不是 B＝所有 B 是 A。例如："不听话的孩子没有糖吃"等价于"有糖吃的孩子都听话"。

三段论推理：有两句简单命题作为前提，在这两个前提中有一个共同概念（中项），以此作为媒介，推出两个前提中仅出现一遍的另外两个概念之间的关系，例如：

所有金属都是导电的，橡胶都不导电，所以橡胶不是金属。

两句前提中的共同概念是"导电的",它是中项,通过"导电的"作为媒介建立两句前提中仅出现一遍的两个概念"金属"和"橡胶"之间的关系。

一个正确的三段论推理需要遵循以下规则:① 有中项,并且中项至少要周延一次;② 结论中周延的概念前提必须周延;③ 当两句前提都是肯定时,结论必然是肯定或者双重否定;④ 当两句前提一句肯定、一句否定时,结论必然是否定;⑤ 当两句前提都是否定时,不能得出任何结论。

简单判断推理涉及的试题在历年考试中都有一些,但是数量不多,重点是叠加推理,具体类型有推结论、补前提等。下面是一些典型的历年真题。

(2013,8)某科研机构对市民所反映的一种奇异现象进行研究,该现象无法使用已有的科学理论进行解释。助理研究员小王由此断言:该现象是错觉。

以下哪项如果为真,最可能使小王的断言不成立?

A. 有些错觉可以用已有的科学理论进行解释

B. 有些错觉不能用已有的科学理论进行解释

C. 错觉都可以用已有的科学理论进行解释

D. 所有错觉都不能用已有的科学理论进行解释

E. 已有的科学理论尚不能完全解释错觉是如何形成的

要点点评: 实质就是三段论补充前提,去掉前提和结论中的共同项。

(2013,18)所有参加此次运动会的选手都是身体强壮的运动员,所有身体强壮的运动员都是极少生病的,但是有一些身体不适的选手参加了此次运动会。

以下哪项不能从上述前提中得出?

A. 有些身体不适的选手是极少生病的

B. 有些极少生病的选手感到身体不适

C. 参加此次运动会的选手都是极少生病的

D. 极少生病的选手都参加了此次运动会

E. 有些身体强壮的运动员感到身体不适

要点点评: 问题要求"推不出",所以,关注选项中周延的概念。

(2013,24)在某次综合性学术年会上,物理学会作学术报告的人都来自高校;化学学会作学术报告的人有些来自高校,但是大部分来自中学;其他做学术报告者均来自科学院。来自高校的学术报告者都具有副教授以上职称,来自中学的学术报告者都具有中高级以上职称。李默、张嘉参加了这次综合性学术年会,李默并非来自中学,张嘉并非来自高校。

以上陈述如果为真,可以得出以下哪项结论?

A. 张嘉如果做了学术报告,那么他不是物理学会的

B. 张嘉不具有副教授以上职称

C. 李默不是化学学会的

D. 张嘉不是物理学会的

E. 李默如果做了学术报告,那么他不是化学学会的

> **要点点评:** 逐项验证可以推出"张嘉不是来自物理学会作学术报告的人",这等价于"如果张嘉做了学术报告,那么他不是物理学会的"。

(2014,20)某大学顾老师在回答有关招生问题时强调:"我们学校招收一部分免费师范生,也招收一部分一般师范生。一般师范生不同于免费师范生,收费师范生毕业时可以留在大城市工作,而一般师范生毕业时都可以选择留在大城市工作,任何非免费师范生毕业时都需要自谋职业,收费师范生毕业时需要自谋职业。"

根据顾老师的陈述,可以得出以下哪项?

A. 该校需要自谋职业的大学生都可以选择留在大城市工作

B. 不是一般师范生的该校大学生都是免费师范生

C. 该校需要自谋职业的大学生都是一般师范生

D. 该校所有一般师范生都需要自谋职业

E. 该校可以选择留在大城市工作的唯一一类毕业生是一般师范生

> **要点点评:** 直接将选项代入前提验证即可。

(2014,23)兰教授认为:不善于思考的人不可能成为一名优秀的管理者,没有一个谦逊的智者学习占星术,占星家均学习占星术,但是有些占星家确是优秀的管理者。

以下哪项如果为真,最能反驳兰教授的上述观点?

A. 有些占星家不是优秀的管理者   B. 有些善于思考的人不是谦逊的智者

C. 所有谦逊的智者都是善于思考的人   D. 谦逊的智者都不是善于思考的人

E. 善于思考的人都是谦逊的智者

> **要点点评:** 实质就是三段论补充前提,去掉前提和结论中的共同项。注意对前提中"不好好说明"的简单判断要明确其等价形式。

(2014,26)孙先生的所有朋友都声称,他们知道某人每天抽烟至少两盒,而且持续了40年,但身体一直不错,不过可以确信的是,孙先生并不知道有这样的人,在他的朋友中也有像孙先生这样不知情的。

根据以上信息,可以得出以下哪项?

A. 抽烟多少和身体健康与否无直接关系

B. 朋友之间的交流可能会夸张,但没有人想故意说谎

C. 孙先生的每位朋友知道的烟民一定不是同一个人

D. 孙先生的朋友中有人没有说真话

E. 孙先生的大多数朋友没有说真话

> **要点点评:** 孙先生朋友声称的与事实不符,所以,一定有人没有说真话。

(2015,15)有些阔叶树是常绿植物,因此阔叶树都不生长在寒带地区。

以下哪项如果为真,最能反驳上述结论?

A. 有些阔叶树不生长在寒带地区　　　B. 常绿植物都生长在寒带地区
C. 寒带某些地区不生长常绿植物　　　D. 常绿植物都不生长在寒带地区
E. 常绿植物不都是阔叶树

要点点评:　实质就是三段论补充前提,去掉前提和结论中的共同项。

(2016,7)考古学家发现,那件仰韶文化晚期的土坯砖边缘整齐,并且没有切割痕迹,由此他们推测,这件土坯砖应当是使用木质模具压制成型的,而其他5件由土坯砖经过烧制而成的烧结砖,经检测当时的烧制它们的温度为850～900℃,由此考古学家进一步推测,当时的砖是先使用模具将黏土做成土坯,然后再经过高温烧制而成的。

以下哪项如果为真,最能支持上述考古学家的推测?
A. 仰韶文化晚期的年代约为公元前3500年—公元前3000年
B. 仰韶文化晚期,人们已经掌握了高温冶炼技术
C. 出土的5件烧结砖距今已有5000年,确实属于仰韶文化晚期的物品
D. 没有采用模具而成型的土坯砖,其边缘或者不整齐,或者有切割痕迹
E. 早在西周时期,中原地区人们就可以烧制铺地砖和空心砖

要点点评:　加强考古学家观点的重点是已知条件"边缘整齐并且没有切割痕迹",并由此推出"土坯砖是木制模具压制成型的"。

(2017,2)任何结果都不可能凭空出现,它们的背后都是有原因的,任何背后有原因的事物均可以被认识,而可以被人认识的事物都必然不是毫无规律的。

根据以上陈述,以下哪项为假?
A. 人可能认识所有事物　　　　　　　B. 有些结果的出现可能毫无规律
C. 那些可以被人认识的事物,必然有规律　　D. 任何结果出现的背后都是有原因的
E. 任何结果都可以被人认识

要点点评:　已知条件可以推知"任何结果都必然不是毫无规律的",注意选"假"!

(2017,12)很多成年人对于儿时熟悉的《唐诗三百首》中的许多名诗,常常仅记得几句名句,而不知诗作者或诗名。甲校中文系硕士生有三个年级,每个年级人数相等。统计发现,一年级学生都能把该书中的名句与诗名及其作者对应起来;二年级2/3的学生能把该书中的名句与作者对应起来;三年级1/3的学生不能把该书中的名句与诗名对应起来。

根据上述信息,关于该校中文系硕士生,可以得出以下哪项?
A. 1/3以上的硕士生不能将该书中的名句与诗名或作者对应起来
B. 大部分硕士生能将该书中的名句与诗名及其作者对应起来
C. 1/3以上的一、二年级学生不能把该书中的名句与作者对应起来
D. 2/3以上的一、二年级学生不能把该书中的名句与诗名对应起来
E. 2/3以上的一、三年级学生能把该书中的名句与诗名对应起来

要点点评:　一定要仔细阅读已知条件中关于各年级比例的条件,尤其是他们能否做的事情之间的细微差别。

(2017,19) 爱书成痴注定会藏书。大多数藏书家也会读一些自己收藏的书；但有些藏书家却因喜爱书的价值和精致装帧而购书收藏，至于阅读则放到了以后闲暇的时间，而一旦他们这样想，这些新购的书就很可能不被阅读了。但是，这些受到"冷遇"的书只要被友人借去一本，藏书家就会失魂落魄，整日心神不安。

　　根据上述信息，可以得出以下哪项？

　　A. 有些藏书家将自己的藏书当作友人　　B. 有些藏书家喜欢闲暇时读自己的藏书

　　C. 有些藏书家会读遍自己收藏的书　　　D. 有些藏书家不会立即读自己新购的书

　　E. 有些藏书家从不读自己收藏的书

　　要点点评： 有些藏书家购书后将阅读放到了以后闲暇的时间，所以，有些藏书家不会立即读自己新购的书。

(2018,13) 某学期学校新开设 4 门课程："《诗经》鉴赏""老子研究""唐诗鉴赏""宋词选读"，李晓明、陈文静、赵珊珊和庄志达 4 人各选修了其中一门课程。已知：

　　(1) 他们 4 个选修的课程各不相同；

　　(2) 喜爱诗词的赵珊珊选修的是诗词类课程；

　　(3) 李晓明选修的不是"《诗经》鉴赏"就是"唐诗鉴赏"。

　　以下哪项如果为真，就能确定赵珊珊选修的是"宋词选读"？

　　A. 庄志达选修的是"老子研究"　　　　B. 庄志达选修的不是"老子研究"

　　C. 庄志达选修的是"《诗经》鉴赏"　　D. 庄志达选修的不是"《诗经》鉴赏"

　　E. 庄志达选修的不是"宋词选读"

　　要点点评： 要结合条件(2)推出赵珊珊选修的是"宋词选读"，需要将其他诗词类课程排除。

(2018,25)最终审定的项目或者意义重大或者关注度高，凡意义重大的项目均涉及民生问题。但是有些最终审定的项目并不涉及民生问题。

　　根据以上陈述，可以得出以下哪项？

　　A. 意义重大的项目比较容易引起关注

　　B. 有些项目意义重大但是关注度不高

　　C. 涉及民生问题的项目有些没有引起关注

　　D. 有些项目尽管关注度高但并非意义重大

　　E. 有些不涉及民生问题的项目意义也非常重大

　　要点点评： 已知条件可以推出"有些最终审定的项目不是意义重大的"，所以这些项目是关注度高的项目。

(2018,27)所有值得拥有专利的产品或设计方案都是创新，但并不是每一项创新都值得拥有专利；所有的模仿都不是创新，但并非每一个模仿者都应该受到惩罚。

　　根据以上陈述，以下哪项是不可能的？

　　A. 有些值得拥有专利的创新产品并没有申请专利

B. 有些创新者可能受到惩罚

C. 有些值得拥有专利的产品是模仿

D. 没有模仿值得拥有专利

E. 所有的模仿者都受到了惩罚

要点点评： 从"模仿都是不是创新"和"所有值得拥有专利的产品或者设计方案都是创新"可以推出"所有模仿都不值得拥有专利"，即"值得拥有专利的都不是模仿"。

(2019,1) 新常态下，消费需求发生深刻变化，消费拉开档次，个性化、多样化消费渐成主流。在相当一部分消费者那里，对产品质量的追求压倒了对价格的考虑。供给侧结构性改革，说到底是满足需求。低质量的产能必然会过剩，而顺应市场需求不断更新换代的产能不会过剩。

根据以上陈述，可以得出以下哪项？

A. 只有质优价高的产品才能满足需求

B. 顺应市场需求不断更新换代的产能不是低质量的产能

C. 低质量的产能不能满足个性化需求

D. 只有不断更新换代的产品才能满足个性化、多样化消费的需求

E. 新常态下，必须进行供给侧结构性改革

要点点评： 逐项验证，寻找前提中带有"顺应市场需求不断更新换代的产能"和"低质量产能"的判断。

(2020,3) 有学校提出，将效仿免费师范生制度，提供减免学费等优惠条件以吸引成绩优秀的调剂生，提高医学人才培养质量。有专家对此提出反对意见：医生是即崇高又辛苦的职业，要有足够的爱心和兴趣才能做好。因此，宁可招不满，也不要招收调剂生。

以下哪项最可能是上述专家论断的假设？

A. 没有奉贤精神，就无法学好医学

B. 如果缺乏爱心，就不能从事医学这一崇高的职业

C. 调剂生往往对医学缺乏兴趣

D. 因优惠条件而报考医学的学生往往缺乏奉贤精神

E. 有爱心并对医学有兴趣的学生不会在意是否收费

要点点评： 要建立"爱心和兴趣"与"调剂生"之间的关系才能使专家的观点成立。

(2021,1) 哲学是关于世界观、方法论的学问，哲学的基本问题是思维和存在的关系问题，它是在总结各门具体科学知识基础上形成的，并不是一门具体科学。因此，经验的个案不能反驳它。

以下哪项如果为真，最能支持以上论述？

A. 哲学并不能推演出经验的个案

B. 任何科学都要接受经验的检验

C. 具体科学不研究思维和存在的关系问题

D. 经验的个案只能反驳具体科学

E. 哲学可以对具体科学提供指导

要点点评：　论证涉及"经验的个案""具体科学""哲学"等概念,这些概念之间的关系所形成的推理也就是三段论推理,三段论推理的前提也是对推理的加强。

（2022,5）某小区2号楼1单元的住户都打了甲公司的疫苗,小李家不是该小区2号楼1单元的住户,小赵家都打了甲公司的疫苗,而小陈家都没有打甲公司的疫苗。

根据以上陈述,可以得出以下哪项?

A. 小李家都没有打甲公司的疫苗

B. 小赵家是该小区2号楼1单元的住户

C. 小陈家是该小区的住户,但不是2号楼1单元的

D. 小赵家是该小区2号楼的住户,但未必是1单元的

E. 小陈家若是该小区2号楼的住户,则不是1单元的

要点点评：　关于小李和小赵两家得不出确定的结论,可以得出小陈家不是该小区2号楼1单元的住户,但未必不是该小区的住户。

复合命题有三种。

其中两种基本的复合判断是：联言（并且）判断,表示这种判断的逻辑连接词是"并且"等,如"小王迟到了并且耽误了考试"；选言（或者）判断,表示这种判断的逻辑连接词是"或者""至少"等,如"明天是周一或者是周二""甲和乙至少一人获得了优秀"。选言命题的逻辑连接词除了用"或者"表示相容选言判断,还用"要么"表示不相容选言判断,"要么p要么q"的逻辑涵义表示"p和q之中有一个为真,并且仅有一个为真"。

第三种复合判断是假言判断,表示假言判断根据逻辑连接词略有不同,分别有"充分条件""必要条件""充要条件"三种类型。

表示充分条件假言命题的连接词是"只要、就"（"只要"的同义词有"若""如果""假如"等,"就"的同义词有"那么""则"等）,其涵义是"有了充分条件就一定有结果,但是没有充分条件,结果不确定,可能有也可能没有"。例如：

只要工作满三年,就能够获得带薪休假。表示"工作满三年"是"获得带薪休假"的充分条件,即工作满三年的人一定有带薪休假,但是工作没有满三年的人,可能有也可能没有带薪休假。

表示必要条件假言命题的连接词是"只有、才",其涵义是"没有必要条件就一定没有结果,但是有了必要条件,可能有也可能没有结果"。例如：

只有工作满三年,才能报考研究生。表示"工作满三年"是"能报考研究生"的必要条件,即没有工作满三年的人一定不能报考研究生,但是工作满三年的人,也许能也许不能报考研究生。

表示充要条件假言命题的连接词是"当且仅当",其涵义是"有充要条件就一定有结果,没有充要条件就一定没有结果"。例如：

三角形三边相等,当且仅当三角形三角相等。表示"三角形三边相等"和"三角形三角相

等"互为充要条件,即一个三边相等的三角形,三角一定相等;一个三边不相等的三角形,三角一定不相等。充要条件假言命题涵义最简单,并且考试中涉及不多,考生理解即可,不必将此作为重点。

表示假言命题的连接词还有"除非、否则",其中"除非"引导的是必要条件,"否则"引导的是缺乏必要条件后的结果,例如:

除非通过国家联考,否则不能被高校录取,表示"通过国家联考"是"被高校录取"的必要条件。

复合判断之间的关系包括:矛盾、等价和推导。

复合判断的矛盾关系。矛盾也是不能同真,不能同假的关系,其中"并且判断"和"或者判断"之间互为矛盾;假言判断的矛盾是并且判断。例如:

有些人可能不理性,并且所有动物必然不是理性的。矛盾:所有人必然理性,或者有些动物可能是理性的。

假言判断统一表达为:p→q;它的矛盾命题为并且判断,即"p→q"的矛盾判断是"p并且非q",例如:

"如果坚持,那么总会有收获"矛盾于"坚持但没有收获"

"只有勤奋,才能取得好成绩"矛盾于"不勤奋,也能取得好成绩"

"除非早到,否则领不到奖品"矛盾于"没有早到并且领到了奖品"

注意:考生必须从逻辑涵义角度理解假言命题的矛盾,而不能采取"背公式"的方式,否则考试时便难以快速而正确解答。从逻辑涵义的角度理解矛盾具体来说如下:

"如果坚持,那么总会有收获",涵义是"坚持"是"有收获"的充分条件,充分条件假言命题的涵义是:有充分就有结果。充分条件假言命题的矛盾是"有充分并且没有结果",故该句矛盾"坚持但没有收获"

"只有勤奋,才能取得好成绩"涵义是"勤奋"是"取得好成绩"的必要条件,必要条件假言命题的涵义是"没有必要就没有结果"。必要条件假言命题的矛盾是"没有必要并且有结果",故该句矛盾"不勤奋,也能取得好成绩"

"除非早到,否则领不到奖品"涵义与"或者早到,或者领不到奖品"等价,故其矛盾盾是"没有早到并且领到了奖品"

复合判断的等价。包括重点是假言命题之间的等价和复合命题之间的等价。

由于表示假言判断的逻辑连接词较多,为了快速而准确地理解其涵义,可以将假言判断等价为"充分条件→结果"和"结果→必要条件",即"充分→必要"这一统一形式。

"充分→必要"和"没有必要→没有充分"互为逆否命题,即"A→B"和"非B→非A"互为等价的逆否命题,例如"如果下雨,那么会议延期"和"只要会议不延期,就没有下雨"是等价的。通过假言命题的统一形式及其逆否命题等价,具有逻辑连词的假言判断之间是否具有等价关系便比较容易看出来了,例如:

(1) 如果努力学习,那么成绩优秀。等价于:努力学习→成绩优秀

(2) 若不努力学习,则成绩不优秀。等价于:不努力学习→成绩不优秀

(3) 努力学习,就必须成绩优秀。等价于:努力学习→成绩优秀

(4) 只有努力学习,才能成绩优秀。等价于:成绩优秀→努力学习

（5）努力学习，就成绩优秀。等价于：努力学习→成绩优秀

（6）努力学习，才成绩优秀。等价于：成绩优秀→努力学习

（7）除非努力学习，否则成绩优秀。等价于：成绩不优秀→努力学习

（8）努力学习，除非成绩优秀：不努力学习→成绩优秀

（9）努力学习，否则成绩优秀：成绩不优秀→努力学习

以上判断中，（1）（3）（5）是等价的；（2）（4）（6）是等价的；（7）（8）（9）是等价的。

考生还要能理解不同的逻辑联结词所表达的复合判断的涵义，理解它们之间是否等价。

由于假言判断的矛盾是并且判断，而或者判断的矛盾也是并且判断，所以假言判断和或者之间是等价的，即，假言判断"p→q"等价于或者判断"非p或者q"，例如：

"如果股票上涨，我就发财了"等价于"或者股票没有上涨，或者我发财了"

"或者刮风，或者下雨"等价于"如果不刮风，那么下雨"。

"除非甲当选，否则乙不当选"等价于"或者甲当选，或者乙不当选"。

理解上述等价关系，便可以理解假言判断与其他判断之间的关系事实上就是或者判断与其他判断之间的关系。例如：

判断1"只有天才，才能发明创造"与判断2"所有人都不能发明创造"之间的关系，等价于判断1"或者是天才，或者不能发明创造"与判断2"所有人不都能发明创造"之间的关系。所以，判断2若真，则判断1必真。

注意：将不同的假言判断，表示为"→"的形式，只是一种理解的方法，不能将此作为唯一的和必须的方法，更不能将此作为"翻译"的方法。快速解答逻辑试题完全没有时间将自然语言一一"翻译"，所以，考生入门时可以通过"→"来理解，但是在考试时，必须针对阅读到的自然语言本身来理解。记住，逻辑考试是阅读理解的考试，而不是"翻译理解"！

复合判断的推导。复合判断的推导不仅涉及复合判断之间，它还涉及相应的简单判断。具体来说有以下推导规则：

（1）在性质上，肯定的前提只能推出肯定的结论；否定的前提只能推出否定的结论；

（2）在方向上，"联言判断"真，推"简单判断"真，推"选言判断"真。

下表是推导关系的总结。

推理只能存在于相同性质判断之间，即肯定判断为真的前提，推出真的结论是肯定判断；否定判断为真的前提，推出真的结论是否定判断			
已　知	结论一	结论二	规　则
甲及格并且乙及格（真）	甲及格（真）	甲及格或者乙及格（真） 甲及格或者明天下雨（真）	联言判断真，推简单判断真，推选言判断真
	乙及格（真）	乙及格或者甲及格（真） 乙及格或者甲不及格（真）	

注意：由于假言判断等价于或者判断，所以，以上推导得出的结论如果是或者判断，同样可以得出相应的假言判断。

涉及复合判断之间的关系在历年考试中数量相当丰富,这是逻辑考试的重点内容,试题不仅是涉及复合判断的"真假话"试题,更包括判断之间的等价转换等多种类型试题。下面是一些典型的历年真题。

(2013,4)国际足联一直坚称,世界杯冠军队所获得的"大力神"杯是实心的纯金奖杯。某教授经过精密测量和计算认为,世界杯冠军奖杯——实心的"大力神"杯不可能是纯金制成的,否则球员根本不可能将它举过头顶并随意挥舞。

以下哪项与这位教授的意思最为接近?

A. 只有球员能够将"大力神"杯举过头顶并自由挥舞,它才由纯金制成,并且不是实心的

B. 若球员能够将"大力神"杯举过头顶并自由挥舞,则它很可能是空心的纯金杯

C. 若"大力神"杯是实心的纯金杯,则球员不可能把它举过头顶并随意挥舞

D. 只有"大力神"杯是实心的,它才可能是纯金的

E. 若"大力神"杯是由纯金制成,则它肯定是空心的

要点点评: 教授观点作为假言命题等价为"球员将奖杯举顶并随意挥舞→奖杯不可能是实心纯金的"。

(2013,17)某金库发生了失窃案,公安机关侦查确定,这是一起典型的内盗案,可以断定金库管理员甲、乙、丙、丁中至少有一人是作案者。办案人员对四人进行了询问,四人的回答如下:

甲:"如果乙不是窃贼,我也不是窃贼。"

乙:"我不是窃贼,丙是窃贼。"

丙:"甲或者乙是窃贼。"

丁:"乙或者丙是窃贼。"

后来事实表明,他们四人中只有一人说了真话。

根据以上陈述,以下哪项一定为假?

A. 乙不是窃贼   B. 丙不是窃贼   C. 甲说的是真话   D. 丙说的是假话

E. 丁说的是真话

要点点评: 命题之间关系。乙作案,则丙、丁都真;所以乙没有作案;丙作案,则乙、丁都真,所以,丙没有作案。

(2014,3)陈先生在鼓励他的孩子时说道:"不要害怕暂时的困难和挫折。不经历风雨怎么见彩虹?"他孩子不服气地说:"您说得不对。我经历了那么多风雨,怎么就没见到彩虹呢?"

陈先生孩子的回答最适宜用来反驳以下哪项?

A. 如果想见到彩虹,就必须经历风雨   B. 只要经历了风雨,就可以见到彩虹

C. 只有经历风雨,才能见到彩虹   D. 即使经历了风雨,也可能见不到彩虹

E. 即使见到了彩虹,也不是因为经历了风雨

要点点评：　陈先生孩子回答涵义"经历了风雨并且没有见彩虹"，与"经历了风雨→见彩虹"矛盾。

(2014,15)为了加强学习型机关建设，某机关党委开展了菜单式学习活动，拟开设课程有"行政学""管理学""科学前沿""逻辑"和"国际政治"等五门课程，要求其下属的四个支部各选择其中的两门课程进行学习。已知：第一支部没有选择"管理学""逻辑"，第二支部没有选择"行政学""国际政治"，只有第三支部选择了"科学前沿"，任意两个支部所选课程均不完全相同。

根据上述信息，关于第四支部的选课情况可以得出以下哪项？

A. 如果没有选择"行政学"，那么选择了"逻辑"

B. 如果没有选择"管理学"，那么选择了"逻辑"

C. 如果没有选择"国际政治"，那么选择了"逻辑"

D. 如果没有选择"管理学"，那么选择了"国际政治"

E. 如果没有选择"行政学"，那么选择了"管理学"

要点点评：　"如果没有选择管理学，那么选择了逻辑"矛盾等价于"没有选择管理，也没有选择逻辑"，这与第一支部情况相同了。

(2014,17)这两个《通知》或者属于规章或者属于规范性文件，任何人均无权依据这两个《通知》将本来属于当事人选择公证的事项规定为强制公证的事项。

根据以上信息，可以得出以下哪项？

A. 规章或者规范性文件既不是法律，也不是行政法规

B. 规章或规范性文件或者不是法律，或者不是行政法规

C. 这两个《通知》如果一个属于规章，那么另一个属于规范性文件

D. 这两个《通知》如果都不属于规范性文件，那么就属于规章

E. 将本来属于当事人选择公证的事情规定为强制公证的事项属于违法行为

要点点评：　"两个《通知》或者规章或者规范性文件"等价于"两个《通知》如果不属于规范性文件，那么就属于规章"。

(2015,20)张教授指出，明清时期科举考试分为四级，即院试、乡试、会试、殿试。院试在县府举行，考中者称"生员"；乡试每三年在各省省城举行一次，生员才有资格参加，考中者为举人，举人第一名称"解元"；会试于乡试后第二年在京城元都举行，举人才有资格参加，考中者称为"贡士"，贡士第一名称"会元"；殿试在会试当年举行，由皇帝主持，贡士才有资格参加，录取分为三甲，一甲三名，二甲三甲各若干名，统称为"进士"，一甲第一名称"状元"。

根据张教授的陈述，以下哪项是不可能的？

A. 中举者不曾中进士　　　　　　　B. 中状元者曾为生员和举人

C. 中会元者不曾中举　　　　　　　D. 有连中三元者(解元、会元、状元)

E. 未中解元者，不曾中会元

要点点评：　张教授的陈述内容较多，但是其涵义可以概括为以下观点：低一级考试

考中是参加高一级考试的必要条件，与张教授这一观点矛盾的选项是不可能为真的。

(2015,25)有关数据显示，2011年全球新增870万结核病患者，同时有140万患者死亡。因为结核病对抗生素有耐药性，所以对结核病的治疗一直都进展缓慢。如果不能在近几年消除结核病，那么还会有数百万人死于结核病。如果要控制这种流行病，就要有安全、廉价的疫苗。目前有12种新疫苗正在测试之中。

根据以上信息，可以得出以下哪项？

A. 2011年结核病患者死亡率已达16.1%

B. 有了安全、廉价的疫苗，我们就能控制结核病

C. 如果解决了抗生素的耐药性问题，结核病治疗将会获得突破性进展

D. 只有在近几年消除结核病，才能避免数百万人死于这种疾病

E. 新疫苗一旦应用于临床，将有效控制结核病的传播

要点点评： 已知条件有两句假言命题，与上述假言命题等价的选项就是正确答案。

(2015,26)一个人如果没有崇高的信仰，就不可能守住道德的底线；而一个人只有不断加强理论学习，才能始终保持崇高的信仰。

根据以上信息，可以得出以下哪项？

A. 一个人只有不断加强理论学习，才能守住道德的底线

B. 一个人如果不能守住道德的底线，就不可能保持崇高的信仰

C. 一个人只要有崇高的信仰，就能守住道德的底线

D. 一个人只要不断加强理论学习，就能守住道德底线

E. 一个人没能守住道德的底线，是因为他首先丧失了崇高的信仰

要点点评： 题干的已知条件可以等价为"可能守住道德的底线→保持崇高的信仰→加强理论学习"。

(2016,2)生态文明建设事关社会发展方式和人民福祉。只有实行最严格的制度、最严密的法治，才能为生态文明建设提供可靠保障。如果要实行最严格的制度、最严密的法治，就要建立责任追究制度，对那些不顾生态环境盲目决策并造成严重后果者，追究其相应的责任。

根据以上信息，可以得出以下哪项？

A. 如果对那些不顾生态环境盲目决策并造成严重后果者追究相应责任，就能为生态文明建设提供可靠保障

B. 实行最严格的制度和最严密的法治是生态文明建设的重要目标

C. 如果不建立责任追究制度，就不能为生态文明建设提供可靠保障

D. 只有筑牢生态环境的制度防护墙，才能造福于民

E. 如果要建立责任追究制度，就要实行最严格的制度、最严密的法治

要点点评： 题干已知条件等价为"生态文明建设提供可靠保障→实行最严格的制度和法治→追究责任"。

↗ (2016,6)在某届洲际杯足球大赛中,第一阶段某小组单循环赛共有 4 支队伍参加,每支队伍需要在这一阶段比赛三场,甲国足球队在该小组的前两轮比赛中一平一负,在第三轮比赛之前,甲国队主教练在新闻发布会上表示:"只有我们在下一场比赛中取得胜利并且本组的另外一场比赛打成平局,我们才有可能从这个小组出线。"

如果甲国队主教练的陈述为真,以下哪项是不可能的?

A. 第三轮比赛该小组两场比赛都分出了胜负,甲国队从小组出线

B. 甲国队第三场比赛取得了胜利,但他们未能从小组出线

C. 第三轮比赛甲国队取得了胜利,该小组另一场比赛打成平局,甲国队未能从小组出线

D. 第三轮比赛该小组另外一场比赛打成平局,甲国队从小组出线

E. 第三轮比赛该小组两场比赛都打成了平局,甲国队未能从小组出线

要点点评: "只有我们在下一场比赛中取得胜利并且本组的另外一场比赛打成平局,我们才有可能从这个小组出线"与"在下一场我们没有胜利或者另外一场没有打成平局时,我们也从小组出线了"矛盾。

↗ (2016,12)郝大爷过马路时不幸摔倒昏迷,所幸有小伙子及时将他送往医院救治。郝大爷病情稳定后,有 4 位陌生小伙陈安、李康、张幸、汪福来医院看望他,郝大爷问他们究竟是谁送他来医院,他们回答如下:

陈安:我们 4 人都没有送您来医院。李康:我们 4 人有人送您来医院。张幸:李康和汪福至少有一人没有送您来医院。汪福:送您来医院的人不是我。后来证实上述 4 人有两人说真话,两人说假话。

根据以上信息,可以得出哪项?

A. 说真话的是李康和张幸　　　　　B. 说真话的是陈安和张幸

C. 说真话的是李康和汪福　　　　　D. 说真话的是张幸和汪福

E. 说真话的是陈安和汪福

要点点评: 两真两假时,必有矛盾;矛盾以外的两句命题也是一真一假。

↗ (2016,16)根据现有物理学定律:任何物质的运动速度都不可能超过光速,但最近一次天文观测结果向这条定律发起了挑战:距离地球遥远的 IC310 星系拥有一个活跃的黑洞,掉入黑洞的物质产生了伽马射线冲击波,有些天文学家发现,这束伽马射线的速度超过了光速,因为它只用了 4.8 分钟就穿越了黑洞边界,而光要 25 分钟才能走完这段距离。由此,这些天文学家提出,光速不变定律需要修改了。

以下哪项如果为真,最能质疑上述天文学家所作的结论?

A. 或者光速不变定律已经过时,或者天文学家的观测有误

B. 如果天文学家的观测没有问题,光速不变定律就需要修改

C. 要么天文学家的观测有误,要么有人篡改了天文观测数据

D. 天文观测数据可能存在偏差,毕竟 IC310 星系离地球很远

E. 光速不变定律已经历过多次实践检验,没有出现反例

要点点评： 要么观测有误,要么有人篡改天文观测数据;说明两种可能性之中必居一种,没有其他可能性。

(2016,24)在某项目招标过程中,赵嘉、钱宜、孙斌、李汀、周武、吴纪 6 人作为各自公司代表参与投标,有且只有一人中标,关于究竟谁是中标者,招标小组中有 3 位成员各自谈了自己的看法:(1)中标者不是赵嘉就是钱宜;(2)中标者不是孙斌;(3)周武和吴纪都没有中标。经过深入调查,发现上述 3 人只有一人的看法是正确的。

根据以上信息,以下哪项中的 3 人都可以确定没有中标?

A. 钱宜、孙斌、周武　　　　　　　B. 孙斌、周武、吴纪

C. 赵嘉、钱宜、李汀　　　　　　　D. 赵嘉、周武、吴纪

E. 赵嘉、孙斌、李汀

要点点评： 没有矛盾关系时,假设某一句真可以推知若干句真,那么所假设的这一句必假。

(2018,12)张教授:利益并非只是物质利益,应该把信用、声誉、情感甚至某种喜好等都归入利益的范畴。根据这种"利益"的广义理解,如果每一个体在不损害他人利益的前提下,尽可能满足其自身的利益需求,那么由这些个体组成的社会就是一个良善的社会。

根据张教授的观点,可以得出以下哪项?

A. 如果一个社会不是良善的,那么其中肯定存在个体损害他人利益或自身利益需求没有尽可能得到满足的情况

B. 尽可能满足每一个体的利益需求,就会损害社会的整体利益

C. 只有尽可能满足每一个体的利益需求,社会才可能是良善的

D. 如果有些个体通过损害他人利益来满足自身的利益需求,那么社会就不是良善的

E. 如果某些个体的利益需求没有尽可能得到满足,那么社会就不是良善的

要点点评： 已知条件中的假言命题"如果每个人不损害其他人利益并且尽可能满足自身利益,那么这个社会是良善的"与假言命题"如果一个社会不是良善的,那么这个社会或者某人损害其他人利益或者其自身利益没有尽可能得到满足"互为逆否命题等价。

(2018,18)若要人不知,除非己莫为,若要人不闻,除非己莫言。为之而欲人不知,言之而欲人不闻,此犹捕雀而掩目者。

根据以上陈述,可以得出以下哪项?

A. 若己不为,则人不知　　　　　　B. 若己不言,则人不闻

C. 若己为,则人会知,若己言,则人会闻　D. 若能做到捕雀而掩目,则可为之而人不知

E. 若能做到盗铃而掩耳,则可言之而人不闻

要点点评： 已知假言命题"若要人不知,除非己莫为,若要人不闻,除非己莫言"等价为"人不知→己莫为,人不闻→己莫言"。

(2019,13)某大学有位女教师默默资助一位偏远山区的贫困家庭长达 15 年。记者多方

打听,发现做好事者是该大学传媒学院甲、乙、丙、丁、戊5位教师中的某一位。在接受采访时,5位老师都很谦虚,他们是这么对记者说的:

甲:这件事是乙做的。

乙:我没有做,是丙做了这件事。

丙:我并没有做这件事。

丁:我也没有做这件事,是甲做的。

戊:如果甲没有做,则丁也不会做。

记者后来得知,上述5位老师中只有一人说的话符合真实情况。

根据以上信息,可以得出做这件好事的人是?

A. 甲   B. 乙   C. 丙   D. 丁

E. 戊

要点点评: 甲、乙、丙三人的话必有一真,如果看不出以上三人话的关系,也可以直接逐项验证各个选项,看哪一个选项满足"仅有一真"的要求。

(2019,15)下面6张卡片,一面印的是汉字(动物或者花卉),一面印的是数字(奇数或者偶数)。

| 虎 | 6 | 菊 | 7 | 鹰 | 8 |

对于上述6张卡片,如果要验证"每张卡片至少有一面印的是偶数或者花卉"。至少需要翻看几张卡片?

A. 2   B. 3   C. 4   D. 5

E. 6

要点点评: 要验证的判断中有逻辑连接词"或者",要理解其确切涵义。

(2019,23)如果一个人只为自己劳动,他也许能成为著名学者、大哲人、卓越诗人,然而他永远不能成为完美无瑕的伟大人物。如果我们选择了最能为人类福利而劳动的职位,那么,重担就不能把我们压倒,因为这是为大家而献身;那时我们所感到的就不是可怜的、有限的、自私的乐趣,我们的幸福将属于千百万人,我们的事业将默默地,但是永恒发挥作用地存在下去,而面对我们的骨灰,高尚的人们将洒下热泪。

根据以上陈述,可以得出以下哪项?

A. 如果一个人只为自己劳动,不是为大家而献身,那么重担就能将他压倒

B. 如果我们为大家而献身,我们的幸福将属于千百万人,面对我们的骨灰,高尚的人们将洒下热泪

C. 如果我们没有选择最能为人类福利而劳动的职业,我们所感到的就是可怜的、有限的、自私的乐趣

D. 如果选择了最能为人类福利而劳动的职业,我们就不仅能够成为著名学者、大哲人、卓越诗人,而且还能都成为完美无瑕的伟大人物

E. 如果我们只为自己劳动,我们的事业就不会默默地,但是永恒发挥作用地存在下去

要点点评: 每一个选项都是假言判断,其中某一个选项与题干中已知的假言判断是等价的。

（2020,1）领导干部对于各种批评意见应采取有则改之,无则加勉的态度,营造言者无罪,闻者足戒的氛围,只有这样,人们才能知无不言,言无不尽。领导干部只有从谏如流,并为说真话者撑腰,才能做到"兼听则明"或做出科学的决策;只有乐于和善于听取各种不同意见,才能营造风清气正的政治生态。

根据以上信息,可以得出以下哪项?

A. 领导干部必须善待批评,从谏如流,为说真话者撑腰

B. 大多数领导干部对于批评意见能够采取有则改之,无则加勉的态度

C. 领导干部如果不能从谏如流,就不能做出科学决策

D. 只有营造言者无罪、闻者足戒的氛围,才能形成风清气正的政治生态

E. 领导干部只有乐于和善于听取各种不同的意见,人们才能知不无言,言无不尽

要点点评: 题干有多句假言命题,寻找选项中与题干已知假言命题等价的假言命题。

（2020,11）下表显示了某城市过去一周的天气情况:

星期一	星期二	星期三	星期四	星期五	星期六	星期日
东南风 1~2级 小雨	南风 4~5级 晴	无风 小雪	北风 1~2级 阵雨	无风 晴	西风 3~4级 阴	东风 2~3级 中雨

以下哪项对该城市这一周天气情况的概括最为准确?

A. 每日或者刮风,或者下雨　　　　B. 每日或者刮风,或者晴天

C. 每日或者无风,或者无雨　　　　D. 若有风且风力超过3级,则该日是晴天

E. 若有风且风力不超过3级,则该日不是晴天

要点点评: 逐项对照,有四个选项的情况都能在一周的天气情况中找到矛盾的情况,只有一个选项与一周7天的情况不矛盾。

（2020,27）人非生而知之者,孰能无惑? 惑而不从师,其为惑也,终不解矣。生乎吾前,其闻道也固先乎吾,吾从而师之;生乎吾后,其闻道也亦先乎吾,吾从而师之。吾师道也,夫庸知其年之先后生于吾乎? 是故无贵无贱,无长无少,道之所存,师之所存也。

根据以上信息,可以得出哪项?

A. 与吾生乎同时,其闻道也,必先乎吾　　B. 师之所存,道之所存也

C. 无贵无贱,无长无少,皆为吾师　　　　D. 与吾生乎同时,其间道不必先乎吾

E. 若解惑,必从师

要点点评: 已知条件中的"惑而不从师,其为惑也,终不解矣"与"若解惑,必从师"涵

义等价。

(2021,4)某企业董事会就建立健全企业管理制度与提高企业经济效益进行研讨。在研讨中,与会者发言如下。

甲:要提高企业经济效益,就必须建立健全企业管理制度。

乙:既要建立健全企业管理制度,又要提高企业经济效益,二者缺一不可。

丙:经济效益是基础和保障,只有提高企业经济效益,才能建立健全企业管理制度。

丁:如果不建立健全企业管理制度,就不能提高企业经济效益。

戊:如果不提高企业经济效益,就不能建立健全企业管理制度。

根据上述讨论事会最终做出了合理的决定,以下哪项是可能的?

A. 甲、乙的意见符合决定,丙的意见不符合决定

B. 上述 5 人中只有 1 人的意见符合决定

C. 上述 5 人中只有 2 人的意见符合决定

D. 上述 5 人中只有 3 人的意见符合决定

E. 上述 5 人的意见均不符合决定

要点点评: 五人的话都是复合判断,四人的话是假言命题,并且两两等价,仅有一人的话是联言判断。要理解假言命题与联言命题之间的关系。

(2021,27)除冰剂是冬季北方城市用于去除道路冰雪的常见产品。下表显示了五种除冰剂的各项特征:

除冰剂类型	融冰速度	破坏道路设施的可能风险	污染土壤的可能风险	污染水体的可能风险
Ⅰ	快	高	高	高
Ⅱ	中等	中	低	中
Ⅲ	较慢	低	低	中
Ⅳ	快	中	中	低
Ⅴ	较慢	低	低	低

以下哪项对上述五种除冰剂的特征概括最为准确?

A. 融冰速度较慢的除冰剂在污染土壤和污染水体方面的风险都低

B. 没有一种融冰速度快的除冰剂三个方面的风险都高

C. 若某种除冰剂至少在两个方面风险低,则其融冰速度一定较慢

D. 若某种除冰剂三方面风险都不高,则其融冰速度一定也不快

E. 若某种除冰剂在破坏道路设施和污染土壤方面的风险都不高,则其融冰速度一定较慢

要点点评: 对各个选项命题的含义正确理解,与题干中表格内的信息逐项对照。

(2022,1)百年党史充分揭示了中国共产党为什么能、马克思主义为什么行、中国特色社

会主义为什么好的历史逻辑、理论逻辑、实践逻辑。面对百年未有之大变局,如果信念不坚定,就会陷入停滞彷徨的思想迷雾,就无法面对前进道路上的各种挑战风险。只有坚持中国特色社会主义道路自信、理论自信、文化自信,才能把中国的事情办好,把中国特色社会主义事业发展好。

根据以上陈述可以得出以下哪项?

A. 如果坚持"四个自信"就能把中国的事情办好

B. 只要信念坚定,就不会陷入停滞彷徨的思想迷雾

C. 只有信念坚定,才能应对前进道路上的各种挑战风险

D. 只有充分理解百年党史揭示的理论逻辑,才能将中国特色社会主义事业发展好

E. 如果不能理解百年党史揭示的理论逻辑,就无法遵循百年党史揭示的实践逻辑

要点点评: 理解题干假言命题的涵义,逐项对照,寻找相同涵义的假言命题。

(2022,11)H 市医保局发出如下公告:自即日起,本市将新增医保电子凭证就医结算,社保卡将不再作为就医结算的唯一凭证。本市所有定点医疗机构均已实现医保电子凭证的实时结算。本市参保人员可凭医保电子凭证就医结算,但只有将医保电子凭证激活后才能扫码使用。

以下哪项最符合上述 H 市医保局的公告内容?

A. H 市非定点医疗机构没有实现医保电子凭证的实时结算

B. 可使用医保电子凭证结算的医院不一定都是 H 市的定点医疗机构

C. 凡持有社保卡的外地参保人员,均可在 H 市定点医疗机构就医结算

D. 凡已激活医保电子凭证的外地参保人员,均可在 H 市定点医疗机构使用医保电子凭证扫码就医

E. 凡未激活医保电子凭证的本地参保人员,均不能在 H 市定点医疗机构使用医保电子凭证扫码结算

要点点评: 阅读并关注已知条件中的假言命题,医保电子凭证激活是扫码使用的必要条件,所以未激活,就不能使用。

复合判断推理的重点和难点是假言推理。将假言判断统一表示为:p→q,假言推理的规则是:

大前提是假言判断:p→q,小前提是简单判断(或者是能得出相应简单判断的复合判断):p;结论:所以,q。

大前提是假言判断:p→q,小前提是简单判断(或者是能得出相应简单判断的复合判断):非 q;结论:所以,非 p。

上述假言推理规则可以概括为两句话:前真则后真,后假则前假。

例如:如果列车正点到达,老王就不会迟到;星期五的列车是正点到达的,所以,星期五老王不会迟到。

只有工作五年以上才能获得忠诚奖;李明在公司只工作了三年,所以,李明不可能获得忠诚奖。

由于假言判断和或者判断等价,所以假言推理规则事实上和下面的或者推理规则是相同的。

已知:或者 p,或者 q;又,非 p,(非 q)。所以,q(所以,p)。

例如:环境污染或者是灾难性的,或者是可恢复的,A 国的环境污染不是可恢复的。所以,A 国的环境污染是灾难性的。

假言推理在考试中根据大前提、小前提的数量和难度,可以分为以下 3 种类型:

Y 类推理。 题干已知条件既有大前提,又有小前提,考生根据假言推理规则先对已知条件进行推理,然后去寻找答案即可。试题的已知条件给出的大前提可能不止一个,这时候,考生需要对这些大前提有所选择,进行合乎规则地推理。

注意: 当大前提有多句时,如果能够将多句大前提表达为连续的形式,这就有助于快速解题。例如,已知(1) 只要甲优秀,乙就优秀;(2) 若丁不优秀,则丙不优秀;(3) 只有乙不优秀,丙才不优秀。以上三句大前提可以连续为:甲优秀→乙优秀→丙优秀→丁优秀。

Y 类试题在题干已知条件中既有大前提,又有小前提,所以在逐项对照验证选项以前就可以先进行"从上往下"的推理,这使解题时间更加快捷。每年这类试题都是考生在短时间解答同时获得高分的重点题型。以下是历年考试中的 Y 类推理典型试题。

(2013,6)互联网好比一个复杂多样的虚拟世界,在互联网主机上的信息又构成了一个微观虚拟世界。若在某主机上可以访问本主机上的信息、则称该主机相通于自身;若主机 x 能通过互联网访问主机 y 的信息,则称 x 相通于 y,已知代号分别为甲、乙、丙、丁的四台联网主机有如下信息:

(1) 甲主机相通于任一不相通于丙的主机;

(2) 丁主机不相通于丙;

(3) 丙主机相通于任一相通于甲的主机。

若丙主机不相通于自身,则以下哪项一定为真?

A. 若丁主机相通于乙,则乙主机相通于甲

B. 甲主机相通于乙,乙主机相通于丙

C. 只有甲主机不相通于丙,丁主机才相通于乙

D. 甲主机相通于丁,也相通于丙

E. 丙主机不相通于丁,但相通于乙

(2013,7)题干同上,若丙主机不相通于任何主机,则以下哪项一定为假?

A. 甲主机相通于乙   B. 乙主机相通于自身

C. 丁主机不相通于甲   D. 若丁主机相通于甲,则乙主机相通于甲

E. 若丁主机不相通于甲,则乙主机相通于甲

要点点评: 这两题看起来较难,但是分别将小前提"丙主机不相通于自身"和"丙主机不相通于任何主机"作为起点,寻找相应的大前提结合进行推理。

(2015,12)10 月 6 日晚上,张强要么去电影院看电影,要么去拜访朋友秦玲。如果那天

晚上张强开车回家,他就没去电影院看电影;只有张强事先与秦玲约定,张强才能拜访她。事实上,张强不可能与秦玲事先约定。

根据上述陈述,可以得出以下哪项结论?

A. 那天晚上张强没有开车回家
B. 张强那天晚上拜访了朋友
C. 张强晚上没有去电影院看电影
D. 那天晚上张强与秦玲一起看电影了
E. 那天晚上张强开车去电影院看电影

要点点评: 推理的起点是小前提"张强不可能与秦玲事先约定",注意多句大前提是可以连续的。

(2017,6)张立是一位单身白领,工作5年积累了一笔存款,由于该笔存款金额尚不足以购房,他考虑将其暂时分散投资到股票、黄金、基金、国债和外汇等5个方面。该笔存款的投资需要满足如下条件:

(1) 如果黄金投资比例高于1/2,则剩余部分投入国债和股票;
(2) 如果股票投资比例低于1/3,则剩余部分不能投入外汇或国债;
(3) 如果外汇投资比例低于1/4,则剩余部分投入基金或黄金;
(4) 国债投资比例不能低于1/6。

根据上述信息,可以得出以下哪项?

A. 国债投资比例高于1/2
B. 外汇投资比例不低于1/3
C. 股票投资比例不低于1/4
D. 黄金投资比例不低于1/5
E. 基金投资比例低于1/6

要点点评: 已知条件三句都是假言命题都是大前提,仅有(4)为简单命题作为小前提,将小前提与大前提分别结合推理。

(2017,26)六一节快到了。幼儿园老师为班上的小明、小雷、小刚、小芳、小花等5位小朋友准备了红、橙、黄、绿、青、蓝、紫等7份礼物。已知所有礼物都送了出去,每份礼物只能由一人获得,每人最多获得两份礼物。另外,礼物派送还需要满足如下要求:

(1) 如果小明收到橙色礼物,则小芳会收到蓝色礼物;
(2) 如果小雷没有收到红色礼物,则小芳不会收到蓝色礼物;
(3) 如果小刚没有收到黄色礼物,则小花不会收到紫色礼物;
(4) 没有人既能收到黄色礼物,又能收到绿色礼物;
(5) 小明只收到橙色礼物,而小花只收到紫色礼物。

根据上述信息,以下哪项可能为真?

A. 小明和小芳都收到两份礼物
B. 小雷和小刚都收到两份礼物
C. 小刚和小花都收到两份礼物
D. 小芳和小花都收到两份礼物
E. 小明和小雷都收到两份礼物

(2017,27)题干同上,根据上述信息,如果小刚收到两份礼物,则可以得出以下哪项?

A. 小雷收到红色和绿色两份礼物
B. 小刚收到黄色和蓝色两份礼物

C. 小芳收到绿色和蓝色两份礼物　　　D. 小刚收到黄色和青色两份礼物

E. 小芳收到青色和蓝色两份礼物

要点点评： 这两题中条件(1)(2)(3)都是大前提,(5)是小前提作为解题起点。在第二问中,"小刚收到两份礼物"同时注意到已知条件(4)即可。

(2018,5)某工厂有一员工宿舍住了甲、乙、丙、丁、戊、己、庚 7 人,每人每周需要轮流值日一天,且每天仅安排一人值日,他们值日的安排还需满足以下条件:

(1) 乙在周二或周六值日;

(2) 如果甲在周一值日,那么丙在周三值日且戊在周五值日;

(3) 如果甲不在周一值日,那么己在周四值日且庚在周五值日;

(4) 如果乙周二值日,那么己周六值日。

根据以上条件,如果丙周日值日,则可以得出以下哪项?

A. 甲在周日值日　　　　　　　　　　B. 乙在周六值日

C. 丁在周二值日　　　　　　　　　　D. 戊在周三值日

E. 己在周五值日

(2018,6)题干同上,如果庚在周四值日,那么以下哪项一定为假

A. 甲在周一值日　　　　　　　　　　B. 乙在周六值日

C. 丙在周三值日　　　　　　　　　　D. 戊在周日值日

E. 己在周二值日

要点点评： 这两题中已知条件给出的都是大前提,分别以小前提"丙在周日值日"和"庚在周四值日"作为推理起点,寻找可以与之结合的大前提,注意问题分别是"选真"和"选假"。

(2018,8)"二十四节气"是我国在农耕社会生产生活的时间活动指南,反映了从春到冬一年四季的气温、降水、物候的周期性变化规律。已知各节气的名称具有如下特点:

(1) 凡含"春""夏""秋""冬"字的节气各属春、夏、秋、冬季;

(2) 凡含"雨""露""雪"字的节气各属春、秋、冬季;

(3) 如果"清明"不在春季,则"霜降"不在秋季;

(4) 如果"雨水"在春季,则"霜降"在秋季。

根据以上信息,如果从春至冬每季仅列两个节气,则以下哪项是不可能的?

A. 雨水、惊蛰、夏至、小暑、白露、霜降、大雪、冬至

B. 惊蛰、春分、立夏、小满、白露、寒露、立冬、小雪

C. 清明、谷雨、芒种、夏至、立秋、寒露、小雪、大寒

D. 立春、清明、立夏、夏至、立秋、寒露、小雪、大寒

E. 立春、谷雨、清明、夏至、处暑、白露、立冬、小雪

要点点评： 已知条件(3)和(4)是大前提,已知条件(2)说明"雨水"在春季,这是小前提,可以与大前提(4)结合推理。

(2018,10)某市已开通运营一、二、三、四号地铁线路,各条地铁线每一站运行加停靠所需时间均彼此相同。小张、小王、小李3人是同一单位的职工,单位附近有北口地铁站。某天早晨,3人同时都在常青站乘一号线上来,但3人关于乘车路线的想法不尽相同。已知:

(1)如果一号线拥挤,小张就坐2站后转三号线,再坐3站到北口站;如果一号线不拥挤,小张就坐3站后转二号线,再坐4站到北口站。

(2)只有一号线拥挤,小王才坐2站后转三号线,再坐3站到北口站。

(3)如果一号线不拥挤,小李就坐4站后转四号线,坐3站之后再转三号线,坐1站到达北口站。

(4)该天早晨地铁一号线不拥挤。

假定3人换乘及步行总时间相同,则以下哪项最可能与上述信息不一致?

A. 小王和小李同时到达单位　　　　B. 小张和小王同时到达单位

C. 小王比小李先到达单位　　　　　D. 小李比小张先到达单位

E. 小张比小王先到达单位

要点点评: 条件(4)是小前提,条件(1)(2)(3)都是大前提,可以推知小张和小李的确定情况,但却不能推出小王的确定情况。

(2018,22)一江南园林拟建松、竹、梅、兰、菊5个园子,该园林拟设东、南、北3个门,分别位于其中的3个园子。这5个园子的布局满足如下条件:

(1)如果东门位于松园或菊园,那么南门不位于竹园;

(2)如果南门不位于竹园,那么北门不位于兰园;

(3)如果菊园在园林的中心,那么它与兰园不相邻;

(4)兰园与菊园相邻,中间连着一座美丽的廊桥。

根据以上信息,可以得出以下哪项?

A. 兰园不在园林的中心　　　　　B. 菊园不在园林的中心

C. 兰园在园林的中心　　　　　　D. 菊园在园林的中心

E. 梅园不在园林的中心

(2018,23)题干同上,如果北门位于兰园,则可以得出以下哪项?

A. 南门位于菊园　　　　　　　　B. 东门位于竹园

C. 东门位于梅园　　　　　　　　D. 东门位于松园

E. 南门位于梅园

要点点评: 这两题中条件(1)(2)(3)都是大前提,条件(4)小前提,作为推理的起点,寻找与之可以结合的大前提。注意多句大前提是可以连续的。在第二问中,又给出了"北门位于兰园"这个小前提。

(2019,3)李诗、王悦、杜舒、刘默是唐诗宋词的爱好者,在唐朝诗人李白、杜甫、王维、刘禹锡中4人各喜爱其中一位,且每人喜爱的唐诗作者不与自己同姓。关于他们4人,已知:

(1)某人如果爱好王维的诗,那么他也爱好辛弃疾的词;

（2）某人如果爱好刘禹锡的诗，那么他也爱好岳飞的词；

（3）某人如果爱好杜甫的诗，那么他也爱好苏轼的词。

如果李诗不爱好苏轼和辛弃疾的词，则可以得出以下哪项？

A. 杜舒爱好辛弃疾的词　　　　　　　B. 王悦爱好苏轼的词

C. 刘默爱好苏轼的词　　　　　　　　D. 李诗爱好岳飞的词

E. 杜舒爱好岳飞的词

要点点评： 已知条件（1）（2）（3）给出的都是大前提，将"李诗不爱好苏轼和辛弃疾的词"作为小前提，同时不要忽视已知条件中"每人喜爱的唐诗作者不与自己同姓"。

（2021，2）M 大学社会学院的老师都曾经到甲县的某些乡镇进行家庭收支情况调研，N 大学历史学院的老师都曾经到甲县对所有乡镇进行历史考查。赵若分曾经到甲县对所有乡镇的家庭收支情况进行过调研，但未曾到项郢镇进行历史考察；陈北鱼曾经到梅河乡进行历史考察，但从未到甲县进行家庭收支情况调研。

根据以上信息，可以得出以下哪项？

A. 陈北鱼是 M 大学社会学院的老师，且梅河乡是甲县的

B. 若赵若分是 N 大学历史学院的老师，则项郢镇不是甲县的

C. 对甲县的家庭收支情况进行调研，也会涉及相关的历史考察

D. 陈北鱼是 N 大学的老师

E. 赵若分是 M 大学的老师

要点点评： 已知条件中的命题可以理解为大前提，同时有关于赵若分和陈北鱼的小前提，结合后推出相应结论，同时还要与选项对照，理解结论和选项之间的等价关系。

（2021，9）黄瑞爱好书画收藏，他收藏的书画作品只有"真品""精品""名品""稀品""特品""完品"，它们之间存在如下关系：

（1）若是"完品"或"真品"，则是"稀品"；

（2）若是"稀品"或"名品"，则是"特品"。

现知道黄瑞收藏的一幅画不是"特品"，则可以得出以下哪项？

A. 该画是"稀品"　　　　　　　　　　B. 该画是"精品"

C. 该画是"完品"　　　　　　　　　　D. 该画是"名品"

E. 该画是"真品"

要点点评： 已知条件（1）（2）给出的都是大前提，将"这幅画不是特品"作为小前提。

（2022，12）宋、李、王、吴 4 人均订阅了《人民日报》《光明日报》《参考消息》《文汇报》中的两种报纸，每种报纸均有两人订阅，且各人订阅的均不完全相同。另外，还知道：（1）如果吴至少订阅了《光明日报》《参考消息》中的一种，则李订阅了《人民日报》而王未订阅《光明日报》；（2）如果李、王两人中至多有一人订阅了《文汇报》，则宋、吴均订阅了《人民日报》。

如果李订阅了《人民日报》，则可以得出以下哪项？

A. 宋订阅了《文汇报》　　　　　　　　B. 宋订阅了《人民日报》

C. 王订阅了《参考消息》　　　　　　　　　D. 吴订阅了《参考消息》

E. 吴订阅了《人民日报》

　要点点评：　不仅要考虑"李订阅了《人民日报》"这个小前提,还需要考虑已知条件中的数字。

↗ (2022,20)某电影院制定未来一周的排片计划。他们决定,周二至周日(周一休息)每天放映动作片、悬疑片、科幻片、纪录片、战争片、历史片6类型中的一种,各不重复。已知排片还有如下要求:(1)如果周二或周五放映悬疑片,则周三放映科幻片;(2)如果周四或周六放映悬疑片,则周五放映战争片;(3)战争片必须在周三放。

　　根据以上信息,可以得出以下哪项?

A. 周六放科幻片　　　　　　　　　　　　　B. 周日放悬疑片

C. 周五放动作片　　　　　　　　　　　　　D. 周二放纪录片

E. 周四放历史片

　要点点评：　注意条件(2)与条件(3)的矛盾之处。

↗ (2022,21)题干同上。如果历史片的放映时间,既与纪录片相邻,又与科幻片相邻,则可得出以下哪项?

A. 周二放纪录片　　　　　　　　　　　　　B. 周四放纪录片

C. 周二放动作片　　　　　　　　　　　　　D. 周四放科幻片

E. 周五放动作片

　要点点评：　解答第一问的时候,注意条件3是小前提,第一问的解答不涉及新的条件,所以第二问可以在第一问的基础上继续。

　　W 类推理。题干已知条件只有大前提,不直接给出小前提,而是在选项中,每个选项给出相应的小前提;也可能选项中也没有小前提,而是一些组合,试题的问题是"以下哪项可能为真"或者"以下哪项必为假"。这类推理试题考生无法根据已知条件而不考虑选项先行推理,只能对各个选项逐项验证。这类试题比 Y 类试题相对较难,当问题是"以下哪项为假(不可能真)"时,凡是与已知假言命题矛盾的选项都是假的。

　　在历年考试中,W 类推理试题数量也较多。当试题的已知条件给出的大前提不止一个时,考生在逐项验证时,也需要对这些大前提有所选择,进行合乎规则地推理。下面是一些典型的真题。

↗ (2014,18)若一个管理者是某领域优秀的专家学者,则他一定会管理好公司的基本事物;一位品行端正的管理者可以得到下属的尊重;但是对所有领域都一知半解的人一定不会得到下属的尊重。浩瀚公司董事会只会解除那些没有管理好公司基本事物者的职务。

　　根据以上信息,你可以得出以下哪个选项?

A. 浩瀚公司董事会不可能解除品行端正的管理者的职务

B. 浩瀚公司董事会解除了某些管理者的职务

C. 浩瀚公司董事会不可能解除受下属尊重的管理者的职务

D. 作为某领域优秀专家的管理者,不可能被浩瀚公司董事会解除职务

E. 对所有领域都一知半解的管理者,一定会被浩瀚公司董事会解除职务

要点点评:　由于已知条件没有小前提,只能将选项逐项代入验证,注意"只会解除某人职务"的涵义。

(2015,9)张云、李华、王涛都收到了明年 2 月初赴北京开会的通知,他们可以选择乘坐飞机、高铁与大巴等交通工具到北京,他们对这次进京方式有如下考虑:

(1) 张云不喜欢坐飞机,如果有李华同行,他就选择乘坐大巴;

(2) 李华不计较方式,如果高铁要比飞机更便宜,他就选择高铁;

(3) 王涛不在乎价格,除非预报 2 月初北京有雨雪天气,否则选择乘坐飞机;

(4) 李华和王涛家相隔很近,如果航班时间合适,他们将同行乘坐飞机。

如果上述 3 人愿望都得到满足,则可以得出以下哪项?

A. 如果李华没有选择乘坐高铁和飞机,则他肯定选择和张云一起乘坐大巴进京

B. 如果王涛和李华乘坐飞机进京,则 2 月初北京没有雨雪天气

C. 如果张云和王涛乘坐高铁,则 2 月初北京有雨雪天气

D. 如果 3 人都乘坐飞机,则飞机要比高铁便宜

E. 如果 3 人都乘坐大巴进京,则预报 2 月初北京有雨雪天气

要点点评:　已知条件中没有小前提,只能逐项验证。要注意其中"预报 2 月初北京有雨雪天气"的关键词。

(2015,18)为防御电脑受病毒侵袭,研究人员开发了防御病毒、查杀病毒的程序,前者启动后能使程序运行免受病毒侵袭,后者启动后能迅速查杀电脑中可能存在的病毒。某台电脑上现出甲、乙、丙三种程序。已知:

(1) 甲程序能查杀目前已知所有病毒;

(2) 若乙程序不能防御已知的一号病毒,则丙程序也不能查杀该病毒;

(3) 只有丙程序能防御已知一号病毒,电脑才能查杀目前已知的所有病毒;

(4) 只有启动甲程序,才能启动丙程序。

根据上述信息可以得出以下哪项?

A. 只有启动丙程序,才能防御并查杀一号病毒

B. 只有启动乙程序,才能防御并查杀一号病毒

C. 如果启动丙程序,就能防御并查杀一号病毒

D. 如果启动了乙程序,那么不必启动丙程序也能查杀一号病毒

E. 如果启动了甲程序,那么不必启动乙程序也能查杀所有病毒

要点点评:　已知条件中只有大前提,没有小前提,只能逐项验证。在验证时,注意已知条件"查杀目前已知的所有病毒"中的关键词。

(2016,10)某县县委关于下周一几位领导的工作安排如下:

(1) 如果李副书记在县城值班,那么他就要参加宣传工作例会;(2) 如果张副书记

在县城值班,那么他就做信访接待工作;(3)如果王书记下乡调研,那么张副书记或李副书记就需在县城值班;(4)只有参加宣传工作例会或做信访接待工作,王书记才不下乡调研;(5)宣传工作例会只需分管宣传的副书记参加,信访接待工作也只需一名副书记参加。

　　根据上述工作安排,可以得出以下哪项?

A. 张副书记做信访接待工作　　　　　B. 王书记下乡调研

C. 李副书记参加宣传工作例会　　　　D. 李副书记做信访接待工作

E. 张副书记参加宣传工作例会

要点点评: 由于没有小前提,只能逐项验证。而在验证以前,注意到已知条件中关于张副书记和李副书记的情况在形式上是相同的,这样就不必从具体内容上进行推理,在形式上就可以确定正确选项了。

(2017,4)某剧组招募群众演员,为配合剧情,需要招 4 类角色,外国游客 1~2 名,购物者 2~3 名,商贩 2 名,路人若干。有甲、乙、丙、丁、戊、己等 6 人可供选择,且每人在同一个场景中只能出演一个角色。已知:

(1)只有甲、乙才能出演外国游客;

(2)上述 4 类角色每个场景中至少有 3 类同时出现;

(3)每一场景中,若乙或丁出演商贩,则甲和丙出演购物者;

(4)购物者和路人的数量之和在每个场景中不超过 2。

根据上述信息,可以得出以下哪项?

A. 同一场景中,若戊和己出演路人,则甲只可能演外国游客

B. 同一场景中,若己出演外国游客,则甲只可能出演商贩

C. 至少有 2 人需要在不同的场景中出演不同的角色

D. 甲、乙、丙、丁不会出现在同一场景中同时出现

E. 同一场景中,若丁和戊出演购物者,则乙只可能出演外国游客

要点点评: 试题的难度在于已知条件仅给出大前提,并且这些大前提信息量较多,没有小前提,只能对选项逐项验证。

(2017,16)颜子、曾寅、孟申、荀辰申请一个中国传统文化建设项目。根据规定,该项目的主持人只能有一名,且在上述 4 位申请者中产生:包括主持人在内,项目组成员不能超过两位。另外,各位申请者在申请答辩时作出如下陈述:

(1)颜子:如果我成为主持人,将邀请曾寅或荀辰作为项目组成员;

(2)曾寅:如果我成为主持人,将邀请颜子或孟申作为项目组成员;

(3)荀辰:只有颜子成为项目组成员,我才能成为主持人;

(4)孟申:只有荀辰或颜子成为项目组成员,我才能成为主持人。

假定 4 人陈述都为真,关于项目组成员的组合,以下哪项是不可能的?

A. 孟申、曾寅　　　B. 荀辰、孟申　　　C. 曾寅、荀辰　　　D. 颜子、孟申

E. 颜子、荀辰

要点点评： 已知条件都是假言命题，只有大前提，没有小前提，所以只能将选项逐项验证。

⬈ (2017,28)某民乐小组拟购买几种乐器，购买要求如下：

(1) 二胡、箫至多购买一种；

(2) 笛子、二胡和古筝至少购买一种；

(3) 箫、古筝、唢呐至少购买两种；

(4) 如果购买箫，则不购买笛子。

根据以上要求，可以得出以下哪项？

A. 至多购买了 3 种乐器　　　　　　B. 箫、笛子至少购买一种

C. 至少要购买 3 种乐器　　　　　　D. 古筝、二胡至少购买一种

E. 一定要购买唢呐

要点点评： 试题中的"至少""至多"引导的判断是或者判断，与假言判断等价，都是大前提。已知条件没有小前提，所以只能对选项逐项验证。

⬈ (2018,21)某次学术会议的主办方发出会议通知：只有论文通过审核才能收到会议主办方发出的邀请函，本次会议只欢迎有主办方邀请函的科研院所的学者参加。

根据以上通知，可以得出以下哪项？

A. 本次学术会议不欢迎论文没有通过审核的学者参加

B. 论文通过审核的学者都可以参加本次学术会议

C. 论文通过审核并持有主办方邀请函的学者，本次学术会议都欢迎其参加

D. 有些论文通过审核但未持有主办方邀请函的学者，本次学术会议欢迎其参加

E. 论文通过审核的学者有些不能参加本次学术会议

要点点评： 已知条件没有小前提，只能对选项逐项验证。在验证时，注意到已知条件"本次会议只欢迎有主办方邀请函的科研院所的学者参加"中的"只"字。

⬈ (2020,26)某街道的综合部，建设部，平安部和民生部四个部门，需要而安负责街道的秩序，安全，环境，协调等四项工作。每个部门负责其中的一项工作，各部门负责的工作各不相同。已知：

(1) 如果建设部负责环境或秩序，则综合部负责协调或秩序；

(2) 如果平安部负责环境或协调，则民生部负责协调或秩序。

根据以上信息，以下哪项工作安排是可能的？

A. 建设部负责环境，平安部负责协调　　B. 建设部负责秩序，民生部负责协调

C. 综合部负责安全，民生部负责协调　　D. 民生部负责安全，综合部负责秩序

E. 平安部负责安全，建设部负责秩序

要点点评： 由于没有小前提，只能逐项验证，在验证时注意四个部门和四项工作是一一对应的关系。

(2021,8)某电影节设有"最佳故事片""最佳男主角""最佳女主角""最佳编剧""最佳导演"等多个奖项。颁奖前,有专业人士预测如下:

(1)若甲或乙获得"最佳导演",则"最佳女主角"和"最佳编剧"将在丙和丁中产生;

(2)只有影片 P 或影片 Q 获得"最佳故事片",其片中的主角才能获得"最佳男主角"或"最佳女生角"

(3)"最佳导演"和"最佳故事片"不会来自同一部影片。

以下哪项颁奖结果与上述预测不一致?

A. 乙没有获得"最佳导演","最佳男主角"来自影片 Q

B. 丙获得"最佳女主角","最佳编剧"来自影片 P

C. 丁获得"最佳编剧","最佳女主角"来自影片 P

D. "最佳女主角""最佳导演"都来自影片 P

E. 甲获得"最佳导演","最佳编剧"来自影片 Q

要点点评: 注意问题要求选择与已知预测不一致的选项,由于没有小前提,所以需要逐项验证,寻找与已知条件矛盾的选项。

(2021,18)为进一步弘扬传统文化,有专家提议将每年的 2 月 1 日、3 月 1 日、4 月 1 日、9 月 1 日、11 月 1 日、12 月 1 日 6 天中的 3 天确定为"传统文化宣传日"。根据实际需要,确定日期必须考虑以下条件:

(1)若选择 2 月 1 日,则选择 9 月 1 日但不选 12 月 1 日;

(2)若 3 月 1 日、4 月 1 日至少选择其一,则不选 11 月 1 日。

以下哪项选定的日期与上述条件一致?

A. 2 月 1 日、3 月 1 日、4 月 1 日   B. 2 月 1 日、4 月 1 日、11 月 1 日

C. 3 月 1 日、9 月 1 日、11 月 1 日   D. 4 月 1 日、9 月 1 日、11 月 1 日

E. 9 月 1 日、11 月 1 日、12 月 1 日

要点点评: 由于已知条件是两个假言命题,没有小前提,需要逐项验证,分别考虑"选择 2 月 1 日"和"选择 3 月 1 日或者 4 月 1 日"。

(2021,26)每篇优秀的论文都必须逻辑清晰且论据翔实,每篇经典的论文都必须主题鲜明且语言准确。实际上,如果论文论据翔实但主题不鲜明,或者论文语言准确而逻辑不清晰,则它们都不是优秀的论文。

根据以上信息可以得出以下哪项?

A. 逻辑不清晰的论文不是经典的论文   B. 主题不鲜明的论文不是优秀的论文

C. 论据不翔实的论文主题不鲜明   D. 语言准确的经典论文逻辑清晰

E. 语言准确的优秀论文是经典的论文

要点点评: 已知条件是两句大前提,没有小前提,对选项逐项验证,需要熟悉假言推理规则。

(2022,7)关于张、李、宋、孔 4 人参加植树活动的情况如下:(1)张、李、孔至少有 2 人参

加;(2) 李、宋、孔至多有 2 人参加;(3) 如果李参加,那么张、宋两人要么都参加,要么都不参加。

根据以上陈述,以下哪项是不可能的?

A. 宋、孔都参加　　B. 宋、孔都不参加　　C. 李、宋都参加　　D. 李、宋都不参加

E. 李参加,宋不参加

要点点评: 问题是"以下哪项是不可能的",逐项对照,与已知条件矛盾的不可能真,不矛盾的选项都是可能的。

(2022,14)节日将至,某单位拟为职工发放福利品,每人可在甲到庚 7 种商品中选择其中的 4 种进行组合,且组合还需要满足如下要求:

(1) 若选甲,则丁、戊、庚 3 种中至多选其一;

(2) 若丙、己至少选一种,则必选乙但不能选择戊。

以下哪一项组合符合上述要求?

A. 甲、丁、戊、己　　B. 乙、丙、丁、戊　　C. 甲、乙、戊、庚　　D. 乙、丁、戊、庚

E. 甲、丙、丁、己

要点点评: 仅有两个大前提,将选项中的组合与已知条件对照排除不符合条件的,剩下唯一的选项就是答案。

X 类推理。题干已知条件有大前提,事实上给出了小前提,但是考生可能看不出小前提,无法将大、小前提结合而进行正确推理。X 类试题包括两类,一类是小前提通过数字或者其他条件隐含地给出,考生没有发现。另一类是二难推理形式。

二难推理具有多种形式,考试重点主要是以下两种形式:

(1) 基本形式:

如果 p,则 q;

如果非 p,则 q;

所以,q 一定成立。

例如,如果交通畅通,那么老张将按时到会;如果交通拥堵,那么老张会提前出发,也将按时到会;所以,老张将按时到会。

(2) 一般形式:

如果 p,则 q;

如果 r,则 s;

又,p 或者 r;

所以,q 或 s 一定成立。

例如,如果周一下雨,那么晚会取消;如果周一晴天,那么晚会在操场举行。又,周一或者下雨或者晴天。所以,晚会或者取消,或者在操场举行。

上述二难推理在解题中形成特定的思路:分别假设两种可能性,从两种可能性中进行推理,得出相应的结论。

X 类推理在考试中较难,考生需要反复练习,具备充分经验,这样在解答此类试题才能游刃有余。从历年来看,近年以数字为条件隐藏所给出的小前提是常见题型。下面是历年

的一些典型真题。

🔹 (2014,19)某国大选在即,国际政治专家陈研究员预测,选举结果或者是甲党控制政府,或者是乙党控制政府。如果甲党赢得对政府的控制权,该国将出现经济问题;如果乙党赢得对政府的控制权,该国将陷入军事危机。

　　根据陈研究员上述预测,可以得出以下哪项?

　　A. 该国可能不会出现经济问题,也不会陷入军事危机

　　B. 如果该国出现经济问题,那么甲党赢得了对政府的控制权

　　C. 该国将出现经济问题,或者将陷入军事危机

　　D. 如果该国陷入了军事危机,那么乙党赢得了对政府的控制权

　　E. 如果该国出现了经济问题并且陷入了军事危机,那么甲党与乙党均赢得了对政府的控制权

　　要点点评:　二难推理,A→B;C→D;又 A 或者 C。结论即"B 或者 D"。

🔹 (2014,12)某公司年度审计期间,审计人员发现一张发票,上面有赵义、钱仁礼、孙智、李信 4 个签名,签名者的身份各不相同,是经办人,复核,出纳或审批领导之中的一个,且每个签名都是本人所签。询问 4 位相关人员,得到以下回答:

　　赵　义:"审批领导的签名不是钱仁礼。"

　　钱仁礼:"复核的签名不是李信。"

　　孙　智:"出纳的签名不是赵义。"

　　李　信:"复核的签名不是钱仁礼。"

　　已知上述每个回答中,如果提到的人是经办人,则该回答为假,如果提到的人不是经办人,则为真。根据以上信息,可以得出经办人是:

　　A. 赵义　　　　　B. 钱仁礼　　　　　C. 孙智　　　　　D. 李信

　　E. 无法确定

🔹 (2014,13)题干同上,根据以上信息,该公司的复核和出纳分别是:

　　A. 李信、赵义　　　B. 孙智、赵义　　　C. 钱仁礼、李信　　　D. 赵义、钱仁礼

　　E. 孙智、李信

　　要点点评:　首先理解问题中的"如果提到的人是经办人,则该回答为假,如果提到的人不是经办人,则为真"的涵义,在此基础上,分别假设各人所提到的人"是经办人"和"不是经办人"两种可能性。

🔹 (2018,28)某国拟在甲、乙、丙、丁、戊、己 6 种农作物里面进口几种,用于该国庞大的动物饲料产业,考虑到一些农作物可能会有违禁成分,以及它们之间存在的互补或可替代因素,该国对进口这些农作物有如下要求:

　　(1) 它们当中不含违禁成分的都进口;(2) 如果甲或乙有违禁成分,就进口戊和己;(3) 如果丙含有违禁成分,那么丁就不进口了;如果进口戊,就进口乙和丁;(4) 如果不进口

丁,就进口丙;如果进口丙,就不进口丁。

　　根据上述要求,以下哪项所列的农作物是该国可以进口的?

A. 甲、乙、丙　　　　B. 乙、丙、丁　　　　C. 甲、戊、己　　　　D. 甲、丁、己

E. 丙、戊、己

要点点评:　条件(3)和(4)都涉及丙和丁的关系,两者结合可以构成二难推理形式。

(2019,6)某单位拟派遣 3 名德才兼备的干部到西部山区进行精准扶贫。报名者踊跃,经过考察,最终确定了陈甲、傅乙、赵丙、邓丁、刘戊、张己 6 名候选人。根据工作需要,派遣还需要满足以下条件:

(1) 若派遣陈甲,则派遣邓丁但不派遣张己;

(2) 若傅乙,赵丙至少派遣 1 人,则不派遣刘戊。

　　如果陈甲、刘戊至少派遣 1 人,则可以得出以下哪项?

A. 派遣刘戊　　　　B. 派遣赵丙　　　　C. 派遣陈甲　　　　D. 派遣傅乙

E. 派遣邓丁

要点点评:　既然陈甲、刘戊至少派遣 1 人,分别假设“派遣陈甲”和“派遣刘戊”。

(2019,12)某市音乐节设立了流行、民谣、摇滚、民族、电音、说唱、爵士这 7 类的奖项评选。在入围提名中,已知:

(1) 至少有 6 类入围;

(2) 流行、民谣、摇滚中至多有 2 类入围;

(3) 如果摇滚和民族类都入围,则电音和说唱中至少有一类没有入围。

　　根据上述信息,可以得出以下哪项?

A. 流行类没有入围　　　　　　　　　B. 民谣类没有入围

C. 摇滚类没有入围　　　　　　　　　D. 爵士类没有入围

E. 电音类没有入围

要点点评:　从已知条件表面上看没有小前提,但是从(1)可知:仅一类没有入围;从(2)可知:没有入围的在流行、民谣和摇滚中,即“电音和说唱都入围了”,这是隐藏的小前提。

(2019,16)某地人才市场招聘保洁、物业、网管、销售等 4 种岗位的从业者,有甲、乙、丙、丁 4 位年轻人前来应聘。事后得知,每人只能选择一种岗位应聘,且每种岗位都有其中一人应聘。另外,还知道:

(1) 如果丁应聘网管,那么甲应聘物业;

(2) 如果乙不应聘保洁,那么甲应聘保洁且丙应聘销售;

(3) 如果乙应聘保洁,那么丙应聘销售并且丁也应聘保洁。

　　根据以上陈述,可以得出以下哪项?

A. 甲应聘网管岗位　　　　　　　　　B. 丙应聘保洁岗位

C. 甲应聘物业岗位　　　　　　　　　D. 乙应聘网管岗位

E. 丁应聘销售岗位

要点点评： 表面上已知条件中并没有小前提,但是"每人只能选择一种岗位应聘和每种岗位都有其中一人应聘"这一规定隐藏着小前提。

(2019,22)某大学读书会开展"一月一书"活动。读书会成员甲乙丙丁戊5人在《论语》《史记》《唐诗三百首》《奥德赛》《资本论》中各选一种阅读,互不重复。已知:

(1) 甲爱读历史,会在《史记》和《奥德赛》中选一本;

(2) 乙和丁只爱中国古代经典,但现在都没有读诗的心情;

(3) 如果乙选《论语》,则戊选《史记》。

事实上,每个人读选了自己喜爱的书。根据以上信息,可以得出哪项?

A. 甲选《史记》   B. 乙选《奥德赛》

C. 丙选《唐诗三百首》   D. 丁选《论语》

E. 戊选《资本论》

要点点评： 表面上没有小前提,但是条件(2)说明"乙和丁选择的是《史记》和《论语》",即"戊没有选《史记》",这是隐藏的小前提。

(2020,4)某公司为员工免费提供菊花、绿茶、红茶、咖啡和大麦茶5种饮品。现有甲、乙、丙、丁、戊5人为员工,他们每人都只喜欢其中的2种饮品,且每种饮品都只有2人喜欢,已知:

(1) 甲和乙喜欢菊花茶,且分别喜欢绿茶和红茶中的一种;

(2) 丙和戊分别喜欢咖啡和大麦茶中的一种。

根据上述信息,可以得出以下哪项?

A. 甲喜欢菊花茶和绿茶   B. 乙喜欢菊花茶和红茶

C. 丙喜欢红茶和咖啡   D. 丁喜欢咖啡和大麦茶

E. 戊喜欢绿茶和大麦茶

要点点评： 由于题干仅给出大前提,没有小前提,而选项也没有小前提都是确定的结论,因此必须考虑隐藏的小前提。数字是关键!"每种饮品都只有2人喜欢","咖啡和大麦茶"目前条件仅有1人喜欢。

(2020,6)"立春""春分""立夏""夏至""立秋""秋分""立冬""冬至"是我国二十四中的八个节气;"凉风""广莫风""明庶风""条风""清明风""景风""阊阖风""不周风"是八种节风。上述八个节气与八种节风之间一一对应。已知:

(1)"立秋"对应"凉风";

(2)"冬至"对应"不周风""广莫风"之一;

(3)若"立夏"对应"清明风",则"夏至"对应"条风"或者"立冬"对应"不周风";

(4)若"立夏"不对应"清明风"或者"立春"不对应"条风",则"冬至"对应"明庶风";

根据上述信息,可以得出以下哪项?

A."秋分"不对应"明庶风"   B."立冬"不对应"广莫风"

C."夏至"不对应"景风"   D."立夏"不对应"清明风"

E."春分"不对应"阊阖风"

(2020,7)若"春分"和"秋分"两节气对应的节风在"明庶风"和"阊阖风"之中,则可以得出以下哪项?

A."春分"对应"阊阖风"　　　　　　　B."秋分"对应"明庶风"

C."立春"对应"清明风"　　　　　　　D."冬至"对应"不周风"

E."夏至"对应"景风"

要点点评:　试题看起来很难,但是由于条件(3)(4)是大前提,因此解题方向便是寻找与之结合的小前提。

(2020,17)某单位拟在椿树、枣树、楝树、雪松、银杏、桃树等选择4中栽种在庭院中,已知:

(1) 椿树、枣树至少种植一种:

(2) 如果种植椿树,则种植楝树但不种植雪松;

(3) 如果种植枣树,则种植雪松但不种植银杏;

如果庭院中种植银杏,则以下哪项是不可能的?

A. 种植椿树　　　　B. 种植楝树　　　　C. 不种植枣树　　　　D. 不种植雪松

E. 不种植桃树

要点点评:　将条件(1)作为二难推理的两个前提分别与(2)(3)结合推理。

(2021,11)"冈萨雷斯""埃尔南德斯""施米特""墨菲"这4个姓氏是且仅是卢森堡、阿根廷、墨西哥、爱尔兰四国中某一国的常见姓氏。已知:

(1) "施米特"是阿根廷或卢森堡常见姓氏;

(2) 若"施米特"是阿根廷常见姓氏,则"冈萨雷斯"是爱尔兰常见姓氏;

(3) 若"埃尔南德斯"或"墨菲"是卢森堡常见姓氏,则"冈萨雷斯"是墨西哥常见姓氏。

根据以上信息,可以得出以下哪项?

A. "施米特"是卢森堡常见姓氏　　　　B. "埃尔南德斯"是卢森堡常见姓氏

C. "冈萨雷斯"是爱尔兰常见姓氏　　　　D. "墨菲"是卢森堡常见姓氏

E. "墨菲"是阿根廷常见姓氏

要点点评:　已知条件三句命题为选言命题和假言命题,表面上看没有小前提,考虑4个姓氏与4个国家一对一,可以将条件(1)作为小前提。

(2021,12)甲、乙、丙、丁、戊5人是某校美学专业2019级研究生,第一学期结束后,他们在张、陆、陈3位教授中选择导师,每人只选择1人作为导师,每位导师都有1至2人选择,并且已知:

(1) 选择陆老师的研究生比选择张老师的多;

(2) 若丙、丁中至少有1人选择张老师,则乙选择陈老师;

(3) 若甲、丙、丁中至少有1人选择陆老师,则只有戊选择陈老师。

根据以上信息,可以得出以下哪项?

A. 甲选择陆老师　　　　　　　　　　B. 乙选择张老师

C. 丁、戊选择陆老师　　　　　　　　D. 乙、丙选择陈老师

E. 丙、丁选择陈老师

要点点评： 考虑已知条件中的数字,这样从条件(1)可以推知张老师是唯一的仅有一名学生选择的导师,以此作为小前提。

(2021,15)冬奥组委会官网开通全球招募系统,正式招募冬奥会志愿者。张明、刘伟、庄敏、孙兰、李梅5人在一起讨论报名事宜。他们商量的结果如下：

(1) 如果张明报名,则刘伟也报名;

(2) 如果庄敏报名,则孙兰也报名;

(3) 只要刘伟和孙兰两人中至少有1人报名,则李梅也报名。

后来得知,他们5人中已有3人报名。

根据以上信息,可以得出以下哪项?

A. 张明已报名　　B. 刘伟已报名　　C. 庄敏已报名　　D. 孙兰已报名

E. 李梅已报名

(2021,16)如果增加条件"若刘伟报名,则庄敏也报名",那么可以得出以下哪项?

A. 张明和刘伟都已报名　　　　　　B. 刘伟和庄敏都已报名

C. 庄敏和孙兰都已报名　　　　　　D. 张明和孙兰都已报名

E. 刘伟和李梅都已报名

要点点评： 已知条件是三句假言命题,表面上看只有大前提。关注"5人中已有3人报名",这是解答试题的小前提。

(2021,22)某剧团拟将历史故事"鸿门宴"搬上舞台,该剧有项王、沛公、项伯、张良、项庄、樊哙、范增7个主要角色,甲、乙、丙、丁、戊、己、庚7名演员每人只能扮演其中一个,且每个角色只能由其中一人扮演。根据各演员的特点,角色安排如下：

(1) 如果甲不扮演沛公,则乙扮演项王;

(2) 如果丙或己扮演张良,则丁扮演范增;

(3) 如果乙不扮演项王,则丙扮演张良;

(4) 如果丁不扮演樊哙,则庚或戊扮演沛公。

根据上述信息,可以得出以下哪项?

A. 甲扮演沛公　　B. 乙扮演项王　　C. 丙扮演张良　　D. 丁扮演范增

E. 戊扮演樊哙

(2021,23)若甲扮演沛公而庚扮演项庄,则可以得出以下哪项?

A. 丙扮演项伯　　B. 丙扮演范增　　C. 丁扮演项伯　　D. 戊扮演张良

E. 戊扮演樊哙

要点点评： 两题的解题关键是,一方面考虑7人对7个角色这种"一对一"的关系,另一方面考虑大前提之间的连续性。

↗ (2022,10)某单位有甲、乙、丙、丁、戊、己、庚、辛、壬、癸 10 名新进员工,他们所学专业是哲学、数学、化学、金融和会计 5 个专业之一,每人只学其中一个专业。已知:(1)若甲、丙、壬、癸中至多有 3 人是数学专业,则丁、庚、辛 3 人都是化学专业;(2)若乙、戊、己中至多有 2 人是哲学专业,则甲、丙、庚、辛 4 人专业各不相同。

　　根据上述信息,所学专业相同的新员工是?

A. 乙、戊、己　　　　B. 甲、壬、癸　　　　C. 丙、丁、癸　　　　D. 丙、戊、己

E. 丁、庚、辛

　要点点评:　已知条件仅有两个大前提,小前提隐藏在规定性之中"每人自学其中一个专业"。

↗ (2022,24)某校文学社,王、李、周、丁 4 个人每人只爱好诗歌、散文、戏剧、小说 4 种文学形式种的一种,且各不相同;他们每人只创作了上述 4 种形式种的一种作品,且形式各不相同。他们创作的作品形式与各自的文学爱好均不同。已知:(1)若王没有创作诗歌,则李爱好小说;(2)若王没有创作诗歌,则李创作小说;(3)若王创作诗歌,则李爱好小说且周爱好散文。

　　根据上述信息,可得出以下哪项为真?

A. 王爱好散文　　　B. 李爱好戏剧　　　C. 周爱好小说　　　D. 丁爱好诗歌

E. 周爱好戏剧

↗ (2022,25)题干同上。如果丁创作散文,则可以得出以下哪项?

A. 周创作小说　　　B. 李创作诗歌　　　C. 李创作小说　　　D. 周创作戏剧

E. 王创作小说

　要点点评:　第一问解答的起点在于"王创作或者没有创作诗歌"都可以得出"李爱好小说"。解题还要关注四人四种爱好各不相同,并且每人的爱好和创作也都不同这一条件。由于第一问没有新的条件,第二问的解答同样可以在第一问的结论上进行。

↗ (2022,27)李佳,贾元,夏辛,丁东,吴悠 5 位大学生暑期结伴去皖南旅游,对于 5 人将要游览的地点,他们却有不同想法。

　　李佳:若去龙川,则去呈坎;

　　贾元:龙川和徽州古城两个地方至少去一个;

　　夏辛:若去呈坎,则也去新安江山水画廊;

　　丁东:若去徽州古城,则也去新安江山水画廊;

　　吴悠:若去新安江山水画廊,则也去江村。

　　事后得知,5 人的想法都得到了实现,根据以上信息,上述 5 人游览的地点,肯定有以下哪项?

A. 龙川和呈坎　　　　　　　　　　B. 江村和新安江山水画廊

C. 龙川和徽州古城　　　　　　　　D. 呈坎和新安江山水画廊

E. 呈坎和徽州古城

要点点评： 五人的想法都得到了实现，五人的想法作为五句前提都是真的。由于这五句前提都是大前提，其中仅有贾元的话是或者命题，所以解题起点假设该或者命题中的各句为真。

假言推理除了上述直接推导结论以外，还可以假设题、削弱加强题、评价题和结构比较题等形式出现，尽管其解题的规则是相同的，但相同解题规则的应用是灵活而广泛的。下面是历年真题中假言推理其他类型的试题。

(2013,28)专业人士预测：如果粮食价格保持稳定，那么蔬菜价格也将保持稳定，如果食用油价格不稳，那么蔬菜价格也将出现波动。老李由此断定：粮食价格将保持稳定，但是肉类食品价格将上涨。

根据上述专业人士的预测，以下哪项如果为真，最能对老李的观点提出质疑？

A. 如果食用油价格稳定，那么肉类食品价格将会上涨

B. 如果食用油价格稳定，那么肉类食用品价格不会上涨

C. 如果肉类食品价格不上涨，那么食用油价格将会上涨

D. 如果食用油价格出现波动，那么肉类食品价格不会上涨

E. 只有食用油价格稳定，肉类食品价格才不会上涨

要点点评： 要从已知条件"粮价稳定→蔬菜价格稳定→食用油价格稳定"来反驳老李的观点"粮食价格稳定并且肉类食品价格上涨"，即从已知条件补充某一命题得到老李观点的矛盾判断"食用油价格稳定→肉类食品价格不上涨"。

(2015,8)当企业处于蓬勃上升时期，往往紧张而忙碌，没有时间和精力去设计和修建"琼楼玉宇"；当企业所有重要工作都已经完成，其时间和精力就开始集中在修建办公大楼上。所以一个企业的办公大楼设计得越完美，装饰越豪华，则该企业离解体时间就越近。当某个企业大楼设计和建造趋于完美之际，它的存在就逐渐失去意义，这就是所谓的"办公大楼法则"。

以下哪项为真，最质疑上述观点？

A. 一个企业如果将时间和精力都耗在修建办公大楼上，则对其他重要工作就投入不足了

B. 某企业办公大楼修建的美轮美奂，入住后该企业的事业蒸蒸日上

C. 建造豪华的办公大楼，往往会增加运营成本，损害其利益

D. 企业的办公大楼越破旧，该企业就越来越有活力和生机

E. 建造豪华办公大楼并不需要投入太多时间和精力

要点点评： 质疑题干的观点，可以将要质疑的观点概括为假言判断：只要办公大楼设计得越完美，那么企业离解体时间就越近，对该观点的削弱就是寻找其矛盾判断。

(2016,22)许多人不仅不理解别人，而且也不理解自己，尽管他们可能曾经试图理解别人，但这样的努力注定会失败，因为不理解自己的人是不可能理解别人的。可见，那些缺乏

自我理解的人是不会理解别人的。

以下哪项最能说明上述论证的缺陷？

A. 使用了"自我理解"概念，但并未给出定义

B. 没有考虑"有些人不愿意理解自己"这样的可能性

C. 没有正确把握理解别人和理解自己之间的关系

D. 结论仅仅是对其论证前提的简单重复

E. 间接指责人们不能换位思考，不能相互理解

要点点评： 分析推理的前提和结论会发现，前提和结论都是"不理解自己就不能理解别人"。

(2017,15)甲：己所不欲，勿施于人。乙：我反对。己所欲，则施于人。

以下哪项与上述对话方式最为相似？

A. 甲：人非草木，孰能无情？乙：我反对。草木无情，但人有情

B. 甲：人不犯我，我不犯人。乙：我反对。人若犯我，我就犯人

C. 甲：人无远虑，必有近忧。乙：我反对。人有远虑，亦有近忧

D. 甲：不在其位，不谋其政。乙：我反对。在其位，则行其政

E. 甲：不入虎穴，焉得虎子。乙：我反对。如得虎子，必入虎穴

要点点评： 推理结构比较，不仅要注意题干中乙反驳在形式上特点，还要注意概念的辨析以排除干扰选项。

(2018,9)刀不磨要生锈，人不学要落后。所以，如果不想落后，就应该多磨刀。

以下哪项与上述论证方式最为相似？

A. 妆未梳成不见客，不到火候不揭锅。所以，如果揭了锅，就应该是到了火候

B. 兵在精而不在多，将在谋而不在勇。所以，如果想获胜，就应该兵精将勇

C. 马无夜草不肥，人无横财不富。所以，如果你想富，就应该让马多吃夜草

D. 金无足赤，人无完人。所以，如果你想做完人，就应该有真金

E. 有志不在年高，无志空活百岁。所以，如果你不想空活百岁，就应该立志

要点点评： 推理结构比较，已知推理包含假言判断，并且在推理的结论和前提中，假言判断的充分条件被混淆了。

(2020,28)学问的本来意义与人的生命、生活有关，但是如果学问成为口号或者教条，就会失去其本来的意义，因此，任何学问都不应该成为口号或教条。

以下哪项与上述论证方式最为相似？

A. 椎间盘是没有血液循环的组织，但是如果要确保其功能正常运转，就需依靠其周围流过的血液提供养分，因此，培养功能正常运转的人工椎间盘应该很困难

B. 大脑会改编现实经历，但是如果大脑只是存储现实经历的文件柜，就不会对其进行改编，因此大脑不应该只是存储现实经历的文件柜

C. 人工智能应该可以判断黑猫和白猫都是猫。但是，如果人工智能不预先"消化"大量

照片,就无从判断黑猫和白猫都是猫。因此,人工智能必须预先"消化"大量照片

D. 机器人没有人类的弱点和偏见。但是,只有数据得到正确采集和分析,机器人才不会"主观臆断"。因此,机器人应该也有类似的弱点和偏见

E. 历史包含必然性。但是,如果坚信历史只包含必然性,就会阻止我们用不断积累的历史数据去证实或证伪它。因此,历史不应该只包含必然性

要点点评: 分析题干的推理结构为"A,如果 B,那么非 A,所以非 B",寻找类似的结构。

假言推理还可以应用于综合推理题之中。这种试题或者是将假言命题作为排序、组合的条件,或者是将假言命题与数字、简单命题结合,进行多步骤的推理。假言推理在这方面的应用本书统一放在下面"综合推理"内容中进行讲解。

归纳推理是从个别到一般的推理。其特点是归纳推理得出的结论是一般性结论,由于前提往往不能穷尽各种情况,所以,归纳出的结论只能是"最合适的"而未必是"真的"。

例如:金导电,银导电,铜导电,铁导电。由于金、银、铜、铁都是金属,所以,金属都导电。

这一论证得到的结论"金属都导电"既是一般性结论,也是可能为假的结论。

有关归纳的逻辑知识往往并不直接应用于解题,归纳一般与"概括"相联系。"概括"即题干是一段文字或者对话,考生在阅读理解题干的基础上,将文字或者对话的"中心思想"理解并据此在选项中做出正确选择。

相对而言,"概括"型试题难度一般,尤其以对话形式为题干的试题更加简单。这时候,通过上下文的阅读进行合理总结即可。这一类试题更多的是考查考生的阅读理解能力和文字归纳能力。在对一段文字或者对话进行概括时,以下四个经验是值得关注的:

第一,概括的结论一定要就事论事,不要走题、跑题。

第二,概括的结论不能偏激,所谓偏激,就是答案中有"只能""必然"等词时,这样的答案是偏激的,往往属于干扰选项。

第三,如果概括的答案是一种比较,那么比较一定要有根据,不能无根据地比较。

第四,概括出的结论必须是在对五个选项都阅读理解后,经过比较得出的"最合适"的选项。如果没有把选项读完,答案就未必是最合适的。

涉及归纳、概括的试题在近年来管理类联考中越来越少,考生可以不必作为重点。以下是历年关于归纳推理这一考点的一些典型真题。

(2016,5)赵明与王洪都是某高校辩论协会成员,在为今年华语辩论赛招募新队员问题上,两人发生了争执:

赵明:我们一定要选拔喜爱辩论的人,因为一个人只有喜爱辩论,才能投入精力和时间研究辩论并参加辩论比赛。

王洪:我们招募的不是辩论爱好者,而是能打硬仗的辩手,无论是谁,只要能在辩论赛中发挥应有的作用,他就是我们理想的人选。

以下哪项最可能是两人争论的焦点?

A. 招募的标准是从现实出发还是从理想出发

B. 招募的目的是研究辩论规律还是培养实战能力

C. 招募的目的是为了培养新人还是赢得比赛

D. 招募的标准是对辩论的爱好还是辩论的能力

E. 招募的目的是为了集体荣誉还是满足个人爱好

要点点评： 争论的焦点是"招募目标"和"招募标准"，同时考虑两个的观点而不是仅考虑一个人的观点。

(2017,10)王研究员：我国政府提出的"大众创业，万众创新"激励着每一个创业者。对于创业者来说，最重要的是需要一种坚持精神。不管在创业中遇到什么困难，都要坚持下去。

李教授：对于创业者来说，最重要的是要敢于尝试新技术。因为有些新技术一些大公司不敢轻易尝试，这就为创业者带来了成功的契机。

根据以上信息，以下哪项最准确地指出了王研究员与李教授的分歧所在？

A. 最重要的是敢于迎接各种创业难题的挑战，还是敢于尝试那些大公司不敢轻易尝试的新技术

B. 最重要的是坚持创业，有毅力有恒心把事业一直做下去，还是坚持创新，做出更多的科学发现和技术发明

C. 最重要的是坚持把创业这件事做好，成为创业大众的一员，还是努力发明新技术，成为创新万众的一员

D. 最重要的是需要一种坚持精神，不畏艰难，还是要敢于尝试新技术，把握事业成功的契机

E. 最重要的是坚持创业，敢于成立小公司，还是尝试新技术，敢于挑战大公司

要点点评： 归纳后两人的观点分别是"坚持"和"尝试新技术"。

(2019,18)甲：上周去医院，给我看病的医生竟然还在抽烟。乙：所有抽烟的医生都不关心自己的健康，而不关心自己健康的人也不会关心他人的健康。甲：是的，不关心他人健康的医生没有医德。我今后再也不会让没有医德的医生给我看病了。

根据上述信息，以下除了哪项，其余各项均可得出？

A. 甲认为他不会再找抽烟的医生看病

B. 乙认为上周给甲看病的医生不会关心乙的健康

C. 甲认为上周给他看病的医生不会关心医生自己的健康

D. 甲认为上周给他看病的医生不关心甲的健康

E. 乙认为上周给甲看病的医生没有医德

要点点评： 涉及"医德"的内容是甲最后提出的，乙的话对此并没有涉及。

类比推理是从个别到个别的推理过程，其特点是结论是个别的并且也未必真而仅是最合适的结论。例如，火星和地球与太阳的距离大致相同，火星半径与地球半径类似，自转和公转周期类似，并且具有相似的大气层；地球上具有生物，所以，火星上很可能具有

生物。

具体来说,类比包括由此及彼和由古及今(由近及远)两种。前者如:北京是这样,所以上海也应当是这样;后者如:中国从古至今上下尊卑一贯如此,所以,中国未来也必将有上下尊卑。

类比推理知识直接作为考点的试题不多,但是每年都有以结构比较试题,并且这一类试题每年基本上都不少于2题,考生在解答这种比较试题时,对于前面概念、演绎推理的相关知识也必须能熟练应用。前面已经介绍过假言推理结构比较试题,下面是一些假言推理以外的历年典型结构比较真题。

(2013,2)公司经理:我们招聘人才时最看重的是综合素质和能力,而不是分数。人才招聘中,高分低能者并不鲜见,我们显然不希望招到这样的"人才"。从你的成绩单可以看出,你的学业分数很高,因此我们有点怀疑你的能力和综合素质。

以下哪项和经理得出结论的方式最为类似?

A. 公司管理者并非都是聪明人,陈然不是公司管理者,所以陈然可能是聪明人

B. 闪光的物体并非都是金子,考古队挖到了闪闪发光的物体,所以考古队挖到的可能不是金子

C. 猫都爱吃鱼,没有猫患近视,所以吃鱼可以预防近视

D. 人的一生中健康开心最重要,名利都是浮云,张立名利双收,所以很有可能张立并不开心

E. 有些歌手是演员,所有的演员都很富有,所以有些歌手可能不是很富有

要点点评: 三段论结构比较,注意判断的性质和范围即可。

(2015,19)研究人员将角膜感觉神经断裂的兔子分为两组,实验组和对照组。他们给实验组兔子注射了一种从土壤霉菌中提取的化合物。3周后检查发现,实验组兔子的角膜感觉神经已经复合,而对照组兔子未注射这种化合物,其角膜感觉神经都没有复合。研究人员由此得出结论:该化合物可以使兔子断裂的角膜感觉神经复合。

以下哪项与上述研究人员得出的结论的方式最为类似?

A. 一个整数或者是偶数,或者是奇数

B. 绿色植物在光照充足的环境下能茁壮成长,而在光照不足的环境下只能缓慢生长。所以,光照有助于绿色植物生长

C. 年逾花甲的老王戴上老花镜可以读书看报,不戴则视力模糊。所以年龄大的人都要戴老花镜

D. 科学家在北极冰川地区的黄雪中发现了细菌,而该地区的寒冷气候与木卫的冰冷环境有着惊人的相似。所以木卫可能存在生命

E. 昆虫都有三对足,蜘蛛并非三对足。所以蜘蛛不是昆虫

要点点评: 通过有A有B,无A无B,建立因果关系。

(2017,21)甲:只有加强知识产权保护,才能推动科技创新。乙:我不同意。过分强化

知识产权保护,肯定不能推动科技创新。

以下哪项与上述反驳方式最为类似?

A. 妻子:孩子只有刻苦学习,才能取得好成绩。丈夫:也不尽然。学习光知道刻苦而不能思考,也不一定会取得好成绩

B. 母亲:只有从小事做起,将来才有可能做成大事。孩子:老妈,你错了。如果我们每天只是做小事,将来肯定做不成大事

C. 老板:只有给公司带来回报,公司才能给他带来回报。员工:不对呀。我上月帮公司谈成一笔大业务,可是只得到 1‰ 的奖励

D. 老师:只有读书,才能改变命运。学生:我觉得不是这样。不读书,命运会有更大的改变

E. 顾客:这件商品只有价格再便宜些,才会有人来买。商人:不可能。这件商品如果价格再便宜一些,我就要去喝西北风了

要点点评:　题干中乙对甲的反驳,将"加强知识产权保护"偷换成"过分强化知识产权保护",并且结论还很确定。

↗ (2018,17)甲:读书最重要的目的是增长知识、开阔视野。乙:你只见其一,不见其二。读书最重要的是陶冶性情、提升境界。没有陶冶性情、提升境界,就不能达到读书的真正目的。

以下哪项与上述反驳方式最为相似?

A. 甲:文学创作最重要的是阅读优秀文学作品。乙:你只见现象,不见本质。文学创作最重要的是观察生活、体验生活。任何优秀的文学作品都来源于火热的社会生活

B. 甲:做人最重要的是讲信用。乙:你说的不全面。做人最重要的是要遵纪守法。如果不遵纪守法,就没法讲信用

C. 甲:作为一部优秀的电视剧,最重要的是能得到广大观众的喜爱。乙:你只见其表,不见其里。电视剧最重要的是具有深刻寓意与艺术魅力。没有深刻寓意与艺术魅力,就不能成为优秀的电视剧

D. 甲:科学研究最重要的是研究内容的创新。乙:你只见内容,不见方法。科学研究最重要的是研究方法的创新。只有实现研究方法的创新,才能真正实现研究内容的创新

E. 甲:一年中最重要的季节是收获的秋天。乙:你只看结果,不问原因。一年中最重要的季节是播种的春天。没有春天的播种,哪来秋天的收获

要点点评:　对于"X 重要的是 Y"采取的反驳是:X 最重要的是 Z,如果没有 Z 就没有 X。

↗ (2018,26)甲:知难行易,知然后行。乙:不对,知易行难,行然后知。

以下哪项与上述对话方式最为相似?

A. 甲:知人者智,自知者明。乙:不对,知人者易,知己者难

B. 甲:不破不立,先破后立。乙:不对,不立不破,先立后破

C. 甲:想想容易做起来难,做比想要更重要。乙:不对,想到就能做到,想比做更重要

D. 甲:批评他人易,批评自己难;先批评他人后批评自己。乙:不对,批评自己易,批评

他人难。先批评自己后批评他人

E. 甲：做人难做事易，先做人再做事。乙：不对，做人易做事难，先做事再做人

要点点评： 两人对话的结构都是"A 比 B 困难，并且先做困难的"。

在 2013 年管理类联考考试大纲中，新增一节"综合推理"。这类试题特点是条件较多，近年来每年考试至少都有两题。一般情况下，综合推理试题一个题干问出几个关联性问题，考生在解答这类试题时，时间把握上会倍感压力。

综合推理可以根据已知条件分为：① 含有假言判断作为前提的综合推理；② 一般分组、排序、组合和对应的综合推理。①类试题，由于已知条件中含有假言判断，所以解题的基本规则仍然是三段论和假言推理规则，但可能涉及一些特殊的解题技巧，如条件带入法，特殊值法，列表法等；②类试题作为一般意义的分组、排序、组合和对应，考生在解答时要关注已知条件中的数字，学会对已知条件中的要素关系进行特殊标注以及在必要时对相应条件进行列表。

下面是一些典型的历年综合推理真题。

(2013,3)某省大力发展旅游产业，目前已经形成东湖、西岛、南山 3 个旅游景点，每处景点都有 2 日游、3 日游、4 日游 3 种线路。李明、王刚、张波将赴上述 3 地进行 9 日游。每个人都设计了各自的旅游计划。后来发现，每处景点他们 3 人都选择了不同的线路，李明赴东湖的计划天数与王刚赴西岛的计划天数相同。李明赴南山的计划是 3 日游，王刚赴南山的计划是 4 日游。

根据以上陈述，可以得出以下哪项？

A. 张波计划东湖 3 日游，李明计划西岛 4 日游

B. 张波计划东湖 4 日游，王刚计划西岛 3 日游

C. 王刚计划东湖 3 日游，张波计划西岛 4 日游

D. 李明计划东湖 2 日游，王刚计划西岛 3 日游

E. 李明计划东湖 2 日游，王刚计划西岛 2 日游

要点点评： 在阅读理解的基础上，列表。

(2013,21)在东海大学研究生会举办的一次中国象棋比赛中，来自经济学院，管理学院，哲学学院，数学学院和化学学院的 5 名研究生（每学院 1 名）相遇在一起，有关甲、乙、丙、丁、戊 5 名研究生之间的比赛信息满足以下条件：

(1) 甲仅与 2 名选手比赛过。

(2) 化学学院的选手和 3 名选手比赛过。

(3) 乙不是管理学院的，也没有和管理学院的选手对阵过。

(4) 哲学学院的选手和丙比赛过。

(5) 管理学院、哲学学院、数学学院的选手相互都交过手。

(6) 丁仅与 1 名选手比赛过。

根据以上条件，请问丙来自哪个学院？

A. 哲学学院   B. 管理学院   C. 经济学院   D. 化学学院

E. 数学学院

要点点评：　二维五元对应，列表计算。注意解题时间，学会放弃。

(2014,28)孔智、孟睿、荀慧、庄聪、墨灵、韩敏等 6 人组成一个代表队参加某次棋类大赛。其中两人参加围棋比赛，两人参加中国象棋比赛，还有两人参加国际象棋比赛。有关他们具体参加比赛项目的情况还需满足以下条件：

(1) 每位选手只能参加一个比赛项目；

(2) 孔智参加围棋比赛，当且仅当，庄聪和孟睿都参加中国象棋比赛；

(3) 如果韩敏不参加国际象棋比赛，那么墨灵参加中国象棋比赛；

(4) 如果荀慧参加中国象棋比赛，那么庄聪不参加中国象棋比赛；

(5) 荀慧和墨灵至少有一人不参加中国象棋比赛。

如果荀慧参加中国象棋比赛，那么可以得出以下哪项？

A. 庄聪和墨灵都参加围棋比赛　　　　　B. 孟睿参加围棋比赛

C. 孟睿参加国际象棋比赛　　　　　　　D. 墨灵参加国际象棋比赛

E. 韩敏参加国际象棋比赛

(2014,29)题干同上，如果庄聪和孔智参加相同的比赛项目，且孟睿参加中国象棋比赛，那么可以得出以下哪项？

A. 墨灵参加国际象棋比赛　　　　　　　B. 庄聪参加中国象棋比赛

C. 孔智参加围棋比赛　　　　　　　　　D. 荀慧参加围棋比赛

E. 韩敏参加中国象棋比赛

(2014,30)题干同上，根据题干信息，以下哪项可能为真？

A. 庄聪和韩敏参加中国象棋比赛　　　　B. 韩敏和荀慧参加中国象棋比赛

C. 孔智和孟睿参加围棋比赛　　　　　　D. 墨灵和孟睿参加围棋比赛

E. 韩敏和孔智参加围棋比赛

要点点评：　试题已知条件给出若干大前提，如果有小前提，就以此作为解题的起点；如果没有小前提，只能对选项逐项验证。

(2015,13)天南大学准备派 2 名研究生、3 名本科生到山村小学支教。经过个人报名和民主决议，最终人选将在研究生赵婷、唐玲和殷倩等 3 人和本科生周艳、李环、文琴、徐昂、朱敏等 5 人中产生。按规定同一学院或者同一社团至多选派一人。已知：

(1) 唐玲和朱敏均来自数学学院；

(2) 周艳和徐昂均来自文学院；

(3) 李环和朱敏均来自辩论协会。

根据上述条件，以下必定入选的是：

A. 文琴　　　　　　B. 唐玲　　　　　　C. 殷倩　　　　　　D. 周艳

E. 赵婷

(2015,14)题干同上,如果唐玲入选,下面必定入选的是:

A. 赵婷   B. 殷倩   C. 周艳   D. 李环

E. 徐昂

要点点评: 学会在条件中进行标注,如唐玲(A)和朱敏(A),这样可以很清晰地看出两者的关系。

(2015,29)某高校数学、物理、化学、管理、文秘、法学等6个专业毕业生要就业,现有风云、怡和、宏宇三家公司前来学校招聘,已知,每家公司只招聘该校2～3个专业若干毕业生,且必须满足以下条件:

(1)招聘化学专业的也招聘数学专业;

(2)怡和公司招聘的专业,风云公司也招聘;

(3)只有一家公司招聘文秘专业,且该公司没有招聘物理专业;

(4)如果怡和公司招聘管理专业,那么也招聘文秘专业;

(5)如果宏宇公司没有招聘文秘专业,那么怡和公司招聘文秘专业。

如果只有一家公司招聘物理专业,那么可以得出以下哪项?

A. 风云公司招聘化学专业   B. 怡和公司招聘管理专业

C. 宏宇公司招聘数学专业   D. 风云公司招聘物理专业

E. 怡和公司招聘物理专业

(2015,30)题干同上,如果三家公司都招聘了三个专业若干毕业生,那么可以得出以下哪项?

A. 风云公司招聘化学专业   B. 怡和公司招聘法学专业

C. 宏宇公司招聘化学专业   D. 风云公司招聘数学专业

E. 怡和公司招聘物理专业

要点点评: 已知条件有大前提,要注意找出隐藏的以数字表示的小前提。

(2016,18)某皇家园林依中轴线布局,从前到后依次排列着七个庭院。这七个庭院分别以汉字"日""月""金""木""水""火""土"来命名。已知:

(1)"日"字庭院不是最前面的那个庭院;(2)"火"字庭院和"土"字庭院相邻;(3)"金""月"两庭院间隔的庭院数与"木""水"两庭院间隔的庭院数相同。

根据上述信息,下列哪个庭院可能是"日"字庭院?

A. 第一个庭院   B. 第二个庭院   C. 第四个庭院   D. 第五个庭院

E. 第六个庭院

(2016,19)题干同上。如果第二个庭院是"土"字庭院,可以得出以下哪项?

A. 第七个庭院是"水"字庭院   B. 第五个庭院是"木"字庭院

C. 第四个庭院是"金"字庭院   D. 第三个庭院是"月"字庭院

E. 第一个庭院是"火"字庭院

要点点评：　要理解条件(3)的涵义，它表示"金""月""木""水"四间庭院是一个整体，需要占据连续的或者对称的四个位置。

(2016,29)江海大学的校园美食节开幕了，某女生宿舍有5人积极报名参加此项活动，她们的姓名分别为金粲、木心、水仙、火珊、土润。举办方要求，每位报名者只做一道菜品参加评比，但需自备食材。限于条件，该宿舍所备食材仅有5种：金针菇、木耳、水蜜桃、火腿和土豆，要求每种食材只能有2人选用，每人又只能选用2种食材，并且每人所选食材名称的第一个字与自己的姓氏均不相同。已知：

(1) 如果金粲选水蜜桃，则水仙不选金针菇；
(2) 如果木心选金针菇或土豆，则她也须选木耳；
(3) 如果火珊选水蜜桃，则她也必须选木耳和土豆；
(4) 如果木心选火腿，则火珊不选金针菇。

根据上述信息，可以得出以下哪项？

A. 金粲选用木耳、土豆　　　　　　　B. 水仙选用金针菇、火腿
C. 土润选用金针菇、水蜜桃　　　　　D. 火珊选用木耳、水蜜桃
E. 木心选用水蜜桃、土豆

(2016,30)题干同上。如果水仙选用土豆，则可以得出以下哪项？

A. 水仙选用木耳、土豆　　　　　　　B. 火珊选用金针菇、土豆
C. 土润选用水蜜桃、火腿　　　　　　D. 木心选用金针菇、水蜜桃
E. 金粲选用木耳、火腿

要点点评：　在具体推理时，已知条件给出了大前提，但同时需要注意"每人所选食材名称的第一个字与自己的姓氏均不相同"和数字规定的小前提。在第一问列表的基础上，第二问添加"水仙选用土豆"这一条件可以继续使用第一问的计算表格。

(2017,8)丰收公司邢经理需要在下个月赴湖北、湖南、安徽、江西、江苏、浙江、福建7省进行市场调研，各省均调研一次，他的行程需满足如下条件：

(1) 第一个或最后一个调研江西省；
(2) 调研安徽省的时间早于浙江省，在这两省的调研之间调研除了福建省的另外两省；
(3) 调研福建省的时间安排在调研浙江省之前或刚好调研究浙江省之后；
(4) 第三个调研江苏省。

如果邢经理首先赴安徽省调研，则关于他的行程，可以确定以下哪项？

A. 第二个调研湖北省　　　　　　　　B. 第二个调研湖南省
C. 第五个调研福建省　　　　　　　　D. 第五个调研湖北省
E. 第五个调研浙江省

要点点评：　在排序中，现将确定的第一、第三、第四和第七排好，然后将选项直接验证即可。

(2017,9)题干同上,如果安徽省是邢经理第二个调研的省份,则关于他的行程,可以确定以下哪项?

A. 第一个调研江西省   B. 第四个调研湖北省

C. 第五个调研浙江省   D. 第五个调研湖南省

E. 第六个调研福建省

要点点评: 对于确定的位置和相对位置使用不同的数字来标注。

(2017,22)某著名风景区有"妙笔生花""猴子观海""仙人晒靴""美人梳妆""阳关三叠""禅心向天"6个景点。为方便游人,景区提示如下:

(1) 只有先游"猴子观海",才能游"妙笔生花";

(2) 只有先游"阳关三叠",才能游"仙人晒靴";

(3) 如果游"美人梳妆"就要先游"妙笔生花";

(4) "禅心向天"应第四个游览,之后才可游览"仙人晒靴"。

张先生按照上述提示,顺利游览了上述6个景点。

根据上述信息,关于张先生的游览顺序,以下哪项不可能为真?

A. 第一个游览"猴子观海"   B. 第二个游览"阳关三叠"

C. 第三个游览"美人梳妆"   D. 第五个游览"妙笔生花"

E. 第六个游览"仙人晒靴"

要点点评: 确定和相对位置以不同的数字来标注。重点关注排序确定的"禅心向天",它是第四个游览,在它后面游览的有哪几个?

(2017,29)某影城将在"十一"黄金周7天(周一至周日)放映14部电影,其中有5部科幻片,3部警匪片,3部武侠片,2部战争片,1部爱情片。限于条件,影城每天放映2部电影,已知:

(1) 除科幻片安排在周四外,其余6天每天放映的2部电影都属于不同的类型;

(2) 爱情片安排在周日;

(3) 科幻片或武侠片没有安排在同一天;

(4) 警匪片和战争片没有安排在同一天。

根据以上信息,以下哪项2部电影不可能安排在同一天放映?

A. 警匪片和爱情片   B. 科幻片和警匪片

C. 武侠片和战争片   D. 武侠片和警匪片

E. 科幻片和战争片

(2017,30)题干同上,根据以上信息,如果同类影片放映日期连续,则周六可以放映的电影是哪项?

A. 科幻片和警匪片   B. 武侠片和警匪片

C. 科幻片和战争片   D. 科幻片和武侠片

E. 警匪片和战争片

要点点评： 3部武侠片(A)和3部科幻片(B)不能在同一天放映,这意味着A和B一共要占据6个位置,A和B的位置可以对调,但是A和B不能在同一天。

(2018,15)某海军部队有甲、乙、丙、丁、戊、己、庚7艘舰艇,拟组成两个编队出航,第一编队编列3艘舰艇,第二编队编列4艘舰艇,编列需满足以下条件:

(1)舰艇己必须编列在第二编队;

(2)戊和丙至多有一艘编列在第一编队;

(3)甲和丙不在同一编队;

(4)如果乙编列在第一编队,则丁也必须编列在第一编队。

如果甲在第二编队,则下列哪项中的舰艇一定也在第二编队?

A. 乙　　　　　　B. 丙　　　　　　C. 丁　　　　　　D. 戊

E. 庚

(2018,16)题干同上,如果丁和庚在同一编队,则可以得出以下哪项?

A. 甲在第一编队　　B. 乙在第一编队　　C. 丙在第一编队　　D. 戊在第二编队

E. 庚在第二编队

要点点评： 将条件标注在题干中,分属不同编队的舰艇标注不同的符号。

(2018,29)某校四位女生陈琳、张芳、王玉、杨虹和四位男生范勇、吕伟、赵虎、李龙进行中国象棋比赛。他们被安排在四张桌上,每桌一男一女对弈,四张桌从左到右分别记为1、2、3、4号,每对选手需要进行四局比赛,比赛规定:选手每胜一局得2分,和一局得1分,负一局得0分。前三局结束时,按分差大小排列,四对选手的总积分分别是6:0、5:1、4:2、3:3。已知:

(1)张芳跟吕伟对弈,杨虹在4号桌比赛,王玉的比赛桌在李龙比赛桌的右边;

(2)1号桌的比赛至少有一桌是和局,4号桌的总积分不是4:2;

(3)赵虎前三局总积分并不领先他的对手,他们也没有下成过和局;

(4)李龙已连输三局,范勇在前三局总积分上领先他的对手。

根据上述信息,前三局比赛结果时谁的总积分最高?

A. 杨虹　　　　　　B. 陈琳　　　　　　C. 范勇　　　　　　D. 王玉

E. 张芳

(2018,30)题干同上,如果下列有位选手前三局均与对手下成和局,那么他(她)是谁?

A. 陈琳　　　　　　B. 杨虹　　　　　　C. 张芳　　　　　　D. 范勇

E. 王玉

要点点评： 将确定对弈的男女选手直接在已知条件中进行标注。

(2019,24)某食堂采购4类(各种蔬菜名称的后一个字相同,即为一类)共12种蔬菜:芹菜、菠菜、韭菜;青椒、红椒、黄椒;黄瓜、冬瓜、丝瓜;扁豆、毛豆、豇豆。根据若干条件将其分成3组,准备在早、中、晚三餐中分别使用。已知条件如下:

(1) 同一类别的蔬菜不在一组；

(2) 芹菜不能在黄椒那一组，冬瓜不能在扁豆那一组；

(3) 毛豆必须与红椒或韭菜同一组；

(4) 黄椒必须与豇豆同一组。

根据以上信息，可以得出以下哪项？

A. 芹菜与豇豆不在同一组　　　　　B. 芹菜与毛豆不在同一组

C. 菠菜与扁豆不在同一组　　　　　D. 冬瓜与青椒不在同一组

E. 丝瓜与韭菜不在同一组

(2019,25)题干同上，如果韭菜、青椒与黄瓜在同一组，则可得出以下哪项？

A. 芹菜、红椒与扁豆在同一组　　　B. 菠菜、黄椒与豇豆在同一组

C. 韭菜、黄瓜与毛豆在同一组　　　D. 菠菜、冬瓜与豇豆在同一组

E. 芹菜、红椒与丝瓜在同一组

要点点评： 将三组菜标记为不同的符号，同组的菜、豆、椒以相同符号标注，不同组的以不同符号标注。

(2019,29)某园艺公司打算在如下形状的花圃中栽种玫瑰、兰花和菊花三个品种的花卉。该花圃的形状如下所示：

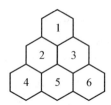

拟栽种的玫瑰有紫、红、白三种颜色，兰花有红、白、黄三种颜色，菊花有白、黄、蓝三种颜色。栽种需满足如下要求：

(1) 每个六边形格子中仅栽种一个品种、一种颜色的花；

(2) 每个品种只栽种两种颜色的花；

(3) 相邻格子中的花，其品种与颜色均不相同。

若格子 5 中是红色的花，则以下哪项是不可能的？

A. 格子 1 中是白色的兰花　　　　　B. 格子 4 中是白色的兰花

C. 格子 6 中是蓝色的菊花　　　　　D. 格子 2 中是紫色的玫瑰

E. 格子 1 中是白色的菊花

(2019,30)题干同上，若格子 5 中是红色的玫瑰，且格子 3 中是黄色的花，则可以得出以下哪项？

A. 格子 4 中是白色的菊花　　　　　B. 格子 2 中是白色的菊花

C. 格子 6 中是蓝色的菊花　　　　　D. 格子 4 中是白色的兰花

E. 格子 1 中是紫色的玫瑰

要点点评：　要注意花的颜色和种类之间的关系。第一问中"红色的花"，要注意没有菊花是红色的；第二问中，可以将已知条件填入相应的格子中验证。

(2020，29)某测试题共有 4 道题，每道题给出 A、B、C、D 四个选项，其中只有一项是正确答案。现有张、王、赵、李 4 人参加了测试，他们的答案情况和测试结果如下：

答题者	第一题	第二题	第三题	第四题	测试结果
张	A	B	A	B	均不正确
王	B	D	B	C	只答对 1 题
赵	D	A	A	B	均不正确
李	C	C	B	D	只答对 1 题

根据以上信息，可以得出以下哪项？

A. 第二题的正确答案是 C　　　　　B. 第二题的正确答案是 D

C. 第三题的正确答案是 D　　　　　D. 第四题的正确答案是 A

E. 第四题的正确答案是 D

(2020，30)题干同上，如果每道题的正确答案各不相同，则可以得出以下哪项？

A. 第一题的正确答案是 B　　　　　B. 第一题的正确答案是 C

C. 第二题的正确答案是 D　　　　　D. 第二题的正确答案是 A

E. 第三题的正确答案是 C

要点点评：　4 人在第一题和第二题的答案上涉及所有选项，所以必有正确的答案。

(2021，29)某高铁线路设有"东沟""西山""南镇""北阳""中丘"5 座高铁站。该线路现有甲、乙、丙、丁、戊 5 趟车运行。这 5 座高铁站中，每站均恰好有 3 趟车停靠，且甲车和乙车停靠的站均不相同。

已知：

(1) 若乙车或丙车至少有一车在"北阳"停靠，则它们均在"东沟"停靠；

(2) 若丁车在"北阳"停靠，则丙、丁和戊车均在"中丘"停靠；

(3) 若甲、乙和丙车中至少有 2 趟车在"东沟"停靠，则这 3 趟车均在"西山"停靠。

根据上述信息，可以得出以下哪项？

A. 甲车不在"中丘"停靠　　　　　B. 乙车不在"西山"停靠

C. 丙车不在"东沟"停靠　　　　　D. 丁车不在"北阳"停靠

E. 戊车不在"南镇"停靠

(2021，30)题干同上。若没有车每站都停靠，则可以得出以下哪项？

A. 甲车在"南镇"停靠　　　　　B. 乙车在"东沟"停靠

C. 丙车在"西山"停靠　　　　　D. 丁车在"南镇"停靠

E. 戊车在"西山"停靠

要点点评： 已知条件给出三个假言命题作为大前提,小前提被隐藏。"甲车和乙车停靠的站均不相同"是第一问的小前提;"没有车每站都停靠"是第二问的小前提,解题的关键词在于如何将小前提与大前提有效结合推理。

(2022,16)本科生小刘拟在 4 个学年中选修甲、乙、丙、丁、戊、己、庚、辛 8 门课程,每个学年选修其中的 1~3 门课程,每门课程均在其中的一个学年修完。选修课程的同时还满足以下条件:

(1) 后 3 个学年选修的课程数量均不同;

(2) 丙、己和辛课程安排在一个学年,丁课程安排在紧接其后的一个学年;

(3) 若第 4 学年至少选修甲、丙、丁中的 1 门课程,则第 1 学年仅选修戊、辛 2 门课程。

如果乙在丁之前的学年选修,则可以得出哪项?

A. 乙在第 1 学年选修
B. 乙在第 2 学年选修
C. 丁在第 2 学年选修
D. 丁在第 4 学年选修
E. 戊在第 1 学年选修

(2022,17)题干同上。如果甲、庚均在乙之后的学年选修,则可以得出哪项?

A. 戊在第 1 学年选修
B. 戊在第 3 学年选修
C. 庚在甲之前的学年选修
D. 甲在戊之前的学年选修
E. 庚在戊之前的学年选修

要点点评： 题干中既有大前提也有小前提,两者结合推理,同时关注已知条件中的数字。

(2022,29)某特色建筑项目评选活动没有纪念建筑、观演建筑、会堂建筑、商业建筑、工业建筑 5 个门类的奖项。甲、乙、丙、丁、戊、己 6 位建筑师均有 2 个项目入选上述不同门类的奖项,且每个门类的奖项有上述 6 人的 2~3 个项目入选。

已知:(1) 若甲或乙至少由一个项目入选观演建筑或工业建筑,则乙、丙入选的项目均是观演建筑和工业建筑;(2) 若乙或丁至少有一个项目入选观演建筑或会堂建筑,则乙、丁、戊入选的项目均是纪念建筑和工业建筑;(3) 若丁至少有一个项目入选纪念建筑或商业建筑,则甲、己入选的项目均在纪念建筑、观演建筑和商业建筑之中。

根据上述信息,可以得出以下哪项?

A. 甲有项目入选观演建筑
B. 丙有项目入选工业建筑
C. 丁有项目入选商业建筑
D. 戊有项目入选会堂建筑
E. 己有项目入选纪念建筑

(2022,30)题干同上。若己有项目入选商业建筑,则可以得出以下哪项?

A. 己有项目入选观演建筑
B. 戊有项目入选工业建筑
C. 丁有项目入选商业建筑
D. 丙有项目入选观演建筑

E. 乙有项目入选工业建筑

要点点评：　已知条件中只有大前提，没有小前提。关注数字规定性，每位建筑师都有2个项目入选上述不同门类的奖项，且每个门类的奖项有2～3人入选。

论　证

题干给出一段议论文，有明确的观点和论据，要求对题干的观点给予削弱、加强，这是论证逻辑试题最常见的形式。对于论证逻辑试题的解答包括以下三个步骤：

(1) 明确论证的论点，考生在阅读过程中，最好养成随手标注论点的习惯；

(2) 理解论点以外的文字和论点的关系，理解这种关系是否涉及因果关系；

(3) 如果论点和论证中的其他内容涉及因果关系，明确论点属于原因还是属于结果？一般来说，论点属于原因的论证较多；也有论点是独立的，论证中的其他内容对独立论点具有支持作用或者仅是一些背景信息。

在上述分析的基础上，加强削弱有以下典型的思路：

(1) 形式化加强削弱。在阅读试题时，如果发现题干或者选项中存在表示简单命题或者复合命题的关键词，例如"只有，才""如果，则"等，这时候考虑试题是否是形式化的加强削弱。题干如果是推理，那么对此加强削弱就是寻找出推理的前提，将该前提肯定就是加强，否定就是削弱。如果题干是一句命题，那么找到题干已知命题的矛盾命题就是对题干的削弱。形式化加强削弱解题所应用到的规则就是演绎推理规则和命题之间的矛盾关系，这一类试题，考生关注的重点就是关键词，不管关键词是在题干还是在选项中出现。

(2) 概念和命题辨析。论证中论据和论点所涉及的关键概念和由此产生的命题是否一致？对两者之间不一致的说明是对论证的削弱；对两者之间一致性的说明是对论证的加强。这一种方法在前面的概念辨析中已经有较为完整的说明。

(3) 论证中所描述的现象之间若涉及因果关系，则这种因果关系真的存在吗？若这种因果关系不存在，论证属于"误置因果"，这是对论证的削弱。对论证误置因果的说明往往表现为共因削弱：即论证所描述的两个现象确实具有相关性，但这两个现象尽管相关，却都是由第三者共同原因所导致，所以这两个现象之间事实上不存在因果联系。

(4) 论证中所描述的两个现象即使存在因果关系，但方向是否正确？如果论证将一个现象作为原因而事实上却是结果，论证属于"因果倒置"，这也是对论证的削弱。

(5) 当论证的观点某现象的原因时，这一现象是否存在更合理的原因解释？如果存在，则对论证给予"他因削弱"；如果不存在，则对论证给予"无他因加强"。例如：从人口上说，上海是中国第一大城市，上海之所以汇聚了这么多人口，是因为上海具有中国最发达的经济。

他因削弱：上海具有良好的公共设施以及舒服的居住环境；

无他因加强：在经济以外的其他方面，上海在吸引人口上并无优势。

在对论证进行他因削弱时，考生要注意用来削弱的他因与被削弱的本因无关。例如，上面的例子中，"上海的外资企业很多"就不能构成对论证的削弱，因为，这与"上海具有中国最发达的经济"是一致的。

(6) 当论证的观点是独立观点时,选项作为其他事实与观点的关系更为简单,或者属于无关选项,或者对结论给予直接的加强(正面事实加强)、削弱(反面事实削弱)。

例如:北京具有良好的基础设施,公共服务又属于全国一流,所以,北京一定能够吸引世界各地的人才前来投资定居。

反面事实削弱:北京的气候不适合习惯湿润的南方人居住;

正面事实加强:北京市政府制定了各项保护投资者利益的政策。

(7) 论证中的因果关系是否具有普遍性? 题干的论证认为 A 导致 B,如果选项说明"有 A 时也有 B"和"无 A 时也无 B"的情况,这是对论证的正面例子加强;如果选项说明"有 A 时却没有 B"和"无 A 时却有 B",这是对论证的反面例子削弱。

例如:清华大学是中国最好的大学,具有优秀的社会声誉,所以,清华大学的毕业生都具有良好的事业前景。

反面例子削弱:王强毕业于清华大学,一直找不到工作,只好与失业工人一起摆地摊谋生;

正面例子加强:赵毅毕业于清华大学,一毕业就做了中国银行的行长助理,前途一片光明。

注意:在论证不同于推理,在论证逻辑试题的选项中可能存在干扰选项。面对干扰选项,考生一定有"不选的理由"。而"不选的客观理由"绝不是"强度较大或者力度较弱",因为不存在强度式力度的客观标准,所以这种"强度较大或者力度较弱"的解释实际上是自欺欺人。

论证逻辑试题近年来数量稳定在 10 题左右,难度一般,考生不要将 2010 年之前的管理类联考中的难题作为复习重点,另外,由于语言具有歧义性,所以论证逻辑试题的答案可能本身就有争议(见本书第三部分),所以考生在正确阅读理解题干和选项后,遵循基本的解题思路即可,不必要对这一类试题深挖细掘。

下面给出管理类联考中的典型加强削弱试题进行说明。

(2013,9)人们知道鸟类能感觉到地球磁场,并利用它们导航。最近某国科学家发现,鸟类其实是利用右眼"查看"地球磁场的。为检验该理论,当鸟类开始迁徙的时候,该国科学家把若干知更鸟放进一个漏斗形状的庞大的笼子里。笼壁上涂着标记性物质,鸟要通过笼子细口才能飞出去。如果鸟碰到笼壁,就会黏上标记性物质,以此判断鸟能否找到方向。

以下哪项如果为真,最能支持研究人员的上述发现?

A. 没戴眼罩的鸟和右眼戴眼罩的鸟顺利从笼中飞了出去,左眼戴眼罩的鸟朝哪个方向飞的都有

B. 没戴眼罩的鸟和左眼戴眼罩的鸟朝哪个方向飞的都有,右眼戴眼罩的鸟顺利从笼中飞了出去

C. 戴眼罩的鸟,不论左眼还是右眼,顺利从笼中飞了出去;没戴眼罩的鸟朝哪个方向飞的都有

D. 没戴眼罩的鸟和左眼戴眼罩的鸟顺利从笼中飞了出去,右眼戴眼罩的鸟朝哪个方向飞的都有

E. 没戴眼罩的鸟顺利从笼中飞了出去;戴眼罩的鸟,不论左眼还是右眼,朝哪个方向飞的都有

要点点评: 阅读理解,能够识别反例即可。

(2013,27)某国研究人员报告说,与心跳速度每分钟低于 58 次的人相比,心跳速度每分钟超过 78 次者心脏病发作或者发生其他心血管问题的概率高出 39%,死于这类疾病的风险高出 77%,其整体死亡率高出 65%。研究人员指出,长期心跳过快导致了心血管疾病。

以下哪项如果为真,最能对该研究人员的观点提出质疑?

A. 各种心血管疾病影响身体的血液循环机能,导致心跳过快

B. 在老年人中,长期心跳过快的不到 39%

C. 在老年人中,长期心跳过快的超过 39%

D. 野外奔跑的兔子心跳很快,但是很少发现它们患心血管疾病

E. 相对于老年人,年轻人生命力旺盛,心跳较快

要点点评: "心跳快"和"心血管疾病"即使存在因果关系,也不能确定其关系是正向还是反向的。

(2014,1)随着光纤网络带来的网速大幅度提高,高速下载电影、在线看大片等都不再是困扰我们的问题。即使在社会生产力发展水平较低的国家,人们也可以通过网络随时随地获得最快的信息、最贴心的服务和最佳体验。有专家据此认为:光纤网络将大幅提高人民的生活质量。

以下哪项如果为真,最能质疑该专家的观点?

A. 网络上获得的贴心服务和美妙体验有时是虚幻的

B. 即使没有光纤网络,同样可以创造高品质的生活

C. 随着高速网络的普及,相关上网费用也随之增加

D. 人民生活质量的提高仅决定于社会生产力的发展水平

E. 快捷的网络服务可能使人们将大量时间消耗在娱乐上

要点点评: 人民的生活质量能够被光纤网络所提高吗?

(2014,6)最新研究发现,恐龙腿骨化石都有一定的弯曲度,这意味着恐龙其实并没有人们想象的那么重。以前根据其腿骨为圆柱形的假定计算动物体重时,会使得计算结果比实际体重高出 1.42 倍。科学家由此认为,过去的那种计算方式高估了恐龙腿部所能承受的最大身体重量。

以下哪项如果为真,最能支持以上科学家的观点?

A. 恐龙腿骨所能承受的重量比之前人们所认为的要大

B. 恐龙身体越重,其腿部骨骼也越粗壮

C. 圆柱形腿骨能承受的重量比弯曲的腿骨大

D. 恐龙腿部的肌肉对于支撑其体重作用不大

E. 与陆地的恐龙相比,翼龙的腿骨更接近圆柱形

要点点评： "腿骨是弯曲的或者是圆柱形的"与"承受重量"之间要建立起关系。

(2014,7)已知某班共有25位同学,女生中身高最高者与最矮者相差10厘米;男生中身高最高者与最矮者则相差15厘米。小明认为,根据已知信息,只要再知道男生、女生最高者的具体身高,或者再知道男生、女生的平均身高,均可确定全班学生中身高最高者与最低者之间的差距。

以下哪项如果为真,最能构成对小明观点的反驳?

A. 根据已知信息,如果不能确定全班同学中身高最高者与最低者之间的差距,则也不能确定男生、女生最高者的具体身高

B. 根据已知信息,即使确定了全班同学中身高最高者与最低者之间的差距,也不能确定男生、女生的平均身高

C. 根据已知信息,如果不能确定全班同学中身高最高者与最低者之间的差距,则既不能确定男生、女生最高者的具体身高,也不能确定男生、女生的平均身高

D. 根据已知信息,尽管再知道男生、女生的平均身高,也不能确定全班同学中身高最高者与最低者之间的差距

E. 根据已知信息,仅仅再知道男生、女生最高者的具体身高,就能确定全班同学中身高最高者与最低者之间的差距

要点点评： 要理解小明推理的论据和论点,理解是否可以推理有效。

(2014,25)某研究中心通过实验对健康男性和女性听觉的空间定位能力进行了研究。起初,每次只发出一种声音,要求被试者说出声源的准确位置,男性和女性都非常轻松地完成了任务;后来多种声音同时发出,要求被试者只关注一种声音并对声源进行定位,与男性相比,女性完成这项任务要困难得多,有时她们甚至认为声音是从声源相反方向传来的。研究人员由此得出：在嘈杂环境中准确找出声音来源的能力,男性要胜过女性。

以下哪项如果为真,最能支持研究者的结论?

A. 在实验使用的嘈杂环境中,有些声音是女性熟悉的声音

B. 在实验使用的嘈杂环境中,有些声音是男性不熟悉的声音

C. 在安静的环境中,女性注意力更易集中

D. 在嘈杂的环境中,男性注意力更易集中

E. 在安静的环境中,人的注意力更容易分散;在嘈杂的环境中,人的注意力更容易集中

要点点评： 在嘈杂的环境中,男性比女性具有哪些准确找出声音来源的优势?

(2015,2)长期以来,手机生产的电磁辐射是否威胁人体健康一直是极具争议的话题。一项长达10年的研究显示,每天使用移动电话通话30分钟以上的人患神经胶质瘤的风险比从未使用者要高出40%,由此,某专家建议：在取得进一步证据之前,人们应该采取更加安全的措施,如尽量使用固定电话通话或使用短信进行沟通。

以下哪项如果为真,最能表明该专家的建议不切实际?

A. 大多数手机产生电磁辐射强度符合国家规定标准

B. 现有存在于人类生活空间中的电磁辐射强度已经超过手机通话产生的电磁辐射强度

C. 经过较长一段时间,人们的体质已经逐渐适应强电磁辐射的环境

D. 在上述实验期间,有些人每天使用移动电话通话超过 40 分钟,但他们很健康

E. 即使以手机短信进行沟通,发送和接收信息瞬间也会产生较强的电磁辐射

要点点评: 一方面不用手机就不会受到电磁辐射的影响吗? 另一方面,专家的建议是"发短信或者使用固定电话"。

(2015,10)某市推出一项月度社会公益活动,市民报名踊跃。由于活动规模有限,主办方决定通过摇号抽签方式选择参与者。第一个月中签率为 1:20,随后连创新低,到下半年的 10 月已达 1:70,大多数市民屡摇不中。但从今年 7 月至 10 月,"李祥"这个名字连续 4 个月中签,不少市民据此认为有人作弊,并对主办方提出质疑。

以下哪项如果为真,最能消除市民质疑的是?

A. 已经中签的申请者中,叫"张磊"的有 7 人

B. 曾有一段时间,家长给孩子取名不回避重名

C. 在报名市民中,名叫"李祥"的近 300 人

D. 摇号抽签全过程是在有关部门监督下进行的

E. 在摇号系统中,每一位申请人都被随机赋予了一个不重复的编码

要点点评: 怎样进行摇号的做法与是否作弊是无关的。

(2016,7)考古学家发现,那件仰韶文化晚期的土坯砖边缘整齐,并且没有切割痕迹,由此他们推测,这件土坯砖应当是使用木质模具压制成型的,而其他 5 件由土坯砖经过烧制而成的烧结砖,经检测当时烧制它们的温度为 850~900℃,由此考古学家进一步推测,当时的砖是先使用模具将黏土做成土坯,然后再经过高温烧制而成的。

以下哪项如果为真,最能支持上述考古学家的推测?

A. 仰韶文化晚期的年代为公元前 3500 年—公元前 3000 年

B. 仰韶文化晚期,人们已经掌握了高温冶炼技术

C. 出土的 5 件烧结砖距今已有 5 000 年,确实属于仰韶文化晚期的物品

D. 没有采用模具而成型的土坯砖,其边缘或者不整齐,或者有切割痕迹

E. 早在西周时期,中原地区人们就可以烧制铺地砖和空心砖

要点点评: 考古学家的观点与时间无关,重点是因为"边缘整齐并且没有切割痕迹",所以"土坯砖是木制模具压制成型的"。

(2016,13)开车上路,一个人不仅需要有良好的守法意识,也需要有特有的"理性计算"。在拥堵的车流中,只要有"加塞"的,你开的车就不一定要让它;但是你开着车在路上正常直行,有车不打方向灯在你近旁突然横过来要撞上你,原来它想要改变道,这时你也就得让着它。

以下除哪项外,均能质疑上诉"理性计算"的观点?

A. 有理的让着没有理的,只会助长歪风邪气,有悖于社会的法律与道德

B. "理性计算"其实就是胆小怕事,总觉得凡事能躲则躲,但有的事很难躲过

C. 一味退让就会给行车带来极大的危险,不但可能伤及自己,而且也有可能伤及无辜

D. 即便碰上也不可怕,碰上之后如果立即报警,警方一般会有公正的裁决

E. 如果不让,就会碰上。碰上之后,即便自己有理,也会有很多麻烦

要点点评: 即使只看选项,也能够理解有四个选项是说明不要让。

(2017,3)近年来,我国海外代购业务量快速增长,代购者们通常从海外购买产品,通过各种渠道避开关税,再卖给内地顾客从中牟利,却让政府损失了税收收入,某专家由此指出,政府应该严厉打击海外代购的行为。

以下哪项如果为真,最能支持上述专家的观点?

A. 近期,有位前空乘服务员因在网上开设海外代购店而被我国地方法院判定犯有走私罪

B. 国内一些企业生产的同类产品与海外代购产品相比,无论质量还是价格都缺乏竞争优势

C. 海外代购提升了人民的生活水平,满足了国内部分民众对于品质生活的向往

D. 去年,我国奢侈品海外代购规模几乎是全球奢侈品国内门店销售额的一半,这些交易大多避开关税

E. 国内民众的消费需求提升是伴随着我国经济发展而产生的经济现象,应以此为契机促进国内同类消费品产业的升级

要点点评: 加强的重要理由涉及税收。

(2017,7)通识教育重在帮助学生掌握尽可能全面的基础知识,即帮助学生了解各个学科领域的基本常识;而人文教育则重在培育学生了解生活的意义,并对自己及他人行为的价值和意义做出合理的判断,形成"智识"。因此有专家指出,相比较而言,人文教育对个人未来生活的影响会更大一些。

以下哪项如果为真,最能支持上述专家的断言?

A. 当今我国有些大学开设的通识教育课程远远要多于人文教育课程

B. "知识"是事实判断,"智识"是价值判断,两者不能相互替代

C. 没有知识就会失去应对未来生活挑战的勇气,而错误的价值观可能会误导人的生活

D. 关于价值和意义的判断事关个人的幸福和尊严,值得探究和思考

E. 没有知识,人依然可以活下去;但如果没有价值和意义的追求,人只能成为没有灵魂的躯壳

要点点评: 要对知识和价值、意义对比,说明哪一方更重要,没有比较就不能加强。

(2017,11)进入冬季以来,内含大量有毒颗粒物的雾霾频繁袭击我国部分地区。有关调查显示,持续接触高浓度污染物会直接导致 10% 至 15% 的人患有眼睛慢性炎症或干眼症。有专家由此认为,如果不采取紧急措施改善空气质量,这些疾病的发病率和相关的并发症将会增加。

以下哪项如果为真,最能支持上述专家的观点?

A. 有毒颗粒物会刺激并损害人的眼睛,长期接触会影响泪腺细胞

B. 空气质量的改善不是短期内能做到的,许多人不得不在污染环境中工作

C. 眼睛慢性炎症或干眼症等病例通常集中出现于花粉季

D. 上述被调查的眼疾患者中有 65% 是年龄在 20～40 岁之间的男性

E. 在重污染环境中采取戴护目镜、定期洗眼等措施有助于预防干眼症等眼疾

要点点评:　"空气污染""雾霾"等与"眼睛疾病"的关系是关键。

(2017,14)针对癌症患者,一般采用化疗手段将药物直接注入人体杀伤癌细胞,但这也可能将正常细胞和免疫细胞一同杀灭,产生较强的不良反应。近来,有科学家发现,黄金纳米粒子很容易被人体癌细胞吸收,如果将其包上一层化疗药物,就可作为"运输工具",将化疗药物准确地投放到癌细胞中。他们由此推断,微小的黄金纳米粒子能提升癌细胞化疗的效果,并能降低化疗的不良反应。

以下哪项如果为真,能支持上述科学家所做出的结论?

A. 黄金纳米粒子用于癌症化疗的疗效有待大量临床检验

B. 在体外用红外线加热已进入癌细胞的黄金纳米粒子,可以从内部杀灭癌细胞

C. 因为黄金所具有的特殊化学性质,黄金纳米粒子不会与人体细胞发生反应

D. 现代医学手段已能实现黄金纳米粒子的精准投送,让其所携带的化疗药物只作用于癌细胞,并不伤及其他细胞

E. 利用常规计算机断层扫描,医生容易判定黄金纳米粒子是否已投放到癌细胞中

要点点评:　不仅要有疗效,而且还要求不能有不良反应。

(2017,17)研究者调查了一组大学毕业即从事有规律的工作正好满 8 年的白领,发现他们的体重比刚毕业时平均增加了 8 千克。研究者由此得出结论,有规律的工作会增加人们的体重。

关于上述结论的正确性,需要询问的关键问题是以下哪项?

A. 和该组调查对象其他情况相仿且经常进行体育锻炼的人,在同样 8 年中体重有怎样的变化

B. 该组调查对象的体重在 8 年后是否会继续增加

C. 为什么调查关注的时间段是对象在毕业工作后 8 年,而不是 7 年或者 9 年

D. 该组调查对象中男性和女性的体重增加是否有较大差异

E. 和该组调查对象其他情况相仿但没有从事有规律工作的人,在同样的 8 年中体重有怎样的变化

要点点评:　关键是"是否有规律工作"和"体重是否增加"之间的关系。

(2017,25)译制片配音,作为一种特有的艺术形式,曾在我国广受欢迎。然而时过境迁,现在许多人已不喜欢看配过音的外国影视剧。他们觉得还是听原汁原味的声音才感觉到位。有专家由此断言,配音已失去观众,必将退出历史舞台。

以下各项如果为真,则除哪项外都能支持上述专家的观点?

A. 很多上了年纪的国人仍习惯看配过音的外国影视剧,而在国内放映的外国大片有的仍然是配过音的

B. 配音是一种艺术再创造,倾注了配音艺术家的心血,但有的人对此并不领情,反而觉得配音妨碍了他们对原剧的欣赏

C. 许多中国人通晓外文,观赏外国原版影视剧并不存在语言的困难;即使不懂外文,边看中文字幕边听原声也不影响理解剧情

D. 随着对外交流的加强,现在外国影视剧大量涌入国内,有的国人已经等不及慢条斯理、精工细作的配音了

E. 现在有外国影视剧配音难以模仿剧中演员的出色嗓音,有时也与剧情不符,对此观众并不接受

> **要点点评:** 要选择不能加强"人们不再需要配音"的选项,注意问题中的"除"字。加强削弱的选项与"配音是否是有价值的艺术形式"无关。

(2018,24)有研究发现,冬季在公路上撒盐除冰,会让本来要成为雌性的青蛙变成雄性,这是因为这些路盐中的钠元素会影响青蛙受体细胞并改变原可能成为雌性青蛙的性别。有专家据此认为,这会导致相关区域青蛙数量的下降。

以下哪项如果为真,最能支持上述专家的观点?

A. 大量的路盐流入池塘可能会给其他水生物造成危害,破坏青蛙的食物链

B. 如果一个物种以雌性为主,该物种的个体数量就可能受到影响

C. 在多个盐含量不同的水池中饲养青蛙,随着水池中盐含量的增加,雌性青蛙的数量不断减少

D. 如果每年冬季在公路上撒很多盐,盐水流入池塘,就会影响青蛙的生长发育过程

E. 雌雄比例会影响一个动物种群的规模,雌性数量的充足对物种的繁衍生息至关重要

> **要点点评:** "雌性青蛙数量"与"总的青蛙数量"要建立起联系。

(2019,7)研究人员使用脑电波图技术研究了母亲给婴儿唱童谣时两人的大脑活动,发现当母亲与婴儿对视时,双方的脑电波趋于同步,此时婴儿也会发出更多的声音尝试与母亲沟通。他们据此以为,母亲与婴儿对视有助于婴儿的学习和交流。

以下哪项为真,最能支持上述研究人员的观点?

A. 在两个成年人交流时,如果他们的脑电波同步,交流就会更流畅

B. 当父母与孩子互动时,双方的情绪与心率可能也会同步

C. 当部分学生对某学科感兴趣时,他们的脑电波会渐趋同步,学习效果也随之提升

D. 当母亲和婴儿对视时,他们都在发出信号,表明自己可以且愿意与对方交流

E. 脑电波趋于同步可优化双方对话状态,使交流更加默契,增进彼此了解

> **要点点评:** 在排除干扰选项时,一定要关注支持的观点是"有助于婴儿的学习和交流"。

（2019,17）旅游是一种独特的文化体验。游客可以跟团游,也可以自由行。自由行游客虽避免了跟团游的集体束缚,但也放弃了人工导游的全程讲解,而近年来他们了解旅游景点的文化需求却有增无减。为适应这一市场需求,基于手机平台的多款智能导游 App 被开发出来。他们可定位用户的位置,自动提供景点讲解、游览问答等功能。有专家就此指出,未来智能导游必然会取代人工导游,传统的导游职业行将消亡。

以下哪项如果为真,最能质疑上述专家的论断?

A. 至少有 95％的国外景点所配备的导游讲解器没有中文语音,中国出境游客因为语言和文化上的差异,对智能导游 App 的需求比较强烈

B. 旅行中才会使用的智能导游 App,如何保持用户黏性、未来又如何取得商业价值等都是待解问题

C. 好的人工导游可以根据游客需求进行不同类型的讲解,不仅关注景点,还可表达观点,个性化很强,这是智能导游 App 难以企及的

D. 目前发展较好的智能导游 App 用户量在百万级左右,这与当前中国旅游人数总量相比还只是一个很小的比例,市场还没有培养出用户的普遍消费习惯

E. 国内景区配备的人工导游需要收费,大部分导游讲解的内容都是事先背好的标准化内容。但是,即便人工导游没有特色,其退出市场也需要一定的时间

要点点评： 没有干扰选项,读懂题干和选项的含义便能够正确解答。

（2019,20）如今,孩子写作业不仅仅是他们自己的事,大多数中小学生的家长都要面临陪孩子写作业的任务,包括给孩子听写、检查作业、签字等。据一项针对 3 000 余名家长进行的调查显示,84％的家长每天都会陪孩子写作业,而 67％的受访家长会因陪孩子写作业而烦恼。有专家对此指出,家长陪孩子写作业。相当于充当学校老师的助理,让家庭成为课堂的延伸,会对孩子的成长产生不利影响。

以下哪项如果为真,最能支持上述专家的论断?

A. 家长是最好的老师,家长辅导孩子获得各种知识本来就是家庭教育的应有之义,对于中低年级的孩子,学习过程中的父母陪伴尤为重要

B. 家长通常有自己的本职工作,有的晚上要加班,有的即使晚上回家也需要研究工作、操持家务,一般难有精力认真完成学校老师布置的"家长作业"

C. 家长陪孩子写作业,会使得孩子在学习中缺乏独立性和主动性,整天处于老师和家长的双重压力下,既难激发学习兴趣,更难养成独立人格

D. 大多数家长在孩子教育上并不是行家,他们或者早已遗忘了自己曾学习过的知识,或者根本不知道如何将自己拥有的知识传授给孩子

E. 家长辅导孩子,不应围绕老师布置的作业,而应着重激发孩子的学习兴趣,培养孩子良好的学习习惯,让孩子在成长中感到新奇、快乐

要点点评： 没有干扰选项,理解要支持的专家观点和选项含义便能够正确解答。

（2019,26）《淮南子·齐俗训》中有曰:"今屠牛而烹其肉,或以为酸,或以为甘,煎熬燔炙,齐味万方,其本一牛之体。"其中的"熬"便是熬牛肉制汤的意思。这是考证牛肉汤做法的

最早文献资料。某民俗专家由此推测,牛肉汤的起源不会晚于春秋战国时期。

以下哪项如果为真,最能支持上述推测?

A.《淮南子·齐俗训》完成于西汉时期

B. 早在春秋战国时期,我国已经开始使用耕牛

C.《淮南子》的作者中有来自齐国故地的人

D. 春秋战国时期我国已经有熬汤的鼎器

E.《淮南子·齐俗训》记述的是春秋战国时期齐国的风俗习惯

要点点评: 难度不大,但是一定要读完选项理解涵义后,充分比较才能找到正确答案。

(2019,28)阔叶树的降尘优势明显,吸附PM2.5的效果最好,一棵阔叶树对一年的平均滞尘量达3.16公斤。针叶树叶面积小,吸附PM2.5的功效较弱。全年平均下来,阔叶林的吸尘效果要比针叶林强不少。阔叶树也比灌木和草的吸尘效果好得多。以北京常见的阔叶树国槐为例,成片的国槐林吸尘效果比同等面积的普通草地约高30%。有些人据此认为,为了降尘,北京应大力推广阔叶树,并尽量减少针叶林面积。

以下哪项如果为真,最能削弱上述有关人员的观点?

A. 阔叶树与针叶树比例失调,不仅极易暴发病虫害、火灾等,还会影响林木的生长和健康

B. 针叶树冬天虽然不落叶,但基本处于“休眠”状态,生物活性差

C. 植树造林既要治理PM2.5,也要治理其他污染物,需要合理布局

D. 阔叶树冬天落叶,在寒冷的冬季,其养护成本远高于针叶树

E. 建造通风走廊,能把城市和郊区的森林连接起来,让清新的空气吹入,降低城区的PM2.5

要点点评: 要削弱的观点是“为了降尘,北京应大力推广阔叶树,并尽量减少针叶林面积”。该观点的关键在于“为了降尘,这种做法是否可行”,而不是“为了降尘,这种做法的成本大小”或者是“降尘以外的目的”。

(2020,10)移动支付如今正在北京、上海等大中城市迅速普及。但是,并非所有中国人都熟悉这种新的支付方式,很多老年人仍然习惯传统的现金交易。有专家因此断言,移动支付的迅速普及会将老年人阻挡在消费经济之外,从而影响他们晚年的生活质量。

以下哪项如果为真,最能质疑上述专家的论断?

A. 到2030年,中国60岁以上人口将增至3.2亿人,老年人的生活质量将进一步引起社会关注

B. 有许多老年人因年事已高,基本不直接进行购物消费,所需物品一般由儿女或社会提供,他们的晚年生活很幸福

C. 国家有关部门近年来出台多项政策指出,消费者在使用现金支付被拒时可以投诉,但仍有不少商家我行我素

D. 许多老年人已在家中或社区活动中心学会移动支付的方法以及防范网络诈骗的技巧

E. 有些老年人视力不好,看不清手机屏幕;有些老年人记忆力不好,记不住手机支付密码

要点点评:　要削弱的观点是"老年人被阻挡在消费经济以外,从而影响他们晚年的生活质量",与老年人是否能学会并熟悉移动支付无关。

(2010,15)王研究员:吃早餐对身体有害。因为吃早餐会导致皮质醇峰值更高,进而导致体内胰岛素异常,这可能引发Ⅱ型糖尿病。

李教授:事实并非如此。因为上午皮质醇水平高只是人体生理节律的表现,而不吃早餐不仅会增加患Ⅱ型糖尿病的风险,还会增加患其他疾病的风险。

以下哪项如果为真,最能支持李教授的观点?

A. 一日之计在于晨,吃早餐可以补充人体消耗,同时为一天的工作准备能量

B. 糖尿病患者若在 9 点至 15 点之间摄入一天所需的卡路里,血糖水平就能保持基本稳定

C. 经常不吃早餐,上午工作处于饥饿状态,不利于血糖调节,容易患上胃溃疡、胆结石等疾病

D. 如今,人们工作繁忙,晚睡晚起现象非常普遍,很难按时吃早餐,身体常常处于亚健康状态

E. 不吃早餐的人通常缺乏营养和健康方面的知识,容易形成不良生活习惯

要点点评:　要加强的观点是"不吃早餐不仅会增加患糖尿病的风险,还会增加患其他疾病的风险",关键在于"患病"。

(2020,20)日前,科学家发明了一项技术,可以把二氧化碳等物质"电成"有营养价值的蛋白粉,这项技术不像种庄稼那样需要具备合适的气候、温度和土壤等条件。他们由此认为,这项技术开创了未来新型食物生产的新路,有助于解决全球饥饿问题。

以下各项如果为真,则除了哪项均支持上述科学家的观点?

A. 让二氧化碳、水和微生物一起接受电流点击,可以产出有营养价值的食物

B. 粮食问题是全球重大问题,联合国估计到 2050 年有 20 亿人缺乏基本营养

C. 把二氧化碳等物质"电成"蛋白粉,将有助于改变农业,还能避免对环境造成不利影响

D. 由二氧化碳物质"电成"的蛋白粉,约含 50% 的蛋白质、25% 的碳水化合物、核酸及脂肪

E. 未来这项技术将引入沙漠或其他面临饥荒的地区,为解决那里的饥饿问题提供重要帮助

要点点评:　要加强的观点是"新技术开创了新型食品生产的新路,有助于解决全球饥饿问题",注意问题中的"除了"。

(2021,3)研究人员招募了 300 名体重超标的男性,将其分成餐前锻炼组和餐后锻炼组,进行每周三次相同强度和相同时段的晨练。餐前锻炼组晨练前摄入零卡路里安慰剂饮料,

晨练后摄入 200 卡路里的奶昔;餐后锻炼组晨练前摄入 200 卡路里的奶昔,晨练后摄入零卡路里安慰剂饮料。三周后发现,餐前锻炼组燃烧的脂肪比餐后锻炼组多。该研究人员由此推断,肥胖者若持续这样的餐前锻炼,就能在不增加运动强度或时间的情况下改善代谢能力,从而达到减肥效果。

以下哪项如果为真,最能支持该研究人员的上述推断?

A. 餐前锻炼组额外的代谢与体内肌肉中的脂肪减少有关

B. 餐前锻炼组觉得自己在锻炼中消耗的脂肪比餐后锻炼组多

C. 餐前锻炼可以增强肌肉细胞对胰岛素的反应,促使它更有效地消耗体内的糖分和脂肪

D. 肌肉参与运动所需要的营养,可能来自最近饮食中进入血液的葡萄糖和脂肪成分,也可能来自体内储存的糖和脂肪

E. 有些餐前锻炼组的人知道他们摄入的是安慰剂,但这并不影响他们锻炼的积极性

要点点评: 要加强的观点是"餐前锻炼可以改善代谢能力,达到减肥效果",选项与论证的关系是直接的,阅读理解即可选出正确答案。

⤴ (2021,14)最近一项科学观测显示,太阳产生的带电粒子流即太阳风,含有数以千计的"滔天巨浪",其时速会突然暴增,可能导致太阳磁场自行反转,甚至会对地球产生有害影响。但目前我们对太阳风的变化及其如何影响地球知之甚少。据此,有专家指出,为了更好地保护地球免受太阳风的影响,必须更新现有的研究模式,另辟蹊径研究太阳风。

以下哪项如果为真,最能支持上述专家的观点?

A. 最新观测结果不仅改变了天文学家对太阳风的看法,而且将改变其预测太空天气事件的能力

B. 目前,根据标准太阳模型预测太阳风变化所获得的最新结果与实际观测相比,误差为 10~20 倍

C. 对太阳风进行深入研究,将有助于防止太阳风大爆发时对地球的卫星和通信系统乃至地面电网造成影响

D. 太阳风里有许多携带能量的粒子和磁场,而这些磁场会发生意想不到的变化

E. "高速"太阳风源于太阳南北极的大型日冕洞,而"低速"太阳风则来自太阳赤道上较小的日冕洞

要点点评: 要加强的观点是"需要采取新的研究模式来研究太阳风",凡是说明旧的研究模式缺点和新的研究模式优点的选项都能对论证给予加强。

⤴ (2021,17)酸奶作为一种健康食品,既营养又美味可口,深受人们的喜爱,很多人饭后都不忘来杯酸奶。他们觉得,饭后喝杯酸奶能够解油腻、助消化。但近日有专家指出,饭后喝酸奶其实并不能帮助消化。

以下哪项如果为真,最能支持上述专家的观点?

A. 足量膳食纤维和维生素 B1 被人体摄入后可有效促进肠胃蠕动,进而促进食物消化,但酸奶不含膳食纤维,维生素 B1 的含量也不丰富

B. 酸奶中的益生菌可以维持肠道消化系统的健康,但是这些菌群大多不耐酸,胃部的强酸环境会使其大部分失去活性

C. 酸奶含有一定的糖分,吃饱了饭再喝酸奶会加重肠胃负担,同时也使身体增加额外的营养,容易导致肥胖

D. 人体消化需要消化酶和有规律的肠胃运动,酸奶中没有消化酶,饮用酸奶也不能纠正无规律的肠胃运动

E. 酸奶可以促进胃酸分泌,抑制有害菌在肠道内繁殖,有助于维持消化系统健康,对于食物消化能起到间接帮助作用

要点点评：　要加强的观点是"饭后喝酸奶并不能帮助消化",要区别选项中关于酸奶的说明,酸奶不具有助消化的充分条件不能推出酸奶不能帮助消化,而说明酸奶不具有助消化的必要条件,则说明酸奶无助于消化。

(2021,19)今天的教育质量将决定明天的经济实力。PISA 是经济合作与发展组织每隔3 年对 15 岁学生的阅读、数学和科学能力进行的一项测试。根据 2019 年最新测试结果,中国学生的总体表现远超其他国家学生。有专家认为,该结果意味着中国有一支优秀的后备力量以保障未来经济的发展。

以下哪项如果为真,最能支持上述专家的论证?

A. 中国学生在 15 岁时各项能力尚处于上升期,他们未来会有更出色的表现

B. 未来经济发展的核心驱动力是创新,中国教育非常重视学生创新能力的培养

C. 在其他国际智力测试中,亚洲学生总体成绩最好,而中国学生又是亚洲最好的

D. 这次 PISA 测试的评估重点是阅读能力,能很好地反映学生的受教育质量

E. 中国学生在阅读、数学和科学三项排名中均位列第一

要点点评：　论证从目前中国 15 岁的学生在 PISA 测试中取得好成绩,推出结论未来中国有保障经济发展的后备力量。注意题干第一句话"今天的教学质量将决定明天的经济实力"。

(2021,25)某医学专家提出一种简单的手指自我检测法:将双手放在眼前,把两个食指的指甲那一面贴在一起,正常情况下,应该看到两个指甲床之间有一个菱形的空间;如果看不到这个空间,则说明手指出现了杵状改变,这是患有某种心脏或肺部疾病的迹象。该专家认为,人们通过手指自我检测能快速判断自己是否患有心脏或肺部疾病。

以下哪项如果为真,最能质疑上述专家的论断?

A. 杵状改变可能由多种肺部疾病引起,如肺纤维化、支气管扩张等,而且这种病变需要经历较长的一段过程

B. 杵状改变不是癌症的明确标志,仅有不足 40% 的肺癌患者有杵状改变

C. 杵状改变检测只能作为一种参考,不能用以替代医生的专业判断

D. 杵状改变有两个发展阶段,第一个阶段的畸变不是很明显,不足以判断人体是否有疾病

E. 杵状改变是手指末端软组织积液造成,而积液是由于过量血液注入该区域导致,其

内在机理仍然不明

要点点评：　要削弱的观点是"通过杆状改变可以检测心脏或者肺部疾病"，这一论证假设了"杆状改变的原因是由于心脏或者肺部疾病"，对此假设否定便是对论证的削弱。注意理解排除干扰选项的理由。

（2021，24）曾几何时，快速阅读进入了我们的培训课堂，培训者告诉学员，要按"Z"字形浏览文章，只要精简我们看的地方，就能整体把握文本要义，从而提高阅读速度，真正的快递阅读能将阅读速度提高至少两倍，并不影响理解。但近来有科学家指出，快速阅读实际上是不可能的。

以下哪项为真，最能加强科学家的观点？

A. 阅读是一项复杂的任务，首先需要看到一个词，然后要检索其含义，再将其与上下文相联系

B. 科学界始终对快速阅读持怀疑态度，那些声称能帮助人们快速阅读的人通常是为了谋生或赚钱

C. 人的视力只能集中于相对较小的区域，不可能同时充分感知和阅读大范围文本，识别单词的能力限制了我们的阅读理解

D. 个体阅读速度差异很大，那些阅读速度较快的人可能拥有较强的短时记忆或信息处理功能

E. 大多数声称能快速阅读的人实际上是在浏览，他们可能相当快地捕捉到文本的重要内容，但也会错过众多细枝末节

要点点评：　要加强的观点是"快速阅读是不可能的"。理解选项是说明"快速阅读的缺点"还是"不可能快速阅读"。

（2021，28）孩子在很小的时候，对接触到的东西都要摸一摸、尝一尝，甚至还会吞下去。孩子天生就对这个世界抱有强烈的好奇心，但随着孩子慢慢长大，特别是进入学校之后，他们的好奇心越来越少。对此有教育专家认为，这是由于孩子受到外在的不当激励所造成的。

以下哪项如果为真，最能支持上述专家观点？

A. 现在许多孩子迷恋电脑、手机，对书本知识感到索然无味

B. 孩子助人为乐能获得褒奖，损人利己往往受到批评

C. 现在孩子所做的很多事情大多迫于老师、家长等的外部压力

D. 老师、家长只看考试成绩，导致孩子只知道死记硬背书本知识

E. 野外郊游可以激发孩子好奇心，长时间宅在家里就会产生思维惰性

要点点评：　要加强的观点是"孩子缺乏好奇心是由于孩子受到外在的不当激励所造成的"。要注意到其中两个关键词"好奇心"和"外在激励"。

（2022，2）"君问归期未有期，巴山夜雨涨秋池。何当共剪西窗烛，却话巴山夜雨时。"这首《夜雨寄北》是晚唐诗人李商隐的名作。一般认为这是一封"家书"，当时诗人身处巴蜀，妻子在长安，所以说"寄北"。但有学者提出，这首诗实际上是寄给友人的。

以下哪项如果为真,最能支持以上学者的观点?

A. 李商隐之妻王氏卒于大中五年,而该诗作于大中七年

B. 明清小说戏曲中经常将家庭塾师或官员的幕客称为"西席""西宾"

C. 唐代温庭筠的《舞衣曲》中有诗句"回眸笑语西窗客,星斗寥寥波脉脉"

D. 该诗另一题为《夜雨寄内》,"寄内"即寄怀妻子。此说得到了许多人的认同

E. "西窗"在古代专指客房、客厅,起自尊客于西的先秦古礼,并被后世习察日用

要点点评:　支持的观点是"诗不是家书,而是寄给友人的"。对于干扰选项的排除,一定要重新再细读观点,重点在于如何证明是寄给友人的。

(2022,4)2020 年全球碳排放量减少大约 24 亿吨,远远大于之前的创纪录降幅,例如第二次世界大战结束时下降 9 亿吨,2009 年金融危机最严重时下降 5 亿吨。非政府组织全球碳计划(GCP)在其年度评估报告中说,由于各国在新冠肺炎疫情期间采取了封锁和限制措施,汽车使用量下降了一半左右,2020 年的碳排放量同比下降了创纪录的 7%。

以下哪项如果为真,最能支持 GCP 的观点?

A. 2020 年碳排放量下降最明显的国家和地区是美国和欧盟

B. 延缓气候变化的办法不是停止经济活动,而是加速向低碳能源过渡

C. 根据气候变化制定《巴黎协定》,2015 年之后的 10 年间,全球每年须减排 10～20 亿吨

D. 2020 年在全球各行业减少的碳排放总量中,交通运输业所占比例最大

E. 随着世界经济的持续复苏,2021 年全球碳排放量同比下降可能不超过 5%

要点点评:　对题干论证读懂即可,要支持的观点是"碳排放量的下降是由于汽车使用量的下降",所以选项中必定出现与汽车相关的内容。

(2022,6)某研究团队研究了大约 4 万名中老年人的核磁共振成像数据、自我心理评估等资料,发现经常有孤独感的研究对象和没有孤独感的研究对象在大脑的默认网络区域中存在显著差异。默认网络是一组参与内心思考的大脑区域,这些内心思考包括回忆旧事、规划未来、想象等。孤独者大脑的默认网络联结更为紧密,其灰质容积更大。研究人员由此认为,大脑默认网络的结构和功能与孤独感存在正相关。

以下哪项如果为真,最能支持上述研究人员的观点?

A. 人们在回忆过去、假设当下或预想未来时会使用默认网络

B. 有孤独感的人更多地使用想象、回忆过去和憧憬未来以克服社交隔离

C. 感觉孤独的老年人出现认知衰退和患上痴呆症的风险更高,进而导致部分脑区萎缩

D. 了解孤独感对大脑的影响、拓展我们在这个领域的认知,有助于减少当今社会的孤独现象

E. 穹窿是把信号从海马体输送到默认网络的神经纤维束,在研究对象的大脑中,这种纤维束得到较好的保护

要点点评:　试题的难度在于语境比较陌生,逻辑试题解法与专业知识无关,重点抓住要支持的观点,即默认网络与孤独感的联系,通过默认网络的具体功能进行正相关证明,同

时理解选项与观点之间的关系。

(2022,8)2020年下半年,随着新冠病毒在全球范围内的肆虐及流感季节的到来,很多人担心会出现大范围流感和新冠疫情同时爆发的情况。但是有病毒学家发现,2009年甲型H1N1流感毒株出现时,自1977年以来一直传播的另一种甲型流感毒株消失了。由此他推测,人体同时感染新冠病毒和流感病毒的可能性应该低于预期。

以下哪项如果为真,最能支持该病毒学家的推测?

A. 如果人们继续接种流感疫苗,就能降低同时感染这两种病毒的概率

B. 一项分析显示,新冠肺炎患者中大约有3%的人同时感染另一种病毒

C. 人体感染一种病毒后的几周内,其先天免疫系统的防御能力会逐步增强

D. 为避免感染新冠病毒,人们会减少室内聚集、继续佩戴口罩、保持社交距离和手部卫生

E. 新冠病毒的感染会增加参与干扰素反应的基因的活性,从而防止流感病毒在细胞内进行复制

要点点评: 注意要加强的观点是"人体同时感染新冠病毒和流感病毒的可能性应该低于预期",选项中必然同时出现新冠病毒和流感病毒。人们若采取一些防护措施,使两种病毒的感染都降低,这与观点无关。

(2022,9)补充胶原蛋白已经成为当下很多女性抗衰老的手段之一。她们认为:吃猪蹄能够补充胶原蛋白,为了美容养颜,最好多吃些猪蹄。近日有些专家对此表示质疑,他们认为多吃猪蹄其实并不能补充胶原蛋白。

以下哪项如果为真,最能质疑上述专家的观点?

A. 猪蹄中的胶原蛋白会被人体的消化系统分解,不会直接以胶原蛋白的形态补充到皮肤中

B. 人们在日常生活中摄入的优质蛋白和水果、蔬菜中的营养物质,足以提供人体所需的胶原蛋白

C. 猪蹄中胶原蛋白的含量并不多,但胆固醇含量高、脂肪多,食用过多会引发肥胖,还会增加患高血压的风险

D. 猪蹄中的胶原蛋白经过人体消化后会分解成氨基酸等物质,氨基酸参与人体生理活动,再合成人体必需的胶原蛋白等多种蛋白质

E. 胶原蛋白是人体皮肤、骨骼和肌腱中的主要结构蛋白,它填充在真皮之间,撑起皮肤组织、增加皮肤紧密度,使皮肤水润而富有弹性

要点点评: 只要掌握要质疑的观点是什么,同时理解每一个选项的涵义,试题就能正确解答。

(2022,19)当前,不少教育题材影视剧贴近社会现实,直击子女升学,出国留学,代际冲突等教育痛点,引发社会广泛关注。电视剧一阵风,剧外人急红眼,很多家长触"剧"生情,过度代入,焦虑情绪不断增加,引得家庭"鸡飞狗跳",家庭与学校的关系不断紧张。有专家由

此指出,这类教育影视剧只能贩卖焦虑,进一步激化社会冲突,对现实教育公平于事无补。

以下哪项如果为真,最能质疑上述专家的主张?

A. 当代社会教育资源客观上总是有限且分配不平衡,教育竞争不可避免

B. 父母过度焦虑则导致孩子间暗自攀比,重则影响亲子关系,家庭和睦

C. 教育影视剧一旦引发广泛关注,就会对国家教育政策走向产生重要影响

D. 教育影视剧提醒学校应明确职责,不能对义务教育实行"家长承包制"

E. 家长不应成为教育焦虑的"剧中人",而应该用爱包容孩子的不完美

要点点评:　阅读掌握要质疑的观点,同时注意题干中的信息"某些教育题材的影视剧引发社会广泛关注"以及"只能贩卖焦虑"。

(2022,22)有些科学家认为,基因调整技术能大幅延长人类寿命。他们在实验室中调整了一种小型土壤线虫的两组基因序列,成功将这种生物的寿命延长了 5 倍。他们据此声称,如果将延长线虫寿命的科学方法应用于人类,人活到 500 岁就会成为可能。

以下最能质疑上述科学家的观点?

A. 基因调整技术可能会导致下一代中一定比例的个体失去繁殖能力

B. 即使将基因调整技术成功应用于人类,也只会有极少的人活到 500 岁

C. 将延长线虫寿命的科学方法应用于人类,还需要经历较长一段时间

D. 人类的生活方式复杂而多样,不良的生活习惯和心理压力,会影响身心健康

E. 人类寿命的提高幅度不用像线虫那样简单倍增,200 岁以后寿命再延长基本不可能

要点点评:　以线虫研究得出的结论类推人类,只要说明线虫和人类之间没有可比性即可。

(2022,28)胃底腺息肉是所有胃息肉中最为常见的一种良性病变。最常见的是散发型胃底腺息肉,它多发于 50 岁以上人群。研究人员在研究 10 万人的胃镜检查资料后发现,有胃底腺息肉的患者无人患胃癌,而没有胃底腺息肉的患者中有 178 人发现有胃癌。他们由此断定,胃底腺息肉与胃癌呈负相关。

以下哪项为真,最支持上述研究人的断定?

A. 有胃底腺息肉的患者绝大多数没有家族癌症史

B. 在研究人员研究的 10 万人中,50 岁以下的占大多数

C. 在研究人员研究的 10 万人中,有胃底腺息肉的人仅占 14%

D. 有胃底腺息肉的患者罹患萎缩性胃炎、胃溃疡的概率显著降低

E. 胃内一旦有胃底腺息肉,往往意味着没有感染致癌物"幽门螺旋杆菌"

要点点评:　要支持的观点是"胃底腺息肉与胃癌呈负相关",理解每个选项是否属于正面事实即可。

论证中的"解释"是题干给出表面上看起来矛盾的一些现象,或者看起来与常识相悖的一些现象,要求对上述矛盾或者现象发生的原因给出合理的解释。作为解释的选项首先不能与题干要解释的现象冲突,即不能否定矛盾或者现象,要与已有现象相容。解释的关键在于建立合理的因果关系。历年试题中,有一些试题要求进行解释现象的原因是多方面的,这

时候问题要求要求是找出"不能解释的"。

下面是一些历年真题回顾。

(2014,16)有气象专家指出：全球变暖已经成为人类发展最严重的问题之一，南北极地区的冰川由于全球变暖而加速融化，已导致海平面上升；如果这一趋势不变，今后势必淹没很多地区，但近几年来，北半球许多地区的民众在冬季感到相当寒冷，一些地区甚至出现了超强降雪和降低气温，人们觉得对近期气候的确切描述似乎更应该是"全球变冷"。

以下哪项如果为真，最能解释上述现象？

A. 除了南极洲，南半球近几年冬季的平均温度接近正常

B. 近几年来，由于南极附近海水温度升高导致原来洋流中断或者减弱，而北半球经历严寒冬季的地区正是原来暖流影响的主要环境

C. 北半球主要是大陆性气候，冬季和夏季的温差通常较大，近年来冬季极地寒流比较频繁，近几年来，全球夏季的平均气温比常年偏高

D. 近几年来，由于赤道附近海水温度升高导致了原来洋流增强，而北半球经历严寒冬季的地区是原来是寒流影响的主要区域

E. 北半球主要是大陆性气候，冬季和夏季的温差通常比较大，近年来冬季极地寒流南侵比较频繁

要点点评： 注意相近选项的比较，找出最合理解释选项。

(2015,1)晴朗的夜晚可以看到满天星斗，其中有些是自身发光的恒星，有些是自身不发光但可以反射附近恒星光的行星。恒星尽管遥远但是有些可以被现有的光学望远镜"看到"。和恒星不同，行星本身不发光，而且体积还小于恒星，所以，太阳系的行星大多无法用现有的光学望远镜"看到"。

以下哪项如果为真，最能解释上述现象？

A. 如果行星的体积够大，现有的光学望远镜就能"看到"

B. 太阳系外的行星因距离遥远，很少能将恒星光反射到地球上

C. 现有的光学望远镜只能"看到"自身发光或者反射光的天体

D. 有些恒星没有被现有光学望远镜"看到"

E. 太阳系内的行星大多可用现有光学望远镜"看到"

要点点评： 太阳系外行星看不见的原因一是自身不发光，另一就是说明反射光怎么样。

(2016,15)2014 年，为迎接 APEC 会议的召开，北京、天津、河北等地实施"APEC 治理模式"，采取了有史以来最严格的减排措施。果然，令人心醉的"APEC 蓝"出现了；然而，随着会议的结束，"APEC 蓝"也逐渐消失了，对此，有些人士表示困惑，既然政府能在短期内实施"APEC 治理模式"取得良好效果，为什么不将这一模式长期坚持下去呢？

以下除哪项外，均能解释人们的困惑？

A. 最严格的减排措施在落实过程中已产生很多难以解决的实际困难

B. 如果近期将"APEC 治理模式"常态化，将会严重影响地方经济和社会发展

C. 任何环境治理都需要付出代价,关键在于付出的代价是否超出收益

D. 短期严格的减排措施只能是权宜之计,大气污染治理仍需从长计议

E. 如果 APEC 会议期间北京雾霾频发,就会影响我们国家的形象

要点点评: 要解释不采取 APEC 治理模式的理由,至于 APEC 期间为什么采取这个治理模式与不采取无关。

(2017,5)离家 300 米的学校不能上,却被安排到 2 千米以外的学校就读,某市一位适龄儿童在上小学时就遇到了所在区教育局这样的安排,而这一安排是区教育局根据儿童户籍所在施教区做出的。根据该市教育局规定的"就近入学"原则,儿童家长将区教育局告上法院,要求撤销原来安排,让其孩子就近入学,法院对此作出一审判决,驳回原告请求。

下列哪项最可能是法院判决的合理依据?

A. "就近入学"不是"最近入学",不能将入学儿童户籍地和学校的直线距离作为划分施教区的唯一依据

B. 按照特定的地理要素划分,施教区中的每所小学不一定就出于该施教区的中心位置

C. 儿童入学研究应上哪一所学校不是让适龄儿童或其家长自主选择,而是要听从政府主管部门的行政安排

D. "就近入学"仅仅是一个需要遵循的总体原则,儿童具体入学安排还要根据特定的情况加以变通

E. 该区教育局划分施教区的行政行为符合法律规定,而原告孩子户籍所在施教区的确需要去离家 2 千米外的学校就读

要点点评: 法院判决的依据只能是法律。

(2018,14)我国中原地区如果降水量比往年偏低,该地区的河流水位会下降,流速会减缓。这有利于河流中的水草生长,河流中的水草总量通常也会随之而增加,不过,去年该地区在经历了一次极端干旱之后,尽管该地区某河流的流速十分缓慢,但其中的水草总量并未随之而增加,只是处于一个很低的水平。

以下哪项如果为真,最能解释上述看似矛盾的现象?

A. 经过极端干旱之后,该河流中以水草为食物的水生动物数量大量减少

B. 河水流速越慢,其水温变化越小,这有利于水草的生长和繁殖

C. 如果河中水草数量达到一定的程度,就会对周边其他物种的生存产生危害

D. 该河流在经历了去年极端干旱之后干涸了一段时间,导致大量水生物死亡

E. 我国中原地区多平原,海拔差异小,其地表水流速比较缓慢

要点点评: 水草也属于水生物,极端干旱导致水生物死亡,可以理解为水草也在其中。

(2021,5)气象台的实测气温与人实际的冷暖感受常常存在一定的差异。在同样的低温条件下,如果是阴雨天,人会感到特别冷,即通常说的"阴冷";如果同时赶上刮大风,人会感到寒风刺骨。

以下哪项如果为真,最能解释上述现象?

A. 人的体感温度除了受气温的影响外,还受风速与空气湿度的影响

B. 低温情况下,如果风力不大、阳光充足,人不会感到特别寒冷

C. 即使天气寒冷,若进行适当锻炼,人也不会感到太冷

D. 即使室内外温度一致,但是走到有阳光的室外,人会感到温暖

E. 炎热的夏日,电风扇转动时,尽管不改变环境温度,但人依然感到凉快

要点点评: 要解释的现象是"人在相同温度下,会在阴雨天和刮风时,感到更大程度的寒冷",因此风速和湿度会影响人们对寒冷的感觉。

(2022,13)在一项噪声污染与鱼类健康关系的实验中,研究人员将已感染寄生虫的孔雀鱼分成短期噪声组、长期噪声组和对照组。短期噪声组在噪声环境中连续暴露24小时,长期噪声组在同样的噪声中暴露7天,对照组则被置于一个安静环境中。在17天的监测期内,该研究人员发现,长期噪声组的鱼在第12天开始死亡,其他两组鱼则在第14天开始死亡。

以下哪项如果为真,最能解释上述实验结果?

A. 噪声污染不仅危害鱼类,也危害两栖动物、鸟类和爬行动物等

B. 长期噪声污染会加速寄生虫对宿主鱼类的侵害,导致鱼类过早死亡

C. 相比于天然环境,在充斥各种噪声的养殖场中的鱼更容易感染寄生虫

D. 噪声污染使鱼类既要应对寄生虫的感染又要排除噪声干扰,增加鱼类健康风险

E. 短期噪声组所受的噪声可能引起鱼类的紧张情绪,但不至于损害它们的免疫系统

要点点评: 要解释的重点在于"长期噪声对鱼的影响",同时注意到实验中的鱼都是感染寄生虫的鱼。

(2022,26)有科学家进行了对比实验:在一些花坛中种金盏草,而在另外一些花坛中未种植金盏草。他们发现:种了金盏草的花坛玫瑰长得很繁茂,而未种金盏草的花坛,玫瑰却呈现病态,很快就枯萎了。

以下哪项如果为真,最能解释上述现象?

A. 为了利于玫瑰生长,某园艺公司推荐种金盏草而不是直接喷洒农药

B. 金盏草的根系深度不同于玫瑰,不会与其争夺营养,却可保持土壤湿度

C. 金盏草的根部可分泌出一种杀死土壤中害虫的物质,使玫瑰免受其侵害

D. 玫瑰花花坛中的金盏草常被认为是一种杂草,但它对玫瑰的生长具有奇特的作用

E. 花匠会对种金盏草和玫瑰花的花坛施肥较多,而对仅种玫瑰花的花坛施肥偏少

要点点评: 要解释的现象是"与金盏草种植的玫瑰长得茂盛,而不与金盏草种植的玫瑰呈现病态",需要在2种对比的情况下说明"金盏草和玫瑰之间的关系"。

论证逻辑还包括假设的逻辑、比较的逻辑、比例的逻辑。历年对这些内容考核的试题较多,考生需要掌握其中所涉及的规则,其包括以下内容。

假设的逻辑。题干给出的信息不能推理或者论证出结论,需要补充另外一些信息,这些

信息就是推理或者论证的假设。寻找结论的假设有以下几种思路：

（1）形式化假设。在阅读试题时，如果发现题干或者选项中存在表示简单命题或者复合命题的关键词，例如"只有……才……""如果……则……"等，可以认为试题属于形式化假设题。形式化假设题的要求就是寻找演绎推理的前提，如三段论推理、假言推理、关系推理等。形式化假设是否正确的验证方法是肯定带入，即将选项与已知前提结合，能够推出题干已知结论，该选项即为正确答案。

（2）论证中的必须假设。当试题问题中有"必须假设"或者"必须为真"的字样时，要求寻找论证的必须假设。对于论证必须假设是否正确的验证方法是否定带入，即将选项否定后，论证的结论就不能成立，该选项就是论证所必需的假设。

（3）存在因果关系的假设。存在因果关系的假设是指，两个现象 A 和 B 之间具有相关性，于是结论认为，A 导致 B（或者 B 导致 A）；这一论证必须假设（也是最可能假设）：A 和 B 之间存在因果关系。

（4）因果方向假设。两个现象 A 和 B 确实具有因果关系，于是结论认为 A 导致 B；这一论证必须假设（也是最可能假设）不存在 B 导致 A（即不存在因果倒置）。

（5）他因假设。他因假设是从加强削弱中的有无他因思路转换而来的，具体有以下两种他因假设。

对原因他因假设。论证叙述 B 现象，结论认为 A 是导致 B 的原因。该论证假设了不存在其他原因例如 C 导致 B，例如，今年天气晴朗，交通却这样拥堵，一定是前面出了交通事故。该论证假设"没有修路等道路原因引起交通拥堵"。

对独立观点的他因假设。论证的观点是 B，同时给出一些事实 A、关于 A 对 B 的事实或者就是简单的背景信息。该论证假设了不存在其他原因如 C 会导致相反的结果非 B，例如，今天天气晴朗，因此小王一定放风筝。该论证假设"小王今天确实有时间放风筝"。B 模式他因假设往往表现在对论证叙述的论据以外的其他条件如时间、空间等无不利的说明上。

（6）过渡假设。过渡假设是对论证本身"由此及彼过渡条件"的说明。过渡条件是指，论证的论据是 A，结论是 B，从 A 到 B 存在着概念、命题的变化，这时候，说明并肯定上述变化的选项就是论证过渡假设。例如，中国经济没有受到国际金融危机的影响，所以中国经济增长会继续保持。该论证的前提是有关"金融危机"的，而结论是有关"经济增长"的，所以，过渡假设是关于这两个概念的关系，如"金融危机将影响到一个国家的经济增长"。

过渡假设与他因假设的区别是，前者往往是对得到结论的一种附加条件的解释和说明，是一种肯定，往往就题干所已知命题之间建立联系，比较机械；后者是对得到结论的其他条件的说明，往往涉及题干以外的信息，比较灵活。

包括假设在内的其他类型论证试题在近几年的考试中越来越少，考生不必将这类试题作为重点，过渡假设的例题在前面"概念辨析"已经详细讲解。

下面列举管理类联考的一些假设试题作为回顾。

（2013,16）最近一项研究发现，海水颜色能够让飓风改变方向，也就是说，如果海水变色，飓风的移动路径也会变向。这也就意味着科学家可以根据海水的"脸色"判断哪些地方将被飓风袭击，哪些地区会幸免于难。值得关注的是，全球气候变暖可能已经让海水变色。

以下哪项最可能是科学家做出判断所依赖的前提？

A. 海水颜色与飓风移动路径之间存在某种相对确定的联系

B. 海水温度升高会导致生成的飓风数量增加

C. 海水温度变化与海水颜色变化之间的联系尚不明朗

D. 全球气候变暖是最近几年飓风频发的重要原因之一

E. 海水温度变化会导致海水改变颜色

要点点评： 注意，科学家的判断与海水温度是没有关系的。

(2014,14)长期以来，人们认为地球是已知唯一能支持生命存在的星球，不过这一情况开始出现改观。科学家近日指出，在其他恒星周围，可能还存在着更加宜居的行星，他们尝试用新的方法展开外生命探索，即收集放射性元素钍和铀，行星内部含有这些元素越多，其内部温度就越高，在一定程度上有助于行星的板块运动，而板块运动有助于维系行星表面的水体，因此——

以下哪项最可能为科学家的假设？

A. 虽尚未证实，但地球外生命一定存在

B. 没有水的行星也可能有生命

C. 行星内部温度越高，越有助于板块运动

D. 行星板块运动都是由放射性元素钍和铀驱动的

E. 行星如能维系水体就可能存在生命

要点点评： 科学家寻找生命的关键在于有水，所以，水和生命的关系是关键。

(2015,11)美国扁桃仁于20世纪70年代出口到我国，当时被误译为"美国大杏仁"。这种误译导致大多数消费者根本不知道扁桃仁、杏仁是两种完全不同的产品。对此，我国林业专家一再努力澄清，但学界的声音很难传达到相关企业和民众中，因此，必须制定林果的统一标准，这样才能还相关产品以本来面目。

以下哪项是上述论证的假设？

A. 美国扁桃仁和中国大杏仁的外形很相似

B. 我国相关工业和大众并不认可我国林果专家意见

C. 进口商品名称的误译会扰乱我国企业正常对外贸易

D. 长期以来，我国没有林果的统一标准

E. 美国"大杏仁"在中国市场上销量超过中国杏仁

要点点评： 结论是"必须制定林果的统一标准"，其中"必须"是解体关键。

(2016,21)超市中销售的苹果常常留有一定的油脂痕迹，表面显得油光滑亮。牛师傅认为，这是残留在苹果上的农药所致，水果在收摘之前都喷洒了农药，因此，消费者在超市购买水果后，一定要清洗干净方能食用。

以下哪项最可能是牛师傅看法所依赖的假设？

A. 除了苹果，其他许多水果运至超市时也留有一定的油脂痕迹

B. 超市里销售的水果并未得到彻底清洗

C. 只有那些在水果上能留下油脂痕迹的农药才可能被清洗掉

D. 许多消费者并不在意超市销售的水果是否清洗过

E. 在水果收摘之前喷洒的农药大多数会在水果上留下油脂痕迹

要点点评：　牛师傅看法的前提是"水果在收摘之前喷洒了农药"，结论是"消费者一定要清洗干净方能食用"，论证与"油脂痕迹"无关。

(2019,19)得道者多助，失道者寡助。寡助之至，亲戚畔之；多助之至，天下顺之。以天下之所顺，攻亲戚之所畔，故君子有所不战，战必胜矣。

以下哪项是上述论证所隐含的前提？

A. 得道者多，则天下太平　　　　　　B. 君子是得道者

C. 得道者必胜失道者　　　　　　　　D. 失道者必定得不到帮助

E. 失道者亲戚畔之

要点点评：　已知前提是"得道者和失道者的关系"，并没有涉及"君子"，因此补充的前提需要将两者联系起来。

(2020,19)黄土高原以前植被丰富，长满大树，而现在千沟万壑，不见树木，这是植被被遭破坏后水流冲刷大地造成的惨痛结果。有专家进一步分析认为，现在黄土高原不长植物，是因为这里的黄土其实都是生土。

以下哪项最可能是上述专家推断的假设？

A. 生土不长庄稼，只有通过土壤改造等手段才适宜种植粮食作物

B. 因缺少应有的投入，生土无人愿意耕种，无人耕种的土地贫瘠

C. 生土是水土流失造成的恶果，缺乏植物生长所需要的营养成分

D. 东北的黑土地中含有较厚的腐殖层，这种腐殖层适合植物生长

E. 植物的生长依赖熟土，而熟土的存在依赖人类对植被的保护

要点点评：　专家的观点是"黄土高原不长植物的原因是这里的黄土是生土"，专家的观点必须兼顾到已知中的"黄土高原是植被遭到破坏后水土流失的结果"。

(2021,13)艺术活动是人类标志性的创造性劳动。在艺术家的心灵世界里，审美需求和情感表达是创造性劳动不可或缺的重要引擎；而人工智能没有自我意识，人工智能艺术作品的本质是模仿。因此，人工智能永远不能取代艺术家的创造性劳动。

以下哪项最可能是以上论述的假设？

A. 人工智能可以作为艺术创作的辅助工具

B. 只有具备自我意识，才能具有审美需求和情感表达

C. 大多数人工智能作品缺乏创造性

D. 没有艺术家的创作，就不可能有人工智能艺术品

E. 模仿的作品很少能表达情感

要点点评：　已知条件说明，人工智能没有自我意识，而审美需求和情感表达是创造

性劳动不可或缺的重要引擎（即必要条件），因此，为了得出"人工智能不能取代艺术家的创造性劳动"，需要建立"自我意识和审美需求、情感表达之间的关系"，这种关系是论证的假设。

比较的逻辑。论证如果是通过两个对象进行比较，得出相关结论，这属于比较论证。比较论证包括不同主体之间的比较和同一主体的前后比较两种形式。

不同主体比较论证是通过不同的两个个体相比，推导出相应结论。例如，甲国和乙国具有相同的人口密度，甲国失业率高，所以，乙国的失业率也不会低。不同主体比较论证的最基本的逻辑要求是比较主体之间要具有可比性。"比较主体之间具有可比性"是对论证的假设也是加强；"比较主体之间缺乏可比性或者比较主体之间存在差异"是论证的削弱。

同一对象前后的比较在论证中需要注意时间因素，类似于经济学中的机会成本。例如，小王今天下午到图书馆搜索资料，结果什么也没有找到，所以小王的下午时间被浪费了。该论证的关键在于"如果下午小王不去图书馆搜索资料，时间是不是就可以被充分利用？"比较论证所涉及的这一思路需要考生关注。

在论证中，如果是得到相同的结论需要进行比较，一般来说"同一主体的前后比较"比"不同主体的比较"更能说明问题。例如，若要得到"小王学习退步了"这一结论，以"小王这学期平均成绩在试卷难度没有增加的情况下比上学期明显下降"作为论据就比"这学期小王学习成绩落后于班级其他同学"更具有说服力。

比例的逻辑。论证为了显示精确会采取比例作为论据，这是比例论证。比例论证的论据至少含有两个百分比，如果题干仅仅用一个百分比为论据来进行论证，那么该论证一定隐含着另一个百分比作为假设。例如，用"甲国今年运动会上夺冠的100%是男性运动员"来证明"甲国男性运动员更出色"就必须假设"甲国今年运动会上有女性运动员参赛"，因为如果参赛者都是男性运动员，那么夺冠者一定都是男性运动员，男性和女性一定运动员何者更优秀，无从比较。

涉及比例论证的试题有一个常见的特征是：在题干中有一个百分比，而相应的选项也往往有一个百分比。这类试题多出现在假设题中，并且很容易通过对假设的肯定和否定转变为对论证的加强削弱。

比较和比例的逻辑，历年真题不多，近年来不是考试重点，所以考生不必过于关注上述思路。

大纲论证的最后一节"谬误识别"罗列了其中谬误，这些谬误绝大多数属于违反上述逻辑规则产生的，同时，试题也不会直接考核这些逻辑谬误，因此，在理解逻辑规则以后，这些谬误可以不必单独作为复习内容。

逻辑试题在难度上有两个方向：阅读的语境和阅读的字数。其中阅读语境主要通过"推理"和"论证"的题干内容体现。推理试题要求推出"真假"，重点在于把握关键词，一般与阅读到的文字内容无关，阅读的难度较低；论证则要求考生对于题干和选项的文字内容具有较为全面的把握，阅读难度有时候较大。逻辑试题题干和选项的阅读字数越多，则试题难度越大。对2010年以来国家管理类联考试题难度情况统计如下表：

年份	推理试题数量/题	字数/字
2011	11	8 588
2012	22	7 529
2013	22	6 998
2014	20	7 424
2015	19	7 307
2016	15	8 130
2017	17	8 122
2018	25	7 244
2019	19	7 677
2020	20	7 497
2021	21	7 484
2022	20	7 530

根据上述各年真题的统计，得出以下考试命题特点和趋势：

第一，推理试题始终是重点，尤其近年来的管理类联考试题中，推理试题数量每年都占一半以上，近三年始终稳定在突破三分之二。考生若能够将推理试题全部做对，就至少可以获得 2/3 以上的分数，而做到这一点是很容易的。

第二，阅读的字数历年真题的上限没有超过 9 000 字，而下限一般在 7 000 字以上，近三年稳定在 7 500 字左右，考生可以在考试以前观察自己阅读 7 000～8 000 字文字材料的时间，以确定自己合乎考试节奏的阅读速度。

第三，从近几年的试题来看，以综合推理形式考核的逻辑计算试题的数量和难度都明显增加，尤其是近三年试题，推理逻辑试题数量稳定，考生普遍感觉，"会做"很容易，但"快做"是关键。因此，考生需要掌握"快做"的方法，不能仅满足于"会做"的方法。

针对上述考试特点和趋势，本书的最后一部分给出三套最新的模拟试题，这三套模拟试题无论在阅读字数和试题类型上，力求尽可能模仿真题，在试题难度上，比真题略高。如果考生能够在 1 小时内完成试卷并且考分在 46 分以上，那么恭喜你，在未来国家联考逻辑 60 分试卷上的得分，你很可能在 50 分以上。

第五部分

管理类专业学位联考逻辑模拟试卷与解析

模拟试卷一

模拟试卷一答案及解析

模拟试卷二

模拟试卷二答案及解析

模拟试卷三

模拟试卷三答案及解析

模 拟 试 卷 一

逻辑推理： 以下 30 小题，每小题 2 分，共 60 分。给出的 A、B、C、D、E 五个选项中，只有一项是符合试题要求的，请在答题卡上将所选项的字母涂黑。

1. 现代社会，许多人都想创业，但是却往往不具有成功创业所需要的能力。创业者应该具备沟通说服的能力，这是一项成功创业必不可少的能力。创业的目的，就是让社会大众认同并购买你的产品和服务。所以，沟通说服的能力与执行力同样重要。

如果以上陈述为真，则以下除了哪一项也一定为真？

A. 既具备沟通说服能力又具备执行力的人是成功的创业者

B. 执行力也是成功创业必不可少的能力

C. 如果不具备沟通说服的能力，就不可能成功创业

D. 一位成功的创业者，他一定有很强的沟通说服能力

E. 如果社会大众不认同你的产品或者服务，你的创业就没有达到目的

2～3 题基于以下题干：

七位音乐家：莫扎特、施特劳斯、贝多芬、巴赫、穆迪斯特、巴尔巴特斯、费多男，申请万圣节假期到澳大利亚悉尼歌剧院做专场演出。由于七位音乐家有各自的偏好和专长，悉尼歌剧院仅接受了其中四人的演出申请，并且歌剧院经过反复衡量，他们决定遵循以下原则：(1) 如果接受莫扎特的申请，那么就不能接受巴尔巴特斯的申请；(2) 只有接受贝多芬的申请，才能接受巴赫的申请；(3) 若费多男的申请被接受，那么就拒绝穆迪斯特的申请。

2. 根据以上原则，以下哪项一定为真？

A. 巴赫的申请被接受　　　　　　　　B. 莫扎特的申请被接受

C. 贝多芬的申请被接受　　　　　　　D. 穆迪斯特的申请被拒绝

E. 巴尔巴特斯的申请被接受

3. 题干同上。又知道巴赫的申请没有被接受，则以下哪项一定为真？

A. 贝多芬的申请没有被接受　　　　　B. 巴尔巴特斯的申请也没有被接受

C. 穆迪斯特的申请被接受　　　　　　D. 施特劳斯的申请被接受

E. 费多男的申请没有被接受

4. 现代社会中的人们比过去更关心自己的牙齿，不仅关心牙齿健康更关心牙齿的美白，

因此牙医已经成为受人追捧的高薪职业。但是这种情况在 1 000 年以前几乎不存在。从发掘出的骸骨可以清楚地显示出那时候的人类比现代人更少有牙齿方面的问题。因此,1 000 年前的人类,其饮食结构很可能与今天的我们非常不同。

以下哪项陈述最能强化上述论证?

A. 发掘出的 1 000 年前的那些人类骸骨表明某些早期人类的牙齿有许多蛀牙

B. 1 000 年前的人类的饮食至少和我们的饮食一样种类繁多

C. 1 000 年前的人类的平均寿命较短,而牙齿问题主要出现在年纪大的人身上

D. 健康的饮食能保持健康的牙齿

E. 饮食是影响牙齿健康最重要的一个因素

5. 东欧在经历半个多世纪的道路迷茫后,终于摆脱了传统的经济发展道路,走向了自由经济。但这也伴随着巨大的阵痛,由于经济低迷,开工不足。最近,东欧的大批熟练工人辞职后迁移到西欧,这必将导致这些东欧国家对仍然留在本国的熟练技术工人需求依赖性加大,从而使这些东欧的熟练技术工人的收入上涨。

以下哪一项最强地削弱了上述的论证?

A. 东欧国家的工厂一般雇佣本国的工人,不从外国进口劳动力

B. 随着东欧经济的巨变,许多以前由熟练工人操作的岗位都被撤销了

C. 许多东欧在西方的移民找到工作后都需要学习新的技能

D. 东欧国家准备培训大量新的工人以代替那些流失的熟练工人

E. 由于东欧国家大量熟练工人的流失,许多职位到现在仍是空缺的

6~8 题基于以下共同题干:

中秋节将至,礼品公司将黑茶、白茶、黄茶、红茶、绿茶、花茶一共 6 种茶叶和月饼装在红、橙、黄、绿、青、蓝、紫 7 色礼盒中,每种盒子只装 1 种茶叶,月饼也装在一种颜色的盒子中,每种茶叶只装入一种颜色的盒子中,并且不与月饼同盒。已知:

(1) 黄茶装在青色或者橙色盒子中;(2) 如果白茶不装在橙色盒子中,则绿茶装在黄色盒子中;(3) 除非红茶装在紫色盒子中,否则黑茶装在黄色盒子中;(4) 只有花茶装在青色或者橙色盒子中,黑茶才不装在红色盒子中。

6. 如果月饼装在黄色盒子中,则以下哪项为真,除了?

A. 白茶在橙色盒子里   B. 黄茶在青色盒子里

C. 黑茶在红色盒子里   D. 红茶在紫色盒子里

E. 绿茶在蓝色盒子里

7. 如果黑茶装在绿色盒子中,则以下哪项为假?

A. 红茶在紫色盒子里   B. 花茶在青色盒子里

C. 黄茶在橙色盒子里   D. 绿茶在红色盒子里

E. 月饼在蓝色盒子里

8. 如果白茶装在橙色盒子中,则以下哪项为真?

A. 月饼在黄色盒子里

B. 红茶在紫色盒子里

C. 绿茶在绿色盒子里

D. 花茶在黄色盒子里

E. 月饼在紫色盒子里

9. "垃圾"本意是指"无用的事物",而所谓"有用"或者"无用"其实都取决于人的视角。"垃圾"这个语词是一个带有强烈主观色彩的方便的标签,所以,它并不是一个科学的分类术语。

以下哪项陈述是使上面结论成立的假设?

A. 凡是带有强烈主观色彩的语词都不是科学的分类术语

B. 科学的分类术语都是方便的标签

C. 有些带有强烈主观色彩的方便的标签不是科学的分类术语

D. 带有强烈主观色彩的语词都是方便的标签

E. "垃圾"这个词语不能用于科学的研究

10. 魏先生:计算机对于当代人类的重要性,就如同火对于史前人类。因此普及计算机知识应当从孩子抓起,从小学甚至幼儿园开始就应该介绍计算机知识,一进中学就应当学习计算机语言。

贾女士:你忽视了计算机技术的一个重要的特点,这是一门知识更新和技术更新最为迅速的学科。童年时代所了解的计算机知识,中学时代所学的计算机语言,到需要运用的时候早已陈旧过时了。

以下哪项作为魏先生对贾女士的反驳最为有力?

A. 快速发展和更新并不仅是计算机的技术特点

B. 孩子具有接受不断发展的新知识的能力

C. 在中国算盘早已被计算机取代,但并不说明有关算盘的知识毫无价值

D. 学习计算机知识和熟悉某种计算机语言,有利于提高理解和运用计算机的能力

E. 计算机课程并不是中小学教育中的主课

11～12题基于以下共同题干:

在100米自由泳比赛中,赵、钱、孙、李、周、吴6人被分在一组。他们比赛的泳道由左向右编号为1至6号。关于他们的位置,已知:(1)周和吴的泳道相邻;(2)李的泳道编号小于赵;(3)周和赵之间隔着两条泳道;(4)钱的泳道编号小于李,且中间隔着两条泳道。

11. 根据以上陈述,关于周的泳道位置,以下哪项是可能的?

A. 在1号泳道上　　B. 在2号泳道上　　C. 在4号泳道上　　D. 在5号泳道上

E. 在6号泳道上

12. 题干同上。根据以上陈述,可以推出以下哪项一定为真?

A. 孙和周之间隔着一条泳道   B. 孙和吴之间隔着一条泳道
C. 孙和吴之间隔着两条泳道   D. 孙和周之间隔着两条泳道
E. 孙和周之间隔着三条泳道

13. 长风中学选派若干高中生参加化学竞赛。由于高三年级高考压力大,所以选派的学生都是高一年级或者高二年级的学生。根据统计,高二年级参赛学生多于高一年级参赛学生;并且参赛学生中女生多于男生。

根据以上统计,以下哪项必为真?
　Ⅰ. 参赛的高二男生多于高一男生   Ⅱ. 参赛的高二女生多于高二男生
　Ⅲ. 参赛的高二女生多于高一男生   Ⅳ. 参赛的高一女生多于高一男生
A. 都不一定真　　　B. 仅两句真　　　C. 仅一句真　　　D. 有三句真
E. 都一定真

14. 在"旅游世界"这款游戏中,所有交通工具要么是磁悬浮的,要么是光电子的。并且,有些磁悬浮的交通工具既有用于货运的,也有用于客运的。另一方面,所有光电子的交通工具都用于货运。因此,在"旅游世界"这款游戏中,用于货运的交通工具比用于客运的交通工具多。

如果以下哪项陈述为真,能合乎逻辑地得出上述论证的结论?
A. 大部分磁悬浮的交通工具不是用来货运的
B. 所有用于客运的交通工具都是磁悬浮的
C. 用于货运的交通工具也可以用于客运
D. 用于货运的交通工具一定不能用于客运
E. 用于客运的交通工具也可以用于货运

15. 柬埔寨地处热带,住在柬埔寨热带雨林中的人们多住在竹楼中,他们的竹楼都用方形柱子将房子架空来防止潮湿及蚊虫骚扰,之所以用方形柱子而不是圆形柱子,是为了防止蛇攀爬进入竹楼。

下列哪项最有可能是上述陈述的假设?
A. 柬埔寨人喜欢把东西做成方形的   B. 蛇喜欢攀爬圆形的柱子
C. 柬埔寨热带雨林中有很多蛇   D. 蛇不能缠绕着方形的柱子爬行
E. 住在热带雨林中的柬埔寨人不喜欢蛇

16. 梁山一周工作五天,除非这周内有法定休假日。除了周五在志愿者协会,其余四天梁山都在路虎4S店上班。上周没有法定休假日。因此,上周的周一,周二,周三和周四梁山一定在路虎4S店上班。

以下哪项是上述论证所假设的?
A. 一周内不可能出现两天以上的法定休假日
B. 路虎4S店实行每周四天工作日制度

C. 上周的周六和周日梁山没有上班

D. 梁山在志愿者协会的工作与汽车销售有关

E. 梁山是个称职的雇员

17. 即使最有经验的艺术品专家,也不会凭他们的肉眼鉴定来确定艺术品是否具有真正的价值,他们担心自己的眼睛会被赝品欺骗。既然最有经验的艺术品专家都无法凭肉眼将一件赝品和真的艺术品区分开,赝品就与真品具有同样的审美享受,这两件艺术品就具有同样的价值。

如果以下哪项陈述为真,最有力地支持了上述论证?

A. 最有经验的艺术品专家也不能将艺术品中的赝品与真品区分开来

B. 最有经验的艺术品专家只收藏那些更有审美享受的艺术品

C. 一件艺术品的价值在很大程度上取决于市场的需要

D. 一件艺术品的价值应该完全由它提供的审美享受来决定

E. 艺术品专家也会认可艺术品中赝品的价值

18. 为了了解高校学生对《知识产权法》基本知识的掌握程度,某教育咨询公司在一所高校内部选取了相同年级的两组学生进行有奖测试。阅卷分析发现:第一组学生的优秀率达到了60％,而第二组的优秀率只有20％。咨询公司据此得出结论:该校大学生在对《知识产权法》的了解和掌握程度上存在很大的差异。

以下哪项最能削弱以上结论?

A. 这次参与调查的学生只占该高校学生的很小一部分

B. 第一组学生来自法律系

C. 这次调查所采用的测试题不能涵盖《知识产权法》的全部内容

D. 任何一门知识的掌握和运用都不完全一样

E. 对《知识产权法》的掌握程度的测量不能仅凭一次测试来决定

19. 甲、乙、丙三人在数学、物理、化学和生物四个科目中,有 2 人在三门科目上是优秀,有 1 人在两门科目上是优秀。关于他们各门科目优秀的情况是:(1) 若甲和乙在生物上优秀,那么他们在数学上优秀;(2) 只有甲在生物上优秀,他才在物理上优秀;(3) 如果乙在化学上优秀,那么他在数学上优秀;(4) 只有丙在化学上不优秀,他的数学才不优秀;(5) 四个科目中,每一科目都至少有两人是优秀。

根据以上情况,可以确定以下哪项为真?

A. 甲和乙在生物上都优秀　　　　　B. 乙和丙在化学上都优秀

C. 乙只在两个科目上优秀　　　　　D. 甲和丙在生物上都优秀

E. 丙在三门科目上都优秀

20. 在一次考古发掘中,考古人员在一座唐代古墓中发现多片先秦时期的夔(音 kuí,一种变体的龙纹)纹陶片。对此,专家解释说,由于雨水冲刷等原因,这些先秦时期的陶片后来被冲至唐代的墓穴中。

以下哪项如果为真,最不能质疑上述专家的观点?

A. 在这座唐代古墓中还发现多件西汉时期的文物

B. 这座唐代古墓保存完好,没有漏水、毁塌迹象

C. 并非只有先秦时期才使用夔纹,唐代文人以描绘夔纹为能事

D. 唐代的墓葬风俗是将墓主生前喜爱的物品随同墓主一同下葬

E. 经考证,这座墓中带有夔纹的陶片所显示的制陶技术是隋朝以后才有的

21. 西药抗生素通常只有一种成分,而中医的抗菌药物有多种成分。因此,为克服细菌的抗药性,中药比西药更有效。一种细菌很容易对西药抗生素产生抗药性,但很难对中医抗菌药产生抗药性,就如同饭店中的一个厨师,一道菜肴不难满足某个顾客,但很难满足所有顾客,即所谓"一味难调众口"。

在上述类比中,西药抗生素最可能比作以下哪项?

A. 某个顾客　　　B. 所有顾客　　　C. 厨师　　　D. 一道菜肴

E. 多道菜肴

22. 如果苹果 X 上市的第一个月销量超过了所有其他手机,那么苹果手机就仍然是智能手机的第一品牌。只有苹果 X 具有完全不同的先进功能或者价格对消费具有绝对吸引力,苹果 X 上市第一个月的销量才能超过其他所有手机。苹果手机已经不再是智能手机的第一品牌。

如果上述断定是真的,则以下哪项也可能是真的?

Ⅰ. 苹果 X 上市的第一个月销量没有超过其他所有手机;

Ⅱ. 苹果 X 不具有完全不同的先进功能;

Ⅲ. 苹果 X 的价格对消费者不具有绝对吸引力。

A. 仅Ⅰ　　　B. 仅Ⅱ　　　C. 仅Ⅲ　　　D. 仅Ⅱ和Ⅲ

E. Ⅰ、Ⅱ和Ⅲ

23. 滨州市地处沿海,天气湿润但是夏季温度较高。政府决定上马一项园林绿化工程,希望通过市区绿化来改变环境从而达到改善夏季气候的结果。政府有关部门在调研论证的基础上,就特色树种的选择问题形成了如下几项决定:(1)樟树、柳树至少选择一种;(2)如果不种桂树,那么就要种雪松;(3)如果种柳树,那么就要种桃树;(4)桃树、雪松至少要舍弃一种。

如果上述断定都是真的,可以推出该市应该选择的特色树种是?

A. 柳树或者桃树　　B. 樟树或者桂树　　C. 雪松或者柳树　　D. 雪松或者桃树

E. 桂树或者桃树

24～25 两题基于以下共同题干:

大明财务公司一共有 15 名员工,员工的工作时间与绩效评估密切挂钩,同时也与奖惩

有效联系。按照规定：(1)一名员工每周工作至少 35 小时并且没有任何一天旷工才是合格员工；(2)如果一个员工每周工作 40 小时并且没有任何一天旷工，那么他是优秀员工。(3)如果某位员工是合格员工，他就有基本奖；(4)只有优秀员工才能获得超额奖。

24. 根据以上陈述，大明财务公司在 10 月最后一周，一共 9 名员工获得超额奖，由此可以推出以下哪项为真？
    A. 一共有 9 名员工这一周工作 40 小时并且没有任何一天旷工
    B. 有 6 名员工不是优秀员工
    C. 至少有 9 名员工是优秀员工
    D. 有 6 名员工不是合格员工
    E. 一共有 9 名优秀员工都获得了基本奖金

25. 根据以上陈述，大明财务公司在 10 月第二周有 6 名员工没有获得基本奖，由此可以推知以下哪项为真？
    A. 有 6 名员工或者这周工作不到 35 小时，或者在这周的某一天旷工
    B. 一共有 6 名员工不是合格员工
    C. 最多有 9 名员工是合格员工
    D. 这 6 名员工不是优秀员工
    E. 这 6 名员工没有获得超额奖

26. 某个国家有真城和假城两座城市，真城的人永远说真话，假城的人永远说假话。现在有三人甲、乙、丙，其中中有一位是真城的人，一位是假城的人，还有一个外地人，外地人有时说真话，有时说假话。三人都彼此知道各人的身份，有以下对话。
    甲说："我是外地人"；乙说："甲是真城的人"；丙说："我不是外地人"。
    根据以上对话，可以确定他们三人以下哪项为真？
    A. 三人的情况都不能确定   B. 甲是假城的人，其他两人不能确定
    C. 甲是外地人，其他两人情况不能确定 D. 丙是真城的人，其他两人情况不能确定
    E. 三人的情况都可以确定

27. 本周，一支小联盟棒球队经历了上周现场观众人数下降后，遭遇了三场失利。许多观看这几场比赛的观众给当地体育新闻编辑写信，抱怨球队在这几场比赛中表现不佳，而体育新闻编辑则将球队的失利归结为观众的冷漠：现场观看并支持球队的观众人数太少了。尽管如此，这支棒球队的教练却认为球队的糟糕表现与现场观看比赛的观众人数下降无关。
    以下哪一项如果为真，最支持棒球队教练的观点？
    A. 写信给当地体育新闻编辑的观众是这支小联盟棒球队的长期支持者
    B. 许多小联盟棒球队的特许经营权所有者仅在一系列损失之后才将现场观看比赛观众人数的下降归因于球队的糟糕表现
    C. 该州其他小联盟棒球队的比赛，上周现场观看比赛的观众人数也出现了类似下降

D. 这支小联盟球队不是第一次在一周内遭遇多次失利,以前失利也有观众给当地体育新闻编辑写了类似的信件

E. 这支小联盟球队的比赛与另一场大联盟球队的比赛仅差四小时,所以很多小联盟球队的球迷都无法现场观看小联盟球队的比赛

28. 王静云在新学期面临以下选课要求:(1) 如果选修高等物理,那么他就要选项有机化学;(2) 只有选修生物,才能选修有机化学;(3) 只有选修高等物理,才能免修地理;(4) 或者免修地理或者选修历史。

根据以上选课要求,可以确定王静云新学期选课一定是以下哪项?

A. 选修了高等物理　　　　　　　　B. 没有选修高等物理

C. 生物和有机有机化学至少选修了一门　D. 有机化学和历史至少选修了一门

E. 免修了地理

29～30 题基于以下共同题干:

三个男孩汤姆、劳伦斯、马丁,以及三个女孩露丝、史黛芬妮、伊丽丝,举办一场舞会。他们要跳三场舞:第一、第二、第三场,每场舞有三对孩子参加,在每对孩子中要有一个男孩和一个女孩为伴,且遵循以下原则:(1) 汤姆和史黛芬妮为伴,且不在第一场就在第二场;(2) 与露丝在第二场为伴的人一定在第三场和史黛芬妮为伴;(3) 两个孩子不能结伴超过 1 场。

29. 若劳伦斯和史黛芬妮在第二场为伴,则下面哪一对孩子必须在第一场为伴?

A. 汤姆和露丝　　　　　　　　　　B. 汤姆和伊丽丝

C. 劳伦斯和露丝　　　　　　　　　D. 劳伦斯和伊丽丝

E. 劳伦斯的舞伴是伊丽丝或者露丝都可以

30. 若马丁和史黛芬妮在第一场为伴,则下面哪一对孩子必须在第三场为伴?

A. 汤姆和露丝　　　　　　　　　　B. 汤姆和伊丽丝

C. 劳伦斯和露丝　　　　　　　　　D. 劳伦斯和伊丽丝

E. 汤姆的舞伴是露丝或者伊丽丝都可以

模拟试卷一答案及解析

1. 答案选 A。已知条件说明"沟通说服力"和"执行力"是成功创业的必要条件。A 选项将两者作为充分条件，与题意不符，故 A 不一定为真。其他选项或者正确表示两者是成功创业的必要条件，如 B、C、D，或者与已知命题等价，如 E。注意问题中的"除了"。

2. C。已知条件说明 7 人申请，仅接受了 4 人，3 人被拒绝。(1) 说明莫扎特和巴尔巴特斯拒绝一人；(3) 说明费多男和穆迪斯特拒绝一人，这样施特劳斯、贝多芬、巴赫 3 人中接受 2 人申请。(2) 说明贝多芬若被拒绝，巴赫就被拒绝，这样 3 人中就不能接受 2 人，故贝多芬入选。

3. D。按照上一题分析，施特劳斯、贝多芬、巴赫 3 人中接受 2 人申请，又巴赫被拒绝，所以施特劳斯和贝多芬的申请被接受。

4. 答案选 E。要加强的观点是"1 000 年前的人类没有牙齿方面的问题是由于他们的饮食与我们不同"。

A	无关选项。已知信息已经说明 1 000 年前的人类更少有牙齿方面的问题，该选项说明那时候的人类有许多蛀牙与已知信息反而有冲突
B	无关选项。1 000 年前的人类饮食种类和我们一样繁多，这不是涉及"饮食结构"，若饮食结构的重要内容是饮食种类，则该选项削弱论证
C	无关选项。解释了 1 000 年前的人类骸骨显示很少有牙齿方面的问题，与饮食结构无关
D	干扰选项。健康的饮食能保持健康的牙齿，但这不意味着现代人的饮食就健康
E	正确选项。该选项说明饮食是影响牙齿健康的重要因素

5. 答案选 B。要削弱的观点是"东欧熟练工人的收入将会上涨"，依据是"东欧熟练工人数量减少"。

| A | 无关选项。由于东欧国家的工厂只雇佣本国工人，所以当本国熟练技术工人供给减少时，他们的工资会提高，对论证加强 |
| B | 正确答案。由于影响工资的因素除了劳动力供给以外，还有劳动力的需求。该选项说明劳动力需求下降，因此熟练技术工人的工资并不一定会上涨 |

（续表）

C	无关选项。论证不涉及已经移民到西方国家的东欧人
D	干扰选项。准备培训大量新的工人说明未来技术工人会增加,但是这不说明当前技术工人的数量就会增加
E	无关选项。该选项说明确实职位空缺,熟练技术工人数量相对较少,对论证加强

6. 答案选 E。小前提是：月饼装在黄色盒子中,将小前提与(2)结合可推知,白茶在橙色盒子里;再与(1)结合可推知,黄茶在青色盒子里;再与(4)结合可推知,黑茶在红色盒子中;再与(3)结合可推知,红茶在紫色盒子中。对照各个选项,A、B、C、D 都为真,绿茶不确定,故正确答案选 E。

7. 答案选 D。小前提是：黑茶装在绿盒子中,将小前提与(3)结合可推知,红茶在紫色盒子中;与(4)结合可推知,花茶在青色或者橙色盒子中;再与(1)结合可知,黄茶、花茶在青色和橙色盒子里,即白茶不在橙色盒子中,与(2)结合可推知,绿茶在黄色盒子中,故 D 为假,是正确答案。

8. 答案选 B。小前提是：白茶装在橙色盒子中,将小前提与(1)结合可推知,黄茶在青色盒子中;再结合(4)可推知,黑茶在红色盒子里;再与(3)结合可推知,红茶在紫色盒子里,故 B 为真,是正确答案。

9. 答案选 A。已知前提是"'垃圾'这个词语带有强烈的主观色彩",结论是"'垃圾'不是一个科学的分类术语",将前提和结论中的共同概念"垃圾"去掉,剩下仅出现一次的概念是"带有强烈的主观色彩"和"科学的分类术语",这两者之间是否定关系,所以答案选 A。

10. 答案选 D。贾女士的观点是"少年时代掌握的计算机语言会过时,所以少年时代学习计算机语言没有用处"。

A	无关选项。"快速发展和更新不仅是计算机的特点"与"学习计算机语言是否有用"没有关系
B	无关选项。"孩子具有接受新知识的能力"与"学习的知识过时了,学习是否有用处"没有必然联系
C	干扰选项。算盘与计算机语言的类比不很恰当,另外"知识是否有价值"与"掌握这些知识是否有用"是不同的问题
D	正确选项。提出学习某一种知识,即使是过时的知识也具有其他的用途,他因削弱
E	无关选项。"是否是主课"与"学习这门课是否有用处"无关

11. 答案选 B。由于赵和周之间隔着两个泳道,并且赵的左边有李和钱,且李和钱之间还隔着两个泳道,所以,赵最小泳道是 5,他的泳道只能是 5 或者 6,这样,周的泳道只可能是

2 或者 3,故答案选 B。

12. 答案选 C。如果赵 5,六人的泳道情况确定如下:1 钱,2 周,3 吴,4 李,5 赵,6 孙;如果赵 6,六人泳道情况是:孙 1,钱 2,周 3,吴 4,李 5,赵 6。两种情况排除 A、B、D、E,故 C 是正确答案。

13. 答案选 C。已知条件是"高二>高一""女生>男生",可以采取特殊值法,排除Ⅰ、Ⅱ、Ⅳ。至于Ⅲ,可以采取"高二(男生+女生)>高一(男生+女生)""女生(高一+高二)>男生(高一+高二)"两式展开两边相加计算得出。

14. 答案选 E。磁悬浮的交通工具之中既有客运也有货运,而光电子的交通工具之中仅有货运,要推导出的结论是"用于货运的交通工具多于用于客运的交通工具"。逐项验证,当 E 选项中"用于客运的交通工具也可以用于货运"为真时,这意味着"所有交通工具都可以用于货运",货运交通工具就肯定多于客运交通工具了,所以正确答案选 E。

15. 答案选 D。用方柱子,蛇就爬不进竹楼,所以陈述假设了蛇不能缠绕着方形的柱子爬行。注意,不能选 B,陈述不涉及蛇喜欢攀爬某种形状的柱子。

16. 答案选 C。论证从"梁山五天工作中有四天在路虎 4S 店上班",和"上周五他不在路虎 4S 店上班",推出"梁山周一、二、三、四"在路虎 4S 店上班? 那么,为什么不是周六或者周日呢? 显然,论证假设了"周六和周日梁山没有上班",即 C 选项。

17. 答案选 D。论证的前提是"赝品和真品具有同样的审美享受",论证的结论是"赝品和真品具有同样的价值",关键词是"审美享受"和"艺术价值",两者的联系是加强,所以答案选 D。注意,尽管论证提到"最有经验的艺术品专家无法凭肉眼区分赝品和真品"这一事实,但是该事实上在论证中并没有充当论据,所以选项 A 或者 E 属于无关选项。

18. E。论证根据一次测验,发现测验分数差异很大,得出结论认为,学生对知识的掌握程度差别很大。

A	干扰选项。"只占高校学生的一小部分"可以用来削弱"没有差异",但不能削弱"有差异",即使一小部分学生差异大,也说明学生差异大
B	干扰选项。能够解释为什么差异大,但不能削弱差异大
C	干扰选项。类似于 A 选项,可以削弱"没有差异",但不能削弱"有差异"
D	无关选项。论证不涉及知识的运用
E	正确选项。将"掌握程度有差别"和"一次测验分数有差别"区别开来,对论证削弱

19. 答案选D。关注数字,同时根据(1)(2)可知,甲数学优秀,因为如果他数学不优秀,那么他生物和物理都不优秀,这与三人每人至少在2个科目上优秀不符;同理根据(1)(3)可知,乙数学优秀。这样丙数学不优秀,由(4)可知,丙化学也不优秀,这样丙是唯一仅2个科目(生物和物理)优秀的人。于是,甲和乙数学、化学都优秀;又根据(2)可知,甲物理不优秀,否则他就四门科目都优秀了。这样,甲数学、化学和生物三个科目优秀;乙数学、化学和物理三个科目优秀,故答案选D。

20. 答案选A。专家根据夔纹是先秦时期的,便认为带有夔纹的陶片也是先秦时期的,之所以在唐代的墓中被发现,是因为被雨水冲刷所致。A选项对上述观点不能削弱,因为古墓中发现西汉时期的文物也可能同样是被雨水冲刷进来的。其他选项或者说明带有夔纹的陶片就是唐代的,C、E或者说明这些陶片就是墓主的,D或者说明墓不可能被雨水冲刷(B),都对专家观点予以削弱。

21. 答案选A。一种细菌很容易对抗西药的一种抗生素成分,但很难对抗中药的多种抗生素成分;就像一道菜肴容易满足一个顾客,但很难满足多个顾客。上下文对比,可以看出细菌相当于一道菜肴,西药相当于某个顾客,而中药相当于多个顾客。

22. 答案选E。已知条件"如果苹果X上市的第一个月销量超过了所有其他手机,那么苹果手机就仍然是智能手机的第一品牌"和"苹果手机已经不再是智能手机的第一品牌"可以推出"苹果X上市的第一个月销量没有超过其他所有手机",而另外两句推不出,不确定。注意到问题问的是"可能是真的",所以答案选E。

23. 答案选B。将题干已知条件(2)(3)(4)结合可知:若种柳树,则种桃树,则不种雪松,则种桂树;又(1)若不种柳树,则种樟树。所以,种樟树或者种桂树,故正确答案选B。

24. 答案选C。已知条件都是大前提,将"一共9名员工获得超额奖"作为小前提,与(4)结合可知,这九名员工是优秀员工。但是另外6名员工是否是优秀员工不能确定,因此正确答案选C,而不能选B。

25. 答案选C。将"一共有6名员工没有获得基本奖"作为小前提,与(3)结合,可以推知,这6名员工不是合格员工。由于其他9名员工是否是合格员工不能确定,所以答案选C,而不能选B。

26. 答案选D。解题思路采取二难推理的思路。从对甲的身份假设开始推理:
假设甲不是外地人,那么甲说假话,他是假城的人;这时候,乙说的也是假话,乙只能是外地人,于是丙说真话,他是真城的人。
假设甲是外地人,甲说了真话,这样,乙说的就是假话,乙是假城的人;而丙说的是真话,丙是真城的人。

综上所述,丙是真城的人,说真话;而甲、乙不能确定。

27. 答案选 C。要加强的观点是:某只小联盟棒球队表现糟糕的原因不是因为现场观看并支持的观众少。

A	无关选项。给体育新闻编辑写信的观众是哪一种人与棒球教练的观点无关
B	无关选项。小联盟棒球队的特许经营者有什么观点与棒球教练的观点无关
C	正确答案。由于其他小联盟棒球队的比赛观众人数也类似下降,而不可能所有小联盟棒球队的表现都糟糕,所以削弱了观点:观众人数下降导致球队表现糟糕
D	无关选项。观众给当地体育新闻编辑写信与论证无关
E	无关选项。说明观众无法观看比赛的原因与观点无关

28. 答案选 D。将已知条件(1)和(2)等价为连续的假言命题:高等物理→有机化学→生物;将已知条件(3)和(4)等价为连续的假言命题:不选修高等物理→不免修地理→选修历史。以上两个假言命题构成二难推理,由于高等物理选修和不选修必有其一,所以王静云或者选修了有机化学和生物,或者选修了地理和历史,这样 D 选项是正确答案。

29. 答案选 C。用(劳伦斯,史黛芬妮)N 表示劳伦斯和史黛芬妮在第 N 场结伴跳舞。由条件(1)推知(汤姆,史黛芬妮)1,所以就有(马丁,史黛芬妮)3,再由条件(2)推知(马丁,露丝)2,所以有(汤姆,伊丽丝)2。这样,选项 A、B 被排除,将(劳伦斯,露丝)1 和(劳伦斯,伊丽丝)1,代入发现,若(劳伦斯,伊丽丝)1,则有(马丁,露丝)1,这与(马丁,露丝)2 重复,所以,正确答案选 C。

30. 答案选 B。(马丁,史黛芬妮)1,由条件(1)推知(汤姆,史黛芬妮)2,所以(劳伦斯,史黛芬妮)3;再由条件(2)推知(劳伦斯,露丝)2,于是(马丁,伊丽丝)2;这样,与上一问同理,只能(汤姆,伊丽丝)3,所以正确答案选 B。

模 拟 试 卷 二

逻辑推理：以下 30 小题,每小题 2 分,共 60 分。给出的 A、B、C、D、E 五个选项中,只有一项是符合试题要求的,请在答题卡上将所选项的字母涂黑。

1. 芯片对一个国家的发展至关重要,没有一个国家能够拥有完整的自主可控芯片产业链。但一国想要获得芯片产业的话语权,至少应该掌握该产业的关键技术,这样才能避免受制于人。

根据上述陈述,下列判断一定为真的是哪一项?

A. 一个国家只要有了芯片产业话语权,该国就能拥有完整的芯片产业链

B. 一个国家如果没有芯片产业上的关键技术,则该国的芯片产业将受制于人

C. 一个国家的芯片产业要想不受制于人,就必须拥有完整的芯片产业链

D. 一个国家如果掌握了芯片产业的关键技术,那么该国一定具有芯片产业的话语权

E. 一个国家不可能既获得了芯片产业的话语权却同时受制于人

2. 赵、钱、孙三人每天下午四点一起喝下午茶。他们每人要的不是咖啡就是红茶;如果赵要的是咖啡,那么钱要的就是红茶;赵或孙要的是咖啡,但是不会两人都要咖啡;钱和孙不会两人都要红茶。

以下哪项除哪项以外,都可能为真?

A. 赵连续两天都喝了红茶　　　　　　　B. 钱昨天喝了咖啡,今天改喝红茶

C. 孙连续两天喝咖啡　　　　　　　　　D. 赵两天喝了不同的饮料

E. 钱连续两天喝咖啡

3. 在考古发掘到的化石中,马奇诺卡猿的牙齿是最常见的化石之一。然而,与马奇诺卡猿几乎同时代、同地理位置的皮诺猿牙齿的化石却非常少见。相对于其他猿的化石发现来说,皮诺猿牙齿化石的发现乏善可陈。

如果以下哪项陈述为真,最有助于解决上文中令人疑惑之处?

A. 马奇诺卡猿的牙齿一生要更换三次,而皮诺猿的牙齿却终生不换,终老只有一副

B. 与猿的其他遗骸相比,猿的牙齿骨架坚硬,易于形成化石

C. 马奇诺卡猿和皮诺猿的牙齿石化的时间或者地理环境过程可能略有不同

D. 由于皮诺猿的牙齿化石异常稀少,所以一旦发现便会吸引来众多的探宝者

E. 马奇诺卡猿牙齿化石的研究一般情况下可以取代对皮诺猿牙齿化石的研究

4. 经常会有"熊孩子"惹事闯祸的报道,可以说每个"熊孩子"的背后都有一个"熊家长"。这些"熊家长"对"熊孩子"百依百顺,溺爱娇惯,这使得"熊孩子"以自我为中心,缺乏规则意识,容易产生过激的非理性行为。当"熊孩子"有些行为对他人和社会造成伤害时,"熊家长"也会以"他还是个孩子"来护短辩解,要求原谅。

以下哪项最可能是"熊家长"辩解所隐含的前提?

A. "熊孩子"犯错误不是故意为之　　　B. 只要是孩子就难免犯错

C. "熊孩子"长大后会成为好孩子　　　D. 孩子犯错误应当被原谅

E. 孩子犯的错都不是严重的大错误

5. 茶庄每天为购买茶叶的客人提供免费茶叶供客人品尝选购。所提供免费品尝的茶叶每天一共有两种,在以下品种的茶叶中选择:绿茶、红茶、白茶、花茶和黄茶。这些免费品尝的茶叶安排有以下要求:(1) 某天只有免费品尝白茶,才免费品尝红茶;(2) 如果不免费品尝红茶,就不免费品尝花茶;(3) 花茶和绿茶每天至少免费品尝一种;(4) 黄茶和绿茶每天至多免费品尝一种。

根据以上免费品尝要求,可以确定以下哪项为真?

A. 有免费的花茶供客人品尝　　　B. 没有免费的绿茶供客人品尝

C. 有免费的黄茶供客人品尝　　　D. 有免费的红茶供客人品尝

E. 有免费的白茶供客人品尝

6. 过量饮酒会对肝脏造成伤害,不管是低度的葡萄酒还是高度的白酒。由于葡萄酒酒精度数较低,所以葡萄酒过量对肝脏的伤害小于白酒。但是一个人如果经常饮用过量白酒并且已经对肝脏造成了伤害,这时候除非他不再过量饮酒,否则即使他不喝白酒,而只是过量饮用葡萄酒,对肝脏的伤害也不会小于过量白酒。

根据以上陈述,以下哪项最不可能为真?

A. 不过量饮酒对肝脏就没有伤害

B. 过量饮用白酒对每个人肝脏伤害是大致相同的

C. 过量饮用葡萄酒对每个人肝脏伤害是大致相同的

D. 同时过量饮用白酒加葡萄酒对人的肝脏伤害大于过量饮用白酒

E. 同时过量饮用白酒加葡萄酒对人的肝脏伤害不大于过量饮用白酒

7. 所有纳尔逊土著居民崇拜所有玉石雕像;在艾尔法土著居民聚集的部落后山上有一尊皇金佛像;在纳尔逊土著居民聚集的部落前广场上,有一尊纳尔逊土著居民都崇拜的月亮神雕像和一尊纳尔逊土著居民都不崇拜的太阳神雕像。

以上陈述为真,以下哪项为真?

Ⅰ. 纳尔逊土著居民不会都崇拜后山上的黄金佛像

Ⅱ. 月亮神雕像是玉石雕刻的

Ⅲ. 太阳神雕像不是玉石雕刻的

A. 仅Ⅰ　　　　　B. 仅Ⅱ　　　　　C. 仅Ⅲ　　　　　D. 仅Ⅱ和Ⅲ

E. Ⅰ、Ⅱ和Ⅲ

8. "奔跑"网上超市新购进一批商品,其中进口商品 300 种,国产商品 200 种;食品 270 种,非食品商品 230 种。

根据以上数据,以下哪项都真,除了?

A. 进口食品的种类多于国产非食品商品的种类

B. 进口非食品商品种类多于国产食品种类

C. 进口食品最少 70 种

D. 进口非食品商品最少 100 种

E. 国产食品最多 200 种

9. 汽车尾气是优诗美地一项严重的污染问题,对优诗美地的桥梁征收通行费能够减少汽车行驶的总里程。然而,总的污染水平并没有减少,这是因为收费站有许多汽车排起长队,而汽车在开着发动机不行驶的状态下,每分钟所排出的尾气比在行驶状态下排出的尾气要多。

以上的观点能最好地被以下哪个选项所支持?

A. 减少汽车行驶里程可以减小污染量,但汽车在收费站停留时排出的尾气会造成污染量增加,所以总的污染量仍可能上升

B. 平均而言,优诗美地的汽车处于开着发动机而不行驶状态的时间比处于行驶状态的时间长

C. 大桥收费处尾气增加量不会显著影响空气质量,因为在优诗美地没有多少汽车经常通过大桥

D. 减少汽车尾气不是减少空气污染的最有效的办法

E. 由于在收费站排长队很不方便,优诗美地的许多司机就改变路线,其行车里程也就随之变化

10. 马来西亚航空公司简称"马航",以其恶劣的航空安全保障闻名于世。乘坐马航飞行正成为"向天堂飞行"的代名词。去年 8 月马航的一架飞往南非的飞机又失事了,对于这架飞机失事的原因,有关调查人员得出的结论是:人为失误不是原因。也正是从去年 8 月,马来西亚新的、更为严格的航空标准开始实施,这一标准更好地确认了飞机的机械故障问题。这部分解释了以下事实:自去年 8 月以来,"马航"有关飞行中的机械故障的报告增加了 50%。

以下哪一项是论证所假设的?

A. 尽管机械故障问题的报告有所增加,但"马航"飞机旅行仍然很难保证安全

B. 自去年 8 月以来,马来西亚新航空标准将至少一些过去"马航"不认为是飞机机械故障的问题认作是飞机机械故障问题了

C. 自去年 8 月以来,马来西亚新航空标准条件下,"马航"飞机机械故障问题事实上并没有增加 50%

D. 马来西亚航空公司自去年 8 月以来比过去更不愿意报告飞机机械故障问题

E. 自去年 8 月以来,"马航"飞机的机械故障问题更容易被发现了

11～12 两题基于以下共同题干：

登山运动员马克计划攀登底格里斯山。如果要到达主峰，就必须穿过磕巴隧道或者跃过纽斯山崖；如果经过曼昆山谷，那么就绕过了磕巴隧道并且能够到达次主峰；如果跃过纽斯山崖，就不能到达次主峰。马克这次登山的目标主峰和次主峰至少要到达一个。

11. 根据以上陈述，如果马克一定要达到主峰，可以推知以下关于马克的哪项为真？

A. 穿过磕巴隧道　　　　　　　　　　B. 跃过纽斯山崖

C. 到达次主峰　　　　　　　　　　　D. 没有达到次主峰

E. 没有经过曼昆山谷

12. 如果马克到了主峰和次主峰，由此可以推出以下哪项为假？

Ⅰ. 没有经过曼昆山谷　　　　　　　　Ⅱ. 没有跃过纽斯隧道

Ⅲ. 没有穿过磕巴隧道

A. 仅Ⅰ　　　　　B. 仅Ⅱ　　　　　C. 仅Ⅲ　　　　　D. Ⅰ和Ⅱ

E. Ⅰ、Ⅱ和Ⅲ

13. 图书馆新书书架上有 18 本书，这 18 本书分为两个大类：学习参考书和文艺书；这些书从装帧角度上讲，又可以分为精装书和简装书。其中学习参考书多于文艺书；精装书比简装书多；但是数量最多的却是精装文艺书，数量最少的简装文艺书。而参考书中，也是精装书比简装书多。上午某位学生借阅了其中两本同样装帧的同类书，将这两本书移出书架后，书架上剩下不同装帧不同种类书的数量排序仍然不变。

小明读的是以下哪种书？

A. 精装文艺书　　　　　　　　　　　B. 精装学习参考书

C. 简装文艺书　　　　　　　　　　　D. 简装学习参考书

E. 四种书都有可能

14. 暑假期间，中学生英语、作文、物理、化学四项大赛分别在我国的四座直辖市举行。某校学生张薇、陆峻、马宇和赵楠代表学校参赛。他们每人只报名参加了一个项目。已知：张薇在北京参赛；英语大赛在重庆举行；马宇在天津参赛；陆峻参加的是作文大赛；张薇没有参加化学大赛。

根据以上条件，以下哪项为真？

A. 张薇参加了英语大赛　　　　　　　B. 化学竞赛在上海举行

C. 在北京举行的是化学竞赛　　　　　D. 陆峻是在重庆参加竞赛

E. 在上海举行的是作文比赛

15. 一位法官陈述自己的观点：每一个罪犯都具有侥幸心理，他们希望自己的行为既狡猾又机密。但是他们被抓的事实说明，犯罪事实很难做到既狡猾又机密。在我审理的各种罪犯中，他们的犯罪事实上有些非常狡猾，有些超级机密。但是却从来没有人把其犯罪事实做的既狡猾又机密。

如果上述法官的观点是真的,则以下哪项不可能真?

A. 不存在狡猾而不机密的犯罪事实,也不存在机密却不狡猾的犯罪事实

B. 有些犯罪事实既不狡猾,也不机密

C. 大部分犯罪事实既狡猾又机密

D. 大部分犯罪事实既不狡猾也不机密

E. 不存在既狡猾又机密的犯罪事实,也不存在既不狡猾又不机密的犯罪事实

16. 动物园在喂养澳洲袋鼠或者考拉时,总结出以下经验:一个食量大的澳洲袋鼠一天需要喂食 10 次以上,否则这只澳洲袋鼠就会患病。而如果一只澳洲考拉食量大并且一天喂食 10 次以上,这只澳洲考拉就肯定不会患病。

根据以上陈述,以下哪项为真?

A. 一只食量小的澳洲袋鼠患病了,它一定没有一天被喂食 10 次以上

B. 一只食量大的澳洲袋鼠患病了,它一定没有一天被喂食 10 次以上

C. 一只食量小的澳洲袋鼠没有患病,它一定一天被喂食了 10 次以上

D. 一只食量大的澳洲考拉没有患病,它一定一天被喂食了 10 次以上

E. 食量大的澳洲考拉患病,有些一定是因为它没有在一天被喂食 10 次以上

17. 通过对"淘宝"消费者的调查发现:所有在淘宝上年购买额超过 10 000 元的人不是中年或者以上年龄的男性,所有在淘宝上年购买额超过 10 000 元的人不是 60 岁以上老人;有些软件工程师是中年或者以上年龄的男性,有些软件工程师是 60 岁以上老人,有些软件工程师在淘宝上年购买额超过 10 000 元。

如果上述陈述为真,那么以下关于"淘宝"消费者的陈述哪项必然真?

A. 有些中年或者以上年龄的男性是 60 岁以上的老人

B. 所有软件工程师或者是中年或者以上年龄的男性,或者是 60 岁以上老人,或者在淘宝上年购买额超过 10 000 元

C. 有些中年或者以上年龄的男性不是 60 岁以上的老人

D. 有些 60 岁以上的老人既不是中年或者以上年龄的男性,也没有在淘宝上年购买额超过 10 000 元

E. 有些软件工程师既不是中年或者以上年龄的男性,也不是 60 岁以上老人

18. 上海、北京等大城市地铁四通八达,方便每一位出行者。在地铁每节车厢门旁边通常会有如下警告标志:"停车请拉下紧急制动开关,擅动将负法律责任。"

上述警告标志适用的情况有以下哪些?

Ⅰ. 一些乘客会无故使用或误用紧急制动开关;

Ⅱ. 一些乘客会故意甚至恶作剧使用紧急制动开关;

Ⅲ. 一些乘客在特殊情况下需要使列车运行停止。

A. 仅Ⅰ和Ⅱ　　　　B. 仅Ⅱ　　　　C. 仅Ⅲ　　　　D. 仅Ⅱ和Ⅲ

E. Ⅰ、Ⅱ和Ⅲ

19. 在一次日本围棋快棋赛中,大竹明战胜了小林觉,而小林觉战胜了井上,但大竹明的围棋段位比井上低。

如果以上陈述为真,由此可以推出以下哪项为真?

A. 大竹明战胜的人,其围棋段位比井上低

B. 大竹明战胜的人,其围棋段位比井上高

C. 有人战胜了一个围棋段位比自己高的人

D. 有人战胜了一个围棋段位与自己相同的人

E. 有人战胜了一个围棋段位比自己低的人

20. 目前管理类研究生报考规定:只有工作满三年并且大学毕业,才允许报考管理类中的 MBA 研究生。林华想报考管理类研究生,但却被告知,他不允许报考其中的 MBA 研究生。

如果以上陈述为真,以下哪项也一定是真的?

A. 林华不是大学毕业并且工作没有满三年

B. 林华的工作单位可能不同意林华报考 MBA 研究生

C. 林欢或者不是大学毕业或者工作不满三年

D. 如果林华工作满了三年,那么她一定不是大学毕业

E. 要么林华工作不满三年,要么林华不是大学毕业

21. 手机已经成为大多数中国人离不开的"玩具",尤其是年轻人,无论是男性还是女性,都喜欢低头玩手机。近日,某大学专家指出,低头玩手机超过半小时会减少唾液分泌,从而导致口臭。

以下各项中最不能支持上述观点的是哪一项?

A. 休假中的小王每天都会躺在床上一动不动地看几个小时视频,后来发现自己得了口臭,郁闷不已

B. 唾液分泌减少的情况持续 30 分钟,口腔代谢的产物就会停留在口腔内,从而导致引起口臭的细菌增多

C. 一般人们在低头玩手机的时候,下颚不动,也不做吞咽动作,就无法刺激唾液分泌,引起口腔异味

D. 职业手游玩家小赵因需要长期低头玩手机,导致得了口臭,为此周围的人都不愿意与他当面交流

E. 低头玩手机的人与低头做作业的学生类似,后者低头做作业的时间长了,也会导致口臭

22~23 题基于以下共同题干

甲、乙、丙、丁、戊、己、庚 7 人在周一到周日值班,每人各值一天。七人值班有以下时间要求:(1) 甲、乙值班之间相隔的天数与丙、丁值班之间相隔的天数相同;(2) 己、庚值班的时间相邻,但不确定前后;(3) 戊不在周日值班。

22. 根据以上值班要求,以下哪一天可以安排戊值班?

A. 周二　　　　　B. 周三　　　　　C. 周四　　　　　D. 周六

E. 周日

23. 若己在周六值班,则以下哪项肯定为真?

A. 甲在周一　　　B. 乙在周一　　　C. 丙在周四　　　D. 庚在周日

E. 戊在周三

24. 智者:因为6大于4,并且6小于8,所以6既是大的又是小的。

以下哪一项中的推理方式与上述智者的推理最相似?

A. 因为老子比孟子更有智慧,所以老子对善的看法比孟子对善的看法更好

B. 因为张青在健康时喝通化葡萄酒是甜的,而在生病时喝通化葡萄酒是酸的,所以通化葡萄酒既是甜的又是酸的

C. 因为赵丰比李同高,并且赵丰比王磊矮,所以赵丰既是高的又是矮的

D. 因为一根木棍在通常情况下看是直的,而在水中看是弯的,所以这根木棍既是直的又是弯的

E. 因为对于王建来说,宝马车不贵,而对于李健来说,宝马车昂贵,所以,宝马车既是贵的也是不贵的

25. 管理类研究生考试即将举行,这一考试要考的科目有英语、数学、逻辑和写作,这些笔试科目完成后还要面试,面试涉及管理学和经济学。考生赵明要准备、学习以上六门课程。他制定的学习策略是:(1)如果这一天学习逻辑,那么这一天学习写作或者经济学;(2)如果这一天学习了经济学,那么这一天就不学习管理学;(3)只有这一天学习管理,这一天才不学习英语。为了提高学习效率,他每天最多学习两门课程。

根据赵明的学习策略,可以确定以下哪项是可能的,除了?

A. 周一他学习了英语和管理　　　　B. 周二他学习了逻辑和经济

C. 周三他学习了逻辑和写作　　　　D. 周四他学习了经济和英语

E. 周五他学习了管理和写作

26. 埃博拉病毒仅存在于长臂猿的体内,这种病毒对长臂猿无害但对人类却是无药可医。虽然长臂猿不会咬人,但是埃博拉病毒可以通过蚊子传播,蚊子咬了长臂猿再去叮咬人类,人类就会被传染。因此,如果蚊子灭绝,人类就不会感染埃博拉病毒。

以下哪项如果为真,最能质疑上述结论?

A. 叮咬长臂猿的蚊子和叮咬人类的蚊子不是同一品种

B. 蚊子是繁殖能力和适应能力都非常强的动物,很难被灭绝

C. 长臂猿只生活在赤道附近的热带雨林中,只有极少数的人能接触到

D. 一些人会将长臂猿的皮毛加工成皮毛制品,这些加工后的皮毛制品也能传播该病毒

E. 在非洲的某些地方,蚊子已经灭绝了

27. 丽佳花园中,所有开出红色花的植物都是蔷薇科植物;玫瑰科植物是蔷薇科植物;王教授喜欢的植物都能开出红色的花,李教授喜欢蔷薇科植物。香水玫瑰是玫瑰科植物,它能开出红色的花。

根据以上陈述,以下哪项一定为真?

Ⅰ. 王教授喜欢香水玫瑰;

Ⅱ. 李教授喜欢香水玫瑰;

Ⅲ. 王教授喜欢的植物,李教授一定也喜欢。

A. 仅Ⅰ　　　　　　B. 仅Ⅱ　　　　　　C. 仅Ⅰ、Ⅱ　　　　　　D. Ⅰ、Ⅱ、Ⅲ

E. Ⅰ、Ⅱ、Ⅲ都不一定为真

28. "男女"和"阴阳"似乎指的是同一种区分标准,但实际上,"男人和女人"区分人的性别特征,"阴柔和阳刚"区分人的行为特征。按照"男女"的性别特征,正常人分为两个不重叠的部分,按照"阴阳"的行为特征,正常人分为两个重叠的部分。

以下各项都符合题干的含义,除了

A. 人的特别特征不能决定人的行为特征

B. 女人的行为,不一定具有阴柔的特征

C. 男人的行为不一定具有阳刚的特征

D. 同一个人的行为,可以既具有阴柔又有阳刚的特征

E. 一个人的同一个行为可以既有阴柔又有阳刚的特征

29～30 题基于以下共同题干

某年暑假,有五位留学生汤姆、杰瑞、玛丽、亚历山大、罗杰斯计划在中国深度调研,他们的目标城市是:西安、北京、上海。为了便于交流和沟通,每人至少去一组城市,并且每一座城市至少有一个人去调研。已知:

(1) 玛丽去西安调研;

(2) 玛丽和亚历山大调研不同的城市;

(3) 罗杰斯和亚历山大调研相同的城市;

(4) 如果汤姆在上海调研,那么杰瑞也去上海调研。

29. 以下哪项可能是正确的?

A. 玛丽和罗杰斯去相同城市调研　　　　B. 杰瑞、亚历山大、罗杰斯都去北京调研

C. 只有罗杰斯去上海调研　　　　　　　D. 只有杰瑞去上海调研

E. 去西安调研的有三人

30. 下列哪项正确,则可以确定每个学生所调研的城市?

A. 玛丽去西安调研　　　　　　　　　　B. 汤姆去上海调研

C. 汤姆去西安调研　　　　　　　　　　D. 罗杰斯去北京调研

E. 杰瑞去北京调研

模拟试卷二答案及解析

1. 答案选 B。已知条件说明"获得芯片产业话语权"和"芯片产业避免受制于人"的必要条件是"掌握芯片产业的关键技术"。逐项对照可知 B 是正确答案。排除 D，因为"掌握芯片产业的关键技术"是"芯片产业不受制于人"的必要条件，而非充分条件；排除 A 和 C，因为"拥有完整的芯片产业链"与"芯片产业不受制于人""获得芯片产业的话语权"没有关系；排除 E，因为"获得芯片产业话语权"和避免芯片产业受制于人"有共同的必要条件，但这两者之间没有关系。

2. 答案选 D。根据已知，赵不可能喝咖啡。因为赵喝咖啡，钱就是红茶，而孙也是红茶，这与已知"钱和孙不能都喝红茶"相矛盾。所以答案选 D。

3. 答案选 A。要求解释的现象是：生活在同一时代、同一地理环境中的两种猿，某一种的牙齿化石少于另一种。由于已知信息是两种猿生活在同一时代和同一地理环境中，所以原因肯定不在于时间和地理。牙齿化石的多少取决于牙齿数量的多少，所以，某种猿牙齿比另一种猿牙齿多是最合理的解释，故答案为 A。

4. 答案选 D。熊家长的观点是以"他还是个孩子"为理由来获取"他的错误应当被原谅"的结论。需要建立"孩子"和"被原谅"之间的关系，故 D 是正确答案，其他选项都不涉及"被原谅"，故均可排除。

5. 答案选 E。已知每天免费品尝的茶叶有两种，由(1)(2)可知若有花茶就有红茶，就有白茶，这样就有三种茶，不合题意，故不能有花茶；再结合(3)可知有绿茶，再结合(4)可知，不能有黄茶，再结合(1)可知不能有红茶。这样另一种免费品尝的是白茶。

6. 答案选 C。过量饮用葡萄酒的危害：肝脏尚没有因为经常过量饮用白酒而已经造成伤害的人，过量葡萄酒＜过量白酒；肝脏因为经常过量饮用白酒已经造成伤害的人，过量葡萄酒＝过量白酒。所以，过量应用葡萄酒对人的伤害是不同的。

7. 答案选 C。所有玉石雕像都被纳尔逊土著居民崇拜，但如果雕像不是玉石雕刻的，纳尔逊土著居民未必不崇拜，所以，黄金佛像是否被艾尔法土著居民崇拜是不确定的，因此，Ⅰ不确定；而被崇拜的雕像也未必是玉石雕刻的，所以Ⅱ不确定；玉石雕像都被崇拜，太阳神雕像不被崇拜,所以太阳神雕像一定不是玉石雕刻的,故Ⅲ一定为真。

8. 答案选 D。已知条件:进口(300)>国产(200);食品(270)>非食品(230);所以,进口食品>国产非食品,A 正确;进口非食品>国产食品,B 正确;进口食品最多 270,最少 70,所以 C 正确;国产食品最多 200,最少 0,所以 E 正确;进口非食品最多 230,最少 30,所以 D错误。

9. 答案选 A。要加强的观点是"总的污染水平并没有减少",因为,即使"征收通行费减少了汽车行驶总里程而减少污染",但是"因为收费站使汽车排队而增加污染",两者之间,后者产生的污染可能大于前者,逐项对照可知 A 肯定了这一点,加强了论证。

10. 答案选 B。题干论证的观点是:由于新的航空标准的实施,使机械故障的报告增加。这一论证假设了"新的航空标准"与"机械故障增加"之间存在联系。逐项对照可知 B 肯定了这种联系,是正确答案。

11. 答案选 E。将小前提"一定要到达主峰"作为推理的起点,由此推知马克必须穿过磕巴隧道或者跃过纽斯山崖。而如果经过曼昆山谷,那么就绕过了磕巴隧道,且到达了次主峰。而到达次主峰,就不能跃过纽斯山崖。这意味着,如果经过曼昆山谷,则无法达到主峰。所以,马克如果到达主峰,那么他没有经过曼昆山谷。

12. 答案选 C。马克到达次主峰,可以推知他没有跃过纽斯山崖,而他到达主峰,就必须或者穿过磕巴隧道,或者跃过纽斯山崖。由于主峰和次主峰都达了,所以可以确定他穿过了磕巴隧道。因此,假的选项仅Ⅲ。

13. 答案选 D。题干已知条件为精装文艺>精装学习>简装学习>简装文艺;同时满足:中间两种学习书的和>两边文艺书的和。由于已知是 18 本书,所以可以采取特殊数值法,即四种书的数量为:精装文艺 7>精装学习 6>简装学习 4>简装文艺 1,考生不必证明该数值是唯一的,只要符合已知条件即可,这样答案只有 D 选项。

14. 答案选 E。将已知列成下表,数字标号,表示计算过程。

张薇	北京	不是化学	1 是物理
3 赵楠	重庆	英语	
马宇	天津	由 1 不是物理	2 是化学
陆峻	4 上海	作文	

15. 答案选 A。法官的观点是"有些犯罪事实狡猾而不机密"或者"有些犯罪事实机密而

不狡猾",A 选项与此矛盾,所以不可能真;注意不能选 C。因为法官的观点存在一个范围,即在他审理的各种罪犯中不存在既机密又狡猾的犯罪,但是这不排除他没有审理的案件中有既机密又狡猾的案件。

16. 答案选 E。注意已知条件中的"袋鼠""考拉"是两种不同的动物,即:食量大的袋鼠不患病→一天喂食 10 次以上;一天喂食 10 次以上→食量大的考拉不患病。"食量小的袋鼠或者考拉"与已知条件无关;从已知可以推知"如果食量大的考拉患病",则"它没有在一天被喂食 10 次以上",所以 E 选项是正确答案。

17. 答案选 E。逐项对照,由于有些软件工程师是在淘宝上购买额超过 10 000 元的人,所以这些软件工程师既不是中年或者以上年龄的男性,也不是 60 岁以上的老人,故 E 为真。

18. 答案选 E。一些乘客可能需要在特殊情况下紧急停车,故提示他拉下紧急开关,所以 Ⅲ 适用;但是无故使用或者恶作剧使用将负法律责任,这样 Ⅰ 和 Ⅱ 也适用。

19. 答案选 C。由于大竹明的围棋段位比井上低,解题的关键在于小林觉的围棋段位。假设小林觉的围棋段位等于或者低于大竹明,那么小林觉战胜了井上,所以小林觉战胜了比自己围棋段位高的人。如果小林觉的围棋段位高于大竹明,而由于大竹明战胜小林觉,所以大竹明战胜了一位比自己围棋段位高的人,所以,不管小林觉的围棋段位是低于、等于还是高于大竹明,都可以确定 C 为真。

20. 答案选 B。已知条件:允许报考 MBA 研究生→工作三年并且大学毕业。又:林华不允许报考 MBA,根据假言推理规则,无法推出林华任何确定的结论,所以只有可能的结论作为答案,故选 B。

21. 答案选 A。注意要加强的观点是:玩手机低头,长时间低头会减少唾液分泌,从而导致口臭。A 选项中的小王没有低头,故不能加强。

22. 答案选 B。由于戊不在周日,所以排除 E。考虑到甲、乙、丙、丁需要四个连续或者中间对称的位置,再考虑己和庚需要两个连续的位置,因为戊值班可能排在周一、周三和周五,这样答案选 B。

23. 答案选 D。由于己和庚值班的时间相邻,所以当己在周六值班时,庚在周五或者周日值班;由于戊不在周日值班,所以当庚在周五值班时,无法满足条件(1),这意味着庚只能在周日值班,所以答案选 D。

24. 答案选 C。智者的推理是一种比较:A 比 B 大,比 C 小,所以 A 既大又小,比较的对象不同,所以得出既大又小结论。选项 B、D、E 不是比较,而是不同状态、不同对象时的不同结论,排除;A选项的结论与题干不具有类似性,排除;所以正确答案选C。

25. 答案选B。由于已知条件仅给出大前提,故逐项验证。当周二学习逻辑和经济时,根据(2)可知,他不学管理,根据(3)这一天他学习英语,这样,他这一天学习了逻辑、经济和英语三门课,与"每天最多学习两门课"冲突,故B是不可能的。

26. 答案选D。要质疑的观点是"如果蚊子灭绝了,人类就不会感染埃博拉病毒"。D选项说明,即使蚊子灭绝了,通过其他途径,人类依然会感染埃博拉病毒,对观点否定即削弱。

27. 答案选E。从已知条件"香水玫瑰是玫瑰科植物",可以推出"香水玫瑰是蔷薇科植物"。李教授喜欢"蔷薇科植物"不等于"李教授喜欢所有蔷薇科的植物",所以无法推出李教授对它的态度;至于王教授,已知条件仅说明他喜欢的植物都能开出红色的花,所以也无法确定他是否喜欢香水玫瑰。可以从已知条件推出"王教授喜欢的植物都是蔷薇科植物",但是所有蔷薇科植物李教授未必都喜欢,所以三句都不一定为真,答案选E。

28. 答案选E。题干涵义概括为:(1)"男女"是人的性别区分,每个人的性别是确定的;(2)"阴阳"是人的行为区分,每个人的某一行为阴阳也是确定的;(3)但"男女"和"阴阳"并不对应,即男人和女人的不同行为中既有阴的行为,也有阳的行为。

A	符合含义(3)
B	符合含义(3)
C	符合含义(3)
D	符合含义(2)
E	正确选项,不符合含义(2)

29. 答案选D。由于没有给出小前提,所以只能对选项逐项验证,具体验证过程:A选项结合(3)说明玛丽和亚历山大去相同城市调研,不合题意;B选项结合(4)说明汤姆不去上海调研,而(1)说明玛丽去西安调研,这意味着没有人去上海调研,不合题意;C选项根据(3)可知,由于罗杰斯和亚历山大调研城市相同,所以"只有罗杰斯"明显不对;E中去西安调研有三人,由于有玛丽,所以另外两人是汤姆、杰瑞,而罗杰斯和亚历山大调研城市相同,必然有一个城市没有人去调研,不合题意。

30. 答案选B。题干中已知条件(4)是假言命题,作为大前提给出寻找小前提的方向。假设汤姆去上海调研,由(4)可以推知,杰瑞也去上海调研;玛丽去西安调研,于是罗杰斯和亚历山大共同调研的城市是北京。

模拟试卷三

逻辑推理：以下 30 小题,每小题 2 分,共 60 分。给出的 A、B、C、D、E 五个选项中,只有一项是符合试题要求的,请在答题卡上将所选项的字母涂黑。

1. 欧元区经过艰难的谈判,希腊债务危机暂时得到平息。如果希腊债务危机得不到解决,将会对欧元区的经济产生负面影响。但希腊只有进行广泛改革,才能重返经济发展的道路。希腊或者减少福利,或者实现经济大幅发展,否则,债务危机将是难解之题。

如果以上陈述为真,则以下哪项陈述必然为真?

A. 如果希腊减少福利,或者实现了经济大幅发展,则可以解决债务危机

B. 如果希腊债务危机得到合理解决,就不会对欧元区的经济产生负面影响

C. 如果希腊要没有解决债务危机,但是经济已经大幅发展,那么它肯定没有减少福利

D. 如果希腊不减少福利,或者不能实现经济大幅发展,将会对欧元区的经济产生负面影响

E. 可以确定不会存在以下情况:希腊福利没有减少并且经济也没有大幅发展,但是欧元区经济却没有负面影响

2. 诺贝尔奖是目前对做出卓越科学成就科学家的最高奖励。获得这一殊荣不仅有不菲的奖金,还有更好的"收获"。最近,一位医学专家对已故诺贝尔经济学奖得主的寿命进行统计,发现他们的平均寿命是 85 岁,其中超过 90 岁的占多数,还有不少过百岁的,去世时年龄最小的也高达 74 岁。这位医学专家由此认为,获得诺贝尔经济学奖能使人长寿。

以下哪项如果为真,最能削弱上述医学专家的观点?

A. 诺贝尔经济学奖只颁给在世的学者,这一颁奖规则对已经长寿的学者极为有利

B. 获得诺贝尔奖能带来功成名就的巨大身心愉悦,而愉悦的身心状态可延年益寿

C. 宏观经济学之父凯恩斯年仅 63 岁就去世了,很遗憾他没有获得诺贝尔经济学奖

D. 获得诺贝尔物理学奖的学者寿命也很长,但他们都没有获得过诺贝尔经济学奖

E. 诺贝尔化学奖获奖者平均寿命较低,甚至还不到同时代人口的平均寿命

3. 在第三届全国大学生创新大赛上,所有技能创新都出自重点大学;所有程序创新也都出自重点大学;所有技能创新都不是程序创新,所有重点大学的创新都是由研究生完成的。

根据以上陈述,以下哪项是不一定为真的?

A. 有些重点大学的创新不是技能创新

B. 有些重点大学的创新不是程序创新

C. 有些由研究生完成的创新不是技能创新

D. 有些程序创新不是由研究生完成的

E. 所有由本科生完成的创新既不是技能创新也不是程序创新

4～5 题基于以下共同题干：

对于一位高校教师来说，其本职工作是教书，只有教好学生，他才是一位好教师。当然，为了能教好学生，教师自己的学术水平必须要高。写论文、出专著、做科研都能够提高一位教师的学术水平，只有自己学术水平高，一位教师才能教好学生。

4. 根据以上陈述，以下关于大学教师的判断哪项为真？

A. 一位好教师必须至少从事写论文、出专著、做科研中的某项工作

B. 一位论文、专著和科研工作都不从事的教师不能提升自己的学术水平

C. 一位学术水平高的教师一定是一位好教师

D. 一位好教师一定学术水平高

E. 教不好学生的教师学术水平一定不高

5. 根据以上陈述，赵老师是一位好的大学教师，由此可以推出以下各项都能为真，除了？

A. 赵老师写了很多论文

B. 赵老师没有出专著

C. 赵老师既没有出专著，也没有写论文，更没有做科研

D. 赵老师学术水平不高

E. 赵老师做了很多科研项目

6. 卵生动物的后代首先是一枚蛋，然后，这些卵生动物的蛋一般会通过土壤中微生物和堆肥分解有机物时产生的热量来孵化，但这些微生物（包含细菌）也会穿透蛋壳、感染胚胎，自然情况下这一比例高于 20%。然而，在澳大利亚有一种名为丛冢雉的鸟类，其蛋发生感染的概率仅为 9%，研究者发现其蛋壳中含有溶菌酵素，研究者据此认为这种物质很可能就是抵御细菌侵扰的关键因素。

以下各项如果为真，都能削弱上述研究者的结论，除了？

A. 丛冢雉的蛋壳中所含的溶菌酵素量，与其他动物的蛋相比，含量大抵相当

B. 丛冢雉的蛋壳被一层纳米级的碳酸钙层包裹，拥有了更强的防水性和抗细菌入侵能力

C. 丛冢雉蛋散发一种特殊气味，会使附着在其蛋壳上的细菌数减少

D. 与其他动物相比，丛冢雉的巢在树枝上，它们的蛋很难接触到土壤中的微生物

E. 与其他动物的蛋壳相比，丛冢雉的蛋壳要薄三分之一，更易受到微生物的入侵

7～8两问基于以下共同题干：

电脑中并不是安装的软件越多越好,有些软件必须单独安装,有些软件必须配套安装,而有些软件不能与其他某些软件同时安装。刘老师新买了一台电脑,他研究后发现:(1)只有安装全能杀毒软件,才能安装前门输入法或者后门输入法,但是两种输入法只能安装一种;(2)只有安装全新杀毒软件,才能安装图霸或者字霸两款软件;(3)如果要使用电脑绘图,就必须安装图霸软件;(4)如果安装了字霸软件,那么就要安装前门输入法或者后门输入法。

7. 根据刘老师以上发现,和刘老师购买电脑主要用于绘图的前提,以下哪项情况不可能为真?

A. 刘老师的电脑安装了全新杀毒软件

B. 刘老师的电脑安装了两种以上杀毒软件

C. 刘老师的既没有安装字霸,也没有安装前门输入法和后门输入法

D. 刘老师的电脑安装了字霸,但没有安装任何杀毒软件

E. 刘老师的电脑没有安装字霸,但是安装了全新和全能两种杀毒软件

8. 刘老师电脑主要用于绘图,并且杀毒软件只能安装一种,由此可以知道以下哪项为真?

A. 刘老师的电脑只能安装全能杀毒软件   B. 刘老师的电脑没有安装任何输入法

C. 刘老师的电脑安装了字霸   D. 刘老师的电脑仅安装了图霸软件

E. 刘老师的电脑没有安装字霸软件

9. 汤姆:素食不会导致营养不良。研究表明,人体所需要的各种营养素,从蛋白质到各种微量元素,素食都可以足量含有。玛丽:你说素食不会导致营养不良,我不同意。如果所有的人都素食,则目前所有与肉食有关的产业将全部倒闭,由此产生的失业大军将使难以数计的人陷入贫困而营养不良。

以下哪项最为恰当地指出了玛丽的反驳中存在的漏洞?

A. 不当地假设:所有的人都素食

B. 所反驳的并不是汤姆的观点

C. 忽视了这种可能性:与肉食有关产业的倒闭将促使新型食品工业的兴起

D. 没有准确理解人体所需要的营养素

E. 对"营养不良"这一关键概念的界定没有和汤姆保持一致

10. 目前失业浪潮波及那些年轻但技术熟练的员工,在这个背景下,有一份关于汽车零部件企业创业的报告给人希望。这份报告使联邦政府轻工业协会计划设立投资基金,为汽车零部件企业创业提供资金。联邦轻工业协会的这个计划引起了各方的反对,批评者声称,同样是联邦轻工业协会计划设立的类似投资基金,尽管这些基金都旨在刺激小企业的发展,但却最终伤害了与这些小企业无关的美国其他社会群体。

以下哪一项最能为上述评论家的主张提供了进一步支持?

A. 华盛顿州的汽车零部件企业现在生产了近12%的从东南亚进口的汽车零部件

B. 联邦轻工业协会计划的投资资金来源于联邦弱势群体扶持基金,弱势群体还包括失业者、少数民族、低收入群体等,这一基金总额每年是固定不变的

C. 有关联邦轻工业协会的该项计划的立法辩论时间之长,在今年议会类似立法辩论中几乎创了纪录

D. 联邦轻工业协会下辖的工会组织是劳工纠纷索赔案中工人一方的主要支持者

E. 联邦轻工业协会类似计划,在过去事实上取得了较好的效果

11. 教育专家:只有当孩子意识到学习的目的,并且知道为什么学习具有上述目的时,这个孩子才能主动地去学习。我们说要鼓励孩子学习,如果连如何让孩子主动学习都搞不清楚,如何鼓励? 孩子最喜欢什么? 就是"玩"! 只有让"玩"成为孩子学习的一部分,才是真正的鼓励孩子学习。

如果以上陈述为真,则以下哪项陈述必然为真?

A. 只有让"玩"成为孩子学习的一部分,孩子才会主动的学习

B. 除非让"玩"成为孩子学习的一部分,否则孩子或者不知道学习的目的,或者不知道学习为什么是这个目的

C. 如果不能让"玩"成为孩子学习的一部分,那么孩子将很难主动学习

D. 只要使"玩"成为孩子学习的一部分,就能真正鼓励孩子学习

E. 如果孩子没有意识到学习的目的或者不知道为什么由此学习目的,那么很难真正鼓励孩子学习

12. 邓肯、但丁、马克和卢梭四人涉嫌作案被拘审。经过调查,了解到以下事实:如果邓肯作案,则但丁肯定作案;只有马克不作案时,但丁才作案。只有卢梭知道细节,邓肯才作案,而如果卢梭知道细节,则马克肯定作案。

如果以上为真,则以下哪项一定是真的?

A. 邓肯作案,马克没有作案

B. 邓肯没有作案,但丁和卢梭都作案

C. 不能确定邓肯、但丁和马克马克三人的作案情况

D. 邓肯没有作案,但丁和马克是否作案不确定

E. 邓肯作案,卢梭知道细节

13. 宏达公司人力资源部收到公司内部七名员工应聘新组建的南方销售部销售经理职务:李明、张琳、王翔飞、沈琼平、杨思、赵光明和钱庄。这7名员工只能最后只有4名应聘成功,并且根据应聘结果发现:(1)李明或张琳仅有一人应聘成功;(2)要么杨思,要么赵光明有一人应聘成功。

根据以上条件,以下哪项列出的员工应聘成功了?

A. 张琳或钱庄,或者二人都应聘成功　　　B. 王翔飞或沈琼平,或者二人都应聘成功

C. 沈琼平或杨思,或者二人都应聘成功　D. 杨思或钱庄,或者二人都应聘成功
E. 李明或赵光明,或者二人都应聘成功

14. 一般说法是人都理性,但人的行为并非都理性,有时候,人的一些行为也是本能使然。可以说,一切生物都有本能反应。本能可以使生物对刺激做出复杂的反应。相对非本能反应,本能反应只需要很少的神经细胞。具有非本能反应能力的大脑一定有大量的神经细胞,而没有哪种昆虫的大脑具有如此数量的神经细胞。

如果以上陈述为真,可以推知以下哪项为假?

A. 一种生物不是昆虫,其反应既包括本能反应又包括非本能反应

B. 大脑小于或等于昆虫大脑的生物只能做出本能反应

C. 大脑大于昆虫大脑的生物都有能力做出非本能反应

D. 拥有高级大脑的生物做出的反应一般不是本能反应

E. 有些能够进行非本能反应的生物可以是昆虫

15. 大秦庄村务管理委员会有赵、钱、孙、李、张、王、徐七名委员,他们执行集体决策制度。制度规定,如果赞成票数达到与会人数的一半以上,一项决策就能通过,否则不能通过。每位委员必须对所有决策提案行使表决权,要么赞成,要么反对,不得弃权。在一次决策会议上,七位委员到齐,需要对天字号、地字号、人字号共三项提案进行决策表决。已知:

(1) 对这三项提案,每位委员都至少赞成一项,至少反对一项;(2) 赵赞成天字号提案,但反对地字号提案;(3) 钱赞成天字号和人字号提案;(4) 张只赞成天字号提案;(5) 徐反对天字号和地字号提案。

如果以上陈述为真,可以得出以下哪项?

A. 天字号提案能通过　　　　　　　　B. 地字号提案能通过

C. 地字号提案不能通过　　　　　　　D. 人字号提案不能通过

E. 天字号提案不能通过

16. 某基金经理在选择股票投资时有以下原则:(1) 银行和房地产的股票至少买一种;(2) 高科技股和航空股至多买一种;(3) 如果买了银行股,那么就不买水泥股;(4) 如果买建材类股票,那么就买水泥股;(5) 除非买高科技股,否则买建材类股票。

今年该基金经理没有买房地产股,由此可以推出以下哪项为真?

A. 该基金经理今年没有买航空股　　　B. 该基金经理今年买了航空股

C. 该基金经理今年没有买银行股　　　D. 该基金经理今年买了水泥股

E. 该基金经理今年买了建材类股

17. 如果暴雨不停止,那么肯定有更多交通事故;只有保险公司交通赔偿金暴增,才会有更多的交通事故;只有气温降低,暴雨才会停止;或者气温没有降低,或者保险公司的交通赔偿金暴增。

根据以上陈述,以下哪项为真?

A. 暴雨停止了　　　　　　　　　　B. 发生了更多的交通事故

C. 保险公司的交通赔偿金暴增　　　D. 气温降低了

E. 气温没有降低

18. 对于大学课程的学习,教育专家认:在大学阶段,所有对学习具有热情的学生,都能够在大学阶段认真学习,除非他们受到了不良风气的影响;而如果学习方法正确,学生们在大学阶段就能够取得很好的学习成绩;而只有认真学习,才能取得很好的学习成绩。

如果教育专家的看法是真的,则以下哪项也一定是真的?

A. 赵学习具有热情,所以赵能够在大学阶段认真学习

B. 钱没有在大学阶段认真学习,所以,钱一定是受到不良风气的影响或者学习方法不正确

C. 孙在大学阶段学习方法正确,所以,孙肯定没有受到不良风气的影响

D. 李具有学习热情并且没有受到不良风气的影响,所以李能够在大学阶段取得很好的学习成绩

E. 周没有学习热情,所以周一定不能在大学阶段取得很好的学习成绩

19. 科学家对 76 位心脏病患者进行了研究,他们分别采用"一名志愿者带一只狗前去探望病人""一名志愿者前去探望病人"以及"没有志愿者"三种方法分别测试这些病人的反应。结果发现第一种情况下病人的焦虑程度下降了 24%,第二种情况下病人的焦虑程度只下降了 10%,第三种情况下病人的焦虑程度仍保持原来水平。因此科学家认为,狗能帮助心脏病人降低焦虑情绪。

下面哪一项最能削弱科学家的论点?

A. 带狗和不带狗探视的时间选在两个不同的时间段

B. 在带狗的志愿者中,绝大多数喜欢并自己饲养宠物狗

C. 在被探望的病人中,绝大多数喜欢并自己饲养宠物狗

D. 志愿者带去探望病人的大多数狗都是性情比较温顺的

E. 被探望的病人中有些人并不喜欢宠物狗

20~21 两问基于以下共同题干:

张芳是大型商贸公司的售后工程师,负责公司在安徽、江苏、浙江、上海、江西、福建和山东七个省市的产品售后质量保证工作。对于上述七个省市,他一个月内的工作行程安排如下:

(1) 如果去上海,那么江苏和浙江也至少也要去一省;(2) 只有去江苏,才会同时去安徽和山东;(3) 如果不去福建,那么就不去江西或者浙江;(4) 福建和上海每个月至多去一个省。

20. 根据以上行程安排,张芳 8 月没有去福建,由此可以知道以下关于张芳 8 月的行程哪项为假?

A. 张芳没有去上海　　　　　　　　B. 张芳去了浙江

C. 张芳没有去安徽　　　　　　　　　　D. 张芳没有去江西

E. 张芳没有去山东

21. 根据以上行程安排,张芳9月没有去安徽,由此可知,张芳9月最多去了几个省?

A. 七个省　　　　B. 六个省　　　　C. 五个省　　　　D. 四个省

E. 三个省

22. 巴伦与摩卡两个人在运动爱好方面完全相反:巴伦喜欢所有摩卡不喜欢的运动,而摩卡则喜欢所有巴伦不喜欢的运动。

根据以上陈述,可以推知以下哪项?

A. 没有任何运动是巴伦和摩卡共同喜欢的

B. 没有任何运动是巴伦和摩卡共同不喜欢的

C. 一定存在某一运动,巴伦和摩卡共同喜欢

D. 一定存在某一运动,巴伦和摩卡都不喜欢

E. 存在某一个运动,巴伦和摩卡都喜欢或者都不喜欢

23. 土卫二是太阳系中迄今观测到存在地质喷发活动的3个星体之一,也是天体生物学最重要的研究对象之一。德国科学家借助卡西尼号土星探测器上的分析仪器发现,土卫二喷射出的微粒中含有钠盐。据此可以推测,土卫二上存在液态水,甚至可能存在"地下海"。

以下哪项如果为真,最能支持上述推测?

A. 只有存在"地下海",才可能存在地质喷发活动

B. 在土卫二上液态水不可能单独存在,只能以"地下海"的方式存在

C. 如果没有地质喷发活动,就不可能发现钠盐

D. 土星探测器上的分析仪器得出的数据是确切可信的

E. 只有存在液态水,才可能存在钠盐微粒

24. 已知:第一,《朝阳初上》的首次翻译出版用的或者是英语或者是日语,二者必居其一;第二,《朝阳初上》的首次翻译出版或者在旧金山或者在东京,二者必居其一;第三,《朝阳初上》的译者或者是麦克或者是杰克逊,二者必居其一。

如果上述断定都是真的,则以下哪项也一定是真的?

Ⅰ.《朝阳初上》不是麦克用英语在旧金山首先翻译出版的,因此《朝阳初上》是杰克逊用日语在东京首先翻译出版的;

Ⅱ.《朝阳初上》是麦克用英语在东京首先翻译出版的,因此《朝阳初上》不是杰克逊用日语在东京首先翻译出版的;

Ⅲ.《朝阳初上》的首次翻译出版是在东京,但不是麦克用英语翻译出版的,因此一定是杰克逊用日语翻译出版的。

A. 仅Ⅰ　　　　B. 仅Ⅱ　　　　C. 仅Ⅲ　　　　D. 仅Ⅱ和Ⅲ

E. Ⅰ、Ⅱ和Ⅲ

25. 学校食堂为了更好地服务学生,每周按周一到周日的顺序为学生提供五个品种的早餐主食,每天一种。五种早餐主食分别是:面条、水饺、燕麦粥、包子、煎饼。食堂提供这些早餐的顺序情况是:(1)面条在一周有两次,但相隔3天;(2)燕麦粥在第一次面条早餐的前一天或后一天提供,一周仅提供一次;(3)水饺也是一周仅提供一次,在第二次面条早餐前的任何一天;(4)包子也是一周仅提供一次,与第一次面条早餐在一周内相隔4天;(5)某一次提供煎饼的时间是在第一次面条早餐之前。

　　根据以上情况,可以推知以下哪项为真?

A. 周一提供燕麦粥　　　　　　　B. 周二提供面条

C. 周四提供水饺　　　　　　　　D. 周日提供煎饼

E. 周三提供煎饼

26. 经济学院派人参加了校运动会的短跑比赛,对于比赛结果,三位教授猜测如下。张教授说:我们学院去年尽管没有人能跑进前三名,但显示了一定的实力,因此我猜这次一定能有人跑进前三名。李教授说:这次比赛我们学院新进了不少年轻人,我猜不是第一名就是第二名。王教授说:活动重在参与,其他学院实力确实比我们强,所以我猜今年学院仍然没有人能跑进前三名。

　　比赛结束后发现,今年的比赛结果与去年不同,三位教授陈述的均为事实,但三人的猜测中仅有一人是正确的。

　　如果以上陈述为真,由此可以确定以下关于经济学院今年短跑比赛的情况哪项为真?

A. 有人获得第一名　　　　　　　B. 有人获得第二名

C. 有人获得第三名　　　　　　　D. 没有人跑进前三名

E. 已知信息无法确定是否有人能跑进前三名

27. 在"中国证券市场发展和中国经济"研讨会上,经济学家林丹丹认为:如果A股下个月继续上涨,那么中国货币政策可能出现较大调整。但是证券分析师沈志华则认为:如果中国货币政策可能出现较大调整,那么A股下个月就会继续上涨。以后的货币政策和A股走势表明,林丹丹和沈志华的观点都是真的。

　　由此可以推出以下哪项可能为真?

Ⅰ. A股下个月继续上涨;

Ⅱ. 中国货币政策出现了较大调整;

Ⅲ. A股下月没有继续上涨并且中国货币政策也没有出现较大调整。

A. 仅Ⅰ　　　　　B. 仅Ⅰ、Ⅱ　　　　　C. 仅Ⅲ　　　　　D. Ⅰ、Ⅱ和Ⅲ

E. 以上都不可能为真

28~30题基于以下共同题干

　　三对夫妇——汤姆和玛丽、马丁和米兰、杰瑞和伊莉莎在图书节上选购图书,玛丽、米兰和伊莉莎是妻子。每个人都在下面所列出的五本图书中选购了一本:《彷徨》《世界风》《光线》《月亮影》《无法呼吸》。六个人选择的图书遵循以下原则:(1)一对夫妇中的两个人选购的图书不同;(2) 三位先生选购的图书互不相同;(3) 米兰选购了《光线》;(4) 汤姆和杰瑞都没有选购《光线》和《月亮影》;(5) 伊莉莎选购了《世界风》。

28. 若六个人中没有人选购《彷徨》,则下面哪一项陈述一定正确?
A. 汤姆选购了《无法呼吸》　　　　B. 玛丽选购了《月亮影》
C. 马丁选购了《月亮影》　　　　　D. 玛丽选购了《世界风》
E. 至少有一位先生选购了《光线》

29. 若马丁选购《彷徨》,则下面哪一项完整准确地列出了所有汤姆可以选购的图书?
A.《世界风》　　　　　　　　　　B.《无法呼吸》
C.《世界风》《无法呼吸》　　　　　D.《世界风》《光线》
E.《无法呼吸》《光线》

30. 假设每对夫妇中的两个人都选购了相同的图书,其他的所有条件不变,且所有的妻子所选购的图书互不相同,则下面哪一项陈述可能正确?
A. 汤姆选购了《世界风》　　　　　B. 汤姆选购了《光线》
C. 玛丽选购了《世界风》　　　　　D. 马丁选购了《彷徨》
E. 玛丽选购了《无法呼吸》

模拟试卷三答案及解析

1. 答案选 E。已知条件可以等价为连续的假言命题形式：希腊既不减少福利并且经济也没有大幅发展→希腊债务危机得不到解决→欧元区经济产生负面影响。该已知条件与"希腊福利没有减少并且经济也没有大幅发展，但是欧元区经济却没有负面影响"矛盾，E 选项说明了矛盾的情况，可以确定不会出现。

2. 答案选 A。A 选项说明诺贝尔经济学奖获奖者不是因为获奖而长寿，而是因为长寿才有资格获奖，说明论证具有因果倒置的错误。注意不选 E，因为要削弱的观点是获得"诺贝尔经济学奖"而不是获得"诺贝尔奖"使人长寿。

3. D。注意到已知条件中的"出自重点大学"和"由研究生完成的"两个概念都是不周延的，所以，由此推出结论中，这两个概念也不能周延，而 D 中的"由研究生完成的"这个概念周延，推不出，所以答案选 D。

4. D。已知条件为：好老师必须教好学生，而教好学生必须学术水平高。学术水平高没有必要条件，但是有充分条件：从事论文、专著、科研工作都可以提高学术水平。逐项验证，可以看出 D 选项是正确答案。

5. D。由于好老师一定能教好学生，并且学术水平高，所以赵老师作为好的大学老师，却学术水平不高，这是不可能的，所以假的选项为 D。

6. 答案选 E。要削弱的观点是：丛冢雉蛋壳中的溶酶酵素抵御了细菌侵扰，从而使蛋被微生物的感染率降低。A、B、C、D 四个选项都说明了存在其他因素使丛冢雉蛋的微生物感染率降低，对研究人员的观点都能给予他因削弱，只有 E 选项不能削弱。

7. 选 D。已知条件都是大前提，将小前提"刘老师购买电脑主要用于绘图"作为推理起点，与(3)结合，可知，他的电脑需要安装图霸软件，再与(2)结合，可以推知，他的电脑必须安装全新杀毒软件。这样 D 选项不可能为真，注意问题要求选出不可能为真的选项，其他选项 A 是真的，其他选项都可能为真。

8. 答案选 E。由于杀毒软件只能安装一种，所以接上一题的结论"刘老师的电脑安装了全新杀毒软件"，他的电脑就没有安装"全能杀毒软件"。与(1)结合，他的电脑前门和后门输入法都不能安装。注意，除了这两种输入法，不确定是否还有其他输入法，所以不能选 B。再由(4)可知，他的电脑没有安装字霸软件。所以答案选 E。

9. 答案选 B。汤姆认为"吃素食不会使人营养不良"，玛丽则认为，"如果所有人都吃素食，将导致经济问题，于是人们由于贫困而没有食物，这样将导致营养不良。"概括而言，汤姆的观点是"吃素食不会营养不良"，玛丽则认为，"不吃东西会营养不良"，所以，玛丽反驳的不是汤姆的观点。

10. 答案选 B。要加强的观点是：旨在刺激小企业发展的投资基金伤害了其他社会群体。B 选项说明这些投资基金占用了总额不变的弱势扶持基金，因此伤害了其他弱势群体，所以 B 是正确答案。

11. 答案选 E。已知条件等价为：鼓励孩子学习→"玩"成为学习一部分；鼓励孩子学习→孩子主动学习→孩子知道学习的目的和为什么是这个目的。由此可以知道 E 选项是与已知条件等价的逆否命题。

12. 答案选 D。已知条件可以等价为"邓肯作案→但丁作案→马克不作案；邓肯作案→卢梭知道细节→马克作案"，这意味着，邓肯如果作案，得到"马克作案并且马克不作案"这一矛盾命题，所以"邓肯没有作案"，至于其他人的作案情况则不能确定。

13. 答案选 B。将七人中的应聘情况条件(1)和(2)直接在题干中标注：李明(A)、张琳(A)、王翔飞、沈琼平、杨思(B)、赵光明(B)和钱庄。标注(A)(B)中各排除一名，所以剩下王翔飞、沈琼平和钱庄三人中将有两人应聘成功，所以答案选 B。

14. 答案选 E。从已知"具有非本能反应能力的大脑一定有大量的神经细胞，而没有哪种昆虫的大脑具有如此数量的神经细胞"可以推知：昆虫都不能进行非本能反应，所以 E 选项是假的，其他选项都与已知条件不矛盾，故可能为真。

15. 答案选 C。赵反对地字号提案；钱赞成天字号和人字号提案，故他也反对地字号提案；张、徐反对地字号提案，所以地字号提案有四人反对，这样可以确定地字号提案不通过，不能确定其他两个提案是否通过，故答案选 C。

16. 答案选 A。将"没有买房地产股"作为起点，结合条件(1)可以推知，"买了银行股"；再结合条件(3)推知"没有买水泥股"；再结合条件(4)推知"没有买建材类股票"，再结合条件(5)推知"买了高科技股"，再结合条件(2)推知"没有买航空股"，所以答案选 A。

17. C。将已知条件等价为：暴雨不停止→更多交通事故→保险公司交通赔偿金暴增；

暴雨停止→气温降低→保险公司交通赔偿金暴增。很明显,暴雨停止或者不停止,都可以推知"保险公司的交通赔偿金暴增",所以答案 C。

18. 答案选 B。将教育专家的看法等价为:具有学习热情并且没有受到不良风气的影响→认真学习;学习方法正确→取得好成绩→认真学习。A 选项缺少"没有受到不良风气影响"这一条件;B 选项从"不认真学习"可以推知"学习方法不正确",后假推前假。C 可以从"学习方法正确"推知"认真学习",但无法推知"学习热情和不良风气影响"的情况;D 中可以推知"李认真学习",但无法推知"取得好成绩";E 中"没有学习热情"不能推知任何结论。

19. 答案选 A。带狗看望病人的时间段与不带狗探望的时间不同,所以病人焦虑的变化未必与狗有关,而可能是因为时间不同所引起,故 A 选项对科学家的观点可以削弱。

20. 答案选 B。已知条件(1)(2)(3)(4)都是大前提,将小前提"没有去福建"作为推理起点。与(3)结合可知,张芳 8 月份既没有去江西,也没有去福建。注意,试题问题要求选假,所以答案选 B。

21. 答案选 C。将"没有去安徽"作为小前提,与大前提(1)(2)(3)都没有关系,考虑(4)中,上海和福建最多去一个,所以再其中排除上海,这样张芳最多去五个省。

22. 答案选 B。由于巴伦和摩卡都喜欢对方所不喜欢的运动,所以任何运动都不会被巴伦和摩卡都共同不喜欢,故答案选 B。注意,某人喜欢的运动,未必是对方所不喜欢的,所以不能选 A。E 选项中"两人肯定没有都不喜欢的运动",但无法推出存在"两人都喜欢的运动",所以该选项也无法推出。

23. 答案选 E。阅读题干的论证,已知前提"土卫二喷射的微粒中含有钠盐",结论是"土卫二上存在液态水",E 选项设置"液态水"是"存在钠盐微粒"的必要条件,对论证加强,是正确答案。

24. B。已知条件的关键词是"或者",根据题意,"《朝阳初上》不是麦克用英语在旧金山首先翻译出版的"等价于"《朝阳初上》或者是杰克逊或者用日语或者在东京首先翻译出版的"。因此,答案只有 B。注意,要否定的命题类似于"A 并且 B 并且 C",否定后不能推出"非 A 并且非 B 并且非 C"。

25. 答案选 B。五种食品,面条两次,燕麦粥、水饺和包子都仅一次,所以煎饼也是两次,并且煎饼两次中的某次在第一次面条以前。两次面条相隔 3 天,所以第一次提供面条的时间是周二或者周三,再根据(4)可以确定,第一次提供面条的时间只能在周二;即 1 煎饼、2 面条、3 燕麦粥、4 和 5 水饺或者煎饼、6 面条、7 包子。

26. 答案选 C。王教授和张教授的猜测矛盾,李教授的猜测为假,故既没有获得第一名也没有获得第二名。注意到三位教授陈述的事实都为真,即去年学院没有人能进入前三名,而今年的结果与去年不同,所以今年有人获得第三名。所以正确答案选 C。

27. 答案选 D。林丹丹的观点可以等价为"或者 A 股不上涨,或者货币政策调整";沈志华的观点等价为"或者货币政策不调整,或者 A 股上涨"。两个人的观点都真,可推知:A 股不上涨并且货币政策不调整,或者 A 股上涨并且货币政策调整。但具体到"A 股是否上涨"和"货币政策是否调整"则不确定,注意问题要求选择可能为真的选项,所以答案选 D。

28. 答案选 C。汤姆和杰瑞都没有选购《光线》和《月亮影》,又没有人选购《彷徨》,所以汤姆和杰瑞选购的是《世界风》和《无法呼吸》,杰瑞不能与伊莉莎都选购《世界风》,所以,他选购了《无法呼吸》,而汤姆选购的是《世界风》,剩下的一位先生马丁不能与其妻子米兰同选《光线》,所以他选购的是《月亮影》,所以答案选 C。

29. 答案选 A。汤姆和杰瑞都没有选购《光线》和《月亮影》,又马丁选购《彷徨》,所以汤姆和杰瑞选购的是《世界风》和《无法呼吸》,杰瑞不能与伊莉莎都选购《世界风》,所以,他选购了《无法呼吸》,而汤姆选购的只能是《世界风》,所以答案选 A。

30. 答案选 E。由条件(3)可知:米兰和马丁选购了《光线》;由条件(5)可知:伊莉莎和杰瑞选购了《世界风》,再由条件(4)汤姆没有选购《光线》和《月亮影》,可知:汤姆和玛丽选购的是《彷徨》或者《无法呼吸》,所以答案选 E。